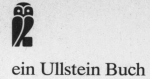

ein Ullstein Buch

ein Ullstein Buch
Nr. 20318
im Verlag Ullstein GmbH,
Frankfurt/M – Berlin – Wien
Titel der Originalausgabe:
Rendezvous – South Atlantic
Aus dem Englischen
von Hans und Hanne Meckel

Deutsche Erstausgabe

Umschlagentwurf:
Hansbernd Lindemann
unter Verwendung einer
Farbillustration von Chris Mayger
Alle Rechte vorbehalten
© Douglas Reeman 1972
Übersetzung © 1983
Verlag Ullstein GmbH,
Frankfurt/M – Berlin – Wien
Printed in Germany 1983
Gesamtherstellung:
Elsnerdruck GmbH, Berlin
ISBN 3 548 20318 3

Mai 1983
14.-23. Tsd.

Vom selben Autor
in der Reihe der
Ullstein Bücher:

Die Feuertaufe (3363)
Klar Schiff zum Gefecht (3376)
Die Entscheidung (3402)
Zerfetzte Flaggen (3441)
Bruderkampf (3452)
Der Piratenfürst (3436)
Strandwölfe (3495)
Fieber an Bord (3522)
Nahkampf der Giganten (3558)
Feind in Sicht (20006)
Der Stolz der Flotte (20014)
Eine letzte Breitseite (20022)
Kanonenfutter (20144)
Galeeren in der Ostsee (20072)
Kanonenboot (20302)
Duell in der Tiefe (20339)

CIP-Kurztitelaufnahme
der Deutschen Bibliothek

Kent, Alexander:
Rendezvous im Südatlantik: Roman/
Alexander Kent. [Aus d. Engl. von Hans u.
Hanne Meckel]. – Dt. Erstausg. –
Frankfurt/M; Berlin; Wien: Ullstein, 1983.
  (Ullstein-Buch; Nr. 20318)
  Einheitssacht.: Rendezvous – South
Atlantic ‹dt.›
  ISBN 3-548-20318-3

NE: GT

Alexander Kent Rendezvous im Südatlantik

Roman

ein Ullstein Buch

Den Hilfskreuzern
Rawalpindi, Jervis Bay, Dunvegan Castle
und all den anderen stolzen Schiffen
gewidmet, die friedlich zur See fuhren,
aber in den Krieg zogen, als man ihrer
dringend bedurfte.

*

I am the tomb of one shipwrecked;
but sail thou: for even while we
perished, the other ships sailed
on across the sea.
Aus: *The Greek Anthology*

*

Schiffbrüchig war, der ruht allhie.
Doch weile nicht an diesem Ort,
selbst als wir sanken, setzten die
um uns herum die Reise fort.

Inhalt

1	Scapa Flow	9
2	Der Alptraum	27
3	Der Raider	44
4	Ein Schiff brennt	62
5	Lehrgeld	77
6	Offiziere und Mannschaften	95
7	Eine Wren namens Eve	110
8	Ein kleiner Irrtum	126
9	Die Falle	143
10	Weihnachtsurlaub	160
11	Erinnerungen	173
12	Der Geleitzug	190
13	Im Stich gelassen	210
14	Die Vergeltung	225
15	Abendgesellschaft	238
16	Ein Wunder	253
17	Das Haus an der See	270
18	Heimreise	283
19	In Sicherheit	301

Handelnde Personen

Lindsay	Commander	Kommandant H. M. S. *Benbecula*
Goss	Lieutenant Commander	Erster Offizier, IO
Stannard	Lieutenant	Navigationsoffizier, NO
Maxwell	Lieutenant	Artillerieoffizier, AO
Hunter	Lieutenant	2. Artillerieoffizier, IIAO
Aikman	Lieutenant	Prisen- und Schlüsseloffizier
Paget	Lieutenant	Nachfolger von Aikman
de Chair	Lieutenant (RM)	Zugführer der Royal Marines
Dancy	Sub-Lieutenant	
Cordeaux	Sub-Lieutenant	
Fraser	Lieutenant Commander	(E) Leitender Ingenieur, LI
Dyke	Lieutenant	2. Ingenieur
Barker	Lieutenant	Versorgungsoffizier, VO
Boase	Surgeon Lieutenant	Schiffsarzt
Baldock	Warrant Officer	Stückmeister
Emerson	Warrant Engineer	Obermaschinist
Kemp jr.	Midshipman	
Tobey	Chief Petty Officer	Oberbootsmann
Jolliffe	Chief Petty Officer	Gefechtsrudergänger
Archer	Chief Petty Officer	Bootsmann
Ritchie	Petty Officer	Signalmeister
Hussey	Petty Officer	Funkmaat
Jupp	–	Kommandanten-Steward
Kemp sen.	Commodore	
Eve Collins	Wren	
Marion	Wren	

Dienstgrad-Vergleich Royal Navy / Kriegsmarine

Commodore	Kommodore
Captain RN	Kapitän zur See
Commander	Fregattenkapitän
Surgeon Commander	Geschwaderarzt
Lieutenant Commander	Korvettenkapitän, Kapitänleutnant
Lieutenant	Oberleutnant zur See
Sub-Lieutenant	Leutnant zur See
Midshipman	Fähnrich zur See
Warrant Officer	entspricht etwa dem Deckoffizier der Kaiserlichen Marine, eigene Rangklasse zwischen Feldwebel und Offizier
Chief Petty Officer	Oberfeldwebel / Feldwebel
Petty Officer	Unteroffizier
Leading Seaman	Gefreiter
Able Seaman	Obermatrose
Ordinary Seaman	Matrose
Royal Naval Reserve (R.N.R.)	Königliche Marine-Reserve: Angehörige der Handelsmarine, also Berufsseeleute, die im Kriegsfall zur Royal Navy einberufen werden
Royal Naval Voluntary Reserve (R.N.V.R.)	Angehörige anderer Berufe, häufig Amateur-Segler u. ä., die nach freiwilliger Meldung für die Marine ausgebildet und für Kriegsdauer eingezogen werden.

1 Scapa Flow

Die vordere Stoßstange nur knapp einen Meter vom Rand der Mole entfernt, kam der mit Tarnanstrich versehene Humber-Dienstwagen zum Stehen und vibrierte geräuschvoll, als dränge er, wieder wegzukommen.

Die kleine Wren* am Steuer, bis über die Ohren gegen die schneidende Kälte vermummt, schickte sich an, den Scheibenwischer abzustellen, und sagte: »Da wären wir, Sir, das Boot kann jede Minute kommen.«

Sie wandte sich um, als der einzige Fahrgast des Wagens sagte: »Nicht abstellen, noch nicht.«

Commander Andrew Lindsay lehnte sich, ohne auf ihren fragenden Blick zu achten, vor und schaute mit ausdruckslosem Gesicht durch die regengepeitschte Scheibe.

Grau – alles war grau. Die verschwommenen Konturen der Insel, der Himmel, die verschiedenen Schiffe, die in Wind und Regen an ihren Ankerketten zerrten. Dunkel und bleiern lagen die Wasser des großen natürlichen Ankerplatzes von Scapa Flow vor ihm, nur der wirbelnde Gezeitenstrom und die turbulente Gegenströmung brachten Leben in das Bild.

Scapa. Dieses eine Wort sagte alles. Für Tausende von Seeleuten zweier Weltkriege sprach es Bände. Feucht und kalt. Tobende Stürme und Seen von einer Heftigkeit, daß man jedes Gran seines Könnens einsetzen mußte, um von den Felsen und umliegenden Inseln klarzukommen.

Während seine Blicke langsam über die vor Anker liegenden Schiffe wanderten, überlegte er, wie sein neues Schiff wohl sein werde. Das konnte man niemals im voraus sagen, trotz aller Befehle, trotz Durchsicht von Handbüchern und Geheimdienst-Berichten. Selbst in der Befehlsstelle in Kirkwall hatte man ihm da wenig helfen können.

HMS *Benbecula*, ein Hilfskreuzer, war sechs Monate umgerüstet worden und erwartete nun seinen neuen Kommandanten. Auf der stürmischen Überfahrt vom schottischen Festland über den Pentland Firth hatte er etwa ein Dutzend junger Seeleute gesehen, die ihn mit – ja, was? – Neugier, Hoffnung oder Resignation be-

---

* Anm. d. Übers.: Wrens = Women's Royal Naval Service, etwa der früheren deutschen Marinehelferin entsprechend

trachtet hatten. Eines war sicher: Sie alle waren blutige Neulinge und zwar in mehrfacher Weise, denn Minuten nach dem Loswerfen waren die meisten von ihnen bereits schrecklich seekrank geworden.

Und jetzt war erst September. Zum zweitenmal September in diesem Krieg.

Die Fahrerin musterte sein Profil und überlegte. Ihr Fahrgast war etwa 33 oder 34 Jahre alt. Als sie ihn am Kommandogebäude abgeholt hatte, war eine Welle von Mitgefühl in ihr aufgestiegen, weil sie ihn so trübsinnig auf die glitzernde Straße blicken sah. Die Männer waren in Scapa weit in der Überzahl, und ein weiterer Neuankömmling hatte wenig Aussicht, weibliches Interesse zu wecken. Doch mit diesem hier war es anders, fand sie. Er hatte blonde Haare, länger als bei Berufsoffizieren üblich, und blitzblaue Augen, die ruhig und sehr ernst blickten. Als schlüge er sich ständig mit einem Problem herum, versuche zu einer Entscheidung zu kommen. So auch jetzt, als er auf dieses verhaßte Bild starrte. Er hatte etwas Verwegenes an sich, das sie ansprach, gleichzeitig schien er jedoch distanziert, ja kalt.

»Sie können den Motor jetzt abstellen, danke«, sagte er leise.

Lindsay lehnte sich im Sitz zurück und klappte den Mantelkragen über die Ohren. Grau und kalt. Gierig darauf lauernd, ihn erneut auf die Probe zu stellen.

Er merkte, daß das Mädchen ihn beobachtete, und versuchte vergeblich, sich vorzustellen, wie es wohl unter all den unförmigen Hüllen und Schals aussah. Wahrscheinlich in den Zwanzigern wie die meisten der Wrens, die er in den warmen Räumen des Kommandogebäudes gesehen hatte. Er lächelte grimmig. In den Zwanzigern. Er war 1920 als zwölfjähriger Kadett zur Marine gegangen. Vor 21 Jahren, die ganze Zeit ohne eine Unterbrechung. Arbeiten und sich weiterbilden, herumkommen und sein Handwerk lernen. Sein Lächeln schwand. Und nun dies: das Kommando über ein abgeklappertes Handelsschiff, das wegen einiger Kanonen und einer Marinebesatzung jetzt als Kriegsschiff galt. Bewaffnetes Handelsschiff, schon der Name klang komisch.

»Ich glaube, da kommt das Boot, Sir.«

Er fuhr hoch, als hätte er geträumt. Im selben Augenblick fühlte er erneut Beklemmung und Unsicherheit in sich aufsteigen. Hätte er doch wieder auf einem Zerstörer hinausgehen können! Jeder Zerstörer wäre ihm recht gewesen, selbst so einer wie die alte *Ven-*

geur. Aber daran durfte er nicht mehr denken. Die *Vengeur* gab es nicht mehr. Sie lag mitten im Atlantik auf dem Grund der See.

Er sah den fernen Umriß des Motorboots, seine verschwommene Kontur, die über dem weißen Schnauzbart seiner Bugsee heranhuschte. Bald würde es da sein.

Behutsam ließ er die Gedanken wieder zu seinem letzten Kommando zurückkehren, wie einer, der eine eben verheilte Wunde berührt. Er hatte das Schiff zwei Tage nach Kriegsausbruch übernommen, einen alten Zerstörer der V&W-Klasse aus dem Ersten Weltkrieg, und doch hatte er ihn schließlich geliebt und seine wunderlichen Eigenarten und Launen respektiert.

Als nach den ersten nervösen Vorstößen von Freund wie Feind der wilde Sturm losbrach, mußte Lindsay wie die meisten seiner Altersgenossen noch einmal alles von vorne lernen. Taktische Lehren wurden über Nacht zu Mythen; die feste Überzeugung, daß nichts die Seeherrschaft der Royal Navy brechen könne, wurde weit über die Grenzen dessen hinaus beansprucht, was auch die größten Optimisten hinzunehmen bereit waren. Die Welt um sie herum ging aus den Fugen. Dünkirchen, der Fall Norwegens und der Niederlande, die Kapitulation Frankreichs und der daraus folgende Ausfall der verbündeten Flotte türmte eine Last auf die andere. In der Navy wurde man von Unglück und Verlusten direkter betroffen. Genau hier – man hätte es von diesem Wagen aus sehen können – war das vor Anker liegende Schlachtschiff *Royal Oak* durch ein U-Boot versenkt worden. Die Verteidigungsanlagen hatten als undurchdringbar gegolten. Aber das sagte man immer.

Und genau vor sechs Monaten, während er im Lazarett lag, war der Schlachtkreuzer *Hood* von der gewaltigen deutschen *Bismarck* vernichtet worden. Die Navy war wie betäubt – nicht nur, weil eine mächtige Einheit versenkt worden war. Im Krieg mußte man mit Verlusten rechnen. Doch bei der *Hood* war das anders. Sie war mehr gewesen als ein Schiff – sie war ein Symbol gewesen. Mächtig, schön und selbstbewußt, hatte sie zwischen den Kriegen die Welt umfahren, die britische Flagge in Dutzenden fremder Häfen gezeigt; hatte zum Entzücken von Jung und Alt bei Paraden im bunten Lichterglanz und großen Flaggenschmuck vor Anker gelegen. Für die Öffentlichkeit verkörperte sie die Royal Navy schlechthin. Unerreicht, ein sicherer Schild. Alles.

Ein Geschoß im Schneesturm hatte genügt, sie in Fetzen zu reißen. Von Hunderten, die auf ihr dienten, wurden nur drei lebend geborgen.

Vielleicht war seine *Vengeur* der Wirklichkeit näher gewesen, dachte er flüchtig; alt, aber erfahren und gut gebaut. Sie hatte seiner Besatzung treu gedient, bis zuletzt.

Er konnte sich noch so genau daran erinnern, als ob es gestern gewesen wäre. Oder heute.

Sie waren das Führerboot des Geleitschutzes für einen westwärts in die Vereinigten Staaten laufenden Geleitzug: zwanzig Schiffe, dringend benötigt, um aus den USA Ausrüstung und lebenswichtige Güter für England heranzuschaffen, das auf sich allein gestellt im Krieg stand.

In den ersten drei Tagen waren zwei Handelsschiffe torpediert und versenkt worden, doch danach schien es, als ob der Atlantik ihnen zu Hilfe käme. Ein schwerer Sturm hatte sich zusammengebraut, doch Tag für Tag war der angeschlagene Geleitzug unbeirrt westwärts gedampft, während die *Vengeur* ständig an den weit auseinandergezogenen Reihen der Schiffe hin und her lief, drängend und bittend, drohend und anfeuernd. Die übrigen Geleitstreitkräfte hatten aus zwei umgebauten Trawlern bestanden, sowie einem Patrouillenboot, das 1915 auf Kiel gelegt worden war.

Das war alles, was die größte Marine der Welt erübrigen konnte, also mußten sie das Beste daraus machen.

Vielleicht waren die U-Boote auf Tiefe gegangen, um dem Sturm auszuweichen, und hatten deshalb den Geleitzug verloren; vielleicht suchten sie auch nach leichterer Beute. Das würde ihnen nicht schwerfallen.

Doch ein U-Boot-Kommandant war zäher gewesen und an den aufgerissenen Kolonnen der Handelsschiffe drangeblieben. Er mußte es wohl auf das wertvollste Schiff des Geleitzugs abgesehen haben, einen großen modernen Tanker, der – wenn sie Glück hatten – genug Kraftstoff über den Atlantik zurückbringen würde, damit die Bomber nach Deutschland fliegen konnten, um auch dort zu zeigen, was Krieg war.

Der Sturm hatte nachgelassen, und der Himmel war klarer als in den vorangegangenen Tagen. Sie standen kurz vor dem Treffen mit den amerikanischen Sicherheitsstreitkräften, eine Vereinbarung, die deren Neutralität Lügen strafte, den Handelsschiffen und Geleitfahrzeugen aber höchst willkommen war.

Drei Torpedos hatten den Tanker knapp verfehlt, einer jedoch traf die alte *Vengeur* vorn an Backbord und hieb den Bug wie mit einer riesigen Axt ab.

Die Besatzung hielt sich glücklicherweise zur Zeit der Detonation auf Gefechtsstation auf, sonst wäre die unter Deck befindliche Wache getötet worden oder später ertrunken, als das Vorschiff abriß.

So ging das Schiff innerhalb von fünfzehn Minuten würdig unter, oder – wie der Gefechtsrudergänger später sagte – »wie eine große alte Dame«.

Nur fünf Mann waren verlorengegangen, alle übrigen wurden durch einen schwedischen Frachter, einen unfreiwilligen Beobachter der Versenkung, von den Booten und Flößen übernommen.

Lindsay bohrte seine Hände in die Manteltaschen und ballte sie zu Fäusten. Nur eine weitere Versenkung von vielen. Das kam immer wieder vor, und die da oben mochten froh gewesen sein, daß es die *Vengeur* und nicht den großen Tanker erwischt hatte.

Das war einmal. Vorbei. Er biß die Zähne zusammen, um nicht laut zu sprechen.

Das Mädchen fragte: »Alles in Ordnung, Sir?«

Er wandte sich ihr zu. »Was meinen Sie damit, verdammt noch mal?«

Sie schaute weg. »Verzeihung.«

»Nein.« Er nahm die Mütze ab und fuhr sich mit den Fingern durch das Haar. Es war schweißnaß. Angst. »Nein, ich bin es, der sich entschuldigen muß.«

Sie sah ihn wieder an, mit fragenden Augen. »War es schlimm, Sir?«

Er zuckte mit den Achseln. »Es reicht.« Unvermittelt fragte er: »Sind Sie verlobt oder so?«

»Nein, Sir, ich war es. Es hat ihn im letzten Jahr über Hamburg erwischt.«

»Ah so.« Erwischt. Ganz kühl klang das. Diese Jungen waren nicht unterzukriegen. »Ich glaube, ich sollte jetzt aussteigen, sonst fährt das Boot ohne mich ab.«

»Bitte, Sir, ich fasse beim Gepäck mit an.« Sie beachtete seine Proteste nicht, sondern kletterte aus dem Wagen auf die nassen Steine der Mole.

Der Wind schlug die Tür gegen den Wagen, und Lindsay fühlte, wie er sein Gesicht peitschte. Unten an den Stufen sah er das auf

und ab tanzende Motorboot, die in Ölzeug gehüllten Gestalten des Bootssteurers und der Bootsgasten.
»Vielleicht sehe ich Sie ja mal wieder.« Er versuchte ein Lächeln, doch sein Gesicht war wie eine Maske.
Sie schaute ihn von unten herauf an, im Regen glänzten ihre Stirn und die fesche Mütze. »Vielleicht.«
»Wie ist Ihr Name?«
Sie zog den durchnäßten Schal vom Mund und lächelte. »Collins, Sir. Eve Collins.«
Sie hatte einen hübschen Mund. Lindsay bemerkte auch, daß einer der Seeleute seine Koffer aufnahm und dabei die Beine des Mädchens betrachtete.
»Passen Sie gut auf sich auf.«
Er eilte zur Treppe und hinunter in das wartende Boot.
Das Mädchen ging zum Wagen zurück und rutschte hinters Steuer, wobei ihr nasser Dufflecoat einen Streifen über das abgenutzte Leder zog. Als sie mit dem Wagen vom Molenrand zurücksetzte, sah sie das Boot geschäftig in die Bucht drehen. Netter Kerl, dachte sie. Sie runzelte die Stirn, legte den Gang mit einem heftigen Ruck ein. Nett – aber irgend etwas ängstigt ihn. Warum habe ich ihm meinen Namen gesagt? Er wird nicht wiederkommen. Sie betrachtete sich im Spiegel. Armes Schwein. Wie wir alle in dieser gottverlassenen Gegend.

Lindsay blieb aufrecht im Boot stehen, das über das windbewegte Wasser tanzte, und hielt sich mit beiden Händen am Verdeck fest, während er die vor Anker liegenden Schiffe musterte. Schlachtschiffe und schwere Kreuzer, Flottenzerstörer und Versorger, deren grauer Stahl dumpf schimmerte. Die steif auswehenden Flaggen oder ein gelegentlicher bunter Fleck im Tarnanstrich einiger schutzsuchender Atlantik-Geleitboote waren die einzigen Farbtupfer. Mit geübtem Blick erkannte er die meisten Schiffe, ihre Namen, ihre Klasse und erinnerte sich, wo er schon mit ihnen zusammengetroffen war. Gesichter, Stimmen – die Navy war wie eine große Familie. Alle diese Schiffe, vielleicht die besten der ganzen Flotte, lagen hier in Scapa fest, schwojten um ihre Bojen und Anker, warteten. Nur für den Fall, daß wieder einmal schwere deutsche Einheiten ausbrachen, um Geleitzüge anzugreifen und zu vernichten, die Verteidigung zu erschüttern und England weiter in Bedrängnis zu bringen.

Die *Bismarck* war gestellt und versenkt worden, nachdem sie die *Hood* vernichtet hatte. Aber es war verdammt knapp gewesen und hatte fast der ganzen Heimatflotte bedurft, das zu schaffen. *Graf Spee* war von ihren eigenen Leuten in Montevideo gesprengt worden, um einer Niederlage durch siegreiche, wenn auch schwächere britische Streitkräfte zu entgehen. Aber trotzdem, es war schon eine Leistung gewesen, bis dahin zu kommen. Die *Graf Spee* hatte viele wertvolle Schiffe versenkt, ehe man sie in die Enge getrieben hatte. Und auch jetzt noch lagen angeblich die mächtige *Tirpitz* und mehrere andere starke, moderne Großkampfschiffe in den norwegischen Fjorden oder in den eroberten französischen Häfen der Biskaya auf der Lauer und warteten auf den richtigen Augenblick. Bis dahin mußten diese Schiffe hierbleiben und die Zeit vergeuden.

Er blickte den Bootssteurer an. Wahrscheinlich überlegt er sich, was für einen Kommandanten sie nun wohl bekamen. Taugte er was? Konnte er sie als geschlossene Mannschaft zusammenhalten?

Der Seemann sagte mürrisch: »Da ist das Schiff, Sir. Eben an Steuerbord.«

Lindsay hielt den Atem an. Für einen Augenblick war es nur ein weiterer Schatten im strömenden Regen, doch dann lag es tatsächlich da, hoch aufragend wie ein triefender Stahlfelsen. Lindsay kannte seine Geschichte, hatte Bild und Schiffsplan mehr als einmal genau studiert; neben einem flachen Zerstörer oder auch jedem anderen Kriegsschiff sah ein Handelsschiff immer sehr hoch und verletzlich aus. Es gehörte mehr als stumpfe graue Farbe, eine Kriegsflagge und ein paar Geschütze dazu, das zu ändern.

Einhundertsechzig Meter maß es vom altmodisch geraden Steven bis zum überhängenden Heck; zwölfeinhalbtausend Tonnen war es groß. Es hatte viele tausend Meilen zurückgelegt, seit es im Jahr 1919 zum erstenmal in den Clyde geglitten war. Entstanden in einer Zeit zerschlagener Hoffnungen, großer Arbeitslosigkeit, weltweiter Depression und der Apathie der Nachkriegszeit, hatte es den Werftarbeitern zwar Arbeit gegeben, doch keine neuen Hoffnungen. Immerhin hatte es sich bewährt und für die Reeder gelohnt. In den alten Schiffahrtslisten war es als ein Linie fahrendes Schiff verzeichnet und fast ständig in der London-Brisbane-Fahrt gewesen. Port Said, Aden, Colombo, Freemantle, Adelaide, Melbourne und Sydney. Die Häfen, die es anlief, glichen einem

Leistungsverzeichnis der Handelsmarine, die trotz allem von der ganzen Welt beneidet wurde.

Ladung, Post und Passagiere, damit war es in all den Jahren seines Wegs gezogen, hatte Geld eingebracht, Vergnügen bereitet, Arbeit gegeben.

Nach Dünkirchen, als Großbritannien endlich begriffen hatte, daß der Krieg nicht durch ein Patt – wenn überhaupt – gewonnen werden konnte, hatte eine neue Aufgabe auf die *Benbecula* gewartet. Die imposanten Überseedampfer waren Lazarettschiffe und Truppentransporter geworden, und alle anderen Frachter, Tanker oder alte Trampdampfer hatte man in die Schlacht ums Überleben auf den Geleitzugwegen geworfen. Die *Benbecula* hatte eine Zeitlang Truppen transportiert, war aber nicht geeignet für umfangreiche Ladung; zu klein, um eine größere Anzahl Soldaten zu transportieren, hatte man sie wie eine Schachfigur von einem Kriegsschauplatz zum anderen geschoben.

Als die Navy bis zum Zerreißen überbeansprucht war, hatte man sie schließlich zum Hilfskreuzer bestimmt. Sie konnte schwerstes Wetter abreiten und länger als ein normales Kriegsschiff ohne Stützpunkt in See bleiben: in den großen Wasserwüsten des Nordatlantik, vor Island oder in den öden Seegebieten der Dänemark-Straße. Auf Blockadebrecher achten, alles Verdächtige melden, aber ernster Gefährdung aus dem Weg gehen, lautete ihr Auftrag. Jedes größere Kriegsschiff hätte ihren ungepanzerten Rumpf in Schrott verwandeln können. Bei der *Rawalpindi* hatte sich das gezeigt. Und vor knapp neun Monaten erst war die *Jervis Bay* bei der Verteidigung eines vollbeladenen Geleitzuges, der über tausend Meilen von der amerikanischen Küste gekommen war, gesunken. Der Geleitzug hatte sich zu seiner Sicherheit in alle Winde zerstreut, während sich die *Jervis Bay* brennend und artilleristisch unterlegen Schuß um Schuß mit einem deutschen Schlachtschiff maß. Ihre Vernichtung, ihr Opfer, hatte jene daheim mit Stolz, aber auch mit Scham erfüllt, die – blind gegenüber der Gefahr – das Land so schwach gelassen hatten.

Das Motorboot bog um den hohen Bug, und Lindsay sah die ausladende Brückennock, den einzigen Schornstein und das fremdartig wirkende Rohr eines 15-Zentimeter-Geschützes unterhalb des Vormastes.

Er sagte: »Sie scheint Schlagseite nach Steuerbord zu haben.«

Der Bootssteurer grinste. »So ist es, Sir. Die hatte sie aber schon immer. Einer von den Alten sagt, daß sie vor dem Krieg in irgendeinem Taifun einen Knuff abgekriegt hat. Das hat sie nie verwunden.«

Lindsay runzelte die Stirn. Ihm war gar nicht klar gewesen, daß er seine Gedanken laut ausgesprochen hatte. Also eine leichte Krängung nach Steuerbord. Und er hatte sich noch nicht einmal an Bord umgesehen.

Wieder fühlte er ein beklemmendes Frösteln. Er zwang sich, gedanklich die Fakten durchzugehen: sechs 15-Zentimeter-Geschütze, 250 Mann Besatzung, von denen die meisten gerade aus den Ausbildungslagern kamen.

Der Erste Offizier hieß Goss. John Goss.

Die Bordwand ragte nun direkt über ihm hoch, das Fallreep erstreckte sich scheinbar endlos bis hinauf zu einigen Gesichtern, die über die Reling spähten. Wieviele Passagiere waren wohl über diese Treppe hinauf und hinunter geklettert? Mit Andenken, unanständigen Postkarten aus Aden, einer Messingschale für die Tante in Eastbourne ...

Das Boot stoppte. Schluß jetzt!

Während der Bootsgast mit gekonnter Lässigkeit den Bootshaken einhakte, stand Lindsay aufgerichtet in dem tanzenden Boot.

Als er auf die Gräting am Fuß des Fallreeps sprang, zischelte der Bootsmaschinist: »Wie ist er, Bob?«

Der Bootssteurer beobachtete, wie Lindsays schlanke Gestalt die Bordswand hocheilte, und antwortete durch die Zähne: »Aktiver Offizier, nicht wie der letzte Käpt'n.«

Der Maschinist stöhnte. »Entweder hat er was ausgefressen und ist nix wert, oder wir kriegen eine ganz beschissene Sonderaufgabe. Jedenfalls isses großer Mist.«

Der Bootssteurer horchte auf das Zwitschern der Pfeifen vom oberen Ende der Treppe und sagte ungerührt: »Sieht so aus. Schnapp das Gepäck und rauf damit!«

Der andere murmelte: »Wenn ich meine zwölf Jahre abgerissen habe, können mich alle Maate am Hobel blasen!«

Der Bootssteurer überlegte, ob abends in der Flottenkantine ein Film lief. Aber wahrscheinlich war es knüppelvoll, ehe er an Land kam. Er stierte in den trüben Himmel und den Regen. Verdammtes Scapa, dachte er.

Lindsay musterte das angetretene Empfangskomitee, aber in ihrem glänzenden Ölzeug sahen alle gleich aus. Nach der Mole und dem offenen Boot schien es ihm hier seltsam geschützt. Die Eingangspforte lag unterhalb des Promenaden- und Bootsdecks, und da der Wind von der anderen Seite kam, war es plötzlich ganz ruhig.

»Willkommen an Bord, Sir.« Ein großer, kräftig gebauter Offizier trat vor und grüßte. »Ich bin Goss.«

Lindsay wußte, daß Goss 45 war, er sah jedoch fünfzehn Jahre älter aus. Er hatte ein starkknochiges, ernstes Gesicht und schien in seinem Ölzeug mit Kopf und Schultern alle anderen zu überragen.

Lindsay streckte die Hand aus. »Danke, IO.«

Goss hatte weder geblinzelt noch den Blick gesenkt. »Ich habe eine Wache sowie die zweite Hälfte der Backbordwache an Land geschickt, zum Verpflegungsamt, Sir. Munition haben wir schon in Leith übernommen, ehe wir hierher kamen.« Zum ersten Mal wandte er den Blick ab und sagte fast heftig: »Sie brauchen sich um dieses Schiff keine Sorgen zu machen, Sir.«

Etwas in seinem Ton, ein Anflug von Herausforderung oder Aggressivität, veranlaßte Lindsay, kühl zu erwidern: »Das werden wir ja sehen.«

Goss wandte sich ab, sein Mund wurde etwas härter. »Das ist Lieutenant Barker, Sir. Zahlmeister und Versorgungsoffizier. Seine Bücher liegen zur Prüfung bereit.«

Lindsay gewann den flüchtigen Eindruck eines bleckenden Lächelns, farbloser Augen hinter einer Hornbrille, und nickte. »Gut.«

Goss schien sich unbehaglich zu fühlen. Ungehalten, ärgerlich, ja feindselig.

Das war ein schlechter Anfang. Was war nur los? Lindsay gab sich selbst die Schuld. Sie hatten sich wahrscheinlich alle mehr Gedanken über ihren neuen Kommandanten gemacht, als er sich vorgestellt hatte.

Er machte einen neuen Versuch. »Unsere Auslaufbefehle kommen während der ersten Nachmittagswache an Bord.« Er machte eine Pause. »Also leider kein Landurlaub, bis ich weiß, was los ist.«

Zu seiner Überraschung lächelte Goss. Es war eigentlich mehr eine Grimasse. Er sagte schroff: »In Ordnung. Die meisten Männer wollen lieber nur wie Seeleute aussehen als irgend etwas Nützliches tun. Trauriger Haufen von Zivilisten und Tagedieben.«

Lindsay sah auf die Uhr. Sie war stehengeblieben; ihm fiel zu seinem Ärger ein, daß er gerade auf die Uhr der St. Magnus-Kathedrale in Kirkwall gesehen hatte, um sie zu stellen, als die Wren mit dem Wagen angekommen war.

Goss sah das flüchtige Stirnrunzeln. »Das Mittagessen ist leider schon abgeräumt, Sir.« Er zögerte. »Ich könnte natürlich den Koch rufen und ...«

Lindsay wandte sich ab. »Nein, ein Sandwich genügt.«

Er konnte sich nicht einmal erinnern, wann er das letztemal richtig gegessen hatte. Aber er mußte diese Unterredung beenden, für sich allein bleiben, um sich und seine Gedanken zu sammeln.

»Wenn Sie mir dann bitte folgen würden, Sir?« Goss wies zu einem Aufgang. »Die Kapitänsräume sind unter dem Brückendeck, daran hat sich bisher nichts geändert.«

Lindsay folgte ihm schweigend. Geändert? Was meinte er damit? Er sah verschiedene auf den Decks arbeitende Seeleute, wich jedoch ihren Blicken aus. Es war noch zu früh für schnelle Urteile. Im Gegensatz zu Goss, der Männer augenscheinlich schon deswegen verachtete, weil sie »Zivilisten« waren. Ohne sie wäre die Navy verdammt schlecht dran gewesen. Was erwartete er denn auf einem alten Kasten wie diesem?

Laut fragte Lindsay: »Was ist mit dieser Krängung nach Steuerbord?«

Goss stieg bereits den Aufgang hinauf. Er wandte sich nicht um. »War immer da.« Pause. »Sir«, sagte er nur.

Die Kapitänsräume waren wirklich groß und nahmen die ganze Brückenbreite ein. Es gab eine Treppe, die unmittelbar zum Kartenraum und zum Funkraum, zur Navigationsbrücke und zum Kompaßstand führte. Man konnte den größten Teil des Bootsdecks und das Vorschiff bis zum Bug überblicken.

Goss öffnete die Tür und beobachtete Lindsay beim Betreten des Wohnraums genau.

Im Vergleich zur *Vengeur* war dies eine andere Welt. Ein grüner Auslegeteppich und Holztäfelung. Anständiges Mobiliar, Chintzvorhänge an jedem der auf Hochglanz polierten Bulleyes. Über einer eichenen Anrichte hing eine kolorierte Fotografie der *Benbecula*, wie sie früher ausgesehen hatte: leuchtend grüner Rumpf

19

und hellbrauner Schornstein. Die frühere Reederei, die Aberdeen and Pacific Steam Navigation Company war durch das Reedereiwappen ebenfalls vertreten, und in einem kleinen Glaskasten lag der Hammer, der beim Stapellauf benutzt worden war.

Goss sagte ruhig: »Es gibt, vielmehr gab, fünf Schiffe bei der Gesellschaft.« Er nahm seine Öljacke ab und legte sie sorgfältig über den Arm. Auf seinem Bordjackett trug er die verflochtenen Goldstreifen eines Lieutenant Commander der Royal Naval Reserve. »Gute Schiffe. Mit einer Ausnahme bin ich auf allen gefahren.«

Lindsay sah ihn ernst an. »Immer bei der gleichen Reederei?«

»Ja, seit meinem vierzehnten Lebensjahr. Ohne den Krieg wäre ich jetzt Kapitän.«

»Aha.«

Lindsay trat zum nächsten Bulleye und schaute auf das wirbelnde Wasser unten. Goss' Bemerkung war wohl mit ein Grund für seine ganze Haltung, dachte er. Er wäre jetzt Kapitän gewesen. Dieses Schiffes vielleicht?

Er wandte sich um und sah die Bücher, die auf einem polierten Schreibtisch zur Prüfung und Abzeichnung aufgereiht lagen. So ordentlich und sauber wie die Öljacke über Goss' kräftigem Arm.

Er fragte: »War dies Ihr letztes Schiff, 10?«

Goss nickte knapp. »Ich war Erster Offizier. Aber als wir aufhörten, Truppen zu transportieren, und die Admiralität das Schiff übernahm, blieb ich an Bord. Da ich Reserveoffizier bin, konnte man wohl schlecht Einspruch erheben.«

»Warum sollte man Einspruch erheben?«

Goss errötete. »Die sind doch nicht glücklich, ehe sie jeden hin und her geschoben haben.«

»Vielleicht haben Sie recht.« Lindsay wandte sich ab. »Wenn Sie nun für ein Sandwich sorgen wollen, werde ich mich hier eingewöhnen und die Bücher durchsehen.«

Goss zögerte. »Ich hörte, Sie waren im Lazarett, Sir.« Seine Augen flackerten. »Verloren Ihr Schiff, glaube ich.«

»Ja.«

Goss schien zufrieden. »Ich lasse Sie dann allein. Wenn Sie etwas wünschen, können Sie telefonieren oder nach dem Steward klingeln.«

Die Tür schloß sich lautlos, und Lindsay setzte sich an den Schreibtisch. Nicht gut, aber der Anfang hätte schlimmer sein können. Sehr viel schlimmer. Er blätterte durch die ordentlich geführten Seiten. Außer Goss und ihm waren siebzehn Offiziere an Bord, darunter ein Arzt und aus unerfindlichen Gründen ein Lieutenant der Marineinfanterie. Die meisten Offiziere waren nur für die Kriegsdauer eingezogen. Er lächelte trotz seiner angespannten Nerven. Zivilisten, wie Goss sie genannt hatte. Einige von ihnen gehörten zur Royal Naval Reserve, darunter Goss, die Ingenieuroffiziere und Lieutenant Barker, den er flüchtig kennengelernt hatte, sowie Tobey, der Bootsmann. Also Berufsseeleute und vertraut mit Schiffen wie der *Benbecula*. Das war schon etwas wert. Die einzigen Berufssoldaten waren wohl der Artillerieoffizier Lieutenant Maxwell und zwei Pensionäre, die man aus dem Ruhestand zurückgeholt hatte, Baldock als Stückmeister und Emerson, ein technischer Warrant Officer. Lindsay stockte am Fuß der Seite. Und ein einsamer Midshipman namens Kemp. Was für ein Kommando für einen Fähnrich, dachte er bitter. Er sah sich selbst im Wandspiegel und schüttelte sich. Oder auch für Commander Andrew Lindsay.

Der Wind stöhnte um die Brückenaufbauten, und Lindsay bemerkte das Fehlen jeder Schiffsbewegung. Ein Zerstörer hätte vor Anker gestampft, selbst hier in Scapa Flow. Er müßte nun seine Offiziere kennenlernen und das Schiff von der Brücke bis zum Kiel erkunden. Um ein Gefühl dafür zu bekommen.

Er barg das Gesicht in den Händen. Das mußte bald sein. Er durfte keine Zeit verschwenden mit Gedanken an früher. Er hatte den Verlust der *Vengeur* verwunden, soweit das jemand konnte, der ein Schiff, sein Schiff, hatte untergehen sehen. Aber das andere ... Er zögerte und dachte an die ruhige Stimme des Arztes im Lazarett. Das würde länger dauern. Vermeiden Sie es, daran zu denken, hatte der Arzt gesagt.

Lindsay stand ruckartig auf. Vermeiden, daran zu denken – wie sollte er das schaffen? Absolut blödsinnig, so etwas überhaupt vorzuschlagen.

Erstaunt blickte er einen großen, traurig aussehenden Mann in weißer Jacke an, der mit einem Silbertablett, über dem eine frische weiße Serviette lag, eingetreten war.

Der Mann sagte: »Ich bin Jupp, Sir. Kapitänssteward.«

Lindsay schluckte. Der Steward mußte ihn für verrückt halten. »Stellen Sie das Tablett hierher. Danke, eh, Jupp.«

Der Steward setzte das Tablett ab und sagte trübselig: »Ich hab' die Sandwiches selbst gemacht, Sir. Bißchen Büchsenlachs, den ich zurückgelegt hatte, etwas Dosenschinken und ein paar Oliven, in Freetown von einem griechischen Frachter organisiert.« Er sah Lindsay an und fügte hinzu: »Schön, daß Sie da sind, wenn ich mir die Bemerkung erlauben darf.«

Lindsay schaute ihn prüfend an. »Ich nehme an, Sie gehörten auch zur Reederei?«

Jupp lächelte milde. »Dreiundzwanzig Jahre, Sir. Wir hatten es mit einer Menge netter Menschen zu tun.« Das Lächeln wurde wieder schmerzlich. »Sie werden sich bald eingewöhnen, Sir, also ärgern Sie sich nicht darüber.«

Lindsay fühlte Ärger in sich aufsteigen.

»Ich bin wirklich froh, daß Sie zu uns gekommen sind, Sir.« Jupp ging zur Tür.

»Danke.«

Lindsay starrte die geschlossene Tür an, sein Ärger war verflogen und hinterließ nur eine Leere. Jupp schien mehr davon auszugehen, daß er in die Reederei einträte, als daß er das Kommando übernähme. Doch trotz seiner zerrütteten Nerven und vorangegangenen Verzweiflung nahm er ein Sandwich vom Teller. Es war dünn und sehr hübsch zurechtgemacht.

Unter dem Teller lag eine kleine Karte: »Im Namen der Aberdeen and Pacific Steam Navigation Company heißen wir Sie an Bord der SS *Benbecula* willkommen.« Jupp hatte die Bezeichnung des Schiffes mit einem Bleistift durchgestrichen und dafür H. M. S. gesetzt.

Lindsay sank auf einen Stuhl und blickte sich in der stillen Kajüte um. Jupp versuchte jedenfalls zu helfen. Er griff nach einem anderen Sandwich und merkte plötzlich, daß er schrecklich hungrig war. Nun denn, er würde also anfangen, beschloß er grimmig, und sei es nur, um bei klarem Verstand zu bleiben.

Jupp ging in der Kajüte umher, rückte hier einen Vorhang zurecht, prüfte dort einen Aschenbecher und achtete ganz allgemein darauf, daß alles so war, wie es sein sollte. Es war erst früher Abend, doch der Pfiff zur Verdunkelung des Schiffes war schon lange erklungen, da es in Scapa Flow anscheinend schnell dunkel wurde. Es war überhaupt nicht sehr hell geworden an diesem ersten Tag an Bord für Lindsay.

Er saß mit aufgeknöpftem Jackett am Schreibtisch und schob

die letzte Akte beiseite. Müde war er, sogar erschöpft; erstaunt stellte er fest, daß er nach seinem systematischen Rundgang eine Stunde lang ohne Unterbrechung gearbeitet hatte.

Die Werft in Leith war beim Umbau ziemlich rücksichtslos gewesen, dachte er. Unter dem A-Deck schien zum Beispiel von der ursprünglichen Inneneinrichtung nicht viel übriggeblieben zu sein. Vorn und achtern gab es ein Welldeck, aber wo früher die Hauptladeräume gewesen waren, befanden sich nun Abstützungen aus massiven Stahlträgern, um die Hauptbewaffnung auf den Decks darüber zu stützen. Auf dem Vordeck standen vier 15-Zentimeter-Geschütze, zwei an jeder Seite; die übrigen zwei waren achtern aufgestellt, wieder eins auf jeder Seite. Es gab eben nicht viele Möglichkeiten auf einem Schiff, das für friedliche Zwecke gebaut war. Offensichtlich konnte die *Benbecula* nie mehr als die Hälfte ihrer Hauptbewaffnung gegen ein Ziel einsetzen. Dann stand noch ein alter Zwölfpfünder (ca. 7,6 Zentimeter) ganz achtern auf der Poop, ein Überbleibsel aus den Truppentransportertagen, und auf dem Bootsdeck hatte er vier moderne Oerlikons entdeckt. Alle zusammen bildeten sie die einzige Verteidigungs- oder Angriffsbewaffnung der *Benbecula*.

Die meisten der ursprünglichen Rettungsboote waren verschwunden und durch Marinekutter, zwei Motorboote und eine Reihe von Rettungsinseln und Holzflößen ersetzt worden, die einzigen, auf die man sich wirklich verlassen konnte, wenn das Schiff schnell sank.

In einem modernen Kühlraum hatte er den Zahlmeister Lieutenant Barker und seine Helfer gefunden, welche die zuletzt übernommenen Vorräte überprüften. Barker war vor dem Krieg Schiffszahlmeister gewesen und einige Zeit auch auf der *Benbecula* gefahren. Er hatte mit sichtbarer Wehmut von den »besseren Tagen« gesprochen.

Viele der Passagierkabinen waren zu Unterkünften für die Besatzung umgewandelt worden, ein seltener Luxus für Mannschaftspersonal, auch wenn die Werft es geschafft hatte, vier oder fünf Mann in jeden Raum zu zwängen.

Begleitet von Goss, hatte Lindsay versucht, nichts auszulassen, hatte seine Gedanken für sich behalten, bis er die Besichtigung beendet hatte.

Auf dem untersten, dem Orlopdeck unter der Wasserlinie, waren die Munitionskammern für die 15-Zentimeter-Geschütze eingebaut worden, dazu Aufzüge, um Geschosse und Ladungen über die anscheinend große Entfernung zu den Geschützen nach oben zu bringen. Die Kanonen waren sehr alt, stammten aus dem Ersten Weltkrieg, wurden mit der Hand betrieben und waren fast ohne jede zentrale Feuerleitung.

Er hatte Lieutenant Maxwell getroffen, den Artillerieoffizier, und den dumpfen Eindruck gehabt, daß der Mann auf ihn gewartet hatte, den richtigen Moment abschätzte, um wie zufällig in Erscheinung zu treten.

Maxwell war Berufsoffizier, etwa gleichaltrig mit ihm. Dünn, knochig und steif, schien er während der ganzen Begegnung niemals entspannt. Seine Fäuste blieben fest geballt, die Daumen an der Hosennaht, als wäre er bei der Parade.

Während sie sprachen, wurde Goss vom Bootsmaat der Wache abberufen. Da sagte Maxwell hastig: »Ziemlich ungeschliffener Haufen, leider, Sir. Aber mit dem richtigen Kommandanten werden wir sie schon hinkriegen.«

Lindsay war es klar, daß der Artillerieoffizier im Gegensatz zu Goss die Reserveoffiziere und Mannschaften der Reederei meinte. Er hatte auch bemerkt, daß Goss und Maxwell kaum miteinander sprachen.

Später, auf dem Weg zum Kesselraum, hatte Goss säuerlich bemerkt: »Wußten Sie, daß Maxwell bis zum Krieg fünf Jahre an Land war? Hat wohl irgend etwas ausgefressen, nehme ich an. Verdammt unfair, ihn uns zu geben.«

Lindsay lehnte sich im Sessel zurück und verschränkte die Hände hinter dem Kopf. Wahrscheinlich dachte Goss über seinen neuen Kommandanten ebenso.

Jupp blieb beim Schreibtisch stehen, seine Augen funkelten im Lampenlicht. »Ich nehme an, Sie möchten etwas trinken, Sir?«

»Danke. Einen Whisky, wenn Sie haben.«

Jupp betrachtete ihn ernst. »Es ist mir bisher immer gelungen, etwas für meine Kapitäne zu reservieren, Sir.« Er schien erstaunt, daß Lindsay an seinen Fähigkeiten gezweifelt hatte, etwas zu beschaffen, das sonst überall eine Seltenheit geworden war.

Lindsay beobachtete Jupp an der Anrichte. Ein Mann, der in seinem Beruf glücklich ist, dachte er müde.

Dann fiel ihm Fraser ein, der Leitende Ingenieur. Lieutenant Commander (E) Donald Fraser hatte ihn durch die Kessel- und Maschinenräume geführt. Ein kleiner, fast zierlicher Mann mit eisgrauem Haar, zynischem Lächeln und sehr trockenem Humor. Lindsay hatte ihn sofort gemocht.

Goss war sicher ein guter Seemann, und Maxwell schien auf artilleristischem Gebiet kompetent zu sein. Sogar Barker machte den Eindruck eines gewitzten und aktiven Fachmannes. Doch besonderen Gefallen fand Lindsay auch nach eingehender Überlegung an keinem. Nach seiner Erfahrung waren die meisten Schiffsingenieure Sonderlinge, die die Abgeschiedenheit ihrer dröhnenden Maschinenwelt gegen alle Eindringlinge, einschließlich der Kapitäne, verteidigten. Fraser dagegen sprach fast beleidigend über seinen Beruf und die Schiffe, auf denen er gefahren war. Seit seinem siebzehnten Lebensjahr fuhr er zur See. Und jetzt war er fünfzig.

Auf der *Benbecula* war er erst seit acht Monaten Chief, davor war er auf dem Schwesterschiff, der *Eriskay*, gefahren.

»Sie gleichen sich wie ein Ei dem anderen«, sagte er ohne Begeisterung. »Manchmal, wenn ich meine Runden gehe, vergesse ich fast, daß ich das verdammte Schiff gewechselt habe.«

Als Lindsay ihn nach seinen früheren Stellungen fragte, hatte er gesagt: »Ich war zehn Jahre lang bei Cunard. Das war noch eine Gesellschaft!«

»Warum sind Sie weggegangen?«

Fraser ließ einen freudlosen Blick über die zahlreichen Skalen und brummenden Generatoren schweifen, ehe er langsam antwortete: »Ich hatte von meiner Frau die Nase voll. Nur durch längere Reisen für diese lausige Reederei konnte ich Frieden finden.«

Als Lindsay sich anschickte, den Maschinenraum zu verlassen, sagte Fraser schlicht: »Wir werden uns nicht in die Wolle kriegen, Sir. Ich kann Ihnen fünfzehn, vielleicht sechzehn Knoten liefern. Wenn Sie mehr brauchen, werde ich tun, was ich kann.« Er hatte gegrinst wie ein schlauer Fuchs. »Und wenn ich diesem alten Eimer die Innereien rauspusten muß!«

Das Whiskyglas war leer; als Jupp lautlos aus der Karaffe nachfüllte, leckte Lindsay sich die Lippen. Er hatte kaum bemerkt, daß er den Whisky ausgetrunken hatte, und das war ein schlechtes Zeichen. Der Arzt hatte gesagt... Er verdrängte die aufsteigende Erinnerung.

Statt dessen wandte er sich dem regenfeuchten Umschlag zu, den das Wachboot während der ersten Nachmittagswache an

Bord abgegeben hatte. Befehle. Aber nichts Neues oder gar Aufschlußreiches. Das Schiff sollte weiter auf dem jetzigen Ankerplatz bleiben, bis Auslaufbefehl kam.

Durch die dicken Glasbulleyes hörte er gedämpft den klagenden Ton eines Horns, wahrscheinlich von einem der Schlachtschiffe. Er fühlte sich plötzlich müde und seltsam ausgeschlossen. Einsam. Auf einem kleinen Schiff war man immer mit anderen in engem Kontakt. Man kannte jeden, während hier ... Er nippte an dem zweiten Whisky, lauschte auf den Wind und die gedämpften Schritte des Signalgasten auf der Brücke über ihm.

Jupp fragte diskret: »Werden Sie an Bord speisen, Sir?«

Er dachte plötzlich an die kleine Wren mit dem windgeröteten Gesicht. Er konnte ja an Land gehen und sie anrufen. Sie zu einem Drink einladen. Aber wo? Egal, sie würde ihn wahrscheinlich sowieso auslachen.

Er bejahte und merkte, daß Jupp über diese Antwort offensichtlich erfreut war.

»Ich will versuchen, etwas Besonderes für Sie zurechtzumachen, Sir.« Jupp blickte nervös auf die Wanduhr und eilte dann zielstrebig davon.

Lindsay schaltete das Radio über der Anrichte ein. Luftangriffe, weiterer Rückzug in Nordafrika. In der vergangenen Nacht hatten leichte Seestreitkräfte feindliche Schnellboote im Kanal angegriffen. Der Gegner erlitt Verluste. Der Marineminister bedauerte, den Verlust von H. M. Trawler Milford Queen mitteilen zu müssen. Die nächsten Angehörigen waren schon benachrichtigt. Ärgerlich stellte Lindsay ab. Worte, nichts als Worte. Was sagten sie denen, die in den Kellern und Schutzräumen hockten, auf das Dröhnen der Bomber horchten und darauf warteten, daß ihre Welt über ihnen zusammenbrach?

Er hörte Klopfen an der Tür. Es war Fraser.

»Ja, LI?« Er hielt die Hände hinter den Rücken, weil er sich darüber klar war, daß sie heftig zitterten.

Der Ingenieuroffizier hielt ihm eine Flasche Gin entgegen. »Ich dachte, Sie würden vielleicht gern einen Schluck mit mir trinken, Sir.« Sein Blick fiel auf die Karaffe. »Aber natürlich, wenn Sie etwas anderes anzubieten haben?«

Dankbar lächelte Lindsay und deutete auf einen Stuhl. Er war froh, daß er am ersten Abend an Bord nicht allein blieb. Goss als Erster Offizier und Dienstältester in der Offiziersmesse hätte den neuen Kommandanten zu den anderen Offizieren herunterbitten müssen, um das Eis zu brechen. Jupp hatte das erwartet.

Er merkte, daß Fraser ihn prüfend ansah.

»Ihr Wohl, LI.«

Fraser hielt das Glas gegen das Licht und sagte ruhig: »Na, da wir beide Schotten sind, besteht für diesen verdammten Dampfer ja noch eine gewisse Hoffnung.«

Jenseits der hohen Bordwände hatte der Wind etwas nachgelassen, doch der Regen war stärker geworden und schlug wie ein Geschoßhagel aufs Wasser.

An Land saß Wren Collins in ihrer engen Unterkunft, stopfte einen Strumpf und horchte nach draußen.

»Verdammtes Scapa«, sagte sie laut und nachdrücklich.

2 Der Alptraum

Andrew Lindsay erwachte aus seinem Alptraum, wühlte sich aus Laken und Decken, schnappte nach Luft und merkte an seiner schmerzenden Kehle, daß er laut geschrien hatte. Geschrien, um sich die Pein vom Leibe zu halten.

In pechschwarzer Dunkelheit tastete er sich stolpernd und schluchzend durch seine Kajüte, stieß gegen ungewohnte Möbel, fiel fast hin, bis er schließlich ein Bulleye gefunden hatte. Er hörte sich selbst fluchen, als er mühsam die schwere Panzerblende hob und dann die Schraubverschlüsse löste.

Als er das Bulleye öffnete, verschlug es ihm den Atem. Der Regen schlug ihm wild auf Gesicht und Brust, durchnäßte Haare und Pyjama, bis er vor Kälte und auch schierer Angst zitterte. Er steckte seinen Kopf durch das offene Bulleye, ließ den Regen über sich rinnen und fühlte den kalten Messingrand an seinen Schultern. Das Bulleye war groß. Weit genug, sich durchzuwinden, wenn man sich Mühe gab.

Er atmete stoßweise und spähte durch den Regen. Der Himmel war heller geworden, er glaubte, die Umrisse eines anderen, in der Nähe vor Anker liegenden Schiffes zu erkennen. Unmöglich zu sagen, wie spät es war, wie lange der Traum gedauert oder wann er begonnen hatte. Das wußte er nie. Nur, daß es immer der gleiche Traum war.

Müde klappte er die Panzerblende wieder herunter, tastete sich zu seiner Koje und knipste die Leselampe am Kopfende an.

Das Laken war nicht nur von seinem regennassen Körper feucht. Er hatte geschwitzt, als er es wieder durchlebte. Geschwitzt und gekämpft, um sich davon zu befreien.

Er fühlte, daß sein Atem allmählich ruhiger ging, und nahm den Morgenrock vom Haken. Ihm war eiskalt, auch zitterte er stark.

Das Schiff um ihn herum war still wie ein Grab. Kein Tritt oder auch nur ein Knarren störte die Stille.

Sei vernünftig. Sieh den Dingen ins Auge. Gewissenhaft kontrollierte er jede Bewegung, füllte seine Pfeife ohne hinzusehen, um sich in die Gewalt zu bekommen. Angenommen, er wurde diesen Druck niemals los? Hatten die Ärzte sich geirrt? Schließlich waren die Marinelazarette zu überfüllt mit dem endlosen Strom verbrannter, verbrühter, schlimm zugerichteter Wracks, als daß sich die Ärzte lange um einen einzelnen Fall kümmern konnten.

Sorgfältig zündete er seine Pfeife an, schmeckte den Whisky vom Abend vorher und wußte, daß er kurz davor gewesen war, sich zu erbrechen.

Im Licht der Streichholzflamme schien sein Gesicht im Spiegel gegenüber zu schwimmen. Ihn schauderte. Ertrinken ... Er fühlte sich älter als dieses Gesicht mit zerzaustem Haar, mit aufgerissenen, starr blickenden Augen. Das Gesicht eines Fremden.

Der Tabakrauch umwirbelte ihn, als er aufstand und geistesabwesend auf dem Teppich hin und her ging.

Wenn es nicht unmittelbar nach dem Sinken der *Vengeur* passiert wäre, er wäre vielleicht eher damit fertig geworden. Vielleicht hatte er schon zuviel gesehen und erlebt, hatte seine Widerstandskraft aufgezehrt.

Auf dem Niedergang über ihm tappten Füße. Man brachte der Morgenwache, die auf der Brücke wach zu bleiben versuchte, ihren Kakao.

Seltsam, daß er während seiner ganzen Zeit in der Navy mit fast allem zufrieden gewesen war. Vielleicht, weil sie ihm alles bedeutete. An seinen Vater konnte er sich kaum erinnern. Der war in dem anderen Krieg in der Skagerrakschlacht verwundet worden und hatte sich davon nie wieder richtig erholt. Ausgelaugt von den Sorgen um ihren Mann, von seiner Pflege und vom Haß gegen die Marine, hatte die Mutter fast unmittelbar nach seinem Tod wieder geheiratet. Aber sie hatte den Wunsch ihres verstorbenen Mannes erfüllt und Andrew in das College der Royal Navy in Dartmouth gegeben.

Da ihm ein normales Familienleben versagt blieb, hatte Lindsay alles der Navy gegeben. Er hatte oft überlegt, ob dieser Antrieb, dieses Vertrauen vielleicht der Hauptgrund für seinen Zusammenbruch gewesen war. Denn Krieg war nicht nur eine Frage der Waffen und der Strategie. Vor allem verlangte er Ausdauer. Um zu überleben, mußte man durchhalten können, ganz unabhängig davon, was man sah oder fühlte. Das hatte ihm der Atlantik gründlich gezeigt. In einem riesigen Schlachthaus durchhalten und verbissene Ausdauer zeigen.

Konnte ein Mann endgültig gebrochen werden? Wie oft hatte er sich diese Frage gestellt.

Er setzte sich und starrte auf seine glühende Pfeife.

Das schwedische Schiff hatte die Überlebenden der *Vengeur* nach New York gebracht. Wäre es ein britischer Hafen gewesen, wäre wohl alles anders gelaufen. Für Männer jedoch, die nach strahlenden Lichtern, nach Freundlichkeit hungerten, danach verlangten, sich für ihre Leiden zu entschädigen, war New York eine andere, unwirkliche Welt. Ein Schutzmantel, der die Schrecken des Krieges abschirmte oder zumindest aufschob.

Eine Woche später waren Lindsay und seine Männer, ein paar andere Überlebende und eine große Zahl ziviler Passagiere auf ein holländisches Schiff zur Überfahrt nach England eingeschifft worden. Es hatte fast Ferienstimmung geherrscht. Die britischen Seeleute waren mit Geschenken und Freßpaketen beladen.

Als das holländische Schiff ausgelaufen war, um sich einem ostwärts fahrenden Geleitzug anzuschließen, hatte Lindsay den Verlust seines Schiffes sehr viel stärker empfunden. Wohl weil er zum erstenmal nichts zu tun hatte. Ein Passagier. Eine Nummer in einem Rettungsboot, ein Platz im Speisesaal.

Er hatte sich von den anderen abgesondert, sogar von seinen Offizieren, und sich einigen zivilen Fahrgästen angeschlossen. Ihm war klar gewesen, daß das ihm ebenso half wie ihnen. Er mußte etwas tun, das seine Gedanken beschäftigte, so wie sie jemand brauchten, der ihnen alles erklärte und ihre Ängste beschwichtigte, als das Land achteraus verschwunden war.

Vor allem galt das für eine bestimmte Familie. Holländische Juden, die bei Kriegausbruch in Italien gewesen waren. Da sie die Heimat nicht mehr erreichen konnten, hatten sie versucht, irgendwohin zu entkommen. Man brauchte ihnen nicht zu sagen, was geschehen würde, wenn die Deutschen sie vorher erwischten. Ein alltäglich wirkender holländischer Jude. Rundlich, mit schütterem Haar und Brille, mit einer pausbäckigen Frau, die viel lachte. Ein knappes, nervöses Lachen. Und zwei Kinder, die keinerlei Vorstellung davon hatten, was ihre Eltern an Opfern und Mut aufbrachten.

Der Familie war es gelungen, an Bord eines griechischen Frachters nach Alexandria zu entkommen. Dann in einem weiteren Schiff über Suez nach Durban, wobei der kleine Mann seine knappen Mittel und den Schmuck seiner Frau dazu benutzte, die Räder der Bürokratie zu ölen und notfalls alle zu bestechen, die zu beschäftigt oder zu gleichgültig waren.

Schließlich erreichten sie Amerika; nach weiteren Verzögerungen und nach Überprüfung ihrer Papiere waren sie fast mittellos auf das holländische Schiff gekommen.

Lindsay hatte sie gefragt, warum sie nicht in Amerika geblieben seien. Aber der kleine Mann hatte nur den Kopf geschüttelt. Er war Jude, aber vor allem war er Holländer. In England würde er bald Arbeit finden, er war schließlich ein erfahrener Rundfunkmechaniker. Er würde sich Arbeit suchen, um denen zu helfen, die gegen die Nazis kämpften.

Fast scheu hatte er hinzugefügt: »Und von England ist Holland nicht so weit weg.«

Die Pfeife war ausgegangen, Lindsay ertappte sich dabei, daß er starr auf das geschlossene Bulleye blickte.

Es war ein herrlicher, strahlender Morgen gewesen, wärmer als sonst. Er hatte in seiner Kabine gesessen und beobachtet, wie die Linie des Horizonts sich langsam in der Scheibe des Bulleyes hob, einige Sekunden lang reglos stand und dann wieder zurücksank. Am Abend zuvor war er auf der Brücke gewesen, wo ihm der holländische Kapitän erzählt hatte, daß sechs U-Boote, die man bisher in der Nähe vermutet hatte, weiter nach Süden auf ein anderes Geleit zugelaufen waren. Ihr Geleitzug war schnell und würde mit einigem Glück in zwei Tagen Liverpool erreichen.

Die holländische Familie war mit jedem Tag sichtbar unruhiger geworden; Lindsay hatte sie in ihrer Kabine besucht, ehe er schlafen ging, um ihnen diese Nachricht zu überbringen. Er sah sie noch vor sich. Die beiden Kinder lachten ihm aus einer Koje zu, die Eltern saßen in einem Wust von schäbigen Koffern. Sie hatten ihm gedankt, und die Kinder hatten vor ihm salutiert, wie sie das bei seinen Männern gesehen hatten.

Am folgenden Morgen hatte er überlegt, wie er den Tag herumbringen sollte. Er wußte, daß die holländische Familie in ihrer Kabine, direkt unter der seinen, schon wach war. Gerade als er zum Bulleye ging, gab es eine furchtbare Explosion, die ihn auf den Rücken schleuderte und vorübergehend taub machte. Als er sich aufgerappelt hatte, sah er voll Schrecken die rauchverhüllte See draußen, und als er sein Gehör wiedererlangte, hatte er Schreie und Fußgetrappel, schrilles Pfeifen und das durchdringende Läuten der Alarmglocken gehört.

Noch eine Explosion, und eine weitere fast unmittelbar darauf, erschütterten das Schiff, als sei es mit voller Wucht gegen einen Eisberg gerast. Als er wieder auf die Beine kam, stellte er fest, daß er kaum noch stehen konnte und das Deck bereits steil seewärts kippte.

Als er das Bulleye aufriß und in den Rauch spähte, wurde ihm bewußt, daß das Schiff bereits sank. Er sah eines der Bilder, die nun zu den schrecklichsten in seinen Alpträumen gehörten.

Die See hatte die Reihe der Bulleyes unter ihm fast erreicht. Aus den meisten reckten sich Arme, die winkten und in höchster Not in die Luft griffen. In diesem Augenblick wurde ihm klar, daß sein eigenes Bulleye zu klein war, um hindurchzuklettern.

Wieder heftiges Krachen, das Geräusch der losgerissenen, durch den Rumpf donnernden Maschinen. Ausströmender Dampf und der Todesschrei der Sirenen. Es hatte ihn alle Kräfte gekostet, zur Tür zu torkeln. Der Durchgang war voll wankender Gestalten, vergessener Schwimmwesten und verstreuter Tabletts. Dazu schattenhafte Gesichter, wilde Augen, Schreie und verzweifelte Hilferufe, während das Schiff sich immer mehr auf die Seite legte.

Ihre Kabinentür hatte nur ein paar Zentimeter weit offen gestanden. Er hatte gehört, wie die Frau schluchzte und die Kinder wie kranke Tiere winselten. Mit zittriger Stimme hatte ihm der kleine Holländer erklärt, daß die ganze Kabinenwand eingestürzt und die Tür blockiert sei. Sie saßen in der Falle. Die See reichte bereits knapp einen Meter unter das Bulleye.

Lindsay hörte sich sagen: »Sie müssen die Kinder durch das Bulleye schieben.« Als ob ein anderer spräche. So ruhig und unbeteiligt, obwohl jede Faser in ihm schrie, wegzulaufen, ehe das

Schiff endgültig sank.

Die andere Stimme hatte ruhig gefragt: »Werden Sie sich um sie kümmern?«

An viel mehr konnte Lindsay sich nicht erinnern. Das nächste Bild war das verwüstete Bootsdeck, zertrümmerte Rettungsboote, pendelnde Taljen. Zwei tote Seeleute neben einem Ventilator und ein Offizier, der schlaff wie eine Puppe von der oberen Brücke fiel.

Im Wasser, das mit Flößen und verkohltem Holz, mit Leichen und schreienden Überlebenden bedeckt war, hatte er die Kinder neben dem Schiffsrumpf treiben sehen, winzig in ihren orange leuchtenden Schwimmwesten. Er war hinter ihnen her ins Wasser gesprungen, und als er zurückblickte, hatte er gesehen, daß die ganze Reihe der Bulleyes schon unter Wasser lag. Nur hier und da waren noch blasse Arme zu sehen, die wie menschliche Halme hin und her wehten, bis der Wasserdruck sie mit brausendem Getöse zurückgedrängt und den Blicken entzogen hatte.

Lindsay war mit den Kindern zu einem halb leeren Rettungsboot geschwommen, taub gegenüber ihren Entsetzensschreien und sich nur halb dessen bewußt, was eigentlich geschehen war.

Der kleine Geleitzug hatte sich aufgelöst. Als er sich im Boot aufrichtete, sah er, daß das nächste Schiff, ein Frachter, von hohen Wassersäulen eingegabelt war, bis auch er unter Explosionen schwankte und von vorn bis achtern aufloderte. Dann, und erst dann, hatte er den Gegner gesehen. Flach am Horizont wie eine niedrige Insel, immer wieder durch das aufblitzende Mündungsfeuer seiner schweren Artillerie beleuchtet. Der Gegner kam nie näher als auf etwa sieben Meilen heran, systematisch und gnadenlos schoß er seine schweren Granaten auf die sinkenden Schiffe, die Boote und die hilflosen Opfer im Wasser. Den hinter den starken Entfernungsmeßgeräten und Zielfernrohren stehenden Männern mußte das Bild sehr nahe scheinen. Nahe genug, um zu erkennen, wie sie in Angst und Qual unter dem klaren Himmel starben.

Schließlich war der deutsche Raider, der Handelsstörer, befriedigt nach getaner Arbeit unter die scharfe Kimm verschwunden. Später hieß es, er sei ein Panzerschiff oder auch ein Schwerer Kreuzer gewesen. Niemand wußte das genau. Lindsay wußte nur noch, daß er fünf Tage lang mit sieben anderen Überlebenden in dem Boot ausharren mußte. Fünf Mann und die beiden holländischen Kinder.

Eine Korvette hatte sie schließlich gefunden. Die Kinder wurden am nächsten Morgen zusammen mit anderen Opfern eines vorherigen Angriffs auf See bestattet. Lindsay hatte sie an sich gedrückt, um sie zu wärmen und zu trösten, lange noch, nachdem sie vor Kälte, Angst und Erschöpfung gestorben sein mußten.

Krieg war nichts für kleine Kinder, wie ein blasierter Journalist später schrieb.

Jetzt saß Lindsay auf dem Rand seiner Koje und starrte auf den Teppich. Er hatte sich tatsächlich hinreißen lassen, wieder daran zu denken. Nur dieses Mal. Was fühlte er jetzt? Verzweiflung, Furcht vor dem nächsten Mal? Er rieb sich die Augen und hörte das Horn über die Bucht hin zum Wecken blasen: »Reise, Reise, überall zurrt Hängematten!«

Wenn er überhaupt etwas fühlte, dann war es Haß.

Die Tür öffnete sich ein paar Zentimeter, und ein schmaler Lichtschein fiel auf seine nackten Füße.

Jupp fragte: »Möchten Sie jetzt Tee, Sir?«

Lindsay schüttelte sich. »Danke, ja.«

Jupp trottete zum Tisch. »Ich habe Sie gehört, Sir, und da dachte ich mir, aha, der Käpt'n möchte jetzt sicher gern einen schönen, heißen, starken Tee. Das dachte ich mir.«

»Mich gehört?« Wieder zuckte er zurück wie ein in die Enge getriebenes Tier.

»Ich glaubte, Sie telefonieren, Sir.« Jupps Gesicht lag im Schatten. »Ich war schon in meiner Pantry, und die alte *Becky* ist ein ruhiges Schiff.«

Er linste zu der unordentlichen Koje hinüber und verzog den Mund. »Meine Güte, Sie haben wohl schlecht geträumt! Das können wir gar nicht brauchen.« Er grinste. »Ich werde Ihnen Kaffee und Rührei machen. Leider aus Eipulver. Aber es ist Krieg, hat man mir gesagt.«

Er war schon in der Tür, als Lindsay sagte: »Danke.«

Irgendwo über ihnen lachte ein Mann, und durch das Deck ging ein leises Zittern, als irgendeine Maschine ansprang.

Lindsay trat zum Bulleye, in der Hand eine heiße Tasse Tee. Ein neuer Tag, für ihn und für das Schiff. Die alte *Becky*. Vielleicht war das gut für beide.

Lieutenant Commander John Goss trat über das Süll von Lindsays Kajüte und nahm die Mütze ab. »Sie wollten mich sprechen, Sir?« Sein grobes Gesicht war ausdruckslos.
»Nehmen Sie Platz.«
Lindsay stand am Bulleye und beobachtete eine Gruppe Seeleute in Ölzeug, die im strömenden Regen auf dem Vorschiff unlustig arbeitete. Es war Vormittag, aber der Himmel war so düster, daß es Abend hätte sein können. Trotz der schlechten Nacht fühlte sich Lindsay etwas besser. Ein schönes Bad und Jupps Frühstück hatten wesentlich dazu beigetragen.
»Ich habe meine Ständigen Befehle verteilen lassen, IO, und wäre Ihnen dankbar, wenn Sie sicherstellen könnten, daß alle Abschnittsleiter sie lesen.« Er hielt inne und wußte, was nun kam.
Goss sagte schroff: »Ich habe sie gelesen, Sir. Aber das ist es nicht.«
»Und?« In der salzverschmierten Scheibe sah er, wie Goss sein Gewicht auf den anderen Fuß verlagerte. »Was stört Sie?«
»Die Wacheinteilung. Gefechtsstationen und so weiter. Sie haben meine ursprüngliche Einteilung geändert.« Und schärfer: »Darf ich fragen, warum?«
Lindsay wandte sich um und sah ihn ruhig an. »Ob wir es nun mögen oder nicht, IO, dies ist ein Kriegsschiff. Als solches muß es fahren und wenn nötig als geschlossene Einheit kämpfen.«
Goss sagte hartnäckig: »Ich sehe immer noch nicht ein, warum...«
Lindsay unterbrach ihn. »Ich habe Ihre Einteilung studiert. Sie haben alles Reservepersonal, also Berufsseeleute der Handelsmarine, in eine Wache gesteckt. Die andere Wache bestand fast nur aus eingezogenen Leuten, Neulingen, von denen viele noch nie zur See gefahren sind. Ebenso sind die Offiziere eingeteilt.« Langsam setzte er hinzu: »Was glauben Sie, was passiert, wenn das Schiff im Schlaf überrascht wird und zwei kriegsfreiwillige Reserveoffiziere auf der Brücke stehen, von denen keiner auch nur die geringste Erfahrung hat?«
Goss senkte den Blick. »Sie werden es eben lernen müssen, wie ich auch.«
»Mit der Zeit werden sie das. Aber man muß es ihnen beibringen, wie man es auch uns beigebracht hat. Das habe ich in meiner Planung berücksichtigt: einige von jeder Gruppe in beiden Wachen.«

»Jawohl, Sir.« Goss sah ärgerlich hoch. »Da ist noch dieser andere Befehl über die Unterkünfte.«

Lindsay warf einen Blick auf das Bild des Schiffes an der Wand. Die *Benbecula*, wie sie einmal ausgesehen hatte. Er konnte Goss' Gefühle verstehen, aber damit mußte man fertigwerden.

»Ja. Sagen Sie dem Oberbootsmann, er soll mit seinen Leuten unverzüglich an die Arbeit gehen. Ich möchte, daß all die alten Bezeichnungen entfernt oder übermalt werden, verstanden?« Goss' Blick verdüsterte sich, doch Lindsay fuhr ruhig fort: »Für die gesamte Besatzung – die gesamte, verstehen Sie – muß sich die *Benbecula* als Teil der Navy präsentieren. Wir haben hier eine Offiziersmesse und kein Restaurant, wie auf dem Schild steht. Eine Feldwebel- und Unteroffiziersmesse, keine Cocktaillounge. So etwas kann die Haltung eines Mannes beeinflussen, besonders eines jungen Rekruten.«

»Sie brauchen mir nicht zu erklären, was Krieg bedeutet!«

Lindsay hörte sich ärgerlich erwidern: »Auch mir nicht, 10. Und nun tun Sie endlich, was ich gesagt habe.«

Als Goss, die Mütze unter dem Arm geklemmt, stocksteif stehenblieb, setzte er hinzu: »Welche Aufgabe wir auch bekommen, wohin man uns auch schicken wird, es wird hart werden. Wenn es zum Kampf kommt, brauche ich eine Besatzung, die als Team, als geschlossene Einheit funktioniert, verstehen Sie? Nicht eine Ansammlung von ausgebildeten und unausgebildeten Männern, ehemaligen Handelsschiffern und Ruheständlern.« Er sprach heiser und fühlte sein Herz gegen die Rippen schlagen. Die bisherige Selbstbeherrschung entglitt ihm, er mußte unbedingt erreichen, daß Goss ihn begriff. »Ein Kriegsschiff ist nur so stark wie seine Mannschaft, sehen Sie das ein? Wie die Mannschaft!«

»Wenn Sie das sagen, Sir.«

»Ich sage es.«

Er ging zu einem Sessel und ließ sich hineinfallen. »Sie sind lange genug zur See gefahren, um zu wissen, was alles passieren kann. Der Atlantik ist ein mörderisches Revier und kein Ort für unbedachte Idealisten. Ich weiß, was Ihnen dieses Schiff bedeutet, zumindest glaube ich, es zu wissen. Vielleicht meinen Sie, wenn der äußere Anschein beibehalten wird, bleibt alles beim alten. Aber das funktioniert nicht, im Gegenteil. Ein Großteil der neuen Leute kommt aus Ausbildungslagern, die bis vor einem Jahr noch Ferienlager für Fabrikarbeiter aus Nordengland waren.

Aber nach einer gewissen Zeit waren sie überzeugt, bei der Marine zu sein, und entwickelten sich dementsprechend. So ist das auch mit diesem Schiff. Und nun sehen Sie zu, daß meine Befehle noch heute ausgeführt werden.«

»Aye, aye, Sir«, sagte Goss heiser.

»Ich möchte heute auch meine Offiziere kennenlernen.« Lindsay blickte schnell hoch und sah, daß das gesessen hatte. Goss wirkte plötzlich unsicher. »Ich habe alles Erreichbare über sie gelesen, aber das ist auch alles.«

»Ich werde es veranlassen, Sir.« Goss hatte sich wieder in der Gewalt. »Um acht Glasen?«

»Einverstanden.« Etwas ruhiger fuhr er fort: »Selbst wenn der Krieg nicht schlimmer wird, sieht es schon böse genug aus. Wenn aber doch, dann werden wir die allergrößte Mühe haben, die Schiffahrtswege offenzuhalten. So einfach ist das!« Und fast zu sich selbst sagte er: »Auch ich dachte früher anders. Nun weiß ich es besser. Krieg ist kein Spiel, und es wird Zeit, daß wir ein paar alte Gewohnheiten ablegen. Stimmt's?«

Goss sah ihn unerschrocken an. »Stimmt.«

Ein Wandtelefon summte, und Lindsay nahm den Hörer vom Haken. »Kommandant.«

Die Stimme sagte: »Signal von Land, Sir. Wachboot kommt in Kürze mit versiegelter Order.«

»Danke. Informieren Sie bitte den wachhabenden Offizier.« Die Verbindung brach ab.

Zu Goss sagte er: »Vielleicht werden wir es jetzt erfahren.«

Goss sah sich in der Kajüte um, sein Gesicht hatte plötzlich einen verzweifelten Ausdruck. »Sie werden uns doch nicht losschikken, um Überwasserschiffe zu bekämpfen? Doch nicht nach all dem, was passiert ist?« Als Lindsay nicht reagierte, sagte er: »Eines unserer Schwesterschiffe, die *Barra*, hat einen hübschen Posten in Singapur bekommen. Sie ist ein Hilfskreuzer wie wir, aber dort drüben wird sie ziemlich sicher sein vor diesen verdammten U-Booten.«

Fast freundlich erwiderte Lindsay: »Vielleicht haben Sie recht. Es ist jedoch am besten, das Schlimmste zu erwarten und sich darauf einzustellen.«

Er wandte sich ab, um sein Gesicht zu verbergen, als das gespenstische Bild wieder vor seinem geistigen Auge aufstieg: die blassen Arme, die unter Wasser hin und her wehten. Die fest an seine Brust gedrückten, zarten, kraftlosen Körper.

Goss öffnete die Tür. »Ich – ich werde weitermachen, Sir.« Dann war er verschwunden.

Jupp kam zur anderen Tür herein und sagte: »Wachboot hat von der Pier abgelegt, Sir. Es ist wohl besser, wenn ich jetzt einige der Gläser einpacke. Sie sind heutzutage kaum zu ersetzen, und wir wollen doch nichts von diesem fiskalischen Zeug aus den Arsenalbeständen.«

Lindsay setzte sich etwas bequemer hin und sah freundlich in Jupps trübseliges Gesicht.

»Was erwarten Sie?«

Jupp zog einen Flunsch. »Es werden die Auslaufbefehle sein, Sir. Jetzt geht es bald los.«

Lindsay erhob sich. Er war an Unterdeckpalaver und Gerüchteküche gewöhnt, aber der Ton des Stewards veranlaßte ihn doch zu der Frage: »Haben Sie etwas gehört?« Er lächelte. »Haben Sie vielleicht Verwandte im Kommandogebäude?«

Jupp trat mit ernsten Gesicht zu einem Bulleye. »Sehen Sie dort, Sir.«

Lindsay erblickte ein kleines Boot, das trotz strömenden Regens über die Reede tuckerte, mehrere in Ölzeug gehüllte Gestalten kauerten sich darin wie nasse Seehunde auf einem überspülten Felsen schutzsuchend zusammen.

Jupp sagte: »Das ist der Hafenmeister-Trupp, Sir. Vorhin hab' ich gesehen, wie sie unsere Bojen überprüften und den Abstand zur nächsten achteraus liegenden Boje gemessen haben.« Er blickte Lindsay an und meinte überzeugt: »Sie brauchen unsere Bojen für ein anderes, größeres Schiff. Leuchtet ein, nicht wahr, Sir?«

Lindsay nickte. »Ja.«

Jupp fragte: »Ich nehme an, Sie möchten noch Briefe an Land bringen lassen?«

Er schüttelte den Kopf. »Nein, keine Briefe.«

Damit verschwand er in seinem Schlafraum, ohne die Trauer in Jupps tiefliegenden Augen zu bemerken.

Die Offiziersmesse der *Benbecula* lag vor dem Promenadendeck, früher war sie das Hauptrestaurant für die Passagiere und der Stolz des Schiffes gewesen. Sie nahm die ganze Breite des Schiffes ein und war mit dunkler Eiche getäfelt. Der größte Teil des Mobiliars entstammte der ursprünglichen Einrichtung; die Stühle rund um den langen, polierten Tisch trugen alle das Reedereiwappen, ebenso die tiefen Ledersessel, die um den stattlichen Kamin an der hinteren Wand gruppiert waren. Ein paar Konzessionen hatte man jedoch gemacht: ein Regal für die Offizierspost, ein Bild des Königs und ein Gestell mit Pistolen, das jedoch dem Gesamteindruck von Wohlbehagen und Bequemlichkeit kaum Abbruch tat.

Punkt zwölf kam Goss, um Lindsay zur Offiziersmesse zu geleiten. Ohne ein Wort ging er an zwei Seeleuten vorbei, die gerade ein Glasschild mit der Inschrift »Restaurant, nur für Passagiere der 1. Klasse« abnahmen. Lindsay bezweifelte, daß das Schild überhaupt notwendig gewesen war, denn er hatte erfahren, daß die *Benbecula* stets nur Erster-Klasse-Passagiere befördert hatte.

Bei ihrem Eintritt erhoben sich alle Offiziere; aus den Gesichtern sprachen Neugier, Besorgnis und Erwartung. Goss hatte sie offensichtlich bereits in einer bestimmten Ordnung aufgereiht, und im Hintergrund warteten zwei Stewards, um Drinks zu servieren, sobald die Formalitäten erledigt waren.

Lindsay rechnete selbstverständlich nicht damit, bei einer so kurzen Begegnung einen vollständigen Einblick zu bekommen. Einige Gesichter stachen jedoch hervor. Da war ein Lieutenant Stannard, der Navigationsoffizier, eine dürre Bohnenstange mit einer Haut wie Leder. Er war Reservist aus Australien und hatte schon vor dem Krieg im Dienst der Reederei gestanden.

Als Lindsay ihm die Hand gab, sagte er schleppend: »Ich hoffe sehr, daß wir wieder in die Ostasienfahrt gehen, Sir. Dann findet der alte Kasten den Weg dahin alleine.«

Maxwell war natürlich auch zugegen, steif wie immer und etwas getrennt von den Berufsseeleuten und den Amateuren, wie ein mißbilligender Schiedsrichter bei irgendeinem obskuren Wettkampf.

Der Schiffsarzt, Surgeon-Lieutenant David Boase, erwiderte Lindsays Händedruck und antwortete auf seine Frage: »Mein erstes Schiff, Sir. Bisher war ich im Guy's Hospital in London.«

Trotz der roten Unterlage zwischen den wellenförmigen Goldstreifen hielt Lindsay ihn – wie so manche seiner Altersgenossen – für nicht viel mehr als einen aufgemöbelten Medizinstudenten. Aber immer noch besser als gar kein Arzt.

Dann gab es noch vier Sub-Lieutenants, sehr neu und alle bis auf einen noch nie zur See gefahren. Die Ausnahme hieß Dancy, ein ernst aussehender junger Mann, der sofort sagte: »Ich bin schon drei Monate als Wachgänger gefahren, ehe ich auf dieses Schiff kam.«

Lindsay sah ihn interessiert an. »Auf welchem Schiff?«

»Auf der *Valiant*, Sir.«

Überrascht erwiderte Lindsay: »Nach einem großen Schlachtschiff scheint mir das aber eine ziemliche Umstellung zu sein, Dancy.«

Dancy errötete. »O nein, Sir, nicht die *Valiant*. Meine war nur eine bewaffnete Yacht in Bristol.«

Das Gelächter brach das Eis. Goss fragte gewichtig: »Soll ich jetzt die Stewards rufen, Sir?«

Lindsay nickte und ließ seine Blicke über die Gesichter wandern, die ihm mit der Zeit und etwas Glück besser vertraut werden würden.

Während Goss davoneilte, sah er Tobey, den gewichtigen Oberbootsmann, mit zwei älteren Warrant Officers, Emerson und Baldock, und überlegte, was die wohl nach ihrem friedlichen Ruhestand von der Versetzung auf dieses Schiff hielten.

Lieutenant Mark de Chair von den Royal Marines, eine schlanke, elegante Erscheinung mit sorgfältig geschnittenem Schnurrbart, sagte plötzlich: »Ich nehme an, Sie fragen sich, warum ich an Bord bin?«

Lindsay lächelte. »Erzählen Sie's mir.«

»Ich kam mit meinem Sergeanten und dreißig Marineinfanteristen an Bord, um die Geschütze zu besetzen, als wir Truppen transportierten, Sir.« Er zuckte mit den Schultern. »Die Truppen sind weg, aber Ihre Lordschaften haben es in ihrer unendlichen Weisheit für richtig gehalten, uns zu vergessen.«

»Ich habe angeordnet, daß Sie weiterhin die achteren Geschütze besetzen.«

Lindsay nahm ein Glas vom Steward und wartete, bis alle wieder ruhig waren. Ein gemischtes Offizierskorps, dachte er, wie auf den meisten Schiffen heutzutage, und doch ...

Er sagte ruhig: »Meine Herren, es tut mir leid, daß es heute kurz ausfallen muß. Ich werde Sie besser kennenlernen –«, er machte eine Pause, »wenn wir in See sind.« Er fühlte die plötzliche Erwartung wie einen leichten Wind. »Unsere Auslaufbefehle sind da.« Er dachte an Jupp beim Bulleye. Wie recht er gehabt hatte. »Wir werden morgen früh um 0800 Uhr von der Boje loswerfen und zur Einzelunternehmung auslaufen.«

Er konnte erkennen, wie seine Worte ins Schwarze trafen und jeder einzelne auf seine Weise reagierte. Fraser gleichgültig und gelassen; sein zweiter Ingenieur, Lieutenant (E) Dyke, runzelte leicht die Stirn, als ginge er die Wachaufstellung seiner Heizer und Maschinisten durch. Barker blinzelte hinter seiner Brille und sah wohl jede zurückgelegte Seemeile als so und so viele Würste, Büchsen Cornedbeef, Rum und Pfunde Tee vor sich. Stannard, der Navigationsoffizier, wippte auf den Zehenspitzen, dachte vielleicht an seine Seekarten oder an die Rückkehr in seine ferne Heimat. Maxwell blieb steif und unergründlich. Und einige der anderen, der Jungen, reagierten so unsicher, daß sie einem leid taten.

Lindsay fuhr fort: »Wir werden das südwestliche Vorfeld von Island überwachen und wenn nötig in die Dänemarkstraße hineingehen.« Er hatte sich zusammennehmen müssen, um diese Worte gelassen auszusprechen. Vor seinem geistigen Auge sah er die tobende Wüstenei schwergehender, schaumgekrönter Brecher und düsterer Sturzseen, heulende Stürme und Eis. Eben die Dänemarkstraße.

Stannard brach als erster das betroffene Schweigen. »Mein Gott, Sir, die werfen uns aber gleich ins tiefe Wasser, ehe wir richtig schwimmen gelernt haben.«

Goss murmelte: »Wir hatten nicht genügend Zeit. Keine Zeit, um alles klar zu machen...« Seine Stimme erstarb.

Lindsay betrachtete erneut ihre Gesichter, er hatte diese Reaktion erwartet. Er hob sein Glas. »Auf das Schiff, meine Herren.« Als sie ihre Gläser wortlos geleert hatten, fügte er hinzu: »Und bedenken Sie, unsere Männer werden von jetzt ab auf Sie schauen. Deshalb wollen wir nicht zu mutlos erscheinen, nicht wahr?«

Sein Blick fiel auf Fraser. »Ich schlage vor, wir setzen uns noch heute abend zusammen...«

Er wandte sich um, als eine Gestalt die Messe betrat. Es war Kemp, der Midshipman, das einzige Mitglied der Messe, das er noch nicht kennengelernt hatte. Kemp war während der Zusammenkunft wachhabender Offizier gewesen, sein Gesicht war von der Kälte an Deck gerötet.

Kemp sagte: »Signal von der Befehlsstelle, Sir.« Er hielt ihm ein durchnäßtes Papier hin. »Könnten Sie um 1600 Uhr dort sein, Sir?«

Lindsay blickte auf das Signal und war sich bewußt, daß alle sein Gesicht beobachteten.
»Bestätigen.« Als sich der junge Mann zum Gehen wandte, setzte er hinzu: »Sie werden hiermit abgeteilt, zusätzlich zu Ihren sonstigen Aufgaben den Schriftverkehr des Schiffes zu erledigen.«
Kemp blickte in die Runde und nickte dann. »Jawohl, Sir.«
»Wir laufen morgen früh um 0800 Uhr aus. Island-Überwachung, wenn es Sie interessiert.«
Als der junge Mann davoneilte, bemerkte Lindsay, daß auch einer der Stewards verschwunden war. Nun würde die Nachricht bald im ganzen Schiff bekannt sein. Vielleicht war es besser so. Es würde für die Vorbereitungen von Nutzen sein.
Er setzte sein Glas ab. Nun war es Zeit, sie allein zu lassen, damit sie mit sich ins reine kamen.
Er sagte noch: »Kein Landurlaub, unterrichten Sie Ihre Abschnitte entsprechend. Veranlassen Sie, daß heute abend Post abgegeben wird. Danach«, er zwang sich zu einem Lächeln, »gelten wir als in See befindlich.« Er nickte Goss zu. »Ich danke Ihnen. Weitermachen.«
Trotz des Regens und des kalten Windes zwang er sich, um das Bootsdeck herumzugehen, die Hände in den Taschen, den Kopf gebeugt. Ein Teil des Decks trug noch die verblaßten Markierungen, wo man einst unter pazifischer Sonne Handball gespielt hatte. Er ging an den bezogenen Oerlikons vorbei und stieg langsam zur Brücke hinauf. Es würde eigenartig sein, ein Schiff zu führen und den Rudergänger direkt neben sich zu haben, dachte er. Eine geräumige Brücke, mit den messingnen Maschinentelegrafen und dem Kompaßhaus, dem einsamen, polierten Steuerrad. Als wartete alles darauf, wieder zum Leben zu erwachen. Wenn es erst soweit war, würde es hier niemals mehr ruhig oder leer sein.
Beiderseits des Ruderhauses ragten die offenen Brückennocken über die Bordwand hinaus. Er ging über die Holzroste und seine Schuhe platschten durch Regenpfützen, als er hinüber zur düsteren Küste sah.
Ein Unteroffizier lehnte in der Nock, der Regen sprang ihm wie Hagel von Ölzeug und Mütze, während er tief unten auf das Wasser starrte.
Er fuhr herum und grüßte, als Lindsay an seine Seite trat, und

sagte: »Ritchie, Sir. Signalmeister.«

Er hatte ein rundes, freundliches Gesicht. Lindsay wußte aus Erfahrung, daß der Signalmeister einer der wichtigsten Männer auf jeder Brücke war.

»Sie haben das Neueste gehört, Signalmeister?«

Er nickte. »Aye, Sir.« Ritchie schien den Regen nicht zu spüren. »Mich beunruhigt das nicht.«

Es war etwas Seltsames um ihn. Geistesabwesend.

Lindsay fragte ruhig: »Haben Sie kürzlich Urlaub gehabt?«

Ritchie sah zur Seite. »Vergangenen Monat, Sir.« Als er Lindsay wieder ansah, liefen ihm Tränen mit dem Regen übers Gesicht. »Die ganze Straße war weg, Sir.« Er quälte sich die Worte ab. »Nichts mehr übrig.«

Lindsay starrte ihn hilflos an. »Hatten Sie . . .«

»Frau und zwei Kinder, Sir.« Mit dem Ärmel wischte er sich über das Gesicht. »Alle weg.« Er fing sich wieder und sagte: »Verzeihen Sie, Sir.«

»Schon gut.«

Er dachte an eins der Kinder, das sich in der letzten Nacht, ehe die Korvette sie fand, in dem Rettungsboot bewegt hatte. Vielleicht träumte es. Wie Ritchies Kinder, als die Bombe fiel.

Ritchie fragte plötzlich: »Wollen Sie sich nicht unterstellen, Sir?« Er verzog das Gesicht zu einem Lächeln. »Sie werden auf der Brücke gebraucht und nicht im Krankenrevier.«

Lindsay berührte seinen Arm. »Sie haben recht.« Und als er sich zum Gehen wandte, setzte er hinzu: »Wenn Sie Urlaub möchten, werde ich sehen, was ich tun kann.«

Ritchie blickte gen Himmel, einem langsam fliegenden Walrus-Flugboot nach.

»Danke nein, Sir. Sie werden ein gutes Signaldeck brauchen.« Er zögerte. »Und dann – ich möchte es diesen Schweinen heimzahlen.«

Als Lindsay später an Land ging, um sich beim Chef des Stabes zu melden und die nachrichtendienstlichen Unterlagen für seine Unternehmung in Empfang zu nehmen, dachte er an Ritchies Worte und fragte sich, ob auch er vielleicht aus ähnlichen Motiven handelte.

Der Chef des Stabes, ein höflicher Kapitän mit ernstem Gesicht, sprach kurz und ohne Umschweife.

»Sieht schlecht aus, Lindsay, sehr schlecht. Es ist die Rede vom

Ausbruch weiterer deutscher Raider, Handelsstörern, die wahrscheinlich von französischen Häfen aus operieren. Es kann aber auch sein«, er blickte auf die große Wandkarte mit ihren farbigen Bändern und Fähnchen, »daß sie es auf dem längeren Weg oben herum versuchen.«

»Durch die Dänemarkstraße?«

»Richtig.« Der Kapitän sah ihn kühl an. »Bitte, spielen Sie nicht den Helden. Jede Sichtmeldung ist für uns hier in Scapa wichtig.«

Er blickte wieder auf die Karte, und Lindsay erkannte die großen Bündel Kreuze, von denen jedes ein vom Gegner versenktes Schiff bedeutete. Es mußten Hunderte sein, dachte er.

Der Kapitän sagte: »Ich weiß einiges über Ihre Erfahrungen und bedaure, daß man Ihnen nicht ein Kommando angeboten hat, das eher Ihrem Rang und Ihrem Können entspricht. Aber«, erneut der kühle Ton, »im Krieg haben wir Befehle widerspruchslos auszuführen.«

Ein kurzer Händedruck, ein dicker Umschlag, den ihm ein müde aussehender Lieutenant überreichte, und dann war es vorbei.

Der Dienstwagen wartete, um ihn zum Anleger zurückzubringen, es saß jedoch eine andere Wren hinter dem Steuer. Sie war blaß und dünn und verbrachte die meiste Zeit der Fahrt damit, sich die Nase zu putzen. Als er sie fragte, hatte sie noch nie von Wren Collins gehört.

Zwischen dem Schniefen klagte sie: »Ich bin gerade erst auf dem Stützpunkt eingetroffen. Das ist wirklich nicht fair. Die meisten meiner Freundinnen sind nach Ceylon kommandiert.«

Lindsay dachte an Ritchie und all die, denen es ging wie ihm. »Ja«, sagte er kühl, »wirklich zu schade.«

Im Motorboot, unterwegs zum Schiff, dachte er an den folgenden Tag und die Tage danach. Ein Fischkutter voll Urlauber schlingerte auf der Fahrt nach Lyness in der Dunkelheit an ihnen vorbei, und er hörte die Seeleute durch Regen und Wind singen: »Roll on the *Nelson*, the *Rodney, Renown*, this one-funneled bastard is getting me down.«

Nicht den Helden spielen? Wenn diese Männer so singen konnten, dann gab es doch noch einen Funken Hoffnung. Für alle.

3 Der Raider *

Lindsay saß, die Beine weit von sich gestreckt, in seiner Kajüte und sah auf die Uhr. Noch eine halbe Stunde. Er wandte sich zur Seite, nahm sich noch eine weitere Tasse schwarzen Kaffee und schlürfte ihn langsam, um seine Gedanken zu ordnen.

Um ihn herum und unten im Schiff war es nicht so ruhig wie zuvor. Von dem Augenblick an, als man die Männer geweckt hatte, bis zum gedämpften Pfiff über die Befehlsanlage »Seewache auf Stationen!« – lag eine nervöse Erwartung über allen. Wie anscheinend immer vor dem Auslaufen. Man gewöhnte sich nie daran.

In der Kajüte war es dunkel, denn die Blenden waren immer noch dicht geschlossen, wie sie es wahrscheinlich nun die meiste Zeit sein würden. Lindsay musterte seine ledernen Seestiefel, den Dufflecoat und das Doppelglas, die auf einem anderen Stuhl bereitlagen. Wie oft schon hatte er so gewartet? Es würde ein seltsames Gefühl sein, die *Benbecula* zum erstenmal aus der Bucht zu bringen, auch wenn Lindsay es gewohnt war, mit großen Schiffen umzugehen. Er hatte zwei Jahre lang als Navigationsoffizier auf einem schwerfälligen U-Boot-Mutterschiff in Malta Dienst getan, auch wenn er im Herzen stets ein Zerstörer-Mann geblieben war. Nein, daran lag es nicht. Aber es ging wieder hinaus. In den Atlantik und zu all dem, was er mittlerweile für ihn bedeutete.

Das Deck durchlief ein nervöses Zittern, und er sah Fraser vor sich in seiner Welt unmenschlichen Lärms und glitschiger Fortbewegung. Wie er sich seinen Männern in der seltsamen Taubstummensprache des Maschinenraums verständlich machte, die Augen auf die großen Anzeigeinstrumente über seinem Stand gerichtet. Glücklicherweise hatte die *Benbecula* zwei Schrauben. Viele zwischen den Kriegen gebaute Schiffe besaßen nur eine. Das reichte vielleicht im Frieden aus, wenn beim Ein- und Auslaufen immer Schlepper zur Verfügung standen. Er lachte grimmig.

* Anm. d. Übers.: Der englischen Bezeichnung »Raider« entspricht der Sache nach das deutsche Wort »Handelsstörer«. Das ist ein Kriegsschiff, zumeist ein als Handelsschiff getarnter Hilfskreuzer, aber auch ein Kreuzer oder Panzerschiff, das – einzeln operierend – überraschend feindliche Einzelfahrer oder Geleitzüge angreift und, ehe eine Gegenwehr wirksam werden kann, in der Weite des Ozeans verschwindet. Da für England seiner Lage und Geschichte nach der Seeverkehr und seine Verteidigung lebensnotwendig sind, sich Handelsstörer also nur bei seinen Gegnern finden, haftet dem Begriff Raider auch etwas Bösartiges, Heimtückisches an. Der Begriff wurde deshalb hier wörtlich übernommen.

Wenn ihm das Schiff in den verrückten Gezeitenströmen der Bucht aus dem Ruder lief, ehe er draußen war, dann ging alles ganz schnell zu Ende.

Weitere Geräusche: Stahlleinen, die über das Vordeck schurrten, das ferne Bellen von Befehlen. Das war wahrscheinlich Maxwell, der Vorbereitungen traf, um die letzte Leine aus dem Ring der Boje zu lösen. Das letzte Boot war schon eingesetzt, es hatte die fröstelnden Seeleute von der Boje aufgenommen, die mühsam die schwere Kette losschäkelten, während die Wellen versuchten, sie ins Wasser zu ziehen.

Über ihm klingelte es, vermutlich überprüfte Goss die Maschinentelegrafen, überwachte jede Maßnahme, um sicherzustellen, daß der Kommandant keinen Makel an seinem schönen Schiff fand.

Lindsay setzte die Tasse nieder, stand auf und klopfte gewohnheitsmäßig seine Taschen ab, um sicherzustellen, daß er alles bei sich hatte: Pfeife und Tabaksbeutel, sowie einen kleinen silbernen Kompaß. Er drehte ihn unter der Deckenlampe in der Hand um, auf der Rückseite stand eingraviert: »Commander Michael Lindsay, H. M. S. Minden – 1914«. Es war ungefähr das einzige, was er zur Erinnerung an seinen Vater besaß. Er schob ihn in die Tasche und merkte dabei wieder, wie neu sein Jackett war. Wie alles andere lagen seine alten Sachen mit der *Vengeur* auf dem Meeresgrund.

Ein Klopfen an der Tür, Goss schaute herein.

»Klar zum Loswerfen, Sir.«

»Ich komme.«

Er zog den Dufflecoat über und hängte das Glas um. Als er seine Mütze aufnahm, schaute er sich noch einmal in der ruhigen Kajüte um. Es wurde Zeit.

Goss folgte ihm den Brückenniedergang hinauf, zwischen dem Funkraum mit seinem ständigen Gestotter der Morsezeichen und dem Krachen atmosphärischer Störungen sowie dem einfachen Kartenraum auf der anderen Seite, in dem die Deckenlampen starr auf Instrumente und Tische gerichtet waren.

Er stieg weiter zur Brücke empor und überquerte sie bis zu den Klarsichtscheiben in den Fenstern. Auf dem Vorschiff bewegten sich Gestalten geschäftig hin und her, ein einsamer Signalgast stand fröstelnd ganz vorn am Bug, um die Gösch niederzuholen, sobald die Schlippleine von der Boje frei war.

Er wandte sich um und musterte die Brückenmannschaft. Chief Petty Officer Jolliffe, der Gefechtsrudergänger, den er schon bei seinem Rundgang kurz kennengelernt hatte, stand locker am Ruder, seine Augen glänzten in der Kompaßbeleuchtung, während er untätig den Tochterkompaß beobachtete. Er war ein Schrank von Kerl, nur etwas kurz geraten, so daß seine Beine ein bißchen schwach für den massigen Körper und Bauch wirkten. Jolliffe war Gefechtsrudergänger auf einem Schlachtkreuzer gewesen und mit den Launen großer Schiffe vertraut. An den Messingsäulen der Maschinentelegrafen lehnten die Posten, die Hände auf den Hebeln. Auf beiden Brückennocken standen die Signalgasten neben den Signalscheinwerfern und Flaggen; Signalmeister Ritchie hatte sein langes Teleskop zum Land gerichtet.

Lieutenant Stannard grüßte förmlich und sagte: »Nordwestwind, Sir. Ein bißchen frisch für meinen Geschmack.« Im grauen Dämmerlicht sah seine Haut noch lederner aus, seine Augen leuchteten unter der Mütze hervor.

Im Hintergrund drückten sich die beiden Sublieutenants Escott und Smythe herum und gaben sich Mühe, nicht aufzufallen. Ihr einzelner Goldstreifen glänzte noch ganz neu.

Goss schritt von einer Seite zur anderen, den Kopf vorgeschoben, als suche er noch irgendwo nach letzten Mängeln. Er starrte auf die beiden Sublieutenants und bellte: »Raus aus den Brückennocks, verdammt noch mal! Ihr sollt was lernen!«

Sie packten ihr Ölzeug und flüchteten, und Lindsay sah, wie einer der Posten Maschinentelegraf dem anderen zublinzelte.

Es war nicht richtig von Goss, die beiden vor all den Mannschaften anzublöken. Aber jetzt war nicht der richtige Moment für eine weitere Auseinandersetzung.

Ritchie rief: »Signal, Sir.« Ein Licht blinkte aufgeregt durch den Regen wie ein leuchtendes blaues Auge. »Auslaufen, sobald klar.«

Lindsay zwang sich, sich nicht über die Lippen zu lecken. »Beide Maschinen Achtung.«

Die Glocken des Maschinentelegrafen klangen sehr laut. Er ging zur Backbordtür des Steuerhauses und spähte über die Brüstung zur Gruppe auf dem Vorschiff. Maxwell blinzelte, die durchweichte Mütze über die Augen gezogen, zur Brücke hinauf und wartete auf Befehl.

Lindsay entspannte sich etwas, schmeckte das Salz auf seinen

Lippen und fühlte seine Hände in der scharfen Luft kribbeln.

»Danke, Signalmeister, bestätigen!«

Sekunden später stieg eine rote Leuchtkugel zu den bleiernen Wolken auf und trieb vor dem Wind nach See zu.

Stannard rief: »Das Signal vom Sperrschiff, Sir. Die Hoxa-Sperrlücke ist geöffnet.«

Das klang ganz heiter. Lindsay hatte ihn am Vorabend, als er schon in der Koje lag, in der Messe australische Lieder singen hören; jedes zweite Wort war obszön gewesen. Aber er hatte offenbar keinen Kater. Das konnte man von Dancy kaum sagen. Sein Gesicht war gelb wie Erbsensuppe, als er über das Bootsdeck torkelte, wo die Marines und einige Seeleute zum Auslaufen angetreten waren.

Über dem Ruderhaus hörte man Getrampel, dort war Chief Petty Officer Archer mit seinen Bootsmannsmaaten angetreten, um beim Passieren anderer Schiffe Front zu pfeifen. Die Navy blieb sich immer gleich, egal, was passierte.

Lindsay hob die Hand und beobachtete Maxwell, der mit seinem Arm anzeigte, daß die Boje an Steuerbordseite dicht am Steven war.

Wenn sie losgeworfen hatten, würde der Wind das Schiff wie ein treibendes Floß querab drücken. Aber es gab genug Platz. Hätten Wind und Strom gegenan gestanden, hätte er es mit dem nächstliegenden Schlachtschiff und drei verschiedenen Kreuzern zu tun bekommen. Er sah mehrere winzige Gestalten ihn vom Achterdeck des Schlachtschiffes aus beobachten, der Name leuchtete schwach im morgendlichen Licht: *Prince of Wales*. Das Schiff war bei der *Hood* gewesen, als diese in die Luft flog. Es war zu neu, zu unerprobt gewesen, um helfen zu können, und Lindsay überlegte kurz, wie ihm wohl zumute gewesen wäre, wenn er zur Besatzung gehört hätte.

»Beide langsam voraus.«

Die Posten Maschinentelegraf legten die messingnen Hebel. Für Maxwell machte er eine hackende Bewegung in Schiffsrichtung, sah einen Unteroffizier den Hammer schwingen, hörte den metallischen Klang von Stahl, als der Schlipphaken aufklappte und die sofort einsetzende Bewegung der Seeleute im Ölzeug, die achteraus rannten und die Festmacherleine aufholten. Die Boje erschien sofort, als habe sie und nicht das Schiff Fahrt aufgenommen.

Jolliffe sang aus: »Beide Maschinen gehen langsame Fahrt voraus. Ruder liegt mittschiffs.«

»Backbord zehn.«

Er hob sein Glas und beobachtete, wie die flachen Erhebungen an Land langsam vor dem Bug vorbeiwanderten. Es war seltsam, einen großen Vormast direkt vor der Brücke zu haben, mit all seinem Gewirr aus Leinen und Ladebäumen. Wenn man auf einer Seite der Brücke stand, hatte man das Gefühl, als ob das Schiff Schlagseite habe. Die Krängung nach Steuerbord machte das auch nicht gerade besser.

Er hörte Goss verbissen wispern: »Schiff dreht zu langsam.«

Er sah ihn an. Goss schien laut zu denken. Aber er hatte recht.

»Backbord fünfzehn, Steuerbordmaschine halbe Fahrt voraus.«

Schon besser. Ein beachtlicher Streifen weißer Gischt schäumte jetzt vom Steven achteraus, und er fühlte, wie die Brücke unter dem zusätzlichen Schub von Schrauben und Ruder gleichmäßig vibrierte.

Zwei einlaufende Trawler stampften an Backbord vorbei, aus ihren spindeldürren Schornsteinen stieß Rauch, ihre Kriegsflaggen waren kaum mehr als weiße Fetzen. Sie kamen von einem U-Bootabwehr-Einsatz zurück.

»Mittschiffs. Steuerbord langsam voraus.«

Lindsay sah den am nächsten passierenden Trawler im Gegenstrom schlingern und seinen Schiffsboden zeigen. Wie müssen die sich erst im offenen Wasser verhalten, dachte er schaudernd.

Schwach hörte er übers Wasser das Schrillen einer Pfeife. Irgend jemand versuchte, der *Benbecula* seine Achtung zu erweisen, während sie in ganzer Größe zur Sperrlücke fuhr.

Über sich hörte er Archer bellen: »Pfeifen!« und die schrille Antwort seiner Bootsmannsmaaten.

Von achtern ein weiterer Ruf, wohl Baldock, der ältere Stückmeister: »Oberdeck stillgestanden, Front nach Backbord!«

Auf dem Vorschiff kämpften die Seeleute noch immer mit der scheinbar endlosen Masse unaufgeschossener Stahlleine, als wären sie von einer todbringenden Schlange gepackt.

Lindsay richtete sein Glas und beobachtete, wie das Land auf beiden Seiten näher heranrückte und die Hügel von Flotta und South Ronaldsay als Wächter des Sundes kauerten. Er konnte die verschwommenen Umrisse des Sperrschiffes gerade eben erkennen und hinter ihm einen weiteren Trawler, der hin und her fuhr, um das Hereinschlüpfen eines U-Bootes zu verhindern.

»Selbständig raussteuern, Rudergänger.«

Er brauchte nun den Rudergänger nicht mehr mit unnötigen Befehlen zu verwirren, Jolliffe sah so gut wie jeder andere, was zu tun war. Er ließ das Rad in seinen großen roten Händen leicht hin und her spielen, die Augen auf die Fahrrinne gerichtet.

Ein Signalgast rief: »Ich glaube, da ruft uns jemand an, Signalmeister.«

In Sekundenschnelle war Ritchie durch die Tür und quer über die Brücke auf der anderen Nock.

»Wo, min Jung?« Das Teleskop schwang rund wie eine kleine Kanone. »Mann, du mußt mal deine Augen untersuchen lassen, das is'n Auto, das mit den Scheinwerfern blinkt.«

Lindsay ging zur offenen Tür, als der Signalmeister ausrief: »Aber du hast recht, Junge, der ruft uns tatsächlich.« Er sah Lindsay an. »Der kriegt aber was zu hören, wenn der Offizier der Wache ihn sieht!«

Lindsay hob sein Glas, als der Signalmeister meldete: »Er sagt ›Viel Glück‹, Sir.«

Eine Erhebung an Land nahm Lindsay die Sicht, als er gerade sein Glas auf die fernen Lichter gerichtet hatte. Der zerbeulte Stabswagen parkte gefährlich nah am Ufer, und er sah sie vor sich, wie sie bis über die Ohren eingemummt darin saß und zusah, wie das alte Schiff sich auf die Sperrlücke zuschob.

Er sagte: »Bestätigen«, und wußte, daß alle ihn anstarrten. »Und machen Sie rüber ›Danke!‹« Die Lampe begann zu klappern, dann war der Wagen außer Sicht.

Als das Deck sich unter der ersten flachen Welle hob, sah er einen der Sublieutenants die Hand nach der Brüstung ausstrecken. Voraus stieß das Sperrschiff dichten Rauch aus, als es seine Maschine wieder anwarf. Ein Mann winkte von der Brücke herüber und verdrückte sich dann wieder aus dem Regen.

Lindsay trat hinter einen Tochterkompaß und sagte: »Steuerbord zehn.« Die Anzeige tickte sanft vor seinen Augen. »Mittschiffs, recht so.«

»Recht so, Kurs zwei-zwei-null.«

Stannard sagte ruhig: »Neuer Kurs in fünfzehn Minuten, zweifünf-null, Sir.«

»Gut.«

Lindsay ging hinaus auf die Nock und legte seine behandschuhten Hände auf die Brüstung. An Backbord war das Land bereits zurückgefallen, und er konnte die schaumbedeckten Wellen in endlosen Reihen schräg zum Schiff anrollen sehen.

Er prüfte seine Reaktionen, schlug dann die Hände zusammen, was einen Signalgast heftig zusammenfahren ließ. Er fühlte sich gut – erstaunlich.

Plötzlich dachte er an die junge Frau im Wagen. Sie mußte extra früh aufgestanden sein und ihren Dienstplan so gedeichselt haben, daß sie rechtzeitig hier herausfahren konnte, um ihn auslaufen zu sehen. Er hatte sich dumm verhalten, aber das war nun nicht mehr zu ändern.

Ein Telefon summte, und Stannard rief: »Vom Mast, Sir. Näherkommendes Schiff von Backbord voraus.«

Lindsay blickte hoch zu dem dicken Ausgucktopf am Vormast. Es war schwierig, sich daran zu gewöhnen.

Goss fragte: »Hafenposten wegtreten, Sir?«

Doch Lindsay beobachtete das sich nähernde Schiff durch sein Glas. Es würde an Backbordseite in gut hundert Meter Abstand passieren. Daran lag es also nicht. Aber seine Kehle war wie zugeschnürt, als das Schiff mit quälender Langsamkeit aus Regen und Gischt auftauchte.

Ein Kreuzer; er lag so tief im Wasser, daß das Achterdeck überspült war. Der Hauptmast fehlte, und der achtere Turm war ein Haufen Schrott. Er hatte einen Torpedotreffer erhalten, der ihm fast das Rückgrat gebrochen hätte. Doch er schlug sich nach Hause durch. Um die Leute heimzubringen.

Ein Zerstörer lief sichernd an seiner seewärts gewandten Seite, und dicht hinter dem krängenden Schiff folgten zwei Schlepper. Wie Leute von einem Beerdigungsunternehmen, dachte Lindsay in plötzlichem Zorn.

»Nein, I0«, stieß er hervor. »Lassen Sie die Männer vorn und achtern antreten, und sagen Sie dem Bootsmann, ich möchte die beste Seite hören, die er je gepfiffen hat.« Er sah Verwirrung und Zweifel in Goss' Gesicht. Vielleicht denkt er, ich bin verrückt.

Als die Seeleute und Marines herbeiliefen, um auf dem Oberdeck der *Benbecula* anzutreten, ging Lindsay in die Brückennock und legte seine Hand an die Mütze, während der Kreuzer langsam passierte.

Die Pfeifen schrillten und verklangen beim Gruß. Dann sah

Lindsay drüben einen einzelnen Mann der Royal Marines, den Kopf in weißen Bandagen, auf das Signaldeck des Kreuzers gehen und das Horn an die Lippen setzen. Das »Front nach Backbord!« erklang über die unruhige graue See und die säuberlich aufgereihten, eingenähten Leiber auf dem Deck des Kreuzers. Von Bord der *Benbecula* starrten die jungen, unerfahrenen Gesichter schweigend zum anderen Schiff hinüber, bis das Horn wieder erklang und Archer rief: »Rührt euch!«

Stannard sagte leise: »Das war ein Bild, Sir!«

Lindsay musterte den hinter ihm stehenden jungen Signalgasten, der die Lichter ihres Wagens entdeckt hatte. Er biß auf die Finger seines Handschuhs und starrte achteraus, dem waidwunden Kreuzer nach.

»Das wird ihnen guttun.«

Er hatte es nicht so schroff sagen wollen und auch nicht mit diesen Worten. Aber es hatte sich nichts geändert. Nicht die Bitterkeit und auch nicht der Schock beim Anblick dessen, was der Atlantik anzurichten vermochte.

»Zeit zur erneuten Kursänderung, Sir«, sagte Stannard.

Lindsay schaute ihn an und sah den Kummer in seinen Augen. »Gut, übernehmen Sie die Wache.« Zu Goss: »Hafenposten wegtreten, bitte. In zehn Minuten lassen wir zur Übung auf Gefechtsstationen antreten, klar?«

Goss nickte. »Jawohl, Sir.«

Der gerade Steven der *Benbecula* hob sich und tauchte dann bedächtig in einen grauen Wall anrollender Seen. Spritzer trafen die Brückenfenster und ließen die Ankerketten wie schwarzes Glas erglänzen.

Als das Schiff später an dem vereisten Felsen des Old Man of Hoy vorbei die südwestlichen Zufahrtswege zu den Orkneys kreuzte, begann das Schiff heftiger zu schlingern, das vordere Welldeck fing die auflaufenden Seen ein und ließ sie lässig auf die andere Seite schwappen, ehe sie gurgelnd durch die Speigatten abliefen.

Dann drehten sie endlich das Heck dem Land zu und gingen auf Kurs Westnordwest. Gegen Mittag, als unter Deck die Wache sich zum Essen setzte und die andere Hälfte der Besatzung auf Kriegswachstation zog, gehörte ihnen die See allein.

Lindsay blieb in der offenen Brückennock, die kalte Pfeife zwischen den Zähnen, die Augen auf die tobende Wüstenei von Wellen und fliegender Gischt gerichtet.

Er war wieder im Nordatlantik.

»Tee, Sir?«

Lindsay wandte sich in seinem hohen Stuhl um und nahm einen Becher, den ihm der Bootsmann der Wache reichte. Während er das heiße Metall an die Lippen führte, starrte er durch die triefenden Scheiben zum Bug, der sich wie eine kräftige Pfeilspitze in die anlaufenden Seen bohrte.

Acht Tage lang, seit sie von der Boje losgeworfen hatten, hatte sich das Bild kaum geändert. Es war kälter geworden, aber das stand zu erwarten, denn mit jeder Stunde war das Schiff weiter nach Nordwesten gelaufen. Abgesehen von einigen bewaffneten Trawlern und einer einzelnen Korvette hatten sie nichts gesichtet. Nur die See mit ihrem unendlichen Panorama von Wellenkämmen und steilen Brechern.

Er fühlte, wie das Deck vibrierte, als der Steven durch den nächsten Wall überstürzenden Wassers stieß, sah die Gischtfahnen durch die Ankerklüsenrohre wie aus mächtigen Schläuchen hochspritzen.

Stannard kam quer über die Brücke, die hagere Gestalt gegen die schwankenden Schiffsbewegungen gestemmt.

»Die erste Nachmittagswache auf Kriegswachstationen, Sir. Able Seaman McNiven am Ruder.« Er sah durch die Klarsichtscheibe. »Ich schätze, wir sind auf Position.«

Lindsay nickte. »Ja.«

Ein unsichtbarer Punkt im Ozean: der Ausgangspunkt für die erste Teilstrecke des Überwachungsgebietes. Gebiet »Uncle Item Victor«, wie es in den Befehlen hieß. Ein breit hingestrecktes Parallelogramm, fünfhundert mal dreihundert Seemeilen groß und nach Norden bis zum Polarkreis zwischen Island und Grönland reichend. Es war nicht möglich gewesen, eine genaue Standortbestimmung zu bekommen, der Schiffsort wurde nach der üblichen Methode festgelegt, von Navigatoren als »mit Hilfe von Schätzung und des lieben Gottes« bezeichnet. Kopplung. Nur, daß man es sich in diesem Falle nicht leisten konnte, allzu ungenau zu sein.

»Gut, NO. Bringen Sie das Schiff auf Kurs drei-fünf-null. Umdrehungen für zehn Knoten.«

Er hörte Stannard die Befehle weitergeben; die unverzügliche

Antwort aus dem Maschinenraum zeigte ihm, daß Frasers Leute hellwach waren.

Als das Schiff etwas nach Backbord drehte, wurden die Bewegungen unregelmäßiger und heftiger, die Wellen stiegen am Steuerbordbug hoch, ehe sie über der Reling zerfetzten und bösartig über das offene Deck zischten. Dort unten würden nun noch mehr unglückliche Dulder unter dem verstärkten Ansturm würgen und ächzen, dachte er.

Er sah eine hohe graubärtige Welle an Steuerbord hochbranden und verharren, als suche sie, wo sie am besten angreifen könne. In Höhe der Brücke zerfiel der gezackte Kamm, brach nach innen zusammen, und der Stoß übertrug sich durch die ganzen Aufbauten, als hätte ein fester Gegenstand zugeschlagen. Vor dem Bug lag fast pechschwarze Nacht, einzig die Wellenkämme unterschieden den Himmel von der See.

Lindsay ließ seine Finger über die Lehne des Stuhles gleiten und dachte an das Gesicht von Goss, als er ihm gesagt hatte, was er haben wollte. Goss schien nicht zu begreifen, daß es keinen Sinn hatte, so zu tun, als verliefe alles ganz normal und routinemäßig. Die Wachen wechselten, die abgelösten Männer hasteten zu kurzer Ruhepause dankbar nach unten in die Kabinen und Messen, aber Lindsay war seit dem Verlassen von Scapa Flow fast ununterbrochen auf der Brücke gewesen. »Ich brauche einen guten, festen Sessel, 10.« Das war am ersten Seetag gewesen, und die Schiffszimmerleute hatten ihn im Lauf einer Wache aus festem Eichenholz, das bis dahin unbeachtet im Hellegat gelegen hatte, getischlert. Auf dem Deck festgeschraubt, gab er Lindsay gute Sicht über die Brüstung hinweg und stand in Reichweite der Brückentelefone. Goss hatte ihn entsetzt angestarrt.

»Sir, das Holz hatten wir zurückgelegt, so was kriegt man jetzt nicht mehr.« Wie Jupp mit seinen verdammten Gläsern.

Wenn er jedoch bei Kräften bleiben und seine lebenswichtigen Reserven erhalten wollte, die möglicherweise in der nächsten Stunde oder Minute gefordert wurden, dann brauchte er einen guten Sitz.

Es war seltsam, wie Goss es mied, die Wahrheit über das Schiff und seine neue Aufgabe zu akzeptieren. Oder vielleicht wollte er, daß der Kommandant unter der Belastung zusammenbrach, damit schließlich er das Kommando übernehmen konnte.

Lindsay dachte auch an die Gefechtsübungen auf der Fahrt in

das Überwachungsgebiet. Trotz des schweren Wetters hatte er fast jeden Teil des Schiffes die einzelnen Phasen durchgehen lassen: Geschützexerzieren, Schiffssicherung und Luftabwehrübungen, bis er Verbitterung und sogar Haß auf den Gesichtern gesehen hatte.

Vielleicht war Goss' Erwartung, daß er zusammenbräche nicht ganz unberechtigt, dachte er bitter. Ein- oder zweimal hatte er sich selbst in das Telefon oder über die offene Brückennock brüllen hören.

Das Geschützexerzieren hatte am schlechtesten geklappt. »Kläglich« hatte er es genannt und gesehen, daß Maxwells unbewegliches Gesicht ausnahmsweise in Bewegung geriet und etwas wie Scham verriet. Während fiktive Ziele vom sogenannten Leitstand oberhalb der Brücke nach unten durchgegeben wurden, hatten sich die Bedienungen an den sechs Geschützen bemüht, die Ziele möglichst schnell auszumachen und aufzufassen. Aber alle Geschütze wurden mechanisch von Hand betrieben; obwohl sich Maxwell und sein zweiter Artillerieoffizier, Lieutenant Hunter, vor Verzweiflung und Verbitterung fast heiser geschrien hatten, ging immer wieder wertvolle Zeit verloren. Auf den meisten Kriegsschiffen, zumindest auf den modernen, konnte man alle größeren Geschütze direkt vom Leitstand und Entfernungsmeßgerät oberhalb der Brücke schwenken und abfeuern. Ein Auge, ein Gehirn, wie bei einem U-Boot-Kommandanten am Periskop. Die Artillerieanlage der *Benbecula* jedoch hatte noch nicht einmal ein Stadium erreicht, das zu Hoffnungen berechtigte. Die Bedienungen der 15-Zentimeter-Geschütze waren vor dem Wetter nicht geschützt, sie mußten sich zitternd und fluchend hinter die Schilde kauern, während Entfernung und Seitenvorhalt über Telefon durchgegeben und ihnen dann über das Getöse von See und Wind hinweg zugeschrieen wurden. Da es an den Geschützen keine maschinellen Vorrichtungen gab, mußten die schweren Geschosse und ihre Treibladungen von Hand gehoben und mit Körperkraft ins Rohr gerammt werden. Wenn das Deck im Augenblick des Ladens gerade nach der falschen Richtung kippte, konnte das für einen unvorsichtigen Seemann unheilbringend sein. Der schwere Verschlußblock eines solchen Geschützes konnte trotz aller Vorsichtsmaßnahmen zuschwingen und einen Männerarm abquetschen. Das trug kaum dazu bei, die Geschützbedienungen zu Risiken zu veranlassen, und es setzte andererseits die Lade- und Feuergeschwindigkeit auf ein trauriges Schneckentempo herab.

Ein Telefon summte im achteren Teil der Brücke, und der Brückenmaat rief: »Floß Nummer 3 C reißt sich los, Sir.«

Stannard öffnete den Mund und machte ihn wieder zu. Er ging hinüber zum Kommandantenstuhl und sagte ruhig: »Wir können die Jungs jetzt nicht rausschicken, Sir. Darf ich dem Bootsmann sagen, er soll es bis zum Hellwerden so lassen?«

Lindsay versuchte, beherrscht zu antworten: »Machen Sie's jetzt. Das Bootsdeck ist hoch über der Wasserlinie. Lassen Sie Strecktaue ausbringen, das sollte genügen.«

Stannard blieb stur neben dem Stuhl stehen. »Nach meiner Meinung, Sir...«

Lindsay fuhr herum und sah in diesen wenigen Sekunden, wie die bleichen Gesichter im Hintergrund ihn beobachteten. Sub-Lieutenant Dancy, Stannards zweiter Wachgänger, der Signalgast, die Männer an den Maschinentelegrafen. »Nun machen Sie schon, NO.« Er konnte sich nicht mehr beherrschen. »Bei allem, was ich hier auf diesem Schiff erlebt habe, scheinen mir die Rettungsflöße unsere wichtigsten Geräte zu sein. Mein Gott, bilden Sie sich ein, daß das Wetter wirklich so schlimm ist?«

Stannard ließ nicht locker. Mit zornigem Gesicht sagte er: »Ich meinte nur...« Er zuckte mit den Schultern. »Tut mir leid, Sir.« Es klang allerdings nicht bedauernd.

»In Ordnung. Aber nun hören Sie mir mal zu, ja?« Lindsay sprach ganz leise. »Das Wetter wird noch schlechter, sehr viel schlechter. Und bald müssen wir beide Wachen an Deck rufen, die das Eis mit Dampfschläuchen auftauen. Wir sind hier, um eine Aufgabe zu erfüllen. Und das bedeutet nicht, sich unter Deck zu verkriechen und jedesmal nach der Mutter zu schreien, wenn es regnet!«

Stannard wandte sich um und gab Dancy ein Zeichen. »Gehen Sie selbst, Sub, sagen Sie dem Bootsmann, er soll alle Vorsichtsmaßnahmen treffen.« Und mit dem Rücken zu Lindsay: »Es wäre unsinnig, jemand dabei draufgehen zu lassen.«

Lindsay lehnte sich in den harten Sessel zurück und fühlte wie seine Arme, erst auf der einen, dann auf der anderen Seite, gegen die Rippen drückten, wenn der alte Kasten schwer von Wellental zu Wellental rollte. Er wäre trotz des Wetters gern hinaus auf die Brückennock gegangen, um die Leute zu beobachten, die abgeteilt wurden, das C-Floß wieder festzulaschen. Doch ihm war gleichzeitig klar, daß er bleiben mußte, wo er war. Sie mußten damit fertig werden. Sollten sie ihn ruhig hassen, wenn sie wollten; dafür würden sie um so besser arbeiten.

Er schaute auf seine Uhr. In fünfzehn Stunden sollten sie einen anderen Hilsfkreuzer im Einsatz offiziell ablösen. Sie würden ihn allerdings nicht sehen, aber das war wahrscheinlich nur gut. Einen Teil der Besatzung hätte der Anblick des anderen Hilfskreuzers nur demoralisiert. Er hätte ihnen gezeigt, wie sie selbst nach ein paar Wochen dieses elenden Daseins aussehen würden.

Das Telefon summte erneut. »Floß ist fest, Sir.«

»Sehr gut.«

Lindsay rieb sich das Kinn und fühlte die Stoppeln am Handschuh kratzen. Er war seltsam erleichtert, trotz seiner erzwungenen Ruhe.

Dancy kam auf die Brücke, pitschnaß, das Gesicht glühend vor Kälte. Seine Stimme klang zufrieden.

»Gar nicht so schlimm, Sir.« Er hielt sich an den Sprachrohren fest, als das Deck kippte und unter ihm ekelhaft zitterte. »Aber weiß Gott, es ist schneidend kalt da draußen.«

Stannard sagte knapp: »Ich gehe in den Kartenraum, Sub, übernehmen Sie die Wache.«

Dancy stand neben dem Stuhl und legte die Hände unter der Frontscheibe auf. Lindsay sah ihn neugierig an. Wie bei allen anderen wußte er wenig von Dancy. Jung, ernst, aber sonst nichts, was einen Hinweis gab. Ohne Mütze und Dufflecoat konnte er irgendwer sein.

Er fragte: »Was waren Sie, ehe Sie zur Marine kamen, Sub?«

Dancy sagte undeutlich: »Ich – ich habe geschrieben.« Er nickte. »Ja, ich war Schriftsteller, Sir.«

Lindsay sah ihn von der Seite an. Nach seinen Unterlagen war Dancy vorher Bankangestellter gewesen. Aber wenn er sich lieber als Schriftsteller sah, was machte es schon? Nichts von dem, was gewesen war, ehe die Deutschen nach Polen einmarschiert waren, hatte noch Bedeutung.

»Erzählen Sie mir davon.«

Dancy runzelte die Stirn. »Die See hat mich immer stark angezogen, Sir. Aber meine Eltern wollten einfach nicht, daß ich zur Navy ging, und nach der Schule versuchte ich mich mit Schreiben.«

»Bücher?«

Dancys Stimme klang unbehaglich. »Nicht Bücher, Sir.«

»Was denn?«

»Alles mögliche.« Dancy sah ihn verzweifelt an. »Über die See.«

Stannard kam plötzlich zurück. »Das Schiffslazarett hat eben angerufen. Der Doktor möchte«, er zögerte, »er fragt, ob Sie vielleicht in etwa zwanzig Minuten den Kurs ändern könnten. Ein Seemann ist von der Leiter gefallen und hat sich die Hüfte gebrochen. Der Doktor sagt, bei diesen Schiffsbewegungen kann er das nicht richten.«

Lindsay sah ihn an. Er konnte den wachsenden Unmut des Mannes spüren, der von ihm erwartete, daß er den Wunsch des Doktors ablehnte. Er muß mich für einen Leuteschinder halten, dachte er.

»Gut, NO, aber rechnen Sie mir die zusätzlichen Umdrehungen aus, die wir brauchen, um die verlorene Zeit aufzuholen. Und informieren Sie den LI.«

Stannard blinzelte. »Jawohl, Sir, sofort.«

Als er verschwand, sagte Dancy ernsthaft: »Ich hatte natürlich auch andere Tätigkeiten, jedenfalls zeitweise.«

Lindsay glitt vom Stuhl herab und zuckte zusammen, weil seine steifen Beine schmerzten.

»Na fein. Und jetzt habe ich eine Tätigkeit für Sie.« Er wies über die ganze Brücke. »Übernehmen Sie. Ich gehe in meine Kajüte, um mich zu rasieren.« Er sah Dancy erbleichen. »Wenn Sie nicht zurechtkommen, rufen Sie einfach den NO.« Er klopfte aufs Telefon neben seinem Stuhl. »Oder rufen Sie mich, wenn Sie wollen.« Er grinste über Dancys plötzlichen Schrecken. »Hübsches Erlebnis für eine spätere Beschreibung, was?«

Er ging, ohne sich umzublicken, steifbeinig zum Niedergang.

Dancy blieb stehen und starrte angestrengt sein Spiegelbild auf der mit Spritzwasser übersprühten Scheibe an. Er fühlte sich wie an Deck festgenagelt, unfähig, sich zu bewegen. Selbst das Atmen fiel ihm schwer.

Ganz vorsichtig schaute er über die Schulter. Die Augen des Rudergängers funkelten in der schwachen Kompaßbeleuchtung, die übrige Brückenbesatzung schwankte wie stumme Betrunkene mit den Schiffsbewegungen.

Nichts hatte sich verändert, und diese Feststellung ließ ihn fast die Nerven verlieren. Er ganz allein hatte den Befehl über dieses Schiff und rund zweihundertfünfzig Menschen.

Der Rudergänger zum Beispiel. Wie sah der ihn? überlegte er. Als Autorität, als Offizier, dessen Händen er bereitwillig sein Leben anvertraute?

Er fragte plötzlich: »Wie steuert sich das Schiff, Rudergänger?«

Der Seemann McNiven wurde stocksteif. Er hatte den tickenden Kompaß beobachtet, das schwankende Schiff genau auf Kurs gehalten. Was, in drei Teufels Namen, war in Dancy gefahren? Sein Blick huschte vorübergehend vom Kompaß weg, er ahnte irgendeine Falle.

»Gut«, er wartete, »Sir.«

Gerade hatte er an seinen letzten Urlaub in Chatham gedacht. Das Mädchen schien ganz in Ordnung zu sein. Aber wenn man sich ein paar Glas hinter die Binde gegossen hatte, dann wurde man unvorsichtig. Er fühlte sich genauso unbehaglich wie bei dem Gespräch des Australiers mit dem Skipper über das Lazarett. Angenommen, das verdammte Ding hatte ihm etwas verpaßt? Was sollte er dann machen?«

Dancy sagte: »Oh, wenn das so ist«, und lächelte ihn aus der Dunkelheit an. »Dann machen Sie weiter.«

Dancy ahnte nichts von der Verlegenheit des Rudergängers und starrte weiter geradeaus. Was er dem Käpt'n gesagt hatte, stimmte. Zum Teil. Er hatte immer die See und Schiffe geliebt, doch die Mittel seiner Eltern sowie ihr offener Widerstand hatten ihm die Chancen für Dartmouth verbaut. In der Bank war er öfter mit einem richtigen Marineoffizier zusammengetroffen. Er kam gewöhnlich während seines Urlaubs, um Geld zu holen. Und Dancy hatte immer alles daran gesetzt, ihn zu bedienen. Gebannt hatte er den gelegentlichen Bemerkungen dieses Mannes über sein Schiff und so fremd klingende Orte wie Singapur und Bombay, Gibraltar und Mombassa gelauscht. Und später ging dann seine Sehnsucht, seine verzweifelte Phantasie mit ihm durch. So schien ihm eine Lüge ganz natürlich. »Ich schreibe«, hatte er gesagt, und das war ganz einfach gewesen. Commander Lindsay war beeindruckt. Schriftsteller standen militärischem Denken fern. Sie waren anders, aber direkt ablehnen konnte man sie auch nicht.

Stannard polterte wieder durch die Tür und starrte ihn an.

»Wo ist der Kommandant, um Gottes willen?«

»Er hat mir die Schiffsführung übergeben.« Dancys Augen flackerten unter dem ungläubigen Blick des Australiers.

Stannard murmelte: »Muß wohl ganz von Gott verlassen sein!« Er sah McNiven an. »Ich werde sehr bald den Kurs auf null-zwei-null ändern. Will nur eben das Schiffslazarett unterrichten.« Er blickte Dancy an. »Die Schiffsführung, großer Gott!«

Lindsay beendete die Rasur und prüfte kritisch sein Gesicht im Spiegel. Er hatte Schatten unter den Augen, und sein Hals sah entzündet aus unter dem Handtuch, das er unter dem Dufflecoat trug. Doch die Rasur, das heiße Wasser hatten ihn erfrischt, und er dachte daran, wie wohl der chirurgische Eingriff unten verlief.

Jupp trottete herein und stellte vorsichtig eine silberne Kaffeekanne zwischen die Schlingerleisten auf den kleinen Tisch.

»Das alte Mädchen hält sich ganz gut, Sir. Gar nicht so schlecht«, meinte Jupp.

Lindsay in seinem Sessel streckte die Beine von sich. »Jedenfalls sind die Decks nicht die ganze Zeit überspült. Das ist schon was.«

Das Telefon ratterte dünn, dann hörte er Stannards Stimme: »Der Doktor meldet, daß er bereit ist, Sir. Ich ändere jetzt den Kurs, wenn es Ihnen recht ist.«

»Gut, machen Sie weiter, NO.«

Er fühlte das Deck zittern, ein plötzliches Überholen, als das Ruder gelegt wurde; die Vorhänge an den geschlossenen Bulleyes standen wie von unsichtbaren Drähten gezogen ab. Die See dröhnte am Rumpf entlang, wütend und dräuend, und zog sich dann mit zischendem Brausen langsam zum nächsten Angriff zurück.

Das Telefon summte erneut.

»Hier Kommandant.« Er hob die Tasse zum Mund und sah zu, wie Jupp sich bückte, um einen Krümel vom Teppich aufzunehmen.

Stannard meldete knapp: »Funkraum hat ein SOS aufgenommen, unverschlüsselt. Es lautet: ›Werde von deutschem Raider angegriffen‹.« Er machte eine Pause und räusperte sich. »Scheint ein schwedisches Schiff zu sein, Sir. Wahrscheinlich ein Irrtum von seiten der Deutschen ...«

Lindsay stieß hervor: »Dranbleiben!« Er stellte die Tasse achtlos auf das Tablett. »Ich komme!«

Er hastete den Niedergang hoch und fand Stannard vor der Funkraumtür warten. Zwei Funker kauerten unter ihren Kopfhörern, und auch der Funkmaat Hussey war erschienen, um ein Auge auf sie zu haben. Unter seiner Jacke war deutlich der Pyjama zu erkennen.

Er sah Lindsay und sagte linkisch: »Hatte gerade ein Auge voll Schlaf genommen, Sir. Aber dann schwante mir, daß irgend so was in der Luft lag.« Damit gab er bestimmt nicht an. Alte Fahrensleute wurden oft instinktiv auf ihren Posten gerufen, das stand für Lindsay fest.

»Was halten Sie davon?« fragte er.

Von der Tür her sagte Stannard: »Das Schiff gab auch eine Positionsmeldung, Sir. Ich habe sie auf der Karte eingetragen. Etwa neunzig Seemeilen nördlich von hier.«

Hussey blickte aus seinem Stahlsessel hoch. »Jemand hat bestätigt, Sir.«

Lindsay biß sich auf die Lippen. »Das wird die *Loch Glendhu* sein, der andere Hilfskreuzer.«

Hussey setzte nach einer Pause hinzu: »Weg, Sir. Keinen Piep mehr.«

Stannard meinte besorgt: »Das könnte was bedeuten.«

»Lassen Sie mich Ihre Eintragungen sehen.« Lindsay schoß hinter ihm her in den Kartenraum; trotz der Dampfheizungsrohre war es dort feucht und klamm, die Holzwände glänzten vor Nässe.

»*Loch Glendhu* sollte nach unseren Unterlagen ziemlich nahe bei dieser Position stehen.« Stannard war wieder ruhig, seine Stimme distanziert und professionell.

Lindsay studierte die sauber gezogenen Bleistiftlinien und Peilungen auf der Karte. Die *Loch Glendhu* war größer als die *Benbecula* und besser bewaffnet, jedoch kein Gegner für ein Kriegsschiff. Wahrscheinlich würde sie abdrehen, an den Stützpunkt melden und weitere Instruktionen abwarten.

»Sorgen Sie dafür, daß wir ständig für sie auf Empfang sind. Sagen Sie Hussey, er soll alles überwachen.«

Was, zum Teufel, machte ein schwedisches Schiff überhaupt hier? Vielleicht ging es aus Sicherheitsgründen durch die Dänemarkstraße. Schlechtes Wetter war immer noch besser als eine irrtümliche Versenkung weiter südlich in ruhigeren Gewässern.

»Setzen Sie Kollisionskurs ab, NO.«

Er erinnerte sich an Frasers Worte: »Ich kann Ihnen sechzehn Knoten liefern.« Es würde über fünf Stunden dauern, bis er die Position des neutralen Schiffes erreicht hatte. Und noch länger, wenn er auf die Instruktionen irgendeines Wachhabenden in der Operationszentrale der Admiralität wartete. Fünf Stunden waren eine Ewigkeit für Männer, die ohne Hoffnung starben.

Er merkte, daß er trotz der unbewegten Luft stark schwitzte, und fühlte, daß es ihm wie eiskaltes Wasser über den Rücken lief. Wieder sah er den niedrigen grauen Umriß am Horizont vor sich, konnte die atemberaubenden Explosionen fühlen, während die Granaten rund um ihn Stahl und Fleisch in Fetzen rissen. Er versuchte, nicht auf das nächstgelegene Bulleye mit seiner geschlossenen Blende zu schauen.

Lindsay fragte: »Haben Sie ihn schon?«

Stannard legte den Messingzirkel hin und sah von der Karte auf. »Kurs wäre null-eins-null, Sir.«

Lindsay nickte. »Nicht wäre, NO, ist. Gehen Sie auf Kurs und geben Sie mir den LI am Telefon.«

Er bemerkte, daß Goss auf der Brücke stand, sein ernstes Gesicht war fragend und besorgt.

»Der Hilfskreuzer, den wir ablösen sollen, läuft wahrscheinlich einem anderen Schiff zur Hilfe, IO.«

Goss nickte krampfhaft. »Ich weiß, habe es gerade gehört. Ein Neutraler, nicht wahr?« Es klang wie eine Anklage.

»Niemand ist hier draußen neutral.«

Stannard rief: »Der LI ist am Telefon, Sir.«

Lindsay nahm schnell den Hörer: »*Loch Glendhu* ist in Schwierigkeiten, LI.«

Frasers Stimme klang, als sei er meilenweit entfernt. »Ich gebe Ihnen alles, was ich kann, wenn Sie soweit sind.«

Lindsay blickte die anderen an. »Wir wollen sehen, was wir machen können.« Zu Stannard gewandt, setzte er hinzu: »Los, beide Maschinen voll voraus!«

Die Telegrafen klingelten. Ganz unten stand, in aufsteigenden Dampf gehüllt, Fraser auf seinem Stand und beobachtete, wie die großen Zeiger über die Doppelskalen schwangen und auf »Voll« stehenblieben.

Etwas unter ihm sah er seinen Assistenten, Lieutenant Dyke, der ein Gesicht schnitt und den Kopf schüttelte. Seine Lippen formten die Worte: »Der Kasten wird in Stücke fliegen.«

Frasers Lippen antworteten: »Für eine verdammt gute Sache!«

Dann wuchs der Lärm mit den steigenden Umdrehungen, die Maschinen und die Armaturen begannen zu beben, fielen mit ihrem typischen Klang ein. Fraser vergaß Dyke und alles andere und dachte nur an das, was jetzt zu tun war.

4 Ein Schiff brennt

»Immer noch nichts vom Funkraum, Sir.« Stannard schien auf der Hut.

Lindsay nickte, hielt die Augen jedoch auf den hart arbeitenden Bug des Schiffes gerichtet. Die *Benbecula* nahm die Wellenkämme nicht mehr einzeln, sie krachte wie ein schwerer eiserner Sturmbock durch die aufgewühlte See. Das Sprühwasser stieg fast wie ein geschlossener Vorhang rund um das Vorschiff hoch, wurde vom Wind zerfetzt und wie Kieselregen gegen die Brückenfenster geschleudert. Das Schiff arbeitete stark. Jede Verstrebung, jeder Spant in den Aufbauten schien zu rattern, sich zu wehren. Wenn die See über das Welldeck spülte, sah Lindsay den Unterteil des vorderen Mastes wie eine einsame Turmspitze aus der weiß schäumenden Flut ragen. Er überlegte kurz, wie es wohl dem Ausguck da oben ging und ob der Mast unter dem anstürmenden Wasser erzitterte.

Ein kurzer Blick auf die Uhr belehrte ihn, daß jetzt bald etwas in Sicht kommen mußte. Seit dem schwachen Aufflackern der Morsezeichen waren ihm die Stunden wie Tage vorgekommen, und während der ganzen Zeit hatte sich das Schiff krachend und schlingernd, stampfend und stoßend seinen Weg durch See und Wind gebahnt.

Er hörte ein metallisches Scharren oberhalb der Brücke und sah vor sich, wie Maxwell jetzt auf dem Leitstand das große Entfernungsmeßgerät überprüfte und über die spritzwasserverschmierten Linsen fluchte. Es war ein gutes E-Meßgerät, aber in einem Krieg, in dem die Waffen seit langem das Vorstellungsvermögen derjenigen überflügelt hatten, die um das tägliche Überleben kämpften, war es längst überholt. Sogar der alten *Vengeur* hatte man einige der weiterentwickelten Ortungsgeräte zugestanden, und neuere Schiffe waren mit den letzten und noch geheimeren Anlagen ausgerüstet. Die *Benbecula* jedoch stand in dieser Hinsicht ganz unten auf der Liste. Geleitschutz, U-Boot-Abwehr und Angriffe auf den unter der Küste laufenden Versorgungsverkehr des Gegners hatten Vorrang, was theoretisch auch ganz richtig war. Aber während er angespannt durch die surrende Klarsichtscheibe stierte, überlegte Lindsay, was die Herren in den Stäben jetzt wohl gesagt hätten, wenn sie hier auf der Brücke wären statt von 0900 bis 1700 Uhr in ihren behaglichen Büros. Es war nahezu entnervend, sich in diesem Augenblick die Funker in Scapa oder tief unten in den Kellern der Admiralität vorzustellen. Pausenlos gingen Meldungen und Bitten um Hilfe oder Anweisung: ein Geleitzug zerschlagen, ein U-Boot gesichtet, dann irgendein aufreizender Funkspruch über Bekleidungsfragen und die Notwendigkeit, einen besuchenden Politiker zu bewirten. Das Fernmeldepersonal war allem gegenüber abgebrüht. Vielleicht saßen sie jetzt gerade beisammen, tranken Tee und schwatzten über ihre Mädchen und den nächsten Landgang.

Im Schiff hatte sich der Notruf nun wohl herumgesprochen; Lindsay notierte in Gedanken, daß er das Befehlssystem auf alle Decks und Unterkünfte ausweiten lassen wollte, so daß er jeden einzelnenMann direkt erreichen konnte. Er versuchte, sich die genaue Anordnung der Räume ins Gedächtnis zu rufen. Da unten saßen sie nun alle, lauschten und warteten. Hörten die See und fühlten, wie der Rumpf bebte, als wolle er unter ihnen auseinanderbrechen. Warme Kleidung und aufblasbare Schwimmwesten. Die kleinen roten Lampen, die zeigen sollten, wo ein Mann im Wasser trieb.

Stannard sagte: »Zeit ist um, Sir.« Es klang jetzt weniger müde. Eher wachsam oder vielleicht auch verängstigt – wie die meisten.

Lindsay fühlte eine plötzliche Trockenheit in der Kehle. Wie ich auch, dachte er.

»Gut, NO.«

Er langte nach vorn und legte den Daumen auf den kleinen roten Knopf. Einen Augenblick zögerte er noch. Es war für diese Besatzung das erstemal. Dann tadelte er sich seiner Bedenken wegen und drückte kräftig auf den Knopf.

Die Alarmglocken klangen gedämpft, aber er konnte sie trotzdem durchs ganze Schiff gellen hören und auch das sofort einsetzende Getrampel auf den Brückenniedergängen, das dumpfe

Schlagen beim Schließen der wasserdichten Schotten.

Die Läufer und Maate stürzten an die Sprachrohre und Telefone, und von allen Stationen liefen die Meldungen ein.

»Sechstes Geschütz auf Gefechtsstation.«

»Viertes Geschütz auf Gefechtsstation.«

»Lecksicherungspersonal auf Gefechtsstation.«

Das Stimmengewirr und die knappen Bestätigungen klangen irgendwie unwirklich, blechern. Durchs Sprühwasser sah er geduckte Gestalten zu den vorderen Geschützen hasten und fühlte fast das eiskalte Metall der Munitionsaufzüge und Verschlußteile.

Stannard meldete: »Besatzung auf Gefechtsstationen, Sir.«

Lindsay sah ihn forschend an. »Drei Minuten. Gar nicht schlecht.«

Er drehte sich im Stuhl um und musterte die Gestalten, die nun die Brücke füllten: sein Team für all das, was nun geschehen würde.

Jolliffe am Ruder, der mit seinem Ärmel die beschlagene Scheibe des Tochterkompasses abwischte. Steuermannspersonal und Befehlsübermittler, das Signalpersonal mit Ritchie, der sich am Flaggenspind festhielt, während er sein Nachtglas einstellte. Stannard und der junge Dancy, sowie Lieutenant Aikman, der als Prisenoffizier vorgesehen war. Alle bereit zu kämpfen, zu sterben, wahnsinnig zu werden, alles.

Er wandte sich wieder der surrenden Scheibe zu. Goss stand in der Leckwehrzentrale. Bei ihm waren alle wachfreien Heizer und überzähligen Seeleute, um Schotten abzustützen, Feuer zu löschen und notfalls das Schiff mit den nackten Händen zusammenzuhalten. Und Goss war weit genug von der Brücke entfernt, um zu überleben und das Kommando zu übernehmen, sollte Lindsay fallen oder verwundet werden. Es war zweckmäßig, nicht alle Eier in einen Korb zu tun. Zweckmäßig, aber nicht gerade tröstlich.

Er dachte an den Lieutenant der Marines, de Chair, achtern bei seinen beiden 15-Zentimeter-Geschützen und dem müden Zwölfpfünder. Wenn er auch innerlich darüber grollte, Batterieoffizier für die veralteten Geschütze eines Hilfskreuzers zu sein, so ließ er sich das wenigstens nicht anmerken. Elegant, äußerlich lässig, hätte er besser seine Marines in offener Feldschlacht geführt.

Stannard legte den Hörer auf. »Vom Mastkorb nichts Neues, Sir.«

»Danke.« Ein weiterer Blick auf die Uhr. »Gehen Sie auf halbe Fahrt.«

Es hatte keinen Sinn, die Maschine jetzt zu Bruch zu fahren. Erleichtert fühlte er den Stuhl erbeben, während die Maschinentelegrafen quittierten.

Das schwedische Schiff war möglicherweise gesunken oder hatte in der Aufregung eine falsche Position angegeben. Der Feind konnte seinen Irrtum bemerkt, das Feuer eingestellt und sich schon viele Seemeilen entfernt haben, heimschleichend wie ein schuldbeladener Meuchelmörder.

Es war auch kein Funkspruch mehr von der *Loch Glendhu* gekommen. Aber hier oben in der Dänemarkstraße konnte man sich auf nichts verlassen außer auf Augen, Ohren und einen wachen Instinkt.

Die Klarsichtscheibe quietschte lauter, und Lindsay stellte fest, daß das Glas mit größeren, hellen Klecksen bedeckt war.

Stannard murmelte: »Verdammt, Schnee, das hat uns gerade noch gefehlt!«

Es war zunächst mehr Schneeregen als Schnee, aber bei Frost mußte es für die Geschützbedienungen schwierig werden.

Die Wellenberge waren nicht mehr so gewaltig, die Wellentäler brachten größere Zwischenräume; vermutlich würde nun bald dichter Schneefall einsetzen. Lindsay schlotterte innerlich und dachte, ob auch der deutsche Vormarsch in Rußland mit solchem Wetter zu kämpfen hatte. Trotz allem war er plötzlich dankbar, hier zu sein, auf diesem Schiff. Daß er nicht durch eisigen Schlamm und hüfttiefen Schneematsch stampfen mußte. Ein Schiff war ebenso Heim wie Waffe. Aber ein Infanterist kämpfte oft ohne zu wissen, wo er war, ob er allein stand oder von der Führung bereits aufgegeben war.

Das Telefon ließ ihn auf seinem Sitz zusammenzucken.

Stannard sagte knapp: »Sehr gut. In Ordnung. Melden Sie laufend weiter.« Dann zu Lindsay: »Ausguck meldet einen roten Schein, Sir, eben an Backbord.«

Ehe er antworten konnte, erklang der Lautsprecher Achterkante Brücke: »Leitstand an Brücke.« Es war Maxwells Stimme, ruhig und ausdruckslos. »Rot* zwo-null. Entfernung eins-null-null. Ein brennendes Schiff.«

---

* Rot bzw. Grün als Richtungsangabe für Backbord (links) bzw. Steuerbord (rechts)

Lindsay hob sein Glas gegen die Scheibe. Nichts. Maxwells Artilleriebeobachter hatten ihre Sache bei dieser schlechten Sicht gut gemacht. Er glitt vom Stuhl und senkte den Blick auf den leuchtenden Kompaß.

»Backbord zehn.«

»Backbord zehn, Sir. Ruder liegt Backbord zehn.«

Jolliffes Stimme war so kräftig wie der Mann.

»Mittschiffs. Recht so. 340 Grad steuern.« Und zu Stannard gewandt, setzte er hinzu: »Hoffentlich verstehen Ihre Leute ihr Handwerk. Ich werde eine gute Kopplung brauchen.«

Er nahm ein anderes Telefon auf und hörte Maxwells Stimme direkt am Ohr.

»AO, hier Kommandant. Ich will nichts riskieren. Also schräger Anlauf, damit Sie die ganze Steuerbordbatterie zum Tragen bringen können. Verstanden?«

Maxwell verstand. »Leuchtgranate ins erste Geschütz?«

»Ja.«

Er hörte in der Ferne die Leitstandsbesatzung Entfernungen und Peilungen für die Geschützbedienung ausrufen.

»Gut, daß Sie das Schiff entdeckt haben. Die *Loch Glendhu* muß den Funkspruch mißverstanden haben oder zur Verfolgung abgebraust sein.«

Er legte den Hörer auf.

Dancy meldete: »Erstes Geschütz mit Leuchtmunition geladen, Sir.«

Wieder der Artilleriesprecher: »Alle Geschütze laden. Leichte Panzersprenggranaten!«

Lindsay hatte automatisch seine Pfeife herausgezogen und so hart darauf gebissen, daß der Schmerz ihm half, wieder ruhiger zu werden.

»So, NO. Nun drehen Sie auf drei-zwo-fünf.«

Als das Ruder gelegt wurde, hörte er aus dem Lautsprecher: »Entfernung jetzt null-acht-null.«

Achttausend Meter. Aber bei diesem Schlackerschnee konnten es auch zehntausend sein. Lindsay konzentrierte sich auf die aus allen Telefonen und Sprachrohren murmelnden und quäkenden Stimmen. Er dachte an die frischgebackenen Sub-Lieutenants, die da unten als Batterieoffiziere bei den vorderen Geschützen standen. Die erfahrenen Seiten- und Höhenrichtschützen wußten besser als jeder andere, was zu tun war; die jungen Offiziere dort sollten eher lernen als etwas veranlassen.

Doch Lindsay wußte aus bitterer Erfahrung, daß die Zeit dazu nicht immer reichte. Auf der *Vengeur* hatte er erlebt, wie eines der 10,2-Zentimeter-Geschütze von einem Fähnrich, zwei Heizern und einem Koch bemannt werden mußten, weil die richtige Bedienung beim Luftangriff in blutige Fetzen gerissen worden war. Mit genug Zeit konnte man niemals rechnen.

»Da ist es!« Stannard reckte sich vor. »Eben an Steuerbord, Sir!«

Lindsay hob sein Glas und sah zum erstenmal den flackernden Schein. Es war mehr ein Reflex an den niedrigen Wolken als auf dem Wasser; das immer dichter werdende Schneetreiben machte alles noch schwieriger.

Stannard setzte grimmig hinzu: »Die Leuchtgranate wird den armen Kerlen einen schönen Schrecken einjagen.«

»Besser das, als schlecht anlaufen. In dem Schneefall könnten wir sie womöglich verlieren.«

Maxwells Stimme klang gedämpft, als er in seine vielen Telefone sprach. »Erstes Geschütz, Entfernung null-sieben-fünf.« Einer der Sub-Lieutenants hatte ihn wohl unterbrochen, denn er krächzte wütend: »Hören Sie zu, zum Donnerwetter. Peilung ist immer noch grün null-fünf, und nun machen Sie schon!«

Es krachte fast ehe der Lautsprecher verstummte; der Abschußknall kam mit dem Wind wie eine doppelte Explosion wieder herein. Als das Leuchtgeschoß zerbarst, sah es vorübergehend wie ein seltsames Gewitter aus. Lindsay erkannte, daß der Richtschütze eine zu große Erhöhung eingestellt hatte, so daß die Leuchtgranate in oder über den Wolken detoniert war. Der Leuchtsatz schien silbrig durch den Schneeregen und tauchte, als er ins Blickfeld geriet, die See in ein hartes totes Gletscherlicht.

Das waidwunde Schiff lag schon ziemlich tief im Wasser, sein Rumpf leuchtete im grellen Licht; in einer dicken, schwarzen, undurchdringlichen Wolke trieb der Qualm aus seinem brennenden Inneren mit dem Wind davon. Das Feuer war bereits ziemlich heruntergebrannt, doch hie und da schossen im ganzen Rumpf neue Ausbrüche wie Leuchtspurmunition himmelwärts und schleuderten Funken sowie glühende Asche übers Wasser.

Der Leuchtsatz war fast erloschen. »Noch eine!« Lindsay konnte den Blick nicht von dem sterbenden Schiff wenden. Er wußte, daß er recht hatte, wollte es aber nicht glauben. Ihm brach der Schweiß aus.

Eine Tür sprang auf, und Tobey, der Bootsmann, trat ins Ruderhaus; hinter ihm strömte eisige Luft herein.

»Verzeihung, Sir. Ich hab' mir gerade überlegt, wenn die armen Teufel, die drüben noch leben, unser Kauderwelsch nicht verstehen, wie können wir ihnen klarmachen, was wir wollen?« Er übersah Lindsays versteinerten Ausdruck. »Meine Leute sind klar bei Flößen und Leinen...«

Stannard warf ruhig ein: »Der Fähnrich in meiner Koppelgruppe kann schwedisch, Sir.«

Lindsay ließ das Glas auf die Brust fallen. Er mußte mehrmals tief Luft holen, ehe er die Sprache wiederfand.

»Sie werden uns verstehen, Tobey.« Er ging zur offenen Tür. »Es ist nämlich die *Loch Glendhu*.« Er hielt sich am Türrahmen fest. »Ich habe sie schon früher gesehen, deshalb erkenne ich sie.«

Stannard sagte leise: »O mein Gott!«

Tobey starrte an Lindsay vorbei auf das Inferno zuckender Flammen. »Die See hat sich etwas beruhigt, Sir. Wir könnten die Kutter aussetzen.«

Lindsay wandte sich nicht um. »Steuerbord zehn.« Er wartete, alle Nerven zum Zerreißen gespannt. »Mittschiffs. Recht so. Beide langsam voraus.« Dann sah er in Tobeys entsetztes Gesicht. »Ja, Kutter und Flöße. Rufen Sie Freiwillige auf.«

Er fuhr herum, als eine grelle Explosion drüben einen Feuerpfeil hoch in den Himmel schoß. Vielleicht eine Munitionskammer. Nun würde es nicht mehr lange dauern.

Ritchie trat zur Seite, als Tobey vorbeilief. »Soll ich das Schiff anrufen, Sir?«

Lindsay erwiderte matt: »Geben Sie rüber, sie sollen durchhalten.« Er hörte Ritchie mit der Signallampe klappern, doch wie erwartet erfolgte keine Antwort. »Versuchen Sie es weiter«, sagte er, »ein paar müssen noch am Leben sein. Und die brauchen in den nächsten Minuten alle nur mögliche Zuversicht.«

Ein weiteres Gesicht tauchte aus dem Dunkel auf. Es war Boase, der Arzt. »Was meinen Sie, wieviele noch übrig sind?« fragte er.

Das war zuviel für Lindsay. »Was, zum Teufel, glauben Sie, wo Sie sind?« Er brüllte, konnte sich aber nicht mehr zurückhalten.

Boase fuhr zurück. »Tut mir leid, Sir, ich hatte nicht die Absicht...«

Lindsay schrie: »Ja, zum Donnerwetter, Sie haben nie die Absicht! Aber das hier ist kein Lehrhospital, das Ihnen zuliebe eingerichtet wurde. Keine Sonnabendrauferei einiger Nachtschwärmer, wo Sie dann in Ihrer Ambulanz den lieben Gott spielen!« Er wies über die See. Der Schneeregen glitzerte rötlich in den Flammen, es sah so aus, als ob Blut vom Himmel regne. »Sehen Sie sich das genau an! Da draußen sterben Menschen und verfluchen die Narren, die sie mit einem solchen Schiff in den Krieg ziehen ließen. Einem Schiff wie dem unseren!«

Ein Bootsmaat sagte heiser: »Boote klar zum Fieren, Sir.«

Stannard sprach als erster. »Gut. Sagen Sie ihnen, sie sollen sich vor brennendem Öl hüten.«

Lindsay befahl: »Maschinen stopp.«

Er wischte sich mit der Hand über die Stirn. Seine Haut fühlte sich heiß an, brannte trotz der kalten Luft. Der Doktor hatte keine Schuld gehabt, es war unfair, seinen Zorn an ihm auszulassen. Unfair und enthüllend.

Das Deck wiegte sich leicht, als das Schiff an Fahrt verlor. Seine Schrauben standen zum erstenmal seit Scapa Flow still.

Weitere Geräusche drangen aus der Dunkelheit herüber, wie von einem auseinanderbrechenden Schiff, das auf seine Weise Klage erhob gegen die Narren, die es soweit hatten kommen lassen. Alle Feuer waren erloschen. Nur eine hohe Flamme schien, als es sich auf die Seite zu legen begann, direkt durch die Bodenplatten des Schiffes zu züngeln. Die See rundum verschwamm unter Dampf und fliegender Gischt.

In einem tiefen Wellental glitzerten kleine Lichter; ein Kutter pullte schon kräftig auf das sinkende Schiff zu. Lindsay biß die Zähne zusammen, als vom vorderen Geschütz erneut krachend eine Leuchtgranate aufstieg, hoch über dem Bild voll Jammer und Pein.

Längsseit der *Benbecula* hatte der Bootsmann Flöße herabgelassen, die als Aufnahmeplattform für die Überlebenden dienen sollten, ehe man sie einzeln an der hohen Bordwand hochholte. Er konnte weiße Jacken erkennen und hoffte, daß Boase einige Tragbahren bereithielt.

Als er zum Schornstein mit seiner tiefliegenden Rauchfahne hochsah, bemerkte er, daß die eine Seite wie Eis im Licht glänzte. Der Schneefall hatte voll eingesetzt, und damit blieb nicht mehr viel Zeit. In den Kuttern würden die Freiwilligen sich nun auch vor dem Schnee hüten müssen und vielleicht mehr um ihr eigenes Überleben fürchten als um das Leben derjenigen, die zu retten sie losgefahren waren.

Stannard sagte laut: »Sie sinkt.«

Noch mehr aufschäumendes Wasser, auch die letzte Flamme erlosch jäh. Dann nichts mehr.

Es schien eine Ewigkeit zu dauern, bis Stannard meldete: »Boote kommen zurück, Sir.«

Lindsay ging in die äußerste Steuerbordnock und spähte durch das Schneetreiben nach unten. Die Boote waren gedrängt voller Leiber. Ölglänzend. Ein vertrauter Anblick im Atlantik. Andere klammerten sich an die Bordwände des Bootes und traten Wasser, ihr Keuchen war noch oben auf der Nock zu hören. Hier und da der rote Schein eines Rettungslichtes auf dem Wasser, andere trieben unbeachtet davon, winzige dunkelrote Nadelköpfe, unter jedem eine Leiche.

Lindsay riß den Blick von den kämpfenden Gestalten unter sich los. Es gab noch viel zu tun. Ein Funkspruch mußte verschlüsselt und abgesetzt werden, um alle zu informieren. Um das Nötigste zu veranlassen. Der Marineminister bedauert, den Verlust von H. M. S. *Loch Glendhu* bekanntgeben zu müssen...

Kräftig stieß Lindsay sich von dem nassen Stuhl ab, wandte sich um und sah, daß Lieutenant Aikman ihn anstarrte.

»Stellen Sie sicher, daß alles richtig läuft. Wenn Sie mehr Leute brauchen, nehmen Sie sie von achtern. Ich wünsche, daß die Boote unverzüglich wieder geheißt und festgezurrt werden.« Er sah zu, wie der Offizier zum Niedergang hastete, ein weiteres Opfer seiner Verzweiflung und seines blinden Zorns.

Dancy sagte heiser: »Wenn ich einmal sterben muß, dann hoffentlich so, Sir.«

Lindsay sah ihn einige Sekunden lang an und fühlte, wie sein Zorn einer Art Wahnsinn wich, der mit wildem, unkontrolliertem Lachen aus ihm hervorzubrechen drohte. Dann streckte er die Hand aus und klopfte Dancy auf die Schulter.

»Mal sehen, was wir tun können. Aber ehe Sie sich endgültig entscheiden, besuchen Sie erst die Überlebenden im Schiffslazarett. Dann wollen wir weiter darüber reden.«

Stannard rief: »Wir können wieder Fahrt aufnehmen, Sir.«

Lindsay sah sein Spiegelbild in der Glasscheibe an, als ob er tatsächlich außerhalb seiner selbst stünde und seine noch verbliebe-

nen Kräfte abschätzte.
»Danke. Beide langsam voraus. Bringen Sie das Schiff wieder auf Kurs.«
Er sah Ritchie in einem Handbuch blättern, dann seine Taschenlampe senkrecht über eine Seite halten und fragte: »Wieviele, Signalmeister?«
Ritchie erwiderte leise: »Sie hatte eine Besatzung von dreihundert, Sir.«
Goss tauchte in der rückwärtigen Tür auf und meldete dumpf: »Wir haben dreißig aufgefischt, Sir.«
Lindsay setzte sich vorsichtig in den hohen Stuhl. Seltsam, wie leicht sich seine Glieder anfühlten. Wie im Traum.
Goss schien zu glauben, er habe ihn nicht gehört. »Nur dreißig, Sir!«
»Danke, 10. Wir wollen noch mindestens eine Stunde auf Gefechtsstation bleiben. Der Ausguck soll scharf aufpassen, solange die Sicht noch halbwegs ist.«
Das braucht man ihnen eigentlich nicht extra zu sagen, dachte er stumpf.
Er hörte die Tür schlagen, als Goss das Ruderhaus verließ. Wahrscheinlich verflucht er mich, den harten, eiskalten Kommandanten, an den kein Schmerz, kein Gefühl herankommt. Mein Gott, wenn der wüßte!
Eine Stunde später fuhr das Schiff immer noch durch eine wirbelnde weiße Welt, eingekapselt und ausgeschlossen von allem übrigen.
Als die Männer ihre Gefechtsstationen verließen und nach unten in die Wärme und in scheinbare Sicherheit rannten, hörte Lindsay einen Seemann lachen. Es klang seltsam jämmerlich durch den Schneesturm.
Das Entsetzen über das Geschehen wich der Erleichterung, daß sie verschont geblieben waren. Später würde es anders sein, aber jetzt war es gut, daß jemand noch lachen konnte, dachte Lindsay.

Goss trat schweren Schrittes ins Ruderhaus, schüttelte sich den Schnee vom Ölzeug und stampfte ihn von seinen schweren Seestiefeln. Die Stoppeln an seinem Kinn waren grau, fast weiß, so daß er im Widerschein des harten Lichtes noch älter aussah.
»Alles bereit, Sir.« Er sah zu, wie Lindsay von seinem Sessel glitt und zur Steuerbordtür ging.

Das Schiff arbeitete jetzt gleichmäßiger; über Nacht hatte die See viel von ihrer Wildheit verloren, als sei sie durch die wachsende Kraft des Schnees beruhigt und geglättet worden. Doch nach wie vor stand ein ziemlicher Wind, immer wieder wurde der Schnee in seltsame Muster gedreht, wirbelte um den Brückenaufbau oder trieb wie Sand im Wüstensturm parallel zum Deck.

Lindsay legte eine Hand auf den Vorreiber der Tür. Abgesehen von gelegentlichem kurzen Einduseln in seinem Sessel hatte er nicht geschlafen und war kaum noch fähig, klar zu denken. Als er die Tür aufriß und die offene Brücke betrat, folgte ihm Goss mit von Salz und Müdigkeit rot geränderten Augen. Er beobachtete ihn. Versuchte vielleicht, irgend etwas herauszufinden.

Der Schnee quietschte unter den ledernen Seestiefeln, war jedoch noch nicht vereist. Lindsay fühlte ihn über Gesicht und Ölzeug rieseln, als er langsam auf die äußere Nock hinausging. Die Sicht war jetzt miserabel; nur die träge fließende Bugwelle an der Bordwand verriet, daß das Schiff immer noch Fahrt voraus machte.

Er hob den Kopf und starrte unverwandt querab; Schnee schmolz auf seinen Wimpern, die Tropfen liefen ihm über die Wangen wie Ritchie in Scapa die Tränen. Jetzt stand der Signalmeister hier mit steinernem Gesicht.

Trotz Schnee und Matsch warteten unten viele andere von der Wache: dunkle Menschentrauben vor einer glitzernd niederfallenden Kulisse.

Er hörte sich selbst sagen: »Ich bin in etwa zehn Minuten wieder zurück, IO.«

Mehr brauchte es nicht? Ohne auf eine Antwort von Goss zu warten, wandte er sich um und klapperte die Leiter hinunter, seine Stiefel rutschten auf dem Matsch aus, seine Hände spürten die Kälte der Sprossen, denn er hatte seine Handschuhe vergessen. Unten weitere Leitern zum Promenadendeck. Als er achteraus schritt, breitbeinig gegen die stetige Bewegung gestemmt, sah er, daß sich bereits Rostflecke unter der neuen grauen Farbe zeigten. Er blieb stehen und schaute querab. Dort draußen, einige hundertfünfzig Seemeilen entfernt, befanden sich die westlichsten Ausläufer von Island. Das nächstgelegene Land.

Er beschleunigte den Schritt. Als er das achtere Welldeck erreichte, mußte er sich erneut wappnen, ehe er den letzten Niedergang hinunterstieg. Dort warteten Maxwell und Stannard, um bei der Bestattung zu helfen.

Es waren nur acht. Fünf von ihnen waren noch lebend aufgefischt worden, die anderen hatte man versehentlich in die Kutter geholt. Nur acht, doch die Reihe schien endlos. Vor Lindsays geistigem Auge reihten sich alle anderen an, die die *Benbecula* in ihrem Kielwasser zurückgelassen hatte. Dreihundert gehörten zur Besatzung der *Loch Glendhu*, hatte Ritchie gesagt.

Lindsay schritt zur Bordwand und erwiderte Maxwells Gruß. Hinter dem Artillerieoffizier sah er weitere wartende Gestalten sowie Lieutenant de Chair mit einigen seiner Marines.

Er räusperte sich. »Wir wollen anfangen.«

Als er das kleine Buch aus der Tasche zog, schaute er hoch und stutzte, weil de Chair ruhig sagte: »Nun denn, Wachtmeister, Mäntel aus.«

Er starrte wie betäubt hin, als die Marines gehorsam ihre glänzenden Ölmäntel ablegten und sich in einer dichten, schwankenden Linie hinter den in Segeltuch gehüllten Leichen aufstellten, alle in ihren besten blauen Uniformen und unverkennbar rasiert. Trotz allem, was geschehen war. Mein Gott, was taten sie ihm an!

Blind schlug er das Buch auf, die Buchstaben tanzten vor seinen Augen, während der Schnee weich auf seine Hände fiel.

»Also.«

Er nahm die Mütze ab und blinzelte nach oben in den Schnee. Er fiel so dicht, daß er nicht sehen konnte, ob die Flagge auf Halbmast wehte oder nicht. Aber was bedeutete das schon für die Toten?

Maxwell rief hinauf zur Brücke, und Lindsay hörte das ferne Klingeln der Telegrafen sowie das Stoppen der Maschine.

Er starrte angestrengt die aufgeschlagene Seite an und schob dann mit plötzlichem Entschluß das Buch wieder in die Tasche. Das hatte er nicht mehr nötig. Zu oft hatte er diese Worte gesprochen.

»Wir empfehlen in Deine barmherzigen Hände, allergnädigster Vater, die Seelen dieser unserer verstorbenen Brüder und übergeben ihre Leiber der See...«

Er befeuchtete die Lippen, als die Marines vortraten und die ordentlichen Bündel unter den beiden großen Kriegsflaggen anhoben.

Das war immer ein schlimmer Augenblick. Auch wenn man keines dieser stillen Bündel kannte. Fremde... Nur die Uniformen waren die gleichen.

Einer von ihnen war der Kommandant der *Loch Glendhu* gewesen. Dreißig Minuten, nachdem man ihn an Bord gebracht hatte, war er gestorben. Von Rechts wegen hätte er auf seiner Brücke sterben sollen. Von mehreren Granatsplittern war er getroffen und hatte schwere Brandwunden davongetragen, ehe ihn eine Explosion in die See schleuderte. Aber auch dann noch hatte er nicht sterben wollen. Möglicherweise hatte er Ritchies Signallampe gesehen oder die Kutter, die auf seine Männer zukamen. Vielleicht hatte er auch nur lange genug am Leben bleiben wollen, um das, was er wußte, zu berichten. Um seinen letzten Zorn und Haß weiterzugeben.

Lindsay hatte die Brücke für einen Augenblick verlassen, um ihn im Schiffslazarett zu besuchen, hatte vom Mund des anderen Kommandanten, durch die Bandagen hindurch, einen kurzen, verbitterten Bericht abgelesen.

Es war gar kein schwedisches Schiff dagewesen, kein Neutraler angegriffen worden. Allein der große deutsche Raider hatte dort wie ein Tigerhai auf der Lauer gelegen. Sicher, er hatte schwedisch ausgesehen mit seiner aufgemalten Flagge und seinen neutralen Farben, doch als die *Loch Glendhu* aufgedreht hatte, um ihm Hilfe zu bringen, hatten die feindlichen Geschütze aus einem Dutzend getarnter Stellungen Feuer eröffnet, hatten den Rumpf durchlöchert und Männer zu Brei gestampft, die Sekunden vorher Boote aussetzen und Hilfe bringen wollten.

Als die *Loch Glendhu* ein tobendes Inferno geworden war und zu sinken begann, hatte der Raider Fahrt aufgenommen und nur einmal noch innegehalten, um ein paar zusätzliche Granaten abzuschießen und das zerschlagene Schiff mit Maschinengewehrfeuer zu bestreichen.

Der sterbende Kommandant hatte gesagt: »Es war mein Fehler. Ich hätte gefechtsbereit sein, mit so etwas rechnen müssen. Aber es war irgendwie außergewöhnlich, etwas Neues.« Dann war er gestorben.

Lindsay hatte die vertrauten Worte der Zeremonie gesprochen, obwohl er im Geist diese letzten Momente noch einmal durchlebte. Als er wieder hinsah, wurden die Flaggen zusammengelegt, die Leichen waren verschwunden.

Er nickte zu Maxwell hinüber, und Sekunden später begannen die großen Schrauben, die See wieder zu Schaum aufzuwirbeln.

Er setzte seine Mütze wieder auf, der Mützenrand legte sich wie ein kalter Reif um seine Stirn.

Die Marines kämpften sich wieder in ihre nassen Mäntel, Stannard starrte über die Reling, die Augenbrauen weiß von Schnee.

Es war geschafft. Vorbei.

Er erwiderte Maxwells Gruß und sagte: »Ich danke Ihnen, AO.« Dann sah er die anderen an. »Ihnen allen.«

Als sie über das Promenadendeck nach vorn gingen, nahm Stannard Gleichschritt mit ihm auf.

Lindsay hörte sich selbst sagen: »Ich werde jetzt den Funkspruch absetzen, NO. Viel habe ich ja nicht zu berichten...« Er zuckte die Schultern und wußte, daß Stannard ihn anblickte. Er denkt, das macht mir nichts aus. Oder daß ich nach einer Erklärung suche, wo es keine gibt.

Als sie den letzten Niedergang hinaufstiegen, hörte Lindsay Stimmen. Leise Stimmen, schroff und zornig: Goss in einer Ecke der offenen Brücke und vor ihm Fraser, der zu ihm aufsah.

»Was ist hier los?« Die Tür des Ruderhauses war geschlossen, so daß der Streit drin nicht mitgehört werden konnte.

Goss fuhr herum. »Nichts, Sir.«

Fraser explodierte. »Nichts, von wegen!« Er stürzte zu Lindsay. »Ich kam an Deck, um in Ruhe zuzusehen, als...« Er blickte kurz nach achtern. »Aber es waren zu viele dort, und ich wollte für mich sein.« Als Goss ihn unterbrechen wollte, hob er eine ölbeschmierte Hand. »Ich stand vorn in Höhe des zweiten Geschützes, als die Maschinen stoppten.«

Einen Moment glaubte Lindsay, daß Frasers geübtes Ohr irgendeine Unregelmäßigkeit im vertrauten Klang seiner Maschinen entdeckt hätte. Aber der kleine Ingenieur fuhr fort: »Ich hörte etwas, Sir.«

Goss sagte schroff: »Um Himmels willen, das können Sie doch nicht mit Sicherheit sagen!«

Fraser schaute Lindsay an, sein Ton wurde plötzlich flehend. »Ich bin zu lange in diesem Geschäft, um nicht das Geräusch einer Winde zu erkennen.« Er drehte sich um und zeigte in das Schneetreiben. Es war noch dichter, wie ein weißer Wall stand es vor dem Bug. »Da draußen liegt ein Schiff, Sir. Ich weiß es!«

Lindsay stand stocksteif, in seinem Hirn wirbelten Worte, Gesichter, Geräusche durcheinander. Die Beisetzung. Die Marines in ihren blauen Uniformen. Der Schnee. Zwei tote Kinder.

Goss sagte dumpf: »Könnten Sie sich nicht getäuscht haben, LI?« Als niemand antwortete, setzte er lauter hinzu: »Das kann alles Mögliche gewesen sein.«

Stannard stand immer noch oben auf dem Niedergang, da er an Lindsay nicht vorbeikonnte. »Aber der verdammte Raider wäre doch ganz bestimmt nicht mehr hier?«

Lindsay schob sich langsam nach vorn an die Brüstung. »Warum nicht?« Seine Stimme war so leise, daß die anderen näherkamen. »Aus seiner Sicht hat er bisher gute Arbeit geleistet. Einen Hilfskreuzer versenkt, ohne irgendwelches Aufsehen.« Wie konnte er nur so ruhig scheinen? »Vielleicht lauert er im Schnee auf die Ablösung der *Loch Glendhu*. Auf uns, zum Beispiel.«

Goss starrte ihn ungläubig an. »Aber das wissen wir doch nicht, Sir!«

Stannard meinte: »Könnte aber sein. Er horcht auf irgendwelche Funksprüche, darauf, ob andere Schiffe hier Alarm geben...« Er wich zurück, als Lindsay ihn zur Seite schob und die Tür des Ruderhauses aufriß.

Während er sich das triefende Ölzeug vom Leibe riß und es achtlos an Deck fallen ließ, stieß er hervor: »Runter in den Maschinenraum, LI! Langsamste Fahrt, verstanden?« Er sah Stannard an. »Geben Sie durch: Alle Mann sofort auf Gefechtsstation! Aber keine Alarmglocken, kein Gepfeife, nicht das geringste Geräusch von irgend jemand!« Es klang erregt. »Schickt sie barfuß los, wenn nötig!«

Midshipman Kemp kam aus dem Kartenraum, und Lindsay packte ihn am Arm. »Hol mir den Artillerieoffizier, mein Junge, aber schleunigst!«

Kemp zögerte, er war sehr bleich. »Wo ist er, Sir?«

»Achtern da unten, er hat gerade mitgeholfen, einige unserer Kameraden beizusetzen.« Er sah kalt zu Goss hinüber. »Wenn irgend möglich habe ich vor, ihnen einige von diesen Hunden nachzuschicken!«

Das Deck erzitterte ganz leicht. Fraser mußte wie ein Verrückter gerannt sein, um so schnell in den Maschinenraum zu kommen.

Fünf Minuten später meldete Stannard: »Schiff auf Gefechtsstationen, Sir.«

Lindsay wandte sich um und ließ den Blick über die anderen schweifen. Jolliffe hatte sich offenbar sehr beeilt. Er trug noch alte Filzpantoffeln, und an seinem stattlichen Bauch hingen Krümel.

»Ich brauche drei gute Männer vorn. Signalmeister, nehmen Sie einige Ihrer Gasten, die haben gute Ohren und Augen. Wenn...« Er stockte. »Sollten wir auf diesen Kerl stoßen, dann möchte ich ihn zuerst sehen. Und dann wird er erfahren, wie Sterben tut.«

Ritchie knöpfte sich den Kragen seines Ölzeugs zu. »Ich gehe selbst, Sir.« Er winkte zwei seiner Signalgasten heran. »Es wird uns ein Vergnügen sein.«

Wie eine riesige Geistererscheinung glitt die *Benbecula* in den Schnee, Decks und Aufbauten schon zentimetertief verschneit.

Außer dem leichten Vibrieren der Maschinen, dem gelegentlichen Quietschen von Stahl oder dem nervösen Hin und Her von Füßen oberhalb der Brücke gab es nichts, was das Schiff verraten konnte.

Lindsay zog seine Pfeife heraus und steckte sie sich zwischen die Zähne; seine Augen waren auf Ritchies dunkle Gestalt gerichtet, die zwischen den Ankerketten nach vorn eilte. Vielleicht hatte Fraser sich ja getäuscht. Vielleicht war wirklich nichts da draußen im Schnee.

Wieder dachte er an den sterbenden Kommandanten. Irgendwie außergewöhnlich, hatte er gesagt, fast beschämt, weil er die neuen Regeln noch nicht begriffen hatte.

Lindsay umklammerte die Stuhllehne und wartete. Jedenfalls haben wir es versucht, dachte er.

5 Lehrgeld

Signalmaat Ritchie zerrte mit den Zähnen einen Handschuh ab und fummelte am Verschluß des kleinen Telefonkastens. Er stand so weit wie möglich vorn am Bug. In der weißen Stille kam ihm das Schiff wie verlassen vor. Er riß die Tür des kleinen Kastens auf und hielt den Hörer ans Ohr. Als er nach achtern sah, war die Brücke fast hinter dem fallenden Schnee verschwunden, nur die Fenster des Ruderhauses sah er wie viereckige, schwarze Augen.

»Brücke.« Es war die Stimme des Kommandanten, und Ritchie konnte sich vorstellen, wie er neben seinem Stuhl stand und auf das Vorderschiff hinunterspähte.

»Signalmeister, Sir. Bin auf Position.«
»Gut.« Pause. »Ich bleibe am Telefon.«

Ritchie berührte den Schnee, der das Schanzkleid wie Baumwollflocken säumte. Er fühlte sich fester an. Vielleicht ein Anflug von Eis, dachte er, während seine Augen langsam von einer Seite zur anderen wanderten. Gelegentlich briste der Wind auf, dunkel wie Blei sah er die See langsam auf sich zukommen. Trotz seiner dicken Kleidung schauderte er. Er hatte die Gespräche der Offiziere gehört, und seine Erfahrung sagte ihm den Rest. Man diente nicht auf einem Dutzend Brücken ebenso viele Jahre lang, ohne etwas zu lernen.

Er hielt den Atem an, als ein Schatten durch den Schnee zog, und entspannte sich dann wieder. Der Wind hatte nur eine Gasse gerissen, eben lang genug, um ein Stück offenes Wasser freizulegen. Ein schmaler düsterer Fleck, der sekundenlang wie ein Schiff ausgesehen hatte. Wenn dort draußen ein Schiff lag, dann konnte es ebensogut horchen und lauern wie sie.

Vielleicht richteten gerade in diesem Augenblick die verdammten Deutschen ihre Visiere, umklammerten Abzug und Granaten, während der Schatten der *Benbecula* ahnungslos in ihre Fadenkreuze glitt. Selbst wenn der Kommandant recht hatte und sie zuerst schießen konnten, würden sich möglicherweise beide Schiffe zu Schrott hämmern und hier draußen sinken, einhundertfünfzig Seemeilen von Land entfernt.

Zu seiner Linken hörte er Cummings, einen der jungen Signalgasten, in der kalten Luft schniefen und überlegte kurz, was der wohl von all dem hielt. Noch vor sechs Monaten war er Laufbursche eines Bäckers in Birmingham gewesen und jetzt ... Ritchie schüttelte sich ärgerlich. Seltsam, wie der Schnee einen schläfrig machte, auch wenn man noch so angespannt war.

Nun ja, das Deck lag ruhig. Hier vorn am Bug erreichte ihn kaum ein Maschinengeräusch, und in der Muschel des Telefonhörers glaubte er, Lindsays Atem zu hören. Feiner Kerl, dachte er. Nicht so herablassend wie einige der arroganten Burschen, die er kennengelernt hatte. Eher wie jemand, der eine alte Wunde leckte. Etwas zerriß ihn, und wenn er von den Nöten anderer hörte, schmerzte es ihn um so mehr. Wie bei der Trauerfeier, zum Beispiel.

Er hatte gesehen, wie der Kommandant das Gebet über den Toten sprach. Mit demselben Ausdruck, den er in London bei der

Massenbeerdigung beobachtet hatte. Fast die ganze Straße hatten sie beerdigt. Man behauptete, die Bomber hätten es auf die Londoner Docks abgesehen gehabt, aber sie hatten trotzdem die Straße getroffen. Das East End war niemals eine attraktive Gegend gewesen, flache Häuser, eines wie das andere, und jedes mit einem Hinterhof von der Größe eines Teppichs. Madge hatte darauf bestanden, es Garten zu nennen. Er spürte, wie sich seine Lippen zu einem leichten Lächeln verzogen. Garten.

Das schöne Wetter hatte die Beerdigung noch bedrückender gemacht. Strahlender Sonnenschein, als ob die Welt dieses kleine Drama einfach nicht zur Kenntnis nehmen wollte. Die roten Busse fuhren am Ende der Straße in regelmäßigen Abständen zur U-Bahn-Station Bethnal Green. Wie ein fetter, zufriedener Wal glänzte ein Sperrballon im Sonnenschein. In den Ruinen einer Kirche, die in der vorhergehenden Woche zerbombt worden war, hörte man einen Arbeiter pfeifen.

Aber die Gesichter waren die gleichen gewesen. Ausdruckslos wie das Lindsays.

Ritchie erstarrte. Da war es wieder. Sein Kopf fuhr herum, als er einen schwachen, aber deutlich metallischen Klang hörte.

»Grün vier-fünf, Sir«, flüsterte er ins Telefon. »Ich hab' ein metallisches Geräusch gehört.«

Eine leichte Erschütterung drang durch seine Stiefel, und er vermutete, daß das Ruder gelegt worden war.

Dann sagte Lindsay: »Dranbleiben, Signalmeister.« So kühl und ohne Hast, als berichte er über ein Cricketspiel.

Cummings flüsterte: »Was meinen Sie, Signalmeister?«

Ritchie zuckte mit den Schultern. »Weiß nicht.«

Er fühlte den wärmenden Pullover am Hals. Madge hatte ihn aus einem alten aufgetrennten Jumper gestrickt. Bewußt versuchte er, die plötzliche Gefühlsaufwallung zu bekämpfen. Er mußte sich daran gewöhnen, damit fertigwerden. Aber wie lange würde es noch dauern? Erst gestern hatte er gedacht, als Hussey, der Funkmaat, von seinem Dienst auf einem Fluß-Kanonenboot in China berichtete: »Das muß ich den Kindern erzählen.« Es waren solch kurze, unkontrollierte Augenblicke, die Schmerz und Verlassenheit wieder voll zurückbrachten.

Nasser Schnee schlug ihm ins Gesicht, als der Wind mit plötzlicher Gewalt über das Schanzkleid fegte. Er wischte ihn sich aus den Augen, und als er wieder aufschaute, sah er das andere Schiff.

Unvorstellbar, daß es so nah sein konnte, daß es schon die ganze Zeit dagewesen war. Es lag schräg zur Kurslinie der *Benbecula*, das Heck ihr zugekehrt; die hohen Aufbauten und das Achterschiff glänzten wie Zuckerguß auf einem großen Kuchen.

»Ein Schiff, Sir«, sagte er heiser. »Eben an Steuerbord voraus. Entfernung etwa zwei Kabellängen*!«

Während sich die Sekunden endlos dehnten, hielt er die Augen fest auf das andere Schiff gerichtet. Es war von beachtlicher Größe, wahrscheinlich ein Überseedampfer mit zwei Schornsteinen. Auf seine Bordwand war eine große schwedische Flagge gemalt. Während Ritchie das Schiff beobachtete, sah er, wie sich ein Teil der Brücke leicht bewegte, und merkte, daß er mit einem der vorderen Ladebäume angehoben wurde. Der LI hatte eine Winsch gehört. Also änderten die Deutschen schon wieder ihr Aussehen, bereiteten sich auf das nächste Opfer vor. Plötzlich war dort, wo sich der Rumpf des Gegners eben noch auf den träge heranrollenden Seen treibend bewegt hatte, ein Schaumwirbel zu sehen.

Ritchie knirschte: »Runter, Jungs, er hat uns gesehen!« Er faßte Cummings am Ärmel und zog ihn keuchend an Deck. »Haltet die Köpfe unten und bleibt so, bis ich euch was anderes sage!«

Cummings lag neben ihm, nur zentimeterweit entfernt, und keuchte mit weit aufgerissenen Augen: »Ich ... Ich muß gleich kotzen.«

Ritchie wollte ihm gerade erwidern, da hörte er plötzlich das Klingeln der Alarmglocken am nächsten Geschütz und besann sich anders.

Wie der Signalmeister, so hatte auch Lindsay die verschwommenen Umrisse des anderen Schiffes fast ungläubig angestarrt. Das Schneetreiben vermittelte den täuschenden Eindruck, daß es eine Öffnung freiließ, einen Schauplatz, gerade groß genug für die beiden Schiffe. Jenseits davon wirbelte der Schnee dichter als zuvor.

»Backbord fünfzehn! Beide Maschinen voll voraus!«

Lindsays schneidende Stimme schien die entsetzte Stille im Ruderhaus zu brechen; die Gestalten beiderseits von ihm begannen, sich wie an unsichtbaren Fäden zu bewegen.

»Mittschiffs! Recht so!«

Jolliffe murmelte: »Recht so, Sir. Kurs drei-fünf-fünf.«

---

* ca. 370 Meter

An beiden Seiten rasselten und schrillten Telefone und Sprachrohre. Er hörte Maxwell: »Feuererlaubnis!« rufen und die sofortige Antwort der Glocken.

Durch die leichte Wendung nach Backbord hatte Lindsay das Schiff auf fast parallelen Kurs zum etwa vierhundert Meter entfernten Gegner gelegt. Er beobachtete den plötzlichen Wirbel der Doppelschrauben, sah das Achterschiff auf den drängenden Schub hin leicht krängen, war sich aber darüber klar, daß sein geringer Vorteil trotz allem bald dahin sein werde.

Dann, nach nur wenigen Sekunden, eröffneten die drei Steuerbordgeschütze das Feuer. Das dritte Geschütz, das am weitesten achtern stand, feuerte zuerst; Lindsay vermutete, daß die Marines die gebrüllten Anweisungen schneller in die Tat umgesetzt hatten. Das 15-Zentimeter-Geschoß heulte an der Brücke vorbei und warf eine Druckwelle gegen die Aufbauten. Die beiden anderen Geschütze folgten fast gleichzeitig. Rauch zog über das Deck, die heftigen Detonationen schüttelten die Grätings unter Lindsays Füßen. Einige Leute keuchten vor Angst.

»Schiff dreht ab!« Lieutenant Aikman fiel fast um, als das Rohr des dritten Geschützes zurückstieß und ein weiteres Geschoß heulend über das graue Wasser schickte.

Ausdruckslos die Stimme eines Befehlsübermittlers: »Weit. Zwei Hektometer zurück.«

Das Deck bebte heftig, als das Schiff mit den Umdrehungen hochging und die Bugwelle zu beiden Seiten wie eine gläserne Pfeilspitze anstieg.

»Steuerbord zehn.« Lindsay senkte den Blick auf den Kompaß. »Mittschiffs.« Er sah seine Schweißtropfen auf die Schutzhaube fallen. »Recht so.«

Als er den Kopf wieder hob, war der Gegner näher, die Peilung spitzer geworden.

Ein Bootsmaat rief: »Drittes Geschütz hat Feuer eingestellt, Sir. Kann Ziel nicht mehr auffassen.«

Lindsay sah zu Stannard hinüber. Das war nicht zu ändern. Wenn er abdrehte, um den Marines freies Ziel zu geben, würde das andere Schiff im Schneegestöber entkommen. Es war groß, etwa 17 000 Tonnen. Groß, modern und genügend Antriebskraft, um es schnell auf Höchstfahrt zu bringen.

Die beiden vorderen Geschütze, deren Sicht durch die Aufbauten nicht behindert war, feuerten erneut. Aus den Mündungen sprangen lange, orangefarbene Zungen, als die Geschosse dem Feind entgegenrasten.

Durch die Schneeböen erkannte Lindsay ein kurzes Aufblitzen – wie ein großes rotes Auge – und hörte Maxwell gellend schreien: »Treffer! Wir haben das Schwein erwischt!«

Der Gegner entfernte sich mit jeder Sekunde, seine Schornsteine waren schon im Schnee verborgen.

Lindsay fuhr sich mit der Hand über die Stirn und zählte die Sekunden, bis die Geschütze wieder feuerten. Nun waren die Pausen länger. Er malte sich aus, wie sich die Munitionsaufzüge in den Schächten ruckweise nach oben bewegten, wie sich Köche, Stewards, Schreiber und Versorgungspersonal fluchend abmühten, um die Geschütze mit den großen, unhandlichen Geschossen zu versorgen, während der Schiffsrumpf rund um sie bebte. Und in der Maschine und den Kesselräumen hörten Frasers Männer die Explosionen, beobachteten die hohen Bordwände und beteten, daß kein Geschoß den Weg zu ihnen fand. Wassereinbruch, kochendheißer Dampf... Aus – vorbei.

Der Schnee hob sich wirbelnd über dem feindlichen Schiff, als Lindsay den verräterischen, organgefarbenen Blitz sah. Der andere Kommandant hatte endlich eines seiner achteren Geschütze zum Tragen gebracht.

Das Geschoß traf die Bordwand der *Benbecula* wie ein Donnerschlag. Der Stoß schleuderte Männer und Gerät auf der Brücke umher, Rauch quoll in dichter brauner Wolke über das Steuerbord-Schanzkleid.

Lindsay hielt sich an den Sprachrohren fest, hörte Splitter durch den Rumpf schlagen und schmeckte das Lyddit in der kalten Luft.

Doch ihre Geschütze feuerten weiter, und über den Lärm hinweg hörte er die Höhen- und Richtschützen wie die Verrückten schreien; dazu das Quietschen von Stahl, das Klirren der Verschlußblöcke, dann den Ruf: »Fertig!«

Aikman rief: »Schiffssicherung meldet Feuer auf dem A-Deck, Sir. Zwei Mann ausgefallen.«

»Verstanden.«

Lindsay hob das Glas und musterte den Gegner. Er war jetzt fast verschwunden, sein verkürzter Umriß war nur noch ein dunkler Schatten im Schneetreiben.

Das mußte er ausnutzen. »Backbord zehn.« Und zu Aikman:

»Sagen Sie dem Artillerieoffizier, er soll das dritte Geschütz einsetzen.«

Er beobachtete den tickenden Kreiselkompaß. »Mittschiffs.« Er wartete nicht auf Jolliffes Antwort, sondern schritt auf die Steuerbordseite, wo ihm der eisige Wind durch das offene Fenster ins Gesicht schnitt.

Als der Gegner Steuerbord voraus von der *Benbecula* freikam, eröffnete de Chairs Geschütz erneut das Feuer. Das Geschoß traf ihn unmittelbar hinter der Brücke. Diesmal war die Detonation gewaltiger, und Lindsay vermutete, daß die detonierende Granate die Handwaffen- oder Signalmunition entzündet hatte.

Der Schnee schien rot und golden zu erglühen. Flammen leckten gierig um einen der hohen Schornsteine und lösten weitere Explosionen aus, die das an der Bordwand schäumende Wasser mit niederfallenden Brocken übersäten.

Der Gegner schoß erneut und abermals vorzüglich. Das Geschoß traf die *Benbecula* weiter achtern, detonierte tief im Rumpf und schleuderte weiß-glühende, messerscharfe Splitter in alle Richtungen. Einige schossen nach oben durch das Bootsdeck und schnitten einen Kutter glatt durch, so daß Bug und Heck wie welke Früchte an den Davits baumelten.

Stannard sagte heiser: »Es schneit wieder stärker«, und duckte sich unwillkürlich, als ein Geschoß neben dem Schiff detonierte. Die aufsteigende weiße Wassersäule verdeckte sofort den Detonationsblitz. Brücke und Brückennock wurden unter herabstürzendem Wasser begraben, und Lindsay hörte Jolliffe über einen Steuermannsmaat fluchen, der gegen das Steuerrad gefallen war.

Lindsay rieb sein Glas trocken und spähte nach dem Gegner aus, gerade rechtzeitig, um ihn in einer weiteren Böe vollständig verschwinden zu sehen. Nur der Schein seiner Brände war noch sichtbar. Als de Chairs letzte Granate vernichtend in seine Decks schlug, trug der Wind das Geräusch von mehreren leichten Explosionen herüber.

Aikman meldete: »Schiffssicherung hat Feuer auf dem A-Deck unter Kontrolle, Sir. Zweiter Treffer war ebenfalls im A-Deck. Kein Brand, aber vier Mann verwundet.«

Das Telefon störte abermals die plötzliche Stille; Stannard sagte: »Sir, der LI fragt, ob er mit den Umdrehungen runtergehen kann. Steuerbordwelle wird sonst zu heiß. Nichts Ernstes, glaubt er, aber...«

Lindsay merkte, daß der Australier ihn anstarrte, erst dann erinnerte sich sein verwirrter Verstand daran, was er gefragt worden war.

»Danke, NO. Gehen Sie mit der Fahrt runter, auf langsam voraus.«

Es hatte keinen Sinn, die Maschinen für nichts und wieder nichts zu Bruch zu fahren. Der Gegner würde nicht zurückkommen, um es noch einmal zu versuchen. Nicht jetzt. Das war zu riskant.

Langsam setzte er hinzu: »Und lassen Sie sofort einen Funkspruch aufsetzen und verschlüsseln. An Admiralität. Melden Sie unsere Position, sowie Kurs und ungefähre Geschwindigkeit des Gegners.« Er rieb sich die Augen und zwang sich, zu reagieren. »Sagen Sie, wir haben einen feindlichen Raider beschossen und zwei Treffer erzielt. Ausmaß der Schäden nicht bekannt.«

Stannard senkte den Schreibblock. »Ist das alles, Sir?«

Lindsay ging zur Tür. »Erwähnen Sie, daß die *Loch Glendhu* versenkt wurde, und stellen Sie mit dem Schiffslazarett eine Liste der Überlebenden auf.«

Er hörte Stannard das Ruderhaus verlassen und lehnte sich über die Brückennock, um einige Männer der Lecksicherungsgruppe zu beobachten, die, Oberkörper im Wind vorgebeugt, über das vordere Welldeck hasteten. Vielleicht aber fürchteten sie auch, vom Gegner noch gesehen zu werden.

Er zitterte unaufhaltsam, doch als er seine Hände musterte, schienen sie ganz ruhig. Vielleicht bildete er sich das Zittern nur ein?

Klirren und Rufen sowie weitere Befehle waren zu hören, Seeleute und Heizer rannten, um sich der Schäden anzunehmen und die klaffenden Splitterlöcher abzudichten.

Plötzlich tauchte Goss in der Tür des Ruderhauses auf. »Kein Toter, Sir.« Es klang vorwurfsvoll. »Ein Mann hat einen Fuß verloren, aber der Doktor meint, er wird überleben...« Er fuhr herum, als Ritchie sich zur Tür drängte.

»Wir haben einen Toten, Sir«, sagte Ritchie mit rauher Stimme. Er machte eine Pause und dachte an den erstaunten Ausdruck des Jungen. An die glasigen Augen im treibenden Schnee. Er fuhr fort: »Ordinary Signalman Cummings, Sir. Granatsplitter traf ihn im Rückgrat. Wenn er nicht gewesen wäre, hätte ich dran glauben müssen. Ich habe gar nicht gemerkt, daß es ihn erwischt hatte, bis ich ihm sagte, daß alles vorbei sei.«

Lindsay nickte. Erwischt. Genau das gleiche hatte die Wren in Scapa gesagt.

»Sie haben Ihre Sache gut gemacht, Signalmeister.«

Ritchie zuckte mit den Schultern. »Ein Glücksfall.«

Goss räusperte sich geräuschvoll. »Zu den Schäden...«

»Ja?«

»Sie sind Sache einer Werft.«

Lindsay merkte, wie Goss an seinen Nerven zerrte. Am liebsten hätte er ihn geschüttelt, ihn notfalls geschlagen, damit er begriff.

Statt dessen sagte er entschieden: »Nein, IO. Sie sind Ihre Sache, bis wir uns vom Gegenteil überzeugen.«

Goss sprach zwischen den Zähnen. »Wenn der Schneefall in diesem Augenblick nicht nachgelassen hätte, wären wir möglicherweise direkt in den Deutschen hineingerannt.«

Lindsay fuhr herum. »Ja, dann hätten wir dieses verdammte Schwein versenkt. Und nun fangen Sie um Himmels willen endlich mit den Reparaturen an!«

Er wandte sich um und sah ein paar Seeleute einen kraftlosen Körper vom Vorschiff nach achtern tragen. Cummings. Hieß der Mann nicht so?

Dancy steckte den Kopf durch die Tür. »Der LI sagt, jetzt ist alles in Ordnung, Sir.«

Lindsay sah ihn an. Er hatte Dancy völlig vergessen. Für sein erstes Gefecht schien er ziemlich ruhig zu sein.

»Danken Sie ihm in meinem Namen, Sub. Und wegtreten von Gefechtsstationen.« Er merkte, daß Dancy ihn immer noch angaffte. »Ja?«

Dancy errötete. »Ich – ich bitte um Entschuldigung, Sir. Aber das – das habe ich einfach nicht für möglich gehalten.« Er schien Lindsay ernstes Gesicht oder Ritchies verzweifelten Blick gar nicht zu bemerken. »Ein Schiff wie dieses so zu handhaben, den Deutschen auszumanövrieren...«

Lindsay hob die Hand. »Schreiben Sie eines Tages darüber, Sub. Oder erzählen Sie es Ihrer Mutter, wenn Sie wollen, aber verschonen Sie mich – bitte!«

Dancy verschwand, und Sekunden später krächzte die Befehlsanlage: »Wegtreten von Gefechtsstationen. Steuerbordwache auf Kriegswachstationen.« Eine winzige Pause, dann: »Und nicht weich werden!«

Lindsay sah zu Ritchie hinüber und fühlte, wie ein Grinsen sein Gesicht verzog und die Verzweiflung fortwischte, so wie der Wind den Gegner bloßgelegt hatte.

»Guter Rat, Signalmeister.« Er ging wieder auf das Ruderhaus zu. »Ich glaube, wir können ihn gebrauchen.«

Ritchie beobachtete ihn kopfschüttelnd. Du wirst es schaffen, dachte er. Für uns und dieses arme alte Schiff. Du wirst es schaffen.

Sub-Lieutenant Michael Dancy schob den schweren Vorhang zur Seite und trat in die Offiziersmesse. Nur die Hälfte der Deckenbeleuchtung brannte und ließ die Messe behaglich und friedlich erscheinen; die Eichentäfelung schimmerte sanft. Eine gute Stunde bis Mitternacht, und da Dancy Mittelwache hatte, sah er keinen Sinn darin, noch zu schlafen.

Neben dem dicken Kohlenofen saß Barker im Gespräch mit Boase, dem Arzt. Doch dessen Gesicht war so ausdruckslos, daß er wahrscheinlich mehr zuhörte.

Barker sagte gerade: »Wir hatten natürlich einige sehr reiche Passagiere. Nicht diese Typen, die ein ganzes Leben lang für eine Kreuzfahrt sparen. Sondern wirkliche Klasse!«

Boase sah ihn gelangweilt an. »Aha.«

Der ehemalige Zahlmeister senkte die Stimme. »Und dann heute. Einige dieser Burschen auf Zeit sind ja besten Willens.« Er zwinkerte. »Aber es gibt Leute, die passen einfach nicht hierher, was?«

Boase gähnte. »Niemand dient hier mehr ›auf Zeit‹ als ich.«

Barker schenkte ihm ein schmeichelndes Lächeln. »Ja, aber Sie sind doch ein Fachmann, ein Akademiker. Das ist etwas anderes.«

Dancy wandte sich ab. Ganz abgesehen davon, daß er Barker nicht mochte, konnte er es nicht ertragen, ihn und den Doktor am Feuer gemütlich ihre Drinks schlürfen zu sehen. Er setzte sich in einen tiefen Sessel mit dem Rücken zu den anderen und starrte leeren Blicks auf die schwingenden Vorhänge, die den Eßraum abteilten; mit halbem Ohr hörte er, wie der Wind gegen die Bordwand pfiff. Schon fiel es schwer zu glauben, daß sie morgens in ein Gefecht verwickelt gewesen waren. Daß sie geschossen hatten und beschossen wurden. Einen jungen Signalgasten der See übergeben hatten, ihren ersten wirklichen Verlust. Und daß er das alles durchgestanden hatte.

Dancy hatte das Gefühl, daß er schreien oder laut lachen müßte. Was wußte das alte Weib Barker überhaupt? Er war zuständig für die Ausgabe von Corned-beef und Bekleidung, nicht für das Kampfgeschehen. Während Barker unten versteckt saß, hatte er, Michael Dancy, oben auf der Brücke neben dem Kommandanten gestanden, hatte alles gesehen und miterlebt und war nicht zusammengebrochen, wie er immer befürchtet hatte.

Er hörte die Klingel, die ihm anzeigte, daß die anderen nach weiteren Drinks läuteten. Doch er mußte bald auf Wache, und der IO hatte ihn nicht im Zweifel darüber gelassen, was einem wachhabenden Offizier geschah, der trank.

Er versuchte, seine Erinnerungen zu ordnen, jeden Augenblick festzuhalten, wie es einem Schriftsteller gebührte. Doch das fiel ihm noch schwer. Ärgerlich wandte er den Kopf, als Fraser die Messe betrat, sich in einen Sessel warf und im selben Augenblick auf den Klingelknopf drückte.

Barker sagte gerade: »Deshalb war die Reederei auch so erfolgreich. Wir hatten nur fünf Schiffe, aber es herrschte echte Pflichterfüllung, Sinn für Dienen und Treue, was beides heute so selten geworden ist.«

Fraser saß mit geschlossenen Augen da. »Blödsinn!«

Barker starrte ihn an. »Wie können Sie das sagen?«

Der Ingenieur schlug die Augen auf, als ein Steward ins Licht der Lampe trat. »Einen dreifachen Gin«, sagte er und fuhr leise fort: »Die Reederei war so erfolgreich – und Erfolg will ich ihr gar nicht bestreiten –, weil die Eigentümer die schäbigsten Geizkragen waren, die die Welt je gesehen hatte.«

Boase wurde unruhig und sah von einem zum anderen.

Fraser fuhr ruhig fort: »Sehen Sie diese Täfelung, Doktor?« Er wies mit seiner ölbeschmierten Hand in die Runde. »All die hübschen Kabinen? Das geht aber nur herunter bis zum B-Deck. Das übrige, die Unterkünfte für die Besatzung und die Abteilung für die armen Emigranten, war wie das Schwarze Loch von Kalkutta*.« Er sah in Barkers empörtes Gesicht. »Mann, Sie sind ja bekloppt, wenn Sie glauben, daß Treue eine Rolle spielte. Die Män-

---

* Anm. d. Übers.: Arrestlokal der britischen East India Company in Kalkutta, das einen traurigen Ruhm erlangte, als der Nabob von Bengalen 1756 nach Eroberung der Stadt die Überlebenden der Company in den viel zu kleinen Raum sperren ließ, wobei zwei Drittel der Insassen umkamen.

ner brauchten Arbeit, und dafür mußten sie Stiefel lecken. Aber davon haben Sie überhaupt keine Ahnung!«

Der Steward stellte gerade das randvolle Glas neben Fraser, als das Wandtelefon aufgeregt summte. Fraser ergriff den Hörer und hielt den Kopf schief, um besser zu hören. »Ja, ja. O mein Gott, nicht schon wieder die Frischwasserpumpe! Dieses verdammte Schiff bringt mich noch um!« Er legte auf und kippte den Gin in einem Zug herunter.

Als er zur Tür ging, fügte er hinzu: »Eins noch: Wenn ich mal jemanden zum Schaumschlagen brauche, weiß ich jetzt, an wen ich mich wenden muß.« Damit knallte er die Tür hinter sich zu.

Barker erhob sich sichtlich erschüttert. »Ich gehe jetzt in die Koje.« Er blickte sich in der Messe um. »Aber vorher muß ich mir natürlich noch die Ausgabenbücher ansehen.«

Als er davoneilte, sagte Boase milde: »Natürlich.« Dann lächelte er Dancy zu. »Sie scheinen bereit zu großen Taten.«

»Ich habe die Mittelwache«, entgegnete Dancy kühl.

»Aha.« Boase warf einen Blick auf die Uhr. »Ich glaube, ich gehe jetzt auch zu Bett.«

Dancy öffnete den Mund, schloß ihn aber wieder. Zu Bett gehen! Boase hatte noch nicht mal die richtigen Ausdrücke gelernt. Komischer Kerl, so kühl und zurückhaltend. Doch es hieß, er hätte einem Mann den Fuß abgesägt und damit sein Leben gerettet.

»Noch etwas, Sir?« Der Steward gähnte bedeutungsvoll.

»Nein, Sie können sich schlafen legen.«

Der Blick des Stewards huschte zu dem einzelnen Streifen auf Dancys Ärmel. »Gehen Sie Ronde, Sir?«

Dancy sah zur Seite. »Nein, nein, eigentlich nicht.«

Der Steward schlurfte in seine Pantry und murmelte: »Dann warte ich auf den, der das macht.«

Die Tür öffnete sich wieder, und Dancy erblickte Kemp, den Midshipman. Abgesehen von den Sub-Lieutenants, war Kemp als letzter an Bord gekommen. Zudem war er der einzige, dem gegenüber Dancy seine dürftige Autorität geltend machen konnte.

Der junge Mann sagte leise: »Ich – ich wollte nur sehen, ob...« Seine Stimme ging in ein Murmeln über.

Dancy runzelte die Stirn. »Setzen Sie sich doch, wenn Sie mögen.« Er sah mehrere Sekunden lang auf die Uhr. »Ich habe Mittelwache.«

Kemp nickte. Er war ein schmales Kerlchen, fast schmächtig, und auch sein Gesicht wirkte ungewöhnlich farblos. Aber ohne daß der junge Midshipman es wußte, verfügte er über eine hervorragende Gabe, einen glänzenden Aktivposten, den Dancy niemals erreichen konnte: Er war Berufsoffizier und in Dartmouth gewesen. Dancy hatte bereits herausgefunden, daß Kemp aus einer Marinefamilie stammte und Sohn eines höheren Offiziers war. Er schien alle Träume Dancys zu verkörpern, paßte aber eigentlich gar nicht in seine Rolle.

Dancy fragte beiläufig: »Ihr alter Herr ist ein ziemlich hohes Tier, glaube ich.« Alter Herr, das klang gerade richtig. Dancy hatte seine Umgangsformen auf die harte Tour gelernt. Auf der bewaffneten Yacht war mal ein Fest gewesen, mit Damen. Eine sehr sicher auftretende junge Dame hatte er nach ihrem Vater gefragt und die Antwort erhalten: »Oh, Daddy ist Seemann.«

Er war entsetzt gewesen. »Kein Offizier?«

Sie hatte ihn angestarrt, als habe er etwas schrecklich Obszönes gesagt. »Aber natürlich, Sie Dummchen. Was denn sonst?« Ja, Dancy sammelte seine Erfahrungen.

Kemp antwortete: »Er ist Captain, hat ein Landkommando in Rosyth.« Er seufzte. »Zwischen den Kriegen war er für mehrere Jahre außer Dienst.«

Dancy nickte ernst. »Ich wette, er ist froh, wieder aktiv zu sein.«

Kemp sah ihn seltsam traurig an. »Froh? Das ist stark untertrieben.«

»So.« Dancy fühlte sich unbehaglich. »Sie machen den Eindruck, als seien Sie mit dem Schiff oder sonst was unzufrieden.«

»Das bin ich.« Kemp zuckte die Achseln. »Eigentlich nicht mit dem Schiff, sondern mit der Marine. Ich hasse sie.« Nachdem er begonnen hatte, konnte er offenbar nicht mehr innehalten. »Ich wollte nie zur Marine, niemals. Aber Vater hat mir zugesetzt, mich immer wieder auf meine Pflicht und Schuldigkeit hingewiesen.«

»Vermutlich war es gut gemeint«, sagte Dancy. Mein Gott, das klang wie bei seinem eigenen Vater. Er nahm einen neuen Anlauf. »Aber er kannte doch die Marine sicher gut genug, um zu wissen, worum es ging?«

Kemp erhob sich ruckartig, eine Haarlocke fiel ihm über die Augen. »Mein Vater begreift nichts, was mich angeht, und das läßt ihn auch völlig kalt! Er ist ein dummer, aufgeblasener Fanatiker, und jetzt hören Sie bitte auf, mich nach ihm zu fragen. Seien Sie so gut!«

Dancy starrte ihn entgeistert an. »Deshalb brauchen Sie nicht gleich durchzudrehen! Mein Gott, wenn ich auch nur die Hälfte Ihrer Chancen gehabt hätte ... Ich wäre gern zur Marine gegangen, müssen Sie wissen.«

Kemps Hände bebten. »Schön, und jetzt sind Sie bei der Marine, Sir!«

Als Kemp zur Tür rannte, stieß er fast mit Stannard zusammen, der Mütze und Dufflecoat auf dem Arm trug. Er sah dem vorbeilaufenden Midshipman nach und sagte trocken: »Donnerwetter, der Junge hat's aber eilig.«

»Der weiß nicht, wie gut er's hat«, sagte Dancy wütend. Für ihn war es wie Verrat, wie das Zerschlagen eines Leitbildes. »Ich werde in Zukunft ein Auge auf ihn halten.«

Der Australier grinste träge. »Tun Sie das, Admiral. Aber vorläufig machen Sie, daß Sie auf die Brücke kommen, hopp, hopp!« Er wies zur Uhr. »Wir sind dran.«

Dancys Stirn glättete sich. Stannard schien zeitweise ein bißchen grob, war aber in Ordnung. Er war mit ihm zusammen auf der Brücke gewesen. Der geriet nie aus der Fassung.

Stannard blieb an einem Schott stehen und sah ihn forschend an. »Schon mal 'ne Frau gehabt, Sub?«

Dancy sah ihn verblüfft an. »Ja, ich ... Das heißt ...«

Stannard verzog den Mund. »Dann befassen Sie sich mal damit.«

Draußen empfing sie pechschwarze Nacht; keine Sterne, kein Schnee, nur der Wind und die Spritzwasserfahnen über der Reling.

Dancy knöpfte seinen Wachmantel zu und ging hinter dem Lieutenant zum Niedergang. Das ließ sich eher hören. Er war akzeptiert.

Jupp verhielt neben Lindsays mit Papieren bedecktem Schreibtisch und stellte vorsichtig einen großen Becher auf einen Untersatz, ehe er den Deckel abnahm.

Er sah zu Lindsay hinüber. »Heiße Suppe, Sir, gerade das Richtige vor dem Einschlafen.«

Müde lehnte Lindsay sich im Sessel zurück. »Riecht gut.«

Auf dem Niedergang über ihm scharrten Füße, er hörte gedämpfte Stimmen. Wachwechsel, Mitternacht.

Die Suppe war sehr heiß. Lindsay merkte, daß er einen Bärenhunger hatte und seit dem kurzen Gefecht kaum etwas gegessen hatte. Es war ein langer Tag gewesen. Besichtigung der Schäden auf allen Decks, Überwachung der Reparaturfortschritte, Beisetzung von Cummings mit einer weiteren kurzen Zeremonie. Armer Cummings, er hatte noch gar nicht richtig angefangen zu leben.

Es war nicht gelungen, mehr über den beschädigten Raider in Erfahrung zu bringen. Die Admiralität hatte seinen Funkspruch nur kurz quittiert. Diese dumpfe Verbitterung, das war ihm klar, lag nur an seiner Müdigkeit. Er war eben erschöpft. Was sollte man auch gegen das andere Schiff veranlassen? Für den Einsatz von Flugzeugen war es zu stürmisch gewesen, und die See war groß. Der Deutsche war wahrscheinlich schleunigst zu seinem Stützpunkt zurückgekehrt, irgendeinem abgelegenen norwegischen Fjord, wo er liegen und sich die Wunden lecken konnte.

Lindsay faßte den Becher fester. Zumindest war er nicht ungeschoren davongekommen. Der Kommandant würde sich an diesen Tag erinnern, wenn er seine Männer mit einem Gebet oder einem forschen Nazilied über Bord gab. Lindsay merkte, daß Jupp ihn sorgenvoll beobachtete.

»Die Jungs haben das ganz gut durchgestanden, finde ich, Sir.«

Lindsay nickte.

Er dachte an die großen, geschwärzten Bereiche im A-Deck, wo die Granaten detoniert waren, Spanten und Platten wie nasse Pappe verbogen hatten. Ein Lüfter war so von Splittern durchlöchert, daß er wie ein großer Pfefferstreuer aussah. Der Schaden war beträchtlich. Wäre die *Benbecula* jedoch ein Zerstörer gewesen, hätten die beiden großen 15-Zentimeter-Granaten ihr wohl das Kreuz gebrochen.

Lindsay hatte auch einen Besuch im Schiffslazarett gemacht, das Übliche gesagt und das dankbare Lächeln der Verwundeten gesehen, die nicht so stark unter Medikamenten standen, als daß sie ihn nicht verstanden hätten. Der ursprüngliche Schock war einer Art Stolz gewichen. Wahrscheinlich träumten sie vom ersten Urlaub, den bewundernden und mitfühlenden Blicken. Abgesehen von dem Fußamputierten. Er war vor dem Krieg ein vielversprechender Tennisspieler gewesen.

Das Telefon summte. Stannard.

»Mittelwache auf Kriegswachstation, Sir. In sieben Minuten

Zeit zur Kursänderung.«

Der nächste Abschnitt ihres Überwachungskurses. Sie würden dann die Seen querab haben, eine ungemütliche Sache, da sie nur mit sieben Knoten liefen.

»Ich komme hinauf, NO.« Er zögerte. »Nein, übernehmen Sie das. Rufen Sie mich, wenn was ist.« Er legte den Hörer auf. Stannard verstand sein Geschäft, und es war nicht gut, wenn einem der Kommandant ständig im Nacken saß. Laß sie lernen, solange noch Zeit dazu ist.

Es klopfte an der Tür, und Maxwell schaute herein. »Sie wollten mich sprechen, Sir?«

Das Gesicht des Artillerieoffiziers war windgerötet, aber seine Uniform untadelig. Wie üblich trug er eine glänzende Pfeifenkette um den Nacken, deren Ende in der Brusttasche seines Bordjacketts verschwand und Lindsay an die stimmgewaltigen Ausbilder auf der Artillerieschule erinnerte.

»Ja, AO. Tut mir leid, daß ich Sie nach Ihrer Wache noch aufhalte. Nur ein paar Punkte.«

Maxwell nahm seine Mütze ab. Er hatte einen hohen glatten Kopf, wie eine polierte Kugel.

»Wäre schon früher hier gewesen, Sir, denn ich hasse Unpünktlichkeit. Aber meine Ablösung kam zu spät.«

»Zu spät?« Das sah Stannard nicht ähnlich.

Maxwell zuckte nicht mit der Wimper. »Anderthalb Minuten, Sir.«

Jupp verbarg ein Grinsen und huschte aus der Kajüte.

Lindsay sah den Lieutenant nachdenklich an. Ein seltsamer Vogel, selbst für seinen speziellen Beruf. Maxwell hatte vor dem Krieg den einen oder anderen Schnitzer gemacht und die Marine ohne Aufhebens verlassen dürfen. Damals, als es dem Land wichtiger war, die Streitkräfte zu reduzieren, als der Realität des neuen Deutschlands ins Auge zu sehen, war das noch leicht gewesen.

»Sobald wir wieder im Stützpunkt sind, veranlassen Sie bitte etwas wegen der Panzerung der Brücke. Das Runterlassen der Fenster im Gefecht verhindert Verletzungen durch Glassplitter, reicht aber nicht. Die Wachgänger und die Artillerieleitung müssen einen vernünftigen Schutz haben.«

Ein kleines Notizbuch war wie durch Zauberei in Maxwells Hand aufgetaucht. »Sehr wohl, Sir«, stieß er hervor.

»Auch der Funkraum braucht mehr Schutz, aber damit werde

ich den IO beauftragen.« Erstaunlich, wie wenig man auf so etwas geachtet hatte, dachte er. »Dann die Maschinengewehre auf der Brücke, alte Lewis-MGs aus dem Ersten Weltkrieg.« Er beobachtete den eifrig kritzelnden Bleistift. »Sehen Sie zu, ob Sie im Artilleriedepot ein paar Brownings organisieren können.«

Maxwell sah ihn fragend an. »Organisieren, Sir?«

»Na, dann werde ich Ihnen eben ein Anforderungspapier unterschreiben, AO, wenn Sie das lieber wollen.«

Maxwell bleckte grinsend die Zähne. »Ich halte mich an die Vorschriften, so bin ich nun mal, Sir. Beachte die Vorschriften, dann kann man dir nicht an den Wagen fahren.«

»Ist Ihnen das denn schon mal passiert?«

Maxwell schluckte kräftig. »Es war eigentlich nichts, Sir. Ein bißchen Ärger, damals 1937. Aber es war mir eine Lehre: Laß es dir schriftlich geben, halte dich an die Vorschriften.«

Ein Mann ohne jeden Humor, schloß Lindsay. »Das Schießen heute morgen war unregelmäßig. Die Marines schossen zweimal auf jeweils einen Schuß von vorn. Das reicht nicht.«

Maxwell erwiderte schnell: »Mein II AO, Lieutenant Hunter, ist Reserveoffizier, Sir. Eifrig, aber ohne ausreichende Erfahrung.« Er ließ die Worte wirken. »Aber ich werde ihn mir morgen als erstes vornehmen.«

Das Deck bebte, und Lindsay sah die Vorhänge vor den abgeblendeten Bulleyes nach innen schwingen. Das Schiff drehte.

»Sie kümmern sich darum, AO, es ist Ihre Sache.«

Maxwell kniff die Lippen zusammen. »Ich wollte damit nicht andeuten...« Er verstummte.

»Dann ist's gut.«

Als sich die Tür schloß, erhob sich Lindsay und ging langsam in den anderen Raum. Die kleine Leselampe leuchtete verlockend über der Koje, Jupp hatte eine Thermosflasche danebengestellt, sorgfältig zwischen zwei Schuhe verkeilt, falls die Schiffsbewegungen zu stark würden. Trotz seiner bleiernen Müdigkeit lächelte Lindsay über diese kleine Geste. Jupp hätte einen hervorragenden Kammerdiener abgegeben, dachte er.

Er legte sich angezogen auf die Koje und schleuderte nur die Seestiefel von sich.

Es hörte nie auf. Anforderungen und Fragen, Sachen, um die man die man sich kümmern mußte, Berichte zum Durchsehen und Abzeichnen. Die Augenlider fielen ihm zu, während er den

Tag noch einmal durchdachte. Die Umrisse des feindlichen Schiffes, wie sie aus dem Schnee auftauchten. Die plötzliche Angst, die grausame Erregung, als er die Granate auf seinen Aufbauten detonieren sah.

Er hörte die See an die Bordwand schlagen, die Spritzer gegen die Bulleyes fliegen, dann fiel er in tiefen Schlaf.

Wie lange er geschlafen hatte, wußte er nicht. Er wußte nur, daß er mit seiner Decke kämpfte, um sich trat und keuchte – der Alptraum hatte ihn stärker denn je befallen.

Er drehte sich auf die Seite, halb geblendet durch die Leselampe, die ihm direkt ins Gesicht schien. Als die Wahnvorstellung schwand, hörte er eine Stimme, fern aber eindringlich, die direkt aus der Koje selbst zu kommen schien.

»Wachhabender Offizier ...« Es war Stannard. Lindsay starrte auf das Telefon, das am Kabel hin und her schwang, und immer wieder die Stimme, wie eine zerkratzte Grammophonplatte.

Er mußte den Hörer in seinem Alptraum heruntergeschlagen haben. Nun ergriff er ihn und meldete sich: »Kommandant.«

»Verzeihung, Sir, ich dachte, Sie hätten mich gerufen.«

Lindsay zwang sich zur Ruhe. »Schon gut, NO. Wieviel Uhr ist es?«

»0350 Uhr, Sir. Ich lasse gerade die Morgenwache wecken.« Pause. »Sicht wie zuvor, Wind immer noch Nord zu Ost.«

»Danke.«

Er ließ den Hörer sinken und legte sich wieder zurück. Großer Gott, wie lange hatte Stannard schon mitgehört? Was hatte er gesagt? Er rieb sich die Augen, versuchte, einen klaren Kopf zu bekommen, sich zu erinnern.

Dann schwang er die Beine aus der Koje und langte nach Jupps Thermosflasche. Was war mit ihm los? Bombenkoller nannte man das. Er schauderte heftig und zog am Deckel der Thermosflasche.

Auf der Brücke stand Dancy neben den Sprachrohren und wandte sich um, als Stannard den Hörer wieder auflegte.

»Alles in Ordnung?«

Stannard sah ihn nicht an. »Natürlich. Der Skipper fragte nur nach der Uhrzeit.«

Als Dancy sich wieder umgedreht hatte, biß Stannard sich in plötzlicher Unruhe auf die Lippen. Er hätte nicht horchen sollen, nicht zuhören. Es war, als sei er auf ein Geheimnis gestoßen, hätte etwas Privates oder Peinliches bloßgelegt.

Schwere Stiefel trampelten den Niedergang hoch: Goss erschien, um die Wache zu übernehmen. Stannard dachte an die verzweifelte, flehende Stimme am Telefon und dankte Gott, daß er und nicht Goss sie gehört hatte. Es war so schon schlimm genug. Sie brauchten Lindsay, worunter er auch leiden mochte.

Goss wartete, bis Stannard offiziell Meldung gemacht hatte. Dann trat er zu Lindsays Stuhl und kletterte nach kurzem Zögern hinein.

Stannard ging zum Niedergang. Im ganzen Schiff hatte die Wache gewechselt, die Männer schliefen in den Kojen und Hängematten oder starrten an die Decke, erlebten noch einmal das Gefecht. Unberührt von allem bahnte sich die *Benbecula* ihren Weg durch die steile Quersee, ein Schemen, so schwarz wie das Meer, das nun ihr allein gehörte.

6 Offiziere und Mannschaften

Hätte man die unter dem Decknamen *Uncle Item Victor* laufende Island-Patrouille nur deshalb eingerichtet, um das Durchhaltevermögen eines Mannes zu testen, man hätte sich kaum etwas Besseres aussuchen können. Mitte Oktober, einen Monat nach ihrem Zusammenstoß mit dem deutschen Raider, war die Besatzung der *Benbecula* an der Grenze des Erträglichen angelangt. Den Männern auf Ausguck und an den Geschützen schien es, als sei das Schiff auf einer endlosen Reise in die Ewigkeit, verdammt dazu, sein Leben in immer schlechter werdendem Wetter zu beenden. Nur die Wachgänger auf der Brücke sahen, daß das Schiff tatsächlich regelmäßig Kurs und Fahrt änderte und der alte Kasten rund um ein ödes Stück Ozean herumfuhr.

Während dieser ganzen Zeit hatten sie nur ein Schiff gesichtet, eine arg mitgenommene, kleine Korvette, die den Befehl hatte, sich mit ihnen zu treffen, um die Verwundeten und die paar Überlebenden der *Loch Glendhu* zu übernehmen. Zwei ganze Tage lang waren die Schiffe zusammen geblieben und hatten gewartet, daß das Wetter etwas besser und die Übernahme möglich würde. Selbst die eifrigsten Querulanten der *Benbecula* waren verstummt, als sie stundenlang beobachteten, wie die kleine Korvette ihren Bug gegen die niedrigen Wolken hob, taumelte, dann in die Wellentäler torkelte und alles bis auf die Brücke und ihren gedrungenen Schornstein ins eisige Wasser tauchte.

Schließlich konnte die Übernahme während einer kurzen Wetterberuhigung in Lee der *Benbecula* stattfinden.

Aber selbst dann wären einige beinahe ums Leben gekommen, obwohl Frasers Männer viele Liter Öl zur Beruhigung der See ausgepumpt hatten. Lindsay hatte den letzten ihnen noch verbliebenen Kutter aussetzen lassen, da das Ausbringen einer Hosenboje oder eines anderen Übernahmegeschirrs nicht in Frage kam. In drei Fahrten wurde der Kutter wie ein Spielzeug hochgehoben, verschwand in den Wellentälern und tauchte im kalten Licht mit silberblitzenden Riemen wieder auf.

Dann hatte die Korvette mit einem trotzigen Tuten ihrer Sirene abgedreht, ihr Signalscheinwerfer verschwand in einer weiteren Schneebö.

Wieder allein, nahm die *Benbecula* ihre Patrouille erneut auf, oder versuchte es zumindest. Mit strenger werdendem Winter wurde es erheblich kälter; an jedem Morgen glänzten Aufbauten und Geschützrohre vom Eis, die Signalleinen wurden dick und funkelten wie ein gefrorener Wasserfall. Wenn schon das Wachegehen nicht angenehm war, unter Deck war es kaum besser. Nichts schien jemals wirklich trocken zu werden, trotz der Dampfheizung litten die Männer unter feuchter Kleidung und Bettwäsche.

Einmal ritten sie einen Sturm mit Windstärke elf ab. So schlimm war es bis dahin noch nicht gewesen. Von Grönland her heulte der Wind mit einer Geschwindigkeit von fast hundertachtzig Stundenkilometern heran, türmte die Wellen zu Bergen auf, von denen einige so hoch wie das Promenadendeck heranstürmten und die Reling verbeulten, ehe sie donnernd wieder zurückliefen. Schaumfetzen flogen über die Brücke und gefroren sofort auf den Kanonen und in der Takelage, so daß die Freiwache gerufen werden mußte, damit sie rutschend und fluchend das Eis abschlug, ehe es durch sein Gewicht zu einer zusätzlichen Gefahr werden konnte.

Das Schiff schien kleiner geworden, es bestand kaum eine Möglichkeit, sich zurückzuziehen. Die Stimmung wurde gereizt, ohne Ankündigung oder wirklichen Grund brach Streit aus, und beim Rapport sah Lindsay häufig vorwurfsvolle Gesichter.

Viel von dem Haß war natürlich gegen ihn gerichtet. Denn er versuchte, sie in Bewegung zu halten, schon um zu verhindern, daß sich die Verzweiflung im ganzen Schiff ausbreitete.

Fraser war ihm eine gute Stütze gewesen. Ameisengleich hatten er und seine Mechaniker das Innere des Schiffes bis zum unteren Plattformdeck erkundet. Sie hatten mit Schweißbrennern Platten aus unbenutzten Lagerräumen herausgeschnitten, sie geschickt neu geformt und dann in die von feindlichen Granaten gerissenen Löcher geschweißt. Er hatte sogar eine eigene Schmiede eingerichtet, wo seine Männer einen Großteil der beschädigten Platten und Spanten schneiden und richten konnten. Fraser schien die erzwungene Isolierung als Prüfstein seiner Fähigkeiten zu dienen, doch als Lindsay ihm dankte, hatte er nur kurz und knapp gemurmelt: »Verdammt, Sir, ich versuche nur, die alte Kuh zusammenzuhalten, bis ich versetzt werde.«

Zorn und Streit waren nicht auf die unteren Decks beschränkt. In der Offiziersmesse schrien Maxwell und Goss einander ständig an; Fraser ließ keine Gelegenheit vorbeigehen, Barker zu frozzeln, wenn er wieder von seinen früheren Seereisen erzählte.

Ein Vorfall hatte noch lange danach Auswirkungen gehabt. Wie das übrige Schiff, so war auch die Offiziersmesse besonders verdrossen über die neuesten Nachrichten hinsichtlich ihrer Ablösung. Am 16. des Monats hätte ein anderer Hilfskreuzer an ihre Stelle treten sollen. Aufgrund unvorhergesehener Umstände – das Schiff hatte eine Pier gerammt, wie sich später herausstellte – verzögerte sich die Ablösung um eine weitere Woche. Noch einmal sieben Tage über das hinaus, was sie bereits durchgestanden hatten, das empfand der größte Teil der Besatzung als schweren Schlag. Um die Zeit herumzubringen, hatten einige schon Tage und Stunden gezählt. »Danach fühle ich mich sogar in dem verdammten Scapa wohl«, meinte ein Heizer.

In der Offiziersmesse war es genauso. Beim Abendessen, als der Tisch sich bis zum Überdruß von der einen Seite zur anderen neigte, das Geschirr in den Schlingerleisten klapperte, hatte ein kleiner Funke einen erheblichen Zwischenfall ausgelöst.

Einer der Sub-Lieutenants, ein nett aussehender junger Mann namens Cordeaux, hatte in aller Ruhe mit Dancy über Artillerie gesprochen. Er war Batterieoffizier beim zweiten Geschütz, das noch nicht zum Einsatz gekommen war, und wegen der Vereisung bot sich ihm auch kaum die Möglichkeit, seine Geschützbedienung beim Exerzieren zu beobachten. Dancy hatte sich zu de Chair gewandt, der neben ihm saß und trübsinnig auf ein paar fettige Büchsenwürste niederstarrte.

»Sie sind der bessere Artillerist, Mark«, hatte Dancy gesagt und Cordeaux heimlich angestoßen. »Das sind doch die Marines immer!«

De Chair war aus seinem Brüten aufgewacht und hatte mit dröhnender Stimme begonnen, alle die Punkte zu erklären, die Cordeaux falsch gemacht hatte.

Maxwell am Kopf der Tafel hatte scharf eingeworfen: »Mein Gott, ich kann es nicht mehr hören, wie großartige Artilleristen die Marines sind.« Und mit der Gabel auf den verdutzten Cordeaux zeigend: »Und Sie, Mister, hören gefälligst auf, bei Tisch über den Dienst zu reden! Ich weiß, Sie sind noch unerfahren, aber es kann doch nicht so schwer sein, sich gute Manieren anzugewöhnen!«

Cordeaux hatte die Augen niedergeschlagen und war blutrot geworden.

Dann hatte sich de Chair langsam umgewandt und gesagt: »Er hat mit mir gesprochen, AO. Und so, wie die Dinge liegen, glaube ich nicht, daß unser Auftrag bei Tisch tabu sein muß.« Er hatte ihn ruhig angesehen. »Nützlicher jedenfalls als einige Ihrer Themen, würde ich sagen. Ihre Gedanken scheinen niemals über gewisse sexuelle Aktivitäten hinauszugehen, und das wiederum verdirbt mir den Appetit!«

Niemand sprach.

Dann lächelte Maxwell. »Wir sind alle etwas gereizt heute abend. Und Sie sind wohl verärgert, weil der Kommandant Sie wegen Ihrer hervorragenden Schießleistungen noch nicht für eine Auszeichnung vorgeschlagen hat. Aber das war doch wohl nur Glück!«

De Chair hatte sich ganz langsam erhoben, seine adrette Gestalt schwang mit dem Deck leicht hin und her. »Vielleicht. Aber zumindest habe ich bisher meine Waffen nur eingesetzt, um Deutsche zu töten.«

Aus Maxwells Gesicht wich plötzlich jede Farbe. »Was meinen Sie damit, verdammt?«

De Chair war ohne Hast zur Tür gegangen. »Bleiben Sie mir vom Leibe, AO, oder Sie werden es weiß Gott bedauern!« Die Worte hatten noch lange, nachdem de Chair gegangen war, im Raum gestanden.

Maxwell sagte stockend:

»Keine Ahnung, wovon der Mann redet.«
Aber niemand hatte ihn angesehen.
Barker war nicht dabeigewesen, hatte aber binnen einer Stunde von dem Wutausbruch gehört. Einer der Stewards, der schon im Frieden an Bord gearbeitet hatte, war von ihm in solchen Dingen gut erzogen. Als er noch Zahlmeister des Schiffes gewesen war, hatte sich Barker einen verläßlichen Nachrichtendienst geschaffen. Der Schiffsfriseur hatte für ihn Informationen über die reichen weiblichen Passagiere gesammelt, und die älteren Stewards hatten sich an den Tischen und im Spielsalon gerade lange genug herumgetrieben, um hier ein Wort und dort einen Hinweis aufzufangen. Es gab auch noch andere, und alle Informationen liefen geradewegs zu Barker.
Bei der hoffnungslosen Mischung aus Seeleuten auf Zeit, Berufsseeleuten und ehemaligen Handelsschiffern war es schwierig gewesen, dieses Netz wieder aufzubauen; aber Barker war auf dem besten Wege. Er hatte eine Abneigung gegen aktive Marineoffiziere, in erster Linie, weil sie ihm das Gefühl gaben, nicht dazuzugehören. Deshalb freute er sich über die Nachricht von dem Zusammenstoß zwischen de Chair und Maxwell. Von Lindsay wußte er bisher nichts. Sehr beherrscht und, soweit er gehört hatte, außergewöhnlich tüchtig. Ließ sich von niemandem an der Nase herumführen und konnte schneidende Schärfe in seine Stimme legen, wenn er es für nötig hielt. Midshipman Kemp, am unteren Ende der Rangliste, war der Sohn eines höheren Offiziers. Deshalb, meinte Barker, sollte man ihn im Auge behalten. Emerson, den Warrant Officer, hatte er von seiner Liste gestrichen. Pensionär, alt, fett und dumm. Er war ungebildet, sprach von seiner fernen Frau als »meiner Alten« und war rundherum ekelhaft.
Aber Maxwell jetzt, das war schon besser. Goss hatte angedeutet, daß der Lieutenant vor dem Krieg in Ungnade gefallen war, aber Barker hatte auf irgendeinen kleineren Verstoß getippt: leichte Unstimmigkeiten in der Messekasse; mit der Frau seines Kommandanten im Bett erwischt; oder so ähnlich. Aber nach dem, was der Steward gehört hatte, sah es nun doch sehr danach aus, als sei Maxwell in eine ernstere Sache verwickelt gewesen.
De Chair jedoch würde er von nun an mit noch größerem Respekt behandeln, auch wenn er Berufsoffizier war. De Chair glich einigen der Passagiere, denen Barker in den besseren Tagen seiner

Fahrenszeit gedient hatte: nach außenhin lässig, täuschend lokker, aber mit der ganzen Arroganz des Mannes von Lebensart. Ein Typ, der nicht mit sich spaßen ließ.

Aber es war ein Jammer um Jupp, hatte Barker mehr als einmal gedacht. Als Steward und damit Wachhund des Kommandanten hätte Jupp die treibende Kraft des ganzen Netzes sein müssen. Barker war schon früher mit ihm gefahren und wußte: Jupp zu drängen, konnte gefährlich werden. Man konnte nie genau sagen, wieviel ein älterer Steward über den Zahlmeister wußte. Barker besaß eine Pension in Southampton und eine weitere in Liverpool. Die Leute konnten auf den Gedanken kommen, daß ein derartiges Vermögen nicht nur mit seinem Gehalt angehäuft worden war. Und damit hätten sie sogar recht gehabt.

Der einzige Offizier, mit dem Barker einige seiner Geheimnisse teilte, war Goss. Nicht weil er ihn besonders mochte, im Gegenteil. Goss hatte sich zwar nie bemüht, seinem Rang entsprechend aufzutreten; aber ein- oder zweimal, am Tisch der leitenden Offiziere, hatte er einen so offensichtlichen Mangel an Einfühlungsvermögen bewiesen, daß Barker sich vor Entsetzen wand. Kräftig, aus einfachen Verhältnissen kommend, peinlich genau in allen Dienstobliegenheiten, schien Goss unfähig, sich den Passagieren an seinem Tisch anzupassen. Barker hatte ihre spöttischen Blicke bemerkt, als Goss umständlich eine Geschichte über das Ankerlichten im Sturm erzählte oder über eine Schlägerei mit vier betrunkenen Heizern in Sydney. Mit diesem Mann bekannt oder gar befreundet zu sein, war problematisch.

Aber Goss war nun mal der Erste Offizier und in Barkers Augen auch jetzt noch der erste aller Höhergestellten der Reederei. Wenn der Krieg vorbei war, würde Goss – Lebensart hin oder her – ein Schiff bekommen. Bei seinem Dienstalter und seiner Kriegserfahrung kam die Reederei nicht darum herum. Und wenn das eintrat, dann konnte auch Barker mit einem weiteren Schritt nach oben rechnen.

So hatte er es ohne langes Zögern für zweckmäßig gehalten, Goss noch am selben Abend aufzusuchen. Goss, das wußte er, hatte Mittelwache. Normalerweise blieb er dann bis kurz vorher allein in seiner geräumigen Kammer.

Nicht daß Goss es offen ablehnte, Besucher in seiner privaten Sphäre zu empfangen; er wirkte nur so unfreundlich wie ein Museumsdirektor, der grundsätzlich etwas gegen Besucher hatte.

Denn Goss hatte seine alte Umgebung mehr oder weniger so erhalten, wie sie immer gewesen war, so daß seine Kammer auf diese Weise sein Leben und seine Laufbahn dokumentierte.
 Da gab es viele gerahmte Fotografien der *Benbecula* und anderer Schiffe der Reederei, auf denen er im Lauf der Jahre gefahren war. Aufnahmen von Offizieren und Reedern, befangen wirkenden Passagieren und den verschiedensten Ereignissen in den angelaufenen Häfen. Eine blau-weiße Reedereiflagge schmückte eine ganze Wand, und die Borde und glänzend polierten Möbel waren übersät mit Modellen, Erinnerungsstücken und weiteren gerahmten Bildern. Eines von ihnen zeigte Goss beim Händedruck mit dem alten Mr. Cairns, dem Vorstandsvorsitzenden der Reederei, der wenige Wochen vor dem Krieg gestorben war.
 Wenn Barker Goss' Kammer aufsuchte, schaute er direkt auf dieses Bild; es war die einzige Gelegenheit, bei der man Goss lächeln sah.
 Goss hatte sich Barkers Vorwand für den Besuch ohne Gemütsbewegung angehört: Am nächsten Tag sollte Verpflegung aus dem achteren Laderaum geholt werden; ob der 10 einige zusätzliche Arbeitsgruppen dafür abstellen könne?
 Während sie die verschiedenen Maßnahmen durchgingen, hatte Barker Goss' grobe Züge mit kaltem Interesse gemustert. Er lehnte in einem seiner großen Ledersessel, sein Jackett hing ordentlich an der Tür, Mütze und Doppelglas waren in Reichweite. Doch ohne Kragen und Schlips, in zerknittertem Hemd und einem Paar alter Turnschuhe, hatte Goss wie eines seiner alten Erinnerungsstücke ausgesehen. Hätte Barker nur einen Funken Feingefühl besessen, dann hätte er Sorge oder gar Mitleid empfunden; er aber war nur neugierig. Goss, der große, unerschütterliche Seemann, wirkte alt, müde und einsam.
 Goss fragte schließlich: »Ist das alles?«
 »Gewiß.« Barker war um den Sessel herumgegangen und stützte sich auf den Tisch, als das Schiff langsam in ein weiteres Wellental glitt. »Ach, übrigens hörte ich gestern etwas über Maxwell. Er scheint in irgendeinen Zwischenfall verwickelt gewesen zu sein.« Und nach einer sorgfältig bemessenen Pause: »De Chair ließ beim Abendessen darüber ein paar Worte fallen. Schade, daß Sie nicht dabei waren.«
 »Was für ein Zwischenfall?«
 Barker hatte gleichgültig mit den Schultern gezuckt. »Bei der

Artillerie, glaube ich. Hat wahrscheinlich ein paar arme Kerle aus Versehen über den Haufen geschossen.«

»Möglich.«

Barker war erstaunt, wie gleichgültig Goss blieb. Er hatte nur dagesessen, ins Leere gestarrt und mit einem Fuß langsam auf den Teppich geklopft, ein sicheres Zeichen dafür, daß er in Ruhe gelassen werden wollte. Das war alles ziemlich enervierend.

»Ich dachte nur, Sie wüßten das gern.«

Goss sagte langsam: »Ich habe gerade nachgedacht, Henry.« Er nickte schwerfällig zu dem Bild, auf dem er lächelte. »Der alte Mr. Cairns war ein guter Reeder, der den Wert jeder Niete bis auf den Pfennig kannte. Er hatte einen Blick fürs Geschäft und für jeden seiner Offiziere. Sogar für die Neulinge. Nun ist er tot. Und es sieht so aus, als ob auch die Reederei nicht überleben wird.«

Barker war es kalt über den Rücken gelaufen. »Aber nach dem Krieg wird es doch sicher eine volle Entschädigung geben? Die Regierung kann uns doch nicht einfach die Schiffe wegnehmen, sie zugrunderichten und hernach nichts dafür zahlen?«

Goss war schwerfällig aufgestanden, sein mächtiger Kopf berührte fast die Heizungsrohre. »Selbst wenn wir den Krieg gewinnen – und sobald ich nur einige Leute auf diesem Schiff ansehe, scheint mir dies zweifelhaft –, wird es doch niemals wieder wie früher. Mr. Cairns' junger Neffe hat nun den Vorsitz. Hochnäsiger kleiner Emporkömmling mit einem Büro in London, statt an der Küste. Hatte ihn bei der letzten Friedensreise an Bord.« Seine Gesichtszüge verhärteten sich. »Sie kennen diese Typen: Gin und Krabbencocktails.«

Barker mußte schlucken. Er kannte den Typ und rechnete sich selbst dazu.

Goss hatte darauflos geredet, als sei er allein in seiner Kammer. »Man hatte mir das nächste Schiff versprochen, ich nehme an, Sie wußten das. Ich hätte jetzt die alte *Becky*, wenn der verdammte Krieg nicht gekommen wäre.«

Seine Stimme hatte gequält geklungen, was Barker veranlaßte zu stammeln: »Ich werde dann lieber gehen. Ich wollte nur das wegen morgen klären...« Er war verschwunden, während Goss immer noch starr auf das gerahmte Foto sah.

Als sich die Tür schloß, hatte Goss einen kleinen Schlüssel aus der Tasche gezogen und einen Schrank über seinem Schreibtisch geöffnet. Drinnen glänzte in einem Schutzbeutel die Kapitänsmütze. Das Abzeichen der Reederei und die Eichenblätter rund um den Schirm bestanden aus bestem Vorkriegs-Golddraht und waren von einem kleinen jüdischen Schneider in Liverpool angefertigt.

Nachdem er den Schrank wieder geschlossen hatte, sank Goss in den Sessel und barg sein Gesicht in den Händen.

»Jetzt hätte ich dieses Schiff«, murmelte er. »Man hatte es mir fest versprochen.«

Die Worte hallten in der halbdunklen Kabine wie ein Nachruf.

Als die *Benbecula* eine Woche später nach Südosten aus dem Überwachungsgebiet ablief, sahen die in der Kälte an Deck Stehenden den anderen Hilfskreuzer in einer Entfernung von knapp einer Seemeile vorbeilaufen. Auch ohne Doppelglas konnte man die frische Farbe am Bug erkennen, ein Hinweis auf die Kollision mit dem Pier, die ihr neue Woche im Hafen verschafft hatte.

Lindsay saß in seinem hohen Stuhl und beobachtete das andere Schiff, bis es aus seinem Sichtbereich verschwunden war. Nun, da die Ablösung vorbeigezogen war, wich die Erregung an Bord einem gewissen Unmut. Weniger weil das Schiff zu spät kam, sondern weil es nach Ansicht vieler in ruhigeres Wetter hineinfuhr. Der Wind war frisch, aber nicht heftig, die Freiwache mußte weniger oft gerufen werden, um das Eis vom Deck und den Geschützen abzuhacken und abzubrennen. Da sie ihrer Meinung nach alles, was der Atlantik bieten konnte, gesehen und ertragen hatten, schien es den Männern unfair, daß ihre Ablösung es so leicht haben sollte.

Lindsay lehnte sich zurück und blickte auf die scharfe dunkle Linie des Horizonts. Wenn das Schiff so ruhig fuhr, fiel die Schlagseite nach Steuerbord um so stärker auf. Der Horizont lag wie ein grauer Berghang schräg zum Brückenfenster.

Hinter sich hörte er einen Signalgasten leise mit Ritchie reden, dazwischen das gelegentliche Knarren des Ruderrades und Maxwells abgehackte Stimme aus dem Kartenraum. Die Nachmittagswache war fast vorüber, der Himmel über dem Horizont schon düsterer geworden; es sah nach mehr Schnee aus. Verständlich, daß sich die Neuen über das Glück des anderen Hilfskreuzers ärgerten, dachte er, aber die Erfahreneren kannten bestimmt den Grund für diese Änderung: Eis. Ehe der Winter endgültig hereinbrach, würde es im Westen und Norden eine ganze Menge Eis geben, vielleicht sogar bis hier herunter. Er hatte schon mit Goss darüber gesprochen, doch war es wie gewöhnlich schwer, dessen wahre Meinung zu ergründen.

Lindsay war selbst Erster Offizier unter mehreren Kommandanten gewesen und konnte nicht begreifen, weshalb Goss überhaupt kein Gefühl für seine Rolle besaß. Auf jedem Kriegsschiff war der Erste Offizier das Verbindungsglied zwischen den Offizieren und dem Kommandanten, der Mann, der die Besatzung zu einer festen Gemeinschaft zusammenschweißen konnte und sollte. Aber Goss war kein Verbindungsglied. Er war wie eine schwere wasserdichte Tür, die den Kommandanten noch mehr auf Distanz hielt.

An seiner Tüchtigkeit in Seemannschaft und interner Organisation gab es keinen Zweifel. Aber damit war auch Schluß. Wenn er es nicht über sich bringen konnte, sich zu ändern, dann waren seine Tage an Bord gezählt, beschloß Lindsay.

Maxwell trat an seine Seite und spielte mit der Kette, die er um den Hals trug. »Glauben Sie, daß wir Urlaub kriegen, Sir?«

Lindsay betrachtete das Spiegelbild des Lieutenants in den salzverschmierten Scheiben.

»Unwahrscheinlich, AO. Ein Schlag Farbe, ein bißchen Schweißen hier und da, und schon sind wir wieder draußen, vermute ich.«

Irgend etwas war seltsam an Maxwell, dachte Lindsay. Er war in letzter Zeit sehr ruhig gewesen, zu ruhig.

»Haben Sie irgendwelche Sorgen?«

»Ich, Sir?« Maxwells Finger zerrten noch heftiger an der Kette. »Nein, ich überlege nur; ich könnte die Abkommandierung zu einem Artillerielehrgang für Fortgeschrittene beantragen. Es gibt nicht viele Möglichkeiten auf diesem Schiff.«

Er sprach stoßweise, aber Lindsay klangen die Worte einstudiert, als habe er sich nur den richtigen Moment dafür ausgesucht.

»Und Sie möchten, daß ich Ihr Gesuch befürworte?«

Maxwell trat von einem Fuß auf den anderen. »Nun, wenn Sie so wollen – ja, Sir.«

Lindsay zog seine Pfeife heraus. Maxwells Lage war sicher nicht sehr erfreulich. Ein Artillerieoffizier der alten Schule, der an Land viel Zeit verloren hatte und nun erleben mußte, wie nagelneue Kriegsschiffe in dem Tempo, wie man sie baute, mit weit Jüngeren bemannt wurden. Aber da steckte noch mehr dahinter.

Möglicherweise sein IIAO, Lieutentant Hunter. Der war zwar nur Offizier auf Zeit und im Frieden Besitzer einer kleinen Autowerkstatt im Binnenland. Aber Hunter hatte die altertümliche Bewaffnung in den Griff bekommen, vielleicht, weil er nie eine andere kennengelernt hatte. Vielleicht aber auch, weil er – wie Fraser – die alten Kanonen mehr als persönliche Herausforderung denn als Erschwernis empfand.

»Ich werde darüber nachdenken, AO. Aber ich brauche einen sehr guten Ersatz, ehe ich irgend etwas befürworten kann, klar?«

Maxwell nickte. »Jawohl, Sir.«

Der Bootsmann der Wache sagte: »Verzeihung, Sir, aber vom sechsten Geschütz haben sie gerade angerufen. Eines der Rettungsflöße auf dem Achterschiff reißt sich wieder los.« Das klang völlig uninteressiert. In zehn Minuten würde er in seinem Wohndeck sein, heißen süßen Tee schlürfen und sich dann bis zum Abendessen aufs Ohr legen.

»Gut, sagen Sie Lieutenant Aikman, er soll sich darum kümmern«, meinte Maxwell.

Der Bootsmann blickte ihn erstaunt an, das Telefon noch in den Händen. »Sie haben ihn doch in den Kartenraum geschickt, Sir.«

Maxwell warf den Kopf hoch. »Ach ja.« Und zu Lindsay gewandt: »Er trägt den Schiffsort ein.«

Lindsay beugte sich vor, um Maxwell prüfend anzusehen. Der war doch normalerweise nicht so nervös.

»Wie wär's mit dem jungen Kemp?« Er hatte den jungen Midshipman Maxwells Wache zugeteilt, damit er Erfahrungen sammelte und sich bei seiner Aufgabe als Schriftoffizier nicht zu Tode langweilte.

Maxwell nickte. »Jawohl, Sir.« Und den Seemann kläffte er an: »Mr. Kemp ist oben im Leitstand. Sagen Sie ihm, daß er sich nach achtern begeben soll, hopp, hopp. Der Bootsmann wird ihm ein paar Männer mitgeben.« Wütend setzte er hinzu: »Aber Beeilung!«

Lindsay blickte wieder nach vorn, Maxwells plötzliche Gereiztheit beunruhigte ihn. Hatte das sein eigenes Beispiel bewirkt? Vielleicht war seine Maske der Selbstbeherrschung nicht so überzeugend, wie er geglaubt hatte.

Er hörte den Bootsmaat den Befehl mit mürrischer Stimme über Telefon weitergeben.

Maxwell kam wieder zurück und sagte heftig: »Typisch für das sechste Geschütz. Die Marines wollen mich nur ärgern.« Er schien zu merken, daß er laut gesprochen hatte, drehte sich um und fuhr mit scharfer Stimme fort: »Pfeifen Sie die Backbordwache auf Kriegswachstationen. Und ich möchte den Mann, der im Dienst geraucht hat, in fünf Minuten sprechen, verstanden?«

Der Bootsmaat sah ihn kühl an. »Verstanden, Sir.«

Lindsay dachte an Goss und gelangte zu der Meinung, daß Maxwells Verhalten gefährlich war und nicht toleriert werden durfte. Es war jedoch Sache des Ersten Offiziers, sich mit den internen Schwierigkeiten zu befassen. Daran mußte er ihn erinnern.

Als Midshipman Kemp auf dem Achterschiff ankam, war es fast dunkel geworden. Er tastete sich an der Reling entlang, fühlte unter seinem Handschuh die Eisschicht und wünschte, er hätte Wärmeres angezogen als nur das Ölzeug über seiner Uniform. Die See sah sehr dunkel aus. Durch hohe Dünung und tiefe Wellentäler zog das Schiff eine weiße Schaumspur, die in der zunehmenden Dunkelheit verschwand.

Neben dem abgedeckten Zwölfpfünder fand er Leading Seaman Swan warten; einen Fuß auf der unteren Relingstange, starrte er mit müder Resignation achteraus.

Kemp fragte: »Wo sind die anderen?«

Swan richtete sich auf und sah ihn an. Er war ein großer Mann und wirkte durch mehrere Schichten Wollzeug unter dem Dufflecoat noch gewaltiger. Nach einigen Reparaturen an Oberdeck im eisigen Wetter war er gerade dabei gewesen, nach unten zu gehen. Nacken und Kinn fühlten sich wund an, vor allem weil er dabei war, sich einen Bart wachsen zu lassen, und die kalte feuchte Luft spielte seiner Geduld übel mit. Kemps Erscheinen reizte ihn noch mehr. Swan war seit sieben Jahren in der Navy und normalerweise gegenüber Midshipmen recht tolerant. Sie standen zwischen Baum und Borke, waren weder Fisch noch Fleisch und wurden vom Mannschaftsdeck genommen, wie sie waren. Gehetzt von ihren Vorgesetzten, unterstützt von Unteroffizieren und den älteren Seeleuten, waren die Midshipmen eher zu bedauern. Aber gerade jetzt war Swan nicht in der Stimmung, jemandem zu helfen, und Kemps Unsicherheit reizte ihn.

Er antwortete lässig: »Sie können jeden Augenblick hier sein.« Er erwartete, daß Kemp ihn zurechtweisen würde, weil er das

›Sir‹ weggelassen hatte.

Kemp fröstelte. »Was ist eigentlich los?«

Der Seemann wies mit seiner großen, lederbehandschuhten Faust auf das nächstgelegene Floß. Es stand fast senkrecht auf zwei hölzernen Kufen, so daß es bei Gefahr gelöst werden und direkt über das Backbord-Achterschiff abrutschen konnte.

»Es gibt immer Ärger, weil sie alles anmalen. Irgendein Idiot hat die Leinen mit Farbe beschmiert, in diesem Klima scheuern sie dann noch schneller durch.« Er sah Kemp zweifelnd auf das schwere Floß starren und setzte grob hinzu: »Aber das macht auch nichts. Bei all der Farbe und dem verdammten Eis kann sich das Ding überhaupt nicht bewegen, selbst wenn ein ganzes Haus drauffällt.«

Auf der Poopleiter tauchten zwei Seeleute auf; Swan grölte: »Wo bleibt ihr denn, zum Donnerwetter? Ich stehe hier stundenlang in der Saukälte und warte!«

»Der wachhabende Offizier hat mich auf die Hörner genommen, weil ich geraucht habe«, sagte der erste Seemann. Dann erblickte er Kemp. »Drum.«

Swan wartete darauf, daß Kemp etwas sagen würde. Als dieser schwieg, sagte er zornig: »Ihr bleibt jetzt hier. Ich hole neue Leinen. Ihr könnt schon mal nachsehen, wieviele von den alten durchgescheuert sind, klar?«

Als er davonstampfte, murmelte einer der Seeleute: »Was ist denn mit Hocky los? So ein Blödmann!«

Kemp umklammerte die Reling mit beiden Händen und versuchte, sich auf das Floß zu konzentrieren. Er wußte, daß die beiden Seeleute und Swan ihn testen wollten, und auch, daß jeder andere Midshipman seiner Crew sie kurz abgefertigt hätte, sich Gehorsam, wenn nicht sogar Respekt erzwungen hätte. Aber mit ihm war es immer dasselbe. Er konnte fast die volltönende Stimme seines Vaters hören: »Ich weiß nicht, woher du das hast. Keine Charakterstärke, das ist es. Kein Mumm!«

Er hörte einen der Seeleute, der sich hinter den Schild eines Zwölfpfünders duckte, ein Streichholz anreißen. Wenn Kemp nichts gegenteiliges veranlassen konnte oder wollte, sie warteten nur zu gern untätig auf Swans Rückkehr.

Der eine fragte: »Kennst du die Geschichte von dem Heizer in Scapa? Hatte einen gemütlichen Posten an Land und versorgte die Heizung irgendeines Admirals. Aber dann fanden sie ihn in seiner Koje – mit einem Schaf.«

Der andere daraufhin: »Nicht doch! Du willst mich auf den Arm nehmen!«

»Nein, ehrlich.« Mit Wonne erzählte er die alte Geschichte, weil er wußte, daß der Midshipman zuhörte. »Als die Streife ihn zum Rapport stellte, sagte er, er hätte nicht gewußt, daß es ein Schaf war. Er sei schon so lange in Scapa, daß er es für eine Wren im Dufflecoat hielt.«

Kemp stieß sich von der Reling ab. »Nun ist's aber genug, ihr beiden!« Die beiden blickten ihn milde lächelnd an. »Nehmt euch die Leinen vor.«

»Welche Leinen, Sir?« meinte der eine; der andere fügte hinzu: »Bei diesem Licht sieht man nicht genug.«

Kemp spürte die Verzweiflung wie Übelkeit in sich aufsteigen. Genauso war es gewesen, als Dancy ihn nach seinem Vater gefragt hatte.

Er ergriff den nächststehenden Seemann am Ärmel und stieß ihn in Richtung Floß. »Taste sie eine nach der anderen ab.« Er fuhr herum zum zweiten: »Und Sie fangen an, die Schlipphaken eisfrei zu klopfen. Swan wird sie an die neuen Leinen anspleißen wollen.«

Hinter seinem Rücken machte der Seemann auf dem Floß eine unanständige Gebärde, als Kemp an die Reling zurückkehrte.

Unkontrolliert zitterte Kemp unter seinem Ölzeug. Es war ihm klar, daß dies nur teilweise an der Kälte lag, sondern vor allem an seiner Unfähigkeit. Als einziger Sohn war er anfangs zu dem Versuch bereit gewesen, seines Vaters Standpunkt zu verstehen. Die Tradition, das ganze Haus voller Marinebilder und Erinnerungsstücke, selbst jetzt noch konnte er des Vaters Wunsch begreifen, daß auch er der Familientradition folgte. Und mit achtzehn Jahren war Kemp sich seines Berufswunsches auch noch unsicher. Nur eines wußte er ganz bestimmt: daß er zur Marine weder wollte noch konnte und daß sein Vater nicht nur sein Gegner geworden war, sondern ein Symbol all dessen, was er haßte.

Er war nicht so unerfahren, die Gegensätze und gelegentlichen Feindseligkeiten unter den Offizieren nicht zu erkennen. Aber wenn es darauf ankam, schienen sie sich alle einig zu sein. Im Gefecht, als er im Kartenraum zusammengekauert saß, hatte er ihre Stimmen gehört: klanglos, ausdruckslos, diszipliniert, unbeeinflußt davon, was die Männer wirklich dachten.

Kemp sah erschreckt hoch, als Swan mit einer großen Rolle Tauwerk die Leiter hochkam.

Swan rief: »Was, zum Teufel, machst du da oben, Biggs? Komm sofort runter und leg dir eine Sorgleine um!«

Gerade als er sprach, schnitt der andere Seemann versehentlich eine Laschung durch, vielleicht, weil seine Finger kalt waren oder weil er auf dem vereisten Deck die Balance verloren hatte. Jedenfalls schlug das Ende der durchschnittenen Laschung mit dem Metallschäkel wie eine eisige Peitsche nach oben und traf Seemann Biggs mitten im Gesicht, der gerade dabei war, an Deck zurück zu klettern. Kemp starrte entsetzt hin, als der Mann wie betrunken schwankte, sein Dufflecoat hob sich hell von der schwarzen See hinter seinem Rücken ab. Und dann, als Swan sich schon auf das Floß schwang, fiel Biggs außenbords. Eine Sekunde lang war er noch zu sehen, dann nichts. Nicht einmal für einen Schrei hatte er noch Zeit gehabt.

Swan stieß Kemp zur Seite und griff nach dem Telefon neben dem Zwölfpfünder. Aber die Segeltuchhülle war eisenhart gefroren. Keuchend stürzte er deshalb zur Leiter und schrie im Laufen der nächsten Geschützbedienung etwas zu.

Kemp umklammerte die Reling und starrte hinunter in das weiß schäumende Schraubenwasser; aber er wußte nicht, wohin er schauen sollte. Wo mochte Biggs sein? Dort unten, zum Schiff hochblickend, das in der Dunkelheit verschwand? Oder schon weit achteraus, würgend und schreiend vor Entsetzen? Er begann, an einem Rettungsboot herumzufingern, und kämpfte noch mit der Laschung, als Swan nach achtern kam.

»Vergessen Sie das«, sagte Swan heiser. »Der ist sicher in die Backbordschraube gesaugt worden.«

Der andere Seemann, immer noch mit dem Messer in der Hand wie erstarrt dastehend, stieß hervor: »Wir drehen! Sie haben Ruder gelegt.«

Kemp starrte ins helle Kielwasser des Schiffes, das nun in eine weite Kurve überging. Im nächsten Moment würde er aufwachen, das war alles nur ein böser Traum. So mußte es sein.

Swan sagte ihm ins Ohr: »Die müssen jetzt so tun, als ob. Selbst wenn Biggs von der Schraube klargekommen ist, ist er inzwischen ein Eisblock!«

Ein Korporal vom sechsten Geschütz trat hinzu: »Der Kommandant bittet Sie sofort auf die Brücke, Mr. Kemp.« Er sah

Swan an. »Sie auch.«

Der Mann mit dem Messer sagte leise: »Es war nicht meine Schuld, Hocky.«

Swan sah mit tiefer Verachtung zu Kemp hinüber. »Ich weiß. Du hast Befehle ausgeführt.«

Kemp versuchte, etwas zu sagen, in seinem Kopf drehte sich alles vor Schrecken. »Ich ... Tut mir leid ... Ich wollte nur ...«

Swan wies nach achtern. »Sagen Sie das Biggs, Sir. Aber ich glaube nicht, daß es ihm viel helfen wird.«

Auf dem ganzen Weg bemerkte Kemp verschwommen die stummen, vermummten Gestalten, die ihn beim Vorbeigehen ansahen. Was auch geschehen war, in ihren Augen war er bereits verdammt. Ihr Schweigen wirkte wie eine laute Verurteilung.

Als sie auf der Brücke ankamen, hörte Kemp Lindsays Stimme, so leise wie von weit her.

»Noch fünf Minuten, NO. Dann gehen Sie wieder auf alten Kurs.«

Danach Stannards Stimme: »Hätte er eine Schwimmweste getragen, Sir, mit einer Signallampe ...«

Lindsay wandte sich ab. »Trug er aber nicht.«

Stannard sah die Umrisse Kemps in der Tür und schwieg.

7 Eine Wren namens Eve

Der Chef des Stabes sah vom Schreibtisch auf, als Lindsay das Büro betrat, und wies auf einen Sessel.

»Machen Sie sich's bequem. Es dauert nur noch eine Minute.«

Lindsay setzte sich. Nach der Motorbootüberfahrt in schneidender Kälte kam ihm das Büro geradezu tropisch warm vor. Es war Abend, und die abgeblendeten Fenster und der glühende große Eisenofen machten ihn plötzlich schläfrig.

Der Captain sagte ernst ins Telefon: »In Ordnung, Flaggleutnant, der Ersatz kommt also heute abend. Setzen Sie sich mit dem Bekleidungslager wegen der Ausrüstung in Verbindung, klar?«

Er hängte ein und warf Lindsay ein kurzes Lächeln zu. »Hört nie auf.« Dann griff er in ein Schubfach und holte zwei Gläser und eine Flasche Scotch heraus. »Wäre die Sonne heute zu sehen gewesen, dann stünde sie doch schon über der Rah, oder?«

Lindsay setzte sich bequemer hin; der Wind rüttelte am Fenster, vom Nachbarraum hörte er das Klappern einer Schreibmaschine.

Die *Benbecula* war am Morgen an die Boje gegangen. Während er noch auf der Brücke stand, um einem eifrigen kleinen Schlepper zuzusehen, der ihnen beim Festmachen half, hatte er widerwillige Bewunderung für Scapa Flow empfunden. Schnee und Regen hatten aufgehört, und in dem klaren Morgenlicht lag sogar eine gewisse Schönheit. Das kalte, wie Zinn schimmernde Gewässer und die hügeligen, braunen Inseln waren abweisend wie eh und je; sie schienen zu sagen: Wir waren zuerst hier, nun findet euch damit ab!

Der Whisky war pur und sehr gut.

»Ich habe Sie erst jetzt herübergebeten, weil Sie bestimmt alle Hände voll zu tun hatten. Und dann ließ es mir auch Zeit, Ihren Bericht zu lesen«, sagte der Captain. Sein strenges Gesicht hellte sich auf. »Großartig, daß Sie dem Raider eins verpaßt haben. Zwar gegen alle Anweisungen, aber ich hätte genauso gehandelt.«

»Ich wollte nur, wir hätten ihn erledigen können«, erwiderte Lindsay.

»Das glaube ich Ihnen. Wir hatten kürzlich ein paar klare Tage, deshalb unternahm die RAF einen Aufklärungsflug. Wenn Sie's interessiert, Ihr Raider liegt in Norwegen. Es ist die *Nassau*, 17 000 Tonnen, ziemlich neu. Fuhr früher nach Ostafrika.« Er füllte ihre Gläser nach. »Der Nachrichtendienst meldet, daß sie zum Einsatz als Raider völlig umgebaut ist.« Trocken setzte er hinzu: »Das haben sie uns allerdings erst vor ein paar Tagen gesagt.«

Lindsay nickte. Er war darauf gefaßt gewesen, daß Captain Lovelace auf ihn losgehen, ihn wegen seines selbständigen Handelns zurechtweisen würde. Aber jetzt verstand er. Als die *Benbecula* durch die Sperre eingelaufen war, hatte er auf Einweisungsbefehle gewartet und Ausschau nach Lotsen gehalten, aber er hätte sich keine Gedanken machen müssen: Die Bucht war fast leer.

Der Offizier, der mit dem Wachboot an Bord gekommen war, um Lindsays Berichte und die Post mitzunehmen, hatte erklärt: »Ein paar Dickschiffe sind nach Fernost gegangen, andere ins Mittelmeer. Im Augenblick ist unser ›Schaufenster‹ ein bißchen leer.«

Hätte sich also die *Benbecula* nach ihren Befehlen gerichtet, ein Gefecht vermieden und auf Hilfe gewartet, Lovelace hätte ihm keine schicken können. Keine Heldentaten, hatte er noch bei ihrer letzten Besprechung gesagt. Nun sah es so aus, als ob Heldentaten das einzige war, was ihnen übrig blieb.

Als könne er Gedanken lesen, sagte der Captain: »Wir sind ziemlich überbeansprucht. Im Mittelmeer läuft es nicht gut, und auch auf den westlichen Anfahrtswegen hatten wir ein paar schwere Verluste. Mein Stab wird Sie über alles unterrichten, wenn Sie wollen.« Er wurde noch ernster. »Wir haben den Verlust der *Loch Glendhu* noch nicht veröffentlicht. Je weniger der Gegner über unsere Engpässe weiß, desto besser. Der deutsche Rundfunk hat die Sache natürlich hochgespielt. Sie behaupten, einen Schweren Kreuzer versenkt zu haben. Vielleicht glauben sie das wirklich, aber ich vermute, es ist alles nur Sondierung. Sie wollen unsere Stärke erkunden.«

Lindsay fühlte sich plötzlich niedergeschlagen. Die endlose Belastung, das unentwegte Bemühen, seine Crew zu einer kampfkräftigen Einheit zu machen, forderten ihren Zoll.

»Das klingt alles ziemlich hoffnungslos«, sagte er.

Lovelace stockte, die Flasche hing in der Luft über Lindsays Glas. »Na los, Mann, ich dachte, ihr Schotten könnt trinken?« Mit abgewandtem Blick setzte er langsam hinzu: »Pech, daß dieser Junge über Bord ging. Doch bis dahin hatten Sie verdammtes Glück. Bei einer nur zum Teil ausgebildeten Besatzung wie der Ihren hätte ich mit zehnmal mehr Verlusten gerechnet.«

»Ja.« Lindsay ließ den puren Whisky auf der Zunge brennen und dachte an Kemps bleiches Gesicht. Wie erbärmlich er ausgesehen hatte, als er die Geschichte von Biggs' Tod herausstotterte! Swan hatte steif daneben gestanden und zornig gesagt: »Mr. Kemp hat keine Ahnung von den Dingen, Sir.«

›Die Dinge‹, das wußte Lindsay wohl, brauchten Zeit. Davon hatte Kemp zu wenig gehabt. Aber ihm fehlte noch etwas anderes. Vielleicht war er zu gleichgültig.

Lovelace fragte: »Was haben Sie mit dem Midshipman gemacht?«

»Nichts, Sir. Der Unfall war mehr auf Unkenntnis als auf Fahrlässigkeit zurückzuführen. Ich glaube, Kemp wird ihn nie vergessen.«

Er dachte an Frasers Reaktion. »So was passiert«, war alles, was er gesagt hatte.

Lovelace nickte, offensichtlich zufrieden. »Gut. Ich würde Kemp in Bewegung halten, ihn springen lassen. Wenn ich ihn versetzte, würde ihm das mehr schaden als nützen.« Dann mit einem forschenden Blick auf Lindsay: »Es sei denn, Sie wollen ihn loswerden?«

»Nein. Mal sehen, wie er sich entwickelt.«

»Gut. Leider muß ich Ihnen sowieso einige Ihrer Leute wegnehmen: Tobey, Ihren Bootsmann, und ein paar andere wichtige Männer. Ich brauche sie als Ersatz für Ausfälle. Sie selbst werden die Lücken aus dem nächsten Rekrutentransport füllen müssen.« Er lachte grimmig. »Frisch von der Ausbildung, natürlich.«

Das Telefon summte, Lovelace bellte hinein: »Ich möchte den Kommandanten der *Merlin* in drei Minuten sprechen. Er soll sich den Hintern an Ihrem Kamin wärmen, bis ich fertig bin.«

Lindsay stand auf. »Befehle für mich, Sir?«

»In Kürze.« Lovelace wirkte nun wieder kühl, erneut mit den endlosen Schwierigkeiten seines Amtes befaßt. »Ich habe der Instandsetzung Befehl gegeben, ihr Bestes zu tun. Das Werkstattschiff liegt zur Hilfe bereit, aber was von ihm oder Ihrem Leuten nicht geschafft werden kann, muß warten. Leider ist eine Woche Liegezeit das höchste, womit Sie rechnen können, also setzen Sie die Arbeiten entsprechend an. Wie ich hörte, haben Sie bereits Brennstoff ergänzt. Sie können also nach eigenem Ermessen Landurlaub geben.«

Lindsay griff nach seiner Mütze, der Whisky brannte ihm wie Feuer im Magen. Alles war eine Frage von Prioritäten, und sein altes Schiff stand ganz unten auf der Liste. Eine Woche – und dann wieder Patrouillendienst. Eis. Männer, die von der Kälte und der pausenlosen Überbeanspruchung erschöpft waren. Dann wurde es gefährlich: wenn kleine persönliche Nöte die Wachsamkeit eines Mannes abstumpften. Möglicherweise war das bei den Männern der *Loch Glendhu* so gewesen. Zu müde, zu niedergedrückt durch die scheinbar sinnlose Fahrerei, hatten sie die Gefahr erst erkannt, als ihnen die Dinge schon aus der Hand glitten.

Er sagte: »Danke für den Drink, Sir.«

Lovelace grinste. »War mir ein Vergnügen. Ich höre so viel Deprimierendes, daß es wirklich eine Freude ist, wenn jemand endlich mal was erreicht.«

Im angrenzenden Raum sah Lindsay den Offizier, der auf das nächste Gespräch wartete: einen Dienstgrad unter Lindsay und doch schon Kommandant der *Merlin*, eines neuen, kampfkräftigen Flottenzerstörers, der draußen ganz in der Nähe der *Benbe-*

cula lag. Lindsay konnte sich die nun folgende Szene vorstellen: Der junge Lieutenant Commander würde höflich fragen, wer denn das gewesen sei, und die Sekretärin des Stabschefs würde ihm es sagen. Kein besonders wichtiger Mann, nur der Kommandant dieses alten Hilfskreuzers. War offensichtlich ganz in Ordnung und recht gescheit, aber bei einem solchen Kommando mußte irgendetwas mit ihm nicht stimmen.

Stocksteif stand Lindsay in dem menschenleeren Durchgang, matt und mutlos. Verfluchte Bande, zum Teufel mit ihnen!

»Geht es Ihnen nicht gut, Sir?«

Lindsay fuhr herum und sah das Mädchen am Haupteingang direkt vor dem Verdunklungsvorhang stehen. Wie neulich war sie bis über die Ohren vermummt, Füße und Beine steckten in schmutzigen Gummistiefeln.

Sekundenlang starrte er sie an. »Doch, danke.« Er versuchte ein Lächeln, sah Zweifel und Sorge in ihren Augen. »Ein bißchen übermüdet, das ist alles.«

Sie nahm ihre fesche Mütze ab und schüttelte das Haar. »Ich sah Sie heute morgen einlaufen.« Ihre Augen blieben forschend und besorgt. »Wir wissen alle, was geschehen ist.«

Eine Tür schlug, eine zweite Wren, ebenfalls in Dufflecoat und Schal dick eingemummt, ging an Lindsay vorbei, ohne ihm einen Blick zu gönnen. Als sie auf gleicher Höhe war, warf ihr die Wren namens Eva Collins einen Zündschlüssel zu und sagte: »Danke, daß du mich etwas früher ablöst, Sue. Paß auf den vereisten Straßen auf.«

Das andere Mädchen blieb kurz stehen. »Du kannst ja irgendwann auch mal was für mich tun.« Dann war sie weg, der Verdunklungsvorhang schwang im kalten Luftstrom hin und her.

»Ich bin froh, daß Sie gut zurückgekommen sind«, sagte Eve leise.

Lindsay dachte an die blinkenden Autoscheinwerfer am Ufer.

»Ein Signalgast hat Ihre Nachricht gelesen, als wir aus Scapa ausliefen. War nett von Ihnen, uns zu verabschieden.«

Sie grinste. »Danken Sie ihm in meinem Namen. Ich morse nicht allzu gut.« Dann sah sie seinen Gesichtsausdruck und fragte heiser: »War das der, der später fiel?«

»Ja.« Er versuchte, die schmerzlichen Gedanken abzuwehren: Ritchies Gesicht. Die Gestalten im nassen Ölzeug an der Reling. Und: ›Wir übergeben seinen Leib der See.‹

Plötzlich fragte er: »Darf ich Sie zu einem Drink einladen?« Er sah ihr überraschtes Gesicht und fügte hinzu: »Vielleicht können wir auch irgendwo essen gehen oder so.«

Sehr langsam setzte sie ihre Mütze wieder auf. »Tut mir leid, wirklich.«

»Sie haben schon eine Verabredung?« Plötzlich war ihm alles klar: die andere Wren, die sie früher abgelöst hatte, und: ›du kannst ja irgendwann auch mal was für mich tun.‹

Sie lächelte nicht. »So ähnlich.« Und indem sie wegsah: »Ich könnte aber absagen...«

»Nein, ist schon in Ordnung.« Er stieß die Hände in die Manteltaschen und versuchte, beiläufig zu sprechen; als ob es ihm nichts ausmachte. Er wußte selbst nicht, warum das alles plötzlich so wichtig geworden war. »Vergessen Sie's.«

Der Vorhang wehte wieder nach innen und ein Flight Lieutenant der RAF trat ins Helle und schlug die behandschuhten Hände gegeneinander.

»Ich nahm an, daß du den halben Abend zum Umziehen brauchst. Deshalb habe ich einen Wagen draußen und fahre dich zu deiner Unterkunft.« Er erblickte Lindsay und sagte linkisch: »Oh, Entschuldigung.«

»Jack, dies ist Commander Lindsay.« Dann wandte sie sich wieder Lindsay zu, ihre Stimme war nun ganz ruhig. »Die Jagdflieger veranstalten einen Tanzabend auf dem Flugplatz. Warum kommen Sie nicht auch? Vielleicht wäre es eine Abwechslung nach...« Sie sah den Fliegerleutnant an. »Was meinst du, Jack, das ginge doch?«

»Natürlich.« Es klang aber nicht sehr begeistert.

Lindsay lächelte. »Ich muß an Bord zurück. Die warten dort auf Neuigkeiten. Aber nochmals vielen Dank. Und viel Spaß.«

Dann war er draußen in der Dunkelheit.

Im Flur machte der Flight Lieutenant eine vielsagende Geste. »Na?«

Sie zog den Schal enger und runzelte die Stirn. »Nix na! Er ist ein feiner Kerl, sonst nichts.«

Er grinste. »Und außerdem Commander. Wahrhaftig, Eve, ich bewundere deinen Sinn für Prioritäten.«

Draußen hörte Lindsay ihr Lachen und das Geräusch eines abfahrenden Wagens. Er hatte sich zum Narren gemacht und das traf ihn so sehr, daß es schmerzte.

Er beschleunigte den Schritt, schimpfte sich einen Idioten und wandte sich wieder der See zu.

Lindsay saß arbeitend an seinem Schreibtisch, als Goss und Fraser eintraten.

»Nehmen Sie Platz, meine Herren.« Er drückte auf die Klingel neben seinem Schreibtisch. »Beinahe Mittag, Zeit für einen Drink.«

Er beobachtete die schwere Gestalt von Goss, der sich einen Sessel wählte, und bemerkte die scharfen Linien um Mund und Augen. Es war eine anstrengende Zeit für das ganze Schiff gewesen, aber bei Goss machte sich das am deutlichsten bemerkbar. Captain Lovelace hatte mit seinen Zeitangaben richtig gelegen, dachte er bitter. Eine Woche war wirklich alles gewesen.

Er sah die beiden Männer an und sagte langsam: »Ich habe gerade die Befehle bekommen. Achtundvierzigstündige Auslaufbereitschaft.«

Fraser knurrte: »Eine Woche und einen Tag. Großzügig!«

Lindsay wandte sich an Goss. »Wie ist es mit Ihnen, IO? Sind Sie fertig?«

Der arme Goss hatte eine schwere Zeit im Hafen gehabt. Lindsay hatte ihn beobachtet, wie er sich mit den Ingenieuren und Arbeitern des Werkstattschiffs auseinandersetzte, hatte gesehen, daß er den Schlossern und Schweißern gefolgt war wie eine alte Glucke, die ihre Küken vor einer Meute wütender Füchse zu schützen versucht. Hätte Fraser auf der Rückfahrt nicht schon so hervorrangende Reparaturarbeit geleistet, hätten sie nicht gewußt, wie sie klarkommen sollten. Die Granatlöcher im Rumpf waren mit neuen Platten abgedeckt, und nach einem frischen Anstrich würden die äußerlichen Schäden nur noch einem erfahrenen Auge auffallen. Im Inneren des Schiffes waren die Reparaturarbeiten ebenso flüchtig gewesen: ein bißchen Flickschusterei und Gottvertrauen, so hatte es ein Vertreter der Werft genannt.

Jupp trottete in die Kajüte und öffnete den Getränkeschrank, als Goss erwiderte: »Ich habe mein Bestes getan, aber das reicht nirgends auch nur annähernd. Diese Stümper haben mehr durcheinander als in Ordnung gebracht. Wir hätten nach Greenock oder Rosyth gehen sollen.« Er blickte zum nächstgelegenen Bulleye und setzte heiser hinzu: »Das Wetter ist auch schlechter geworden.«

Fraser zog eine Grimasse. »Sie sind ein rechter Sonnenstrahl, wirklich!«

»Ich glaube, wir werden über Weihnachten in See sein«, warf Lindsay ein.

Er sah, daß seine Worte jeden Einzelnen verschieden trafen. Er selbst war, soweit er sich erinnern konnte, fast jedes Weihnachten in See gewesen. Aber der größte Teil der Schiffsbesatzung sah das anders. Nach dem, was sie auf der letzten Fahrt durchgemacht hatten, mußte ihnen ein Weihnachten in der Arktis als die endgültige Katastrophe erscheinen. Lindsay folgte Goss' Blick zum Bulleye. Der Himmel war fahl und ohne Farbe. Im Innern der Kajüte sorgte die Dampfheizung für feuchte Wärme, aber außerhalb des dicken Glases mußte die Luft scharf wie eine Rasierklinge sein.

Fraser fragte sanft: »Ist das endgültig, Sir?«

Lindsay musterte Jupps gebeugten Rücken und lächelte. »Mein Steward ist davon überzeugt.«

Jupp beugte sich mit einem Tablett voll Gläser über den Schreibtisch. »Ich habe die Puter selbst gesehen, Sir. Aufgestapelt und klar zur Abholung durch Mr. Barkers Leute.« Er nickte. »Ein sicheres Zeichen.«

Fraser grinste. »Unbedingt.«

Goss schien gar nicht zuzuhören. »Gleicher Überwachungsbereich?«

»Nein.« Lindsay hielt sein Glas gegen das Licht. »Südwestlich von Uncle-Item-Victor. Aber das nur unter uns.«

Goss schüttelte sich. »Also näher bei Grönland. Da oben ist überall Eis.«

Die drei verstummten. Gedämpfte Schiffsgeräusche drangen leise in den Raum.

Lindsay beobachtete Jupp, der sein Glas erneut füllte, und überlegte, ob sein Steward wohl gemerkt hatte, daß er in letzter Zeit mehr trank. Er hätte an Land gehen sollen, und sei es nur, um sich die Beine zu vertreten und die Tapete zu wechseln. Aber abgesehen von zwei dienstlichen Besuchen beim Kommando in Kirkwall war er an Bord geblieben und hatte sich in seine Aufgaben vertieft. Nun war ihm klar, daß er zuviel allein gewesen war.

Ihm war auch klar, daß irgendetwas geschehen mußte, um die düstere Stimmung aufzulockern, die wie eine drohende Wolke über seinem Schiff hing. Er hatte so oft es ging Landurlaub gewährt, doch die Urlauber hatten bald entdeckt, daß man sich in

Scapa kaum amüsieren konnte. Ein paar Schlägereien, Trunkenheit und zwei Fälle von tätlichem Angriff gegen Marinestreifen waren vorgefallen. Nur einige der Deliquenten, die ihm zur Bestrafung vorgeführt wurden, hatten ihm Gründe für ihr Verhalten nennen können; doch er wußte, daß all dies nur aus Frustration und Langeweile geschah. Die anfängliche Euphorie darüber, daß sie dem Schicksal der *Loch Glendhu* entronnen waren und dem Feind eines verpaßt hatten, legte sich bald nach der Rückkehr in den Hafen.

Plötzlich sagte er: »Ich habe mir überlegt, daß wir vor dem Auslaufen eine Party geben sollten. Vielleicht als kleinen Ausgleich für Weihnachten.«

Fraser sah ihn neugierig an. »Es hilft auch, die Zeit zu vertreiben.«

Doch Lindsay wandte sich an Goss: »Es kommt vor allem auf Sie an, 10. Wenn Sie glauben, Sie haben noch zuviel zu tun, dann lassen wir es natürlich sein.«

Goss rutschte auf seinem Sessel hin und her. »Ich bin tatsächlich sehr beschäftigt, Sir.« Grübelnd ins Leere blickend, fuhr er fort: »Wer würde denn schon kommen?«

Lindsay versuchte, sachlich zu bleiben. Er merkte, daß Fraser ihn beobachtete, und hoffte, Goss würde seinen kleinen Trick nicht so leicht durchschauen wie Fraser.

»Oh, die üblichen Gäste. Personal vom Stützpunkt, ein paar Leute, die uns geholfen haben, so in der Art.«

Fraser sagte über sein Glas hinweg: »Ich glaube doch, daß wird für uns zu schwierig. Die Leute des 10 haben immer noch eine Menge in Ordnung zu bringen. Und außerdem: Wer kommt schon gern auf ein Schiff wie unseres? Hier liegt jetzt ein großer Flugzeugträger und...«

Goss fuhr wütend herum. »Wissen Sie das so genau? Wieviele Schiffe wie unseres haben Sie denn schon gesehen, he?« Er verschüttete etwas Whisky auf die Hose, merkte es aber nicht. »Ein Flugzeugträger, sagen Sie? Pah, der ist auch nur ein weiteres Kriegsschiff. Den meisten Leuten hier hängt der Krieg zum Hals heraus!«

Als Fraser ein Auge zukniff, fragte Lindsay scheinheilig: »Sind Sie also dafür, 10!«

Goss gewann etwas von seiner alten Würde zurück. »Naja, wenn Sie meinen...« Er schoß einen Wutblick auf Fraser ab.

»Jawohl, ich bin dafür, Sir.«

»Also abgemacht. Ich überlasse alles Ihnen. Zwei Tage sind nicht viel, um ein Bordfest aufzuziehen. Aber ich nehme an, Sie schaffen das.«

Goss schob Jupp sein leeres Glas zu. »Schaffen?« Er runzelte die Stirn. »Zu meiner Zeit hatten wir den Hauptsalon schon zum Überlaufen voll: ein Prinz, sein ganzes Gefolge, einige unserer reichsten Passagiere ... Es war ein richtiges Gelage.« Er nickte entschieden. »Ja, wir werden's ihnen zeigen!« Ruckartig stand er auf. »Wenn Sie mich dann bitte entschuldigen wollen? Ich muß Barker suchen, ein paar Sachen mit ihm durchsprechen.« Ihren Einsatz erwähnte er überhaupt nicht mehr. »Ausgerechnet ein Träger! Wer guckt sich schon einen Träger an?« Mit ungewohnter Geschwindigkeit verließ er die Kajüte.

Fraser ließ sich nachschenken und sagte dann ruhig: »So habe ich ihn seit Jahren nicht mehr gesehen. Mein Gott, Sir, Sie wissen ja gar nicht, was Sie da entfacht haben.«

Lindsay lächelte. »Hoffentlich behalten Sie recht, LI. Für dieses Schiff muß etwas getan werden, also fangen wir mal mit einer Party an, einverstanden?«

Fraser grinste. »Einverstanden.«

Lindsay hatte nicht viel Zeit, über die geplante Party nachzudenken. Fast bis zu ihrem Beginn war er mit den Angelegenheiten des Schiffes beschäftigt: Auffüllung von Verpflegung und Munition; ein neuer Kutter, um den durch Geschützfeuer zerstörten zu ersetzen; die versprochenen Puter, die von Barkers Leuten schleunigst in den Kühlraum entführt wurden, ehe sich einer von ihnen verlaufen konnte. Und dann die neuen Mannschaften, die nach und nach mit den Fähren herüberkamen, um die Stellen der erfahreneren Leute einzunehmen, die an anderer Stelle gebraucht wurden.

Die Besatzung der *Benbecula* betrachtete die Neuankömmlinge mit dem üblichen Interesse. Männer, die erst an einer Unternehmung teilgenommen hatten und vorher ebenfalls von der Ausbildung gekommen waren, standen nun da wie alte Seebären und beäugten die Neuen mit Geringschätzung und gestärktem Selbstbewußtsein. Lindsay hatte einige Neulinge von der Brücke aus beobachtet. Ihre funkelnagelneuen Überzieher und Gasmaskenbeutel, ihr vorschriftsmäßiger Haarschnitt und der allgemeine Eindruck völliger Verwirrung unterschieden sie deutlich von den übrigen.

Er hörte Archer, den Bootsmann, brüllen: »Los denn, ein bißchen Bewegung! Legt eure Seesäcke und Hängematten hierher und tretet an, damit ich euch einweisen kann.«

Archer schien gewachsen zu sein, seit Oberbootsmann Tobey auf ein anderes Schiff versetzt worden war; er genoß seinen neuen Machtzuwachs sichtlich.

Ein blasser Rekrut sagte zaghaft: »Ich dachte, wir kämen auf ein Kriegsschiff, Herr Unteroffizier, nicht auf ein . . .«

Weiter kam er nicht.

Archer brüllte ihn an: »Das ist ein bewaffneter Hilfskreuzer, verstanden? Jeder Idiot kann ein Schlachtschiff führen, aber für so was hier braucht man Seeleute. Kapiert?« Im Umwenden setzte er noch hinzu: »Im übrigen bin ich nicht Unteroffizier, sondern der Bootsmann, und kann dir nur raten, das nicht zu vergessen!« Der kleine Matrose hatte versucht, sich hinter den übrigen Rekruten zu verstecken, aber Archers Stimme verfolgte ihn wütend. »Und laß dir gefälligst die Haare schneiden!«

Es war bereits dunkel, als Goss in Lindsays Kajüte kam. »Die Offiziersmesse erwartet Sie, Sir.«

Lindsay stellte fest, daß Goss eine neue Uniform trug und seine Wangen nach einem Bad und frischer Rasur glühten. Außerdem strahlte er eine Art Trotz aus.

Als sie die Offiziersmesse betraten, sah Lindsay sich verblüfft um. Kaum zu glauben, daß dies dasselbe Schiff sein sollte. Alles glänzte frisch poliert im Schein kleiner bunter Lämpchen, zwei lange Tische stöhnten unter der Last von Sandwiches, Appetithappen und so vieler verlockender Leckerbissen, daß Lindsay mitleidig an die Messerechnungen der Offiziere dachte, wenn erst die Abrechnung kam. Die meisten Stewards, die schon bei der Reederei gewesen waren, trugen ihre alten Messejacken und kastanienbraune Hosen, und als Lindsay hinter Goss' mächtiger Gestalt auf die versammelten Offiziere zuging, erblickte er drei weitere Stewards, die befangen mit zwei Geigen ein Klavier umstanden, das vorher bestimmt nicht dagewesen war.

Goss drehte sich um und sah den Kommandanten eisern an. »Zufrieden, Sir?«

Lindsays Gesicht blieb unbewegt. »Das ist kein Navy-Stil, 10.‹ Dann streckte er die Hand aus und berührte Goss' Arm. »Aber es ist großartig! Ich wußte, daß Sie Ihr Bestes tun würden, aber das ist mehr, als ich erwartet habe.«

Goss blieb trotzdem unsicher. »Gefällt es Ihnen?«

Barker tauchte an seiner Seite auf und strahlte. »Wie in alten Zeiten.«

Goss übersah ihn. »Gefällt es Ihnen wirklich, Sir?«

»Ausgesprochen!« Lindsay sah Jupp mit einem Tablett näherkommen. »Das ist es, was mir gefehlt hat – was wir alle in diesem verdammten Krieg nötig haben!« Und ihm war klar, daß er es ehrlich meinte.

Goss schnippte mit den Fingern nach einem Steward und sagte: »Ich hörte ein Boot längsseit gehen, die ersten Gäste kommen.« Damit schritt er davon und warf noch einen schnellen Blick über die vollen Tische, um sich zu vergewissern, daß nichts angerührt worden war.

Fraser sah ihn davongehen und meinte: »Den haben Sie glücklich gemacht, Sir.« Er hob sein Glas. »Ich trinke auf Ihr Wohl. Das war verdammt nett, was Sie eben getan haben!«

In kürzester Zeit war die Messe gedrängt voller Gäste. Als der Lärm der Unterhaltung und das Gelächter immer stärker wurden und die drei Musiker ihr Bestes taten, um alles zu übertönen, wurde sich Lindsay der Wirkung erst richtig bewußt. Was beinahe als Scherz begonnen hatte, kam nun so gut in Schwung, daß auch er Stolz darüber empfand, wie dieses alte Schiff – sein Schiff – mit seiner Vergangenheit ihre Gegenwart verschönte.

Gesichter glitten vorbei, es gab Händeschütteln und Schulterklopfen bei jedem Neuankömmling: Offiziere vom Stützpunkt und anderen Schiffen; einige Krankenschwestern und die Frauen höherer Offiziere und Beamten. Es waren auch mehrere Wrens da, aber nicht die eine, auf die Lindsay gewartet hatte. Er wußte, es war sinnlos, noch einen Versuch zu machen, und doch wurde ihm klar, wie sehr er sich wünschte, sie vor dem Auslaufen noch einmal zu sehen.

Seine Offiziere schienen sich gut zu amüsieren. De Chair, untadelig wie immer in seiner besten blauen Uniform, unterhielt sich mit zwei weiblichen Gästen. Stannard und Lieutenant Cordeaux schienen ein Wettrinken zu veranstalten, während Dancy ernst mit einer blonden Krankenschwester über die künstlerische Versuchung sprach, wenn man von so viel literarischem Stoff umgeben war.

Sie sagte heiser: »Wie wundervoll, ein wirklicher Schriftsteller!«

Er sah sie an und nickte, seine Augen waren schon etwas glasig. »Es ist aber auch eine große Verantwortung!«

Sogar Emerson, der ältere Warran Officer, ging aus sich heraus. Er unterhielt sich mit der Frau eines Werftdirektors, und seine Stimme dröhnte vor Begeisterung.

»Ja – und da sach ich doch zu meiner Alten, woll'n wir mal nach Margate laufen? Und sie dann ...« Er machte eine Pause, um sich die Lachtränen aus den Augen zu wischen. »Sie sacht: Für was hälteste mich, bin ich ein Karnickel?«

Hinter sich hörte Lindsay Dancys Krankenschwester fragen: »Ist das wirklich ein Offizier?«

»Einer meiner besten sogar«, erwiderte Dancy mit belegter Stimme.

Und mitten drin, alle überragend Goss, der Komplimente entgegennahm und auf die vielen Fragen antwortete.

»Jawohl, ich erinnere mich sehr gut an die Zeit damals in Aden. Das war vielleicht eine Reise!« Oder: »Sie war das einträglichste Schiff der Reederei. In der Fernost-Fahrt überall bekannt, die alte *Becky*.«

Lindsay nahm sich einen weiteren Drink und überlegte, wieviele er bisher gekippt hatte.

Jupp kam auf ihn zu. »Gerade kam ein Anruf, Sir. Captain Lovelace wird in Kürze eintreffen.«

Doch Lindsay schaute über Jupp hinweg zur Tür. Boase, der Schiffsarzt, begrüßte dort einige Spätankömmlinge und führte sie zu den Tischen. Eine von ihnen war die Wren namens Eve.

Anfangs war Lindsay sich dessen nicht einmal sicher. Ohne ihre Schals und den bauschigen Mantel sah sie ganz anders aus, vor allem viel schlanker, als er geglaubt hatte; ihr Haar war kurzgeschnitten und gab ihr ein fröhliches und schlichtes Aussehen.

Er drängte sich durch die dichte Menge, sah Boase Haltung annehmen und hörte ihn sagen: »Oh, da ist der Kommandant.«

Sie streckte ihre Hand aus, die klein war und sehr warm. »Ich weiß.«

»Ich bin froh, daß Sie kommen konnten.«

Aus ihren großen braunen Augen sah sie ihn mit dem gleichen gespielten Ernst an, an den er sich so lebhaft erinnerte. »So was habe ich überhaupt noch nicht gesehen. Ein wunderschönes

Schiff!«

Er merkte erschrocken, daß er noch immer ihre Hand hielt, und sagte verlegen: »Hier ist ein Steward, nehmen Sie sich einen Drink vom Tablett und erzählen Sie mir, was Sie inzwischen gemacht haben.«

Sie lächelte zu ihm auf. »Nichts besonderes.« Sie hob das Glas. »Cheers.«

Boase war in der Menge untergetaucht, aber Lindsay hatte es nicht einmal gemerkt. »Tut mir leid, ich war ein bißchen töricht neulich abends. Sie müssen gedacht haben...«

Sie unterbrach ihn. »Ich habe mir gedacht, daß Sie erschöpft waren. Auch mir hat es leid getan um diesen Tanzabend.«

Lindsay schaute in die Runde. »Haben Sie ihn mitgebracht?« Er zwang sich zu einem Lächeln. »Schien ein netter Kerl zu sein.«

»Oh – Sie konnten ihn nicht ausstehen, und das merkte man!« Sie lachte über seine Verlegenheit. »Aber er ist nicht mitgekommen.« Das Lachen erstarb. »Er war ein Freund von Bill, der gefallen ist.«

Dann hob sie das Glas zu einer anderen Wren, die in ein Gespräch mit Lieutenant Hunter vertieft war. »Paß auf, Judy, du weißt ja, was man sagt!« Sie war wieder fröhlich.

Lindsay führte sie zur Wand. »Wir laufen morgen aus, aber das wissen Sie wohl. Ich überlege gerade – wie wäre es mit dem Abendessen, von dem ich neulich sprach?«

Bekümmert sah sie ihn an. »Ich vergaß Ihnen zu sagen, daß ich abkommandiert bin.«

»Abkommandiert?« Er war wie vor den Kopf geschlagen.

»Ich habe endlos lange versucht, auf einen Fernmelde-Lehrgang zu kommen. Er stand mir zu, schon als ich eintrat. Aber ich besitze einen Führerschein, verstehen Sie?«

Lindsay verstand nichts. Ihm war nur klar, daß er sie verlieren würde. »Führerschein?«

Sie zog die Nase kraus. »Ja, und deshalb machten sie mich zur Fahrerin. Sie wissen doch, wie so was zustandekommt.« Dann sah sie sein Gesicht und fuhr fort: »Jetzt ist meine Abkommandierung endlich gekommen. Man schickt mich zu einem neuen Kursus.« Sie stockte. »In Kanada.«

Lindsay schaute weg. »Ich freue mich für Sie.«

»Nein, das tun Sie überhaupt nicht.« Sie legte ihm eine Hand auf den Arm. »Ich auch nicht. Jetzt nicht mehr.«

Kanada. Da konnte er sie nicht einmal besuchen. Er verwünschte sich, daß er sich seine Enttäuschung so hatte anmerken lassen. Sie konnte nichts dafür, niemand konnte etwas dafür.

Dann sagte er: »Sie sind nicht hier an Bord, um traurig zu sein. Kommen Sie, lernen Sie auch die anderen kennen.«

Eve schüttelte den Kopf. »Ich kann nur kurze Zeit bleiben. Man schickt mich noch heute abend weg. Ich nehme an, ich komme in Liverpool zu einem Geleitzug. Gemein, was?«

»Ja.« Er hätte sie gern weggebracht, sie und sich aus dem Lärm und dem Trubel gelöst, die sie wie eine Mauer einengten. »Ich werde Sie vermissen.«

Sie sah ihm sekundenlang forschend ins Gesicht. »Das meinen Sie ehrlich, ja?«

Maxwells glatter Schädel löste sich aus der Menge. »Tut mir leid, daß ich stören muß, Sir, aber Captain Lovelace ist eingetroffen.« Er blickte das Mädchen an. »Und er hat einen wichtigen Besucher bei sich.«

»Ich komme sofort.« Als Maxwell davoneilte, sagte er hastig zu Eve: »Sie gehen doch nicht von Bord, ohne mir auf Wiedersehen zu sagen?«

Langsam schüttelte sie den Kopf. »Nein, natürlich nicht.« Sie versuchte, wieder ihr spitzbübisches Lächeln aufzusetzen. »Jetzt werde ich ein bißchen mit Ihrem reizenden Doktor klönen.« Aber das Lächeln gelang ihr nicht.

Lindsay schob sich durch die Menge und fand Lovelace im Gespräch mit Maxwell. Auf Lovelaces ernsten Zügen erschien ein Lächeln, als er sagte: »Ah, Lindsay, ich möchte Sie mit Commodore Kemp bekannt machen.«

Der andere Gast war ein stämmiger, untersetzter Mann, der kurz nickte. »Großartige Party. Hätte nie gedacht, daß Sie schon im Gefecht gewesen.«

Lovelace sah Kemp kühl an. »Wirklich, das haben Sie großartig gemacht, Lindsay.«

Lindsay beobachtete immer noch den Commodore. Der Mann wirkte irgendwie aggressiv, intolerant, genau wie seine Worte. »Stoßen Sie hier zum Stützpunkt, Sir?«

Der Commodore nahm ein Glas entgegen und sah es kritisch an. »Ich bin hier, um eine neue Strategie zu koordinieren.« Erneut blickte er Lindsay an. »Doch das ist kaum der richtige Zeitpunkt, über den Dienst zu sprechen.« Er verzog nicht einmal den

Mund zu einem Lächeln.

Lindsay wurde langsam zornig. Was glaubte der eigentlich, wer er war? Und er dachte auch an das Mädchen, an die kostbaren Minuten, die verstrichen.

»Und mein Sohn? Wo ist er?« fragte der Commodore knapp.

Kemp. Natürlich, das hätte er sich denken können.

»Tut mir leid, ich weiß es nicht, Sir.«

»Ich würde Wert darauf legen, jederzeit zu wissen, wo meine Offiziere sind. Bei Tag oder bei Nacht.«

»Sir, wollen Sie nicht die anderen Gäste kennenlernen?« Lovelace schien spannungsgeladen. »Ich bin überzeugt, der Kommandant kümmert sich nicht um jeden einzelnen seiner Fähnriche.«

Kemp starrte ihn finster an. »Ich möchte ihn aber sehen.«

Lindsay seufzte. »Ich werde ihn holen lassen.« Er hatte selbst schuld. Schließlich war Kemp von weit hergekommen, um seinen einzigen Sohn zu sehen. Das war nicht zu viel verlangt.

Er hörte den Commodore sagen: »Ein Dummkopf, der Junge. Als ich kürzlich von seinem Versagen hörte, wäre ich beinahe geplatzt.« Er blickte in die Runde, musterte die glänzenden Paneele und glitzernden Lichter. »Unter diesen Umständen jedoch...«

Lindsay wandte sich jäh um. »Sind Sie hier in dienstlicher Eigenschaft, Sir, oder als Gast?«

Kemp sah ihn überrascht an. »Als Gast natürlich.«

Ruhig entgegnete Lindsay: »Dann, Sir, darf ich Sie bitten, sich auch als solcher zu verhalten.« Damit machte er auf dem Absatz kehrt und ging davon.

Der Commodore öffnete den Mund und schloß ihn wieder. »Dieser impertinente junge...« Er wandte sich wieder an Lovelace. »Hier wird es weiß Gott ein paar Veränderungen geben, wenn ich erst das Sagen habe. Das kann ich Ihnen verraten!«

Als Lindsay sich durch die lärmenden Gestalten an der Tür drängte, stieß er fast mit Jupp zusammen.

»Verzeihung, Sir«, sagte Jupp, »aber die junge Dame ist schon gegangen. Sie bekam einen Anruf vom Land. Ihre Abreise wurde eine Stunde vorverlegt.« Er hielt Lindsay eine Papierserviette hin. »Ich soll Ihnen dies von ihr geben, Sir.«

Lindsay klappte sie auf. Mit Bleistift hatte sie geschrieben: ›Mußte weg. Passen Sie gut auf sich auf. Auf ein glückliches Wiedersehen. Eve.‹

Als er hinaus aufs Promenadendeck eilte, verschlug ihm die

schneidende Luft fast den Atem. Er fand die in dicke Mäntel vermummte Fallreepswache zusammengedrängt, mit den Armen schlagend und den Füßen trampelnd, um sich warm zu halten.

Der Fallreepsgefreite erkannte Lindsay. »Kann ich irgendwie helfen, Sir?«

»Ist das letzte Boot noch zu sehen?« Jenseits der Reling lag nur pechschwarze Nacht.

Der Fallreepsgefreite schüttelte den Kopf. »Nein, Sir, es hat bereits vor zehn Minuten abgelegt.« Sein Atem roch stark nach Rum.

Lindsay fühlte die Serviette in seiner Hand, faltete sie sorgfältig zusammen und steckte sie in die Tasche.

»Danke. Gute Nacht.«

Der Fallreepsgefreite starrte Lindsay nach und sagte zu seinem Kameraden: »Komischer Verein!«

Der Bootsmann sah ihn an. »Wer?«

»Die Offiziere natürlich, wer denn sonst?«

Lindsay ging in die lärmerfüllte Messe und bemerkte, daß Commodore Kemp in einer Ecke mit seinem Sohn sprach. Einige Gäste sahen schon etwas mitgenommen aus; das würden sie erst richtig merken, wenn sie an die kalte Luft kamen.

Er trat zu Goss. »Ich gehe jetzt in meine Kammer, 10. Wollen Sie hier bitte übernehmen.«

Goss nickte etwas befremdet. »Nette Party, Sir.«

»Ja.« Lindsay sah zur Tür, als erwarte er, Eve wieder dort zu sehen. »Sehr nette Party.«

Als er Jupp sah, sagte er: »Bringen Sie mir Whisky in meine Kammer.«

»Jetzt, Sir?«

»Ja, jetzt!«

Damit verließ er die Messe.

8 Ein kleiner Irrtum

Das Telefon über Lindsays Koje rasselte blechern; ohne die Leselampe anzumachen, langte er hoch und klappte den Hörer ans Ohr.

»Kommandant.«

Stannard schien überrascht, er hatte wahrscheinlich geglaubt,

Lindsay läge in tiefem Schlaf.

»Zeit zur Kursänderung, Sir.«

Lindsay hielt seine Uhr hoch und sah im Dunkeln auf das Leuchtzifferblatt. Vier Uhr morgens, ein weiterer Tag.

»Gut, NO. Wie sieht's oben aus?«

Es hatte sich wohl kaum etwas geändert in den drei Stunden, seit er von der Brücke gegangen war. Genausowenig wie sich in den Tagen und Wochen seit Scapa verändert hatte. Zehn Tage Fahrt zum Überwachungsgebiet, weitere zwanzig Tage, in denen das Schiff an den unsichtbaren Umgrenzungslinien entlang gestampft war, während die See alles tat, um ihnen das Leben so schwer wie möglich zu machen. Noch während er Stannard atmen und die dumpfen Schläge gegen die Bordwand hörte, sah er im Geiste die See über das vordere Welldeck spülen und zu einer festen Masse gefrieren; er sah die fliegende Gischt aus Aufbauten und Takelage gläserne Gebilde formen; er sah Männer – bis auf die Knochen durchfroren – in der Dunkelheit mit Hämmern und Dampfschläuchen schlittern und lästerlich fluchen, weil sie genau wußten, daß sie in einer Stunde wieder von vorn anfangen mußten.

»Wind immer noch Nordwest, Sir«, antwortete Stannard. »Ziemlich frisch. Vielleicht weniger spürbar, wenn wir jetzt genau drehen.«

»Gut, halten Sie mich auf dem Laufenden, NO.« Er hängte wieder ein und legte sich ins Kissen zurück.

Was war das für eine Art, Krieg zu führen! Eine elende Meile nach der anderen in der leeren, wilden, kalten See. Er hörte Fußgetrappel über sich, das gedämpfte Klappern der Ruderanlage, als Stannard die alte Becky auf die südlichste Strecke ihres Überwachungskurses brachte. Jetzt würde Stannards Bleistift auf der Karte den Standort der *Benbecula* fast fünfhundert Meilen südwestlich von Island eintragen. Vor dem schwer arbeitenden Bug lagen nun siebenhundertfünfzig Meilen bis zum gefürchteten Kap Farewell auf Grönland. Das war kein Patrouillengebiet, das war eine Wildnis, eine eisige Wüste.

Noch ein Tag, dann war Dezember; danach würde es noch einen weiteren Monat dauern, bis sie sich wieder auf die Heimreise nach Scapa begeben konnten.

Er warf sich in der Koje herum und hörte unter dem Kopfkissen das Rasseln der kleinen Pillenflasche. Er versuchte, nicht an

Boases verhaltene Stimme zu denken, als dieser ihm das Fläschchen übergab. Eine Pille enthielt genug Barbiturat, um ihm mindestens vier Stunden lang schlafen zu lassen. Den tiefen und traumlosen Schlaf, dessen er so dringend bedurfte. Doch er wußte, daß er Angst davor hatte, auch nur eine zu nehmen. Denn wenn er gebraucht wurde – wenn er ... Er wälzte sich auf die andere Seite und überlegte, ob er eine neue Flasche Whisky aufmachen solle. Auch das hatte keinen Sinn. Es führte zu nichts. Er zerstörte sich langsam selber; allmählich wuchs die Erkenntnis in ihm, daß er für die Leute an Bord, die zu jeder Tages- und Nachtstunde von ihm abhängig waren, eine immer größere Gefahr darstellte.

Jedesmal, wenn er auch nur für wenige Augenblicke auf die Koje fiel, kehrte mit tödlicher Regelmäßigkeit der Alptraum zurück. Immer wieder wurde er wach, schwitzend und verstört, bebend in der Erkenntnis, daß er erledigt war.

Vielleicht wäre alles anders gelaufen, hätten sie Geleitzugdienst getan: die tägliche Überwachung des Konvois, die vorsichtigen Manöver mit den schweren Handelsschiffen, die aus Angst, den Vordermann zu verlieren, selbst durch Nebel oder pechschwarze Dunkelheit blindlings drauflosfuhren; die Suche nach Nachzüglern und dann der Triumph, wenn man die Reihen der sturmzerzausten Schützlinge an sich vorbei in den Hafen und damit in Sicherheit ziehen sah.

Aber hier geschah gar nichts – und es war ihm klar, daß fast jeder Mann an Bord genauso empfand. Aus Spannung erwuchs Zorn. Kam jemand nur eine Minute zu spät auf Wache, wurde er von dem, der auf Ablösung wartete, wie ein Feind mit Haß und Bösartigkeit beschimpft. Lindsay versuchte, die tödliche Monotonie und die schlechte Stimmung durch eine tägliche Ansprache an die Besatzung etwas aufzulockern. Gelegentlich verließ er auch die Brücke, um seine Ronden zu gehen, so viele Teile des Schiffes zu besuchen, wie ihm das zwischen anderen Pflichten möglich war. Trotzdem schlug ihm überall Hoffnungslosigkeit entgegen. Selbst der rührende, verfrühte Weihnachtsschmuck in einigen Eßräumen schien ihr Bemühen um seelisches Gleichgewicht zum Gespött zu machen.

Wie ein Schuß platzte das Telefon in seine Gedanken. Wieder Stannard.

»Tut mir leid, Sie stören zu müssen, Sir.« Sein australischer Ak-

zent war ausgeprägter als sonst. »Wir haben einen nach Westen gehenden Geleitzug geortet, der seinen Kurs auf einen Punkt südöstlich von uns geändert hat. Funkraum überwacht den gesamten Verkehr, wie befohlen.«
»Wie weit ab?«
»Etwa fünfhundert Meilen, Sir«, sagte Stannard vage.
»Noch etwas?«
»Die Admiralität meldet die Zusammenziehung von sieben und mehr U-Booten vor dem ursprünglichen Kurs des Geleitzuges, Sir.«
»Gut. Die Funker sollen gut aufpassen.« Dann wurde aufgehängt.

Als er sich wieder zurücklegte, dachte er an die ungezählten Male, in denen er als Kommandant der *Vengeur* solche Warnungen selbst empfangen hatte. Nur daß es jetzt mehr U-Boote gab, die größer waren und planmäßiger eingesetzt wurden als zuvor. Er konnte sich vorstellen, welches Kopfzerbrechen nun bei dem Kommodore und dem Kommandeur der Geleitstreitkräfte herrschte, während sie die letzten Informationen überprüften und diskutierten. Kurs ändern. Weiter nach Norden halten, um den beutehungrigen U-Booten zu entgehen. Das kostete natürlich Zeit, aber mit einigem Glück wurden die Schiffe dadurch vor der Vernichtung bewahrt. Die U-Boote vergeudeten selten Kraft und Treibstoff, indem sie zu weit von den hauptsächlichsten Geleitzugrouten abwichen. Und warum sollten sie auch? Die steigende Zahl der Versenkungen bewies ihren Erfolg.

Im Atlantik konnte man indessen niemals wirklich sicher sein. Zeit und Entfernung, Geschwindigkeit und Sicht unterschieden sich erheblich von der ruhigen Geschäftigkeit der Lagezimmer in den fernen Bunkern der Admiralität.

Doch das war kein Problem der *Benbecula*. Der Geleitzug mußte sich wie alle anderen auf seine eigenen Kräfte verlassen.

Lindsay schloß die Augen und versuchte, wieder einzuschlafen. Aber er konnte ein plötzliches Unbehagen nicht loswerden. Skepsis oder warnender Instinkt? Unmöglich, das genau zu erklären.

Er knipste das Licht an, schwang die Beine aus der Koje und tastete automatisch nach seinen Seestiefeln. Als er ein vorsichtiges Klopfen an der Außentür hörte, war er kaum überrascht, Jupps bekümmertes Gesicht zu ihm hereinschauen zu sehen. Vielleicht konnte auch er nicht schlafen.

»Möchten Sie schon frühstücken, Sir?« Jupps Augen huschten über die zerwühlte Koje. »Ich mache gerade Kaffee.«

Lindsay schüttelte den Kopf und stemmte sich mit den Beinen gegen das schwankende Deck. »Nur eine Tasse Kaffee.«

Jupp verschwand ebenso geräuschlos und kehrte Minuten später mit einer Kanne frischen Kaffees zurück.

»Oben brist es etwas auf, Sir.« Mit sichtbarer Mißbilligung musterte er Lindsays schmutzigen und zerknitterten Jumper. »Ich könnte Ihnen einen neuen aus meinen Beständen geben.«

Lindsay lächelte. »Später.« Er wandte sich um, als das Telefon wieder klingelte. »Kommandant.«

Erneut Stannard. »Funkraum hat gerade einen Funkspruch für uns aufgenommen, Sir. Streng geheim. Ich habe Aikman sofort darauf angesetzt.«

Lieutenant Aikman wurde als Prisenoffizier geführt und hatte die zusätzliche Aufgabe, die geheimeren und schwierigeren Funksprüche zu entschlüsseln. Er würde Stannard nicht besonders dankbar dafür sein, daß er ihn jetzt aus seiner warmen Koje geholt hatte.

Lindsay schlürfte Kaffee. »Was Neues vom Geleitzug?«

»Südlich davon wurden sechs weitere U-Boote gemeldet, Sir. Ich habe sie auf meiner Karte eingetragen, denn es gibt uns eine ganz gute Vorstellung vom Standort des Geleitzuges.«

Lindsay nickte. »Das war vernünftig.« In Stannard steckte mehr, als er vermutet hatte.

Als er wieder aufgelegt hatte, sagte Jupp: »Ist schon toll, was die Admiralität alles weiß, Sir.«

Lindsay zuckte die Achseln. »Das haben sie den Deutschen zu verdanken. Die Admiralität fängt die Funksprüche der in See befindlichen U-Boote an die deutsche Befehlsstelle auf und leitet die Information an die Geleitzüge weiter. Kapiert?«

Jupp schaute etwas zweifelnd drein. »Nicht ganz, Sir.«

Lindsay langte nach dem nächsten trockenen Handtuch und band es sich um den Hals. »Wenn ein U-Boot einen Geleitzug sichtet, funkt der Kommandant diese Nachricht nach Deutschland. Die deutsche Operationsabteilung beordert dann alle U-Boote in der Nähe, wie ein Rudel Wölfe auf den Geleitzug zuzulaufen.«

Während er sich das Jakett zuknöpfte, dachte er an diese U-Boote. Mehr als sieben vor dem früheren Kurs des Geleitzuges, weitere sechs südlich davon. Das war eine beachtliche Streitmacht, aber glücklicherweise blieb noch Zeit für Ausweichbewegungen. Dank der Funker der Admiralität.

Jupp reichte ihm Mütze und Doppelglas. »Das ist alles zu viel für mich, Sir. Ich hab' das Gefühl, ich werde alt.«

Lindsay eilte an ihm vorbei. »Sie werden niemals alt. Sie sind wie das Schiff, voller Mucken, aber verläßlich.«

Oben blieb er am Kartenraum stehen und schaute hinein. Stannard beugte sich über den großen Tisch und arbeitete geschickt mit Zirkel und Parallel-Lineal. Als er Lindsay im Durchgang sah, grüßte er. »Soweit ich feststellen kann, hat der Geleitzug eine wirklich drastische Kursänderung gemacht. Sie steuern nun fast Nordwest und haben mit der Fahrt erheblich zugelegt.«

»Was wissen wir über den Geleitzug, NO!«

Lindsay konnte sich genau vorstellen, was der Geleitzug-Kommodore vorhatte. Er war bereits aus dem Bereich der englischen Luftsicherung heraus und steuerte nun weiter nördlich, um von den Langstreckenbombern auf Island Hilfe zu bekommen.

»Ich habe mir die nachrichtendienstlichen Unterlagen angesehen, Sir. Scheint ein schneller West-Geleitzug zu sein. Nur zehn Schiffe.«

Die Tür wurde aufgerissen, und Aikman, einen Duffelcoat über dem Pyama, stieg über das Süll.

»Verdammt, NO, gönnen Sie einem armen Kerl nicht mal ein Auge voll Schlaf?« Er erblickte Lindsay und wurde rot. »Verzeihung, Sir.«

Lindsay lächelte. »Ich weiß, wie Ihnen zumute ist. Aber was steht in dem Funkspruch?«

Aikman fuhr sich durch das zerzauste Haar. »Drei schwere deutsche Einheiten haben Tromsö verlassen, Sir. Wurden zuletzt mit Südkurs an der norwegischen Küste gemeldet. Weitere Informationen liegen noch nicht vor.« Er blickte auf. »Und dann noch eine Reihe von Einsatzbefehlen, Sir.«

Lindsay nahm den langen, sauber geschriebenen Funkspruch und las ihn langsam durch. Vielleicht hatte es nichts zu bedeuten. Der Feind konnte drei wichtige Kriegsschiffe südwärts nach Kiel oder in die Ostsee verlegen, um sie gegen die Russen einzusetzen. Sie waren nach Süden laufend gesichtet worden, aber das konnte ebensogut eine List sein, um die norwegischen Agenten zu täuschen, die diese Nachricht an die Admiralität nach London gefunkt hatten. Vielleicht wollten sie in größerer Stärke in den Atlantik ausbrechen. Dann überflog er die Einsatzbefehle: Ein Kreuzergeschwader war aus Island ausgelaufen, und weitere schwere Einheiten hatten Scapa Flow verlassen. Er merkte, daß er schneller las, als sich das gedankliche Bild in seinem Gehirn formte. Fast jedes verfügbare Schiff wurde hinausgeschickt, um alles, was die drei deutschen Einheiten möglicherweise vorhatten, zu vereiteln. Er dachte an die vereinsamten Bojen in Scapa. Die Bucht mußte nun wirklich völlig geräumt sein.

Er sah Stannard an. »Ich möchte, daß Sie die Angaben dieses Funkspruchs in die Karte eintragen. Dazu werden Sie Hilfe brauchen. Ich bleibe eine Zeitlang auf der Brücke, bis wir weiteres hören.«

Stannard nickte und nahm das Telefon auf. »Bootsmaat der Wache? Wecken Sie den Steuermannsgasten, schnell, und sagen Sie auch Midshipman Kemp, ich brauche ihn auf der Brücke.« Er suchte mit einer Hand bereits in seinen Karten, als er den Hörer auflegte, zog brummelnd eine heraus und legte sie auf den kleineren Kartentisch an der Schottwand. »Nur damit ich mitkoppeln kann, was vor Norwegen passiert, Sir.« Grinsend setzte er hinzu: »Ist zwar nicht unsere Sache, aber es hilft, vertreibt die Zeit.«

Lindsay sah ihn ernst an. »Gute Idee. Aber verlassen Sie sich nicht allzu sehr auf das Letztere.«

Als er zum Ruderhaus ging, ließ sich Lindsay die detaillierten Informationen des Funkspruchs durch den Kopf gehen. Denn Stannard hatte noch nicht begriffen, daß – abgesehen von der *Benbecula* und zwei Patrouillenschiffen in der Dänemark-Straße – im Radius von fünfhundert Seemeilen um den Geleitzug wahrscheinlich kein einziges britisches Schiff mehr stand.

Er fand Dancy auf der Brücke, durch die Klarsichtscheibe geradeaus starrend. Jenseits der Scheibe war kaum etwas zu sehen, nur die dunklen Umrisse des Vorschiffes vor den heranstürmenden Reihen schaumgekrönter Wellen. Hinter den bleichen Kämmen herrschte völlige Dunkelheit, nicht ein einziger Stern zeigte sich zwischen der dichten Bewölkung.

Dancy straffte sich, als Lindsay auf seinen Stuhl kletterte.

»Wie steht es um die Vereisung des Decks, Sub?«

»Die Mittelwache hatte das Eis beseitigt, ehe wir kamen, Sir«, antwortete Dancy. »Aber ich glaube, unter dem zweiten Geschütz bildet sich neues. In einer halben Stunde wollte ich die Leute hin-

schicken.« Er zögerte. »Wenn Sie damit einverstanden sind, Sir.«
Lindsay sah ihn an. Wieviel sicherer Dancy geworden war – vielleicht durch seine Zusammenarbeit mit Stannard.
»Gut.«
Wenige Minuten später betrat Stannard das Ruderhaus, aber er wirkte nicht mehr so unbekümmert. »Ich habe alles in die Karten eingetragen, Sir.« Er rieb sich sein Stoppelkinn. »Wenn diese drei deutschen Einheiten in den Atlantik ausbrechen, auf welchem Weg werden sie Ihrer Ansicht nach kommen?«
Lindsay zuckte die Schultern. »Da sie wissen, daß sie auf dem Marsch gesichtet worden sind, werden sie diesmal keine Zeit mit dem Versuch verplempern, durch die Dänemark-Straße zu gehen. Ganz abgesehen vom Treibeis, werden sie auch annehmen, daß dort viele Überwachungsfahrzeuge auf sie warten.«
»Wenn die wüßten«, sagte Stannard leise.
Lindsay nickte. »Ich vermute, sie steuern den Rosengarten an.«
»Sir?« ließ Dancy sich verwirrt vernehmen.
Stannard begriff. »Das Gebiet zwischen Island und den Faröern, Sie Unschuldslamm.«
Dancy entgegnete vorsichtig: »Trotzdem muß es doch schwer sein, an unseren Schiffen vorbeizukommen?«
»Auf einer Breite von vierhundert Seemeilen, Sub?« Lindsay sah zur Seite. »Das ist eine ganz schöne Lücke.«
Er lehnte sich im Stuhl zurück und wartete, bis die anderen gegangen waren. Erst einmal wollte er nachdenken, herausfinden, warum er sich so unbehaglich fühlte, so unmittelbar beteiligt.
Auf den ersten Blick schien Dancys jugendlicher Optimismus nämlich berechtigt. Die Navy hatte sich seit dem Ausbruch der *Bismarck* auf eine solche Möglichkeit eingestellt. Doch jetzt war die falsche Jahreszeit dafür; die Sicht war hoffnungslos und die Luftüberwachung entsprechend behindert. Durchaus möglich, daß den Deutschen der Ausbruch gelang. Wohin würden sie dann gehen, nach Süden, um Jagd auf die vom Kap kommenden Geleitzüge zu machen, oder weiter nach Westen, auf der Suche nach schnelleren Erfolgen?
Aikman betrat das Ruderhaus, seine Augen leuchteten schwach im abgeblendeten Kompaßlicht. »Noch ein Funkspruch, Sir. Zwei weitere U-Boote südlich des Geleitzuges gemeldet.«
Stannard kurz: »Geben Sie her, ich trage sie auf der Karte ein.«
Lindsays Stimme stoppte ihn an der Tür. »Und wenn Sie schon

dabei sind, NO: Geben Sie mir Kurs und Fahrt, die zu dem Geleitzug führen.« Er zögerte, da er den unausgesprochenen Einwand Stannards spürte. »Falls er nach Norden bis an die Grenze unseres Überwachungsbereichs kommt.«
»Sofort, Sir.«
Aikman fragte: »Sie werden doch nicht bis hierher kommen, Sir?«
Lindsay sah ihn an. »Würden Sie das etwa nicht tun, wenn über fünfzehn U-Boote hinter Ihnen her wären?«
Aikman nickte finster. »Vermutlich.«
Irgendwo unterhalb der Brücke begannen die Befehlslautsprecher zu quäken. »Köche in die Kombüse! Vormittagswächter frühstücken und aufklaren!«
Lindsay sah auf die Uhr. Fast drei Stunden waren vergangen, seit Stannard ihn wegen der Kursänderung ans Telefon geholt hatte. Ihm schienen es Minuten.
Stannard kam zurück. »Abfangkurs wäre hundert Grad, Sir. Umdrehung fünfzehn Knoten. Wenn der Geleitzug Kurs und Geschwindigkeit beibehält, könnten wir um 2000 Uhr auf ihn stoßen.« Er trat zurück und wartete auf Lindsays Reaktion. Dann setzte er langsam hinzu: »Wir wären natürlich ab Mittag außerhalb des uns zugewiesenen Gebietes, wenn Sie sich dazu entschließen würden, Sir.«
»Ja.« Lindsay dachte an die beiden Linien, die Stannard auf seiner Karte eingezeichnet haben mußte. Zwei zusammenlaufende Linien. Die eine war der Kurs der *Benbecula*, die andere die Fahrtrichtung von zehn verzweifelten, wertvollen Schiffen. Ihr ursprünglicher Weg war von U-Booten blockiert. Nach Süden hin war ihnen die Flucht ebenfalls verschlossen. Wich der Geleitzug jedoch weiter nach Norden aus und brachen die deutschen schweren Einheiten durch, dann brauchte er jede nur erreichbare Hilfe.
Lindsay sagte: »Also gut. Gehen Sie auf eins-null-null. Unterrichten Sie die LI, daß Sie mehr Umdrehungen brauchen, aber sagen Sie dem Maschinenraum vorher, was sie zu erwarten haben.«
Er fühlte förmlich die plötzliche Spannung um sich herum. Wenige Augenblicke vorher hatten sie sich halb im Schlaf geräkelt, abgestumpft vor Langeweile. Aber das hatten seine Worte augenblicklich geändert.
»Backbord fünfzehn.« Eine Hand Stannards lag auf dem Kreiselkompaß, seine Blicke waren auf den Rudergänger gerichtet,

der das Rad drehte.

Unten in den Decks, wo die Vormittagswächter nach ihren fettigen Würstchen mit Rührei aus Eipulver, nach süßem Tee und Marmelade anstanden, würden sie den Unterschied merken und sich an den Tischen festhalten, bis die Kursänderung vollzogen war. Nur die Erfahrenen würden ahnen, was vor sich ging. Die anderen würden nur die Offiziere auf der Brücke beschimpfen, die ihnen absichtlich ihr Frühstück verdarben.

»Mittschiffs.« Stannard senkte den Blick auf den Kompaß. »Recht so.«

»Recht so, Sir. Kurs null-neun-fünf.« Der Rudergänger schien außer Atem, als das Schiff schwer durch ein tiefes Wellental rollte.

»Steuern Sie eins-null-null.« Stannard sah hoch, etwas klang wie Glöckchen über ihm. Am Leitstand und in der Takelage bildete sich aus dem Spritzwasser weiteres Eis.

Ein Telefon summte, und Stannard sagte zu Lindsay: »Für Sie, Sir. Der LI.«

Die Stimme Frasers klang irritiert. »Ich höre da was von hohen Umdrehungen. Was hat das zu bedeuten, Sir?«

Lindsay drehte den anderen den Rücken zu und sprach gedämpft in die Muschel. »Möglicherweise kommt ein Geleitzug in unsere Reichweite, LI. Aus Norwegen sind drei feindliche Schiffe unterwegs, und im Süden steht ein ganzes Rudel U-Boote. Ich dachte, unsere Anwesenheit könnte ihn ein bißchen aufmuntern. Der NO wird Ihnen weitere Einzelheiten durchgeben, ich wollte nur, daß Sie es vorher erfahren.«

Eine lange Pause. »Aye, Sir. Klingeln Sie, wenn Sie soweit sind. Sie kriegen von mir alles, was ich draufhabe.«

Lindsay übergab Stannard den Hörer und sagte: »Ich gehe hinunter. Mir schwant, das wird ein langer Tag.«

Zwei Stunden später stand Jupp neben Lindsays Tisch und beäugte ihn feierlich und beifällig. Lindsay war rasiert und geduscht und hatte sich von Jupp einen frisch gewaschenen Jumper geben lassen. Aber es war vor allem die Tatsache, daß er zum ersten Mal, seit er das Kommando übernommen hatte, ein vollständiges Frühstück einnahm, was dem Steward Freude machte.

Jenseits der Schottwand hörte Lindsay das Hämmern, als das Eis weggeschlagen wurde und das Quietschen von Metall, als die

Geschützbedienungen ihre Waffen überprüften und sich vergewisserten, daß die Mechanik über Nacht nicht festgefroren war. Es war immer noch dunkel an Deck und würde es auch den größten Teil des Tages bleiben. Das Heck des Schiffes hob sich langsam in der achterlichen See, während der Bug dumpf donnernd ins Wasser schlug und Gischt in langen, zerfetzten Fahnen bis an die Ladebäume am Vormast aufwarf.

Es klopfte, und Petty Officer Ritchie stieg über das Süll, die Mütze unterm Arm. Auch er sah froher und entspannter aus, als Lindsay ihn in Erinnerung hatte.

»Guten Morgen, Signalmeister, was gibt's Neues?«

Ritchie zog einen Block aus der Tasche. »Nicht viel, Sir. Keine weiteren U-Boote. Und auch nichts über die drei deutschen Schiffe.« Er blätterte im Block. »Schlechtes Wetter in der Dänemark-Straße, deshalb wurden alle Luftüberwachungsflüge eingestellt.«

»Das ist logisch.« Lindsay winkte noch mehr Kaffee.

»Weitere Informationen über den Gleitzug«, fuhr Ritchie fort. »Es sind zehn Schiffe und drei Bewacher.«

»Nur drei?«

Ritchie verzog das Gesicht. »Ja, Sir. Scheint ein schneller Geleitzug zu sein. In der Mehrzahl Tanker in Ballast und zwei Personaltransporter. Einer hat anscheinend eine Gruppe Wrens an Bord. Einen kompletten Fernmeldelehrgang.«

Lindsay starrte ihn an, es lief ihm eiskalt den Rücken herunter. Das war bestimmt mehr als ein zufälliges Zusammentreffen. Sein Gefühl, das nagende, instinktive Gefühl, daß irgendetwas nicht stimmte ... Wie in seinem Traum. Nur diesmal war es Wirklichkeit.

»Geben Sie her.« Er nahm den Block und überflog Ritchies runde Handschrift, als könne er daraus mehr entnehmen als die nackten Einzelheiten.

Ritchie beobachtete ihn interessiert. »Ich hab' gehört, daß man einige Wren nach Kanada schickt, Sir. Hätte nichts dagegen dort als Lehrer mitzufahren.«

Lindsay stand auf. »Gehen Sie auf die Brücke, Signalmeister, und sagen Sie dem Funkraum, ich möchte alle Frequenzen überwacht haben. Alles«, er machte eine Pause und hielt Ritchies Blick fest, »wirklich alles, was Sie hören, möchte ich erfahren. Und Lieutenant Stannard möchte sich bei mir melden.«

Jupp wartete, bis sich die Tür schloß, und fragte dann: »Noch Kaffee, Sir?« Als Lindsay nur die Schottwand anstarrte, setzte er sanft hinzu: »Es wird ihr nichts passieren, Sir. Mit einem Schiff voll Frauen wird man nichts riskieren.«

Lindsay wandte sich langsam um und sah ihn an. Armer Jupp, was wußte er schon vom Atlantik?

Ruhig sagte er: »Wahrscheinlich haben Sie recht. Und ich danke Ihnen.«

Jupp hatte erwartet, wegen seiner Bemerkung angefahren zu werden. Doch er wollte verhindern, daß die Verzweiflung, die plötzlich in Lindsays Gesicht geschrieben stand, überhandnahm. Daß Lindsay so ruhig sprach, war irgendwie noch schlimmer.

In seinem Büro unterhalb der Brücke schloß Lieutenant Philip Aikman die geheimen Schlüsselunterlagen sorgfältig in den Safe und betrachtete sich kurz im Wandspiegel. Er hatte die Dreißig überschritten und war bekümmert, daß Kinn und Taille schon etwas wabbelig wurden. Doch wenn die *Benbecula* wie betrunken von Wellental zu Wellental torkelte, war es etwas schwierig, Gymnastik zu machen.

Im Gegensatz zu den anderen Offizieren an Bord war Aikman über die Kommandierung auf dieses Schiff wirklich glücklich. Die *Benbecula* fuhr keine komplizierten Manöver in Seeschlachten, es bestand auch kaum die Chance, daß sie dort aus der Luft oder von U-Booten angegriffen würde. Und das war ihm gerade recht.

Er schlüpfte in seinen Duffelcoat und rückte die Mütze auf dem blonden Haar kess zurecht.

Im zivilen Leben war Aikman Geschäftsführer eines kleinen, aber gutgehenden Reisebüros in einem Londoner Vorort gewesen. Ferien in Brighton und Torquay für die Familien der Mittelklasse. Wochenenden für die weniger Begüterten in Southend und Selsey Bill. Viel Abwechslung gab es da nicht, höchstens mal eine Reise nach Frankreich oder Italien, eine Kreuzfahrt zu den griechischen Inseln oder in die Skigebiete der Schweiz. Aikman kannte jeden Ort fast so, als wäre er selbst dort gewesen.

Seine Bildung war dürftig, doch das glich er durch scharfe Beobachtung aus. Insgeheim sehnte er sich danach, Teil der in seinem Geschäft angepriesenen Welt zu sein. Als der Krieg ausbrach, meldete er sich freiwillig zur Navy und ließ keine Gelegenheit aus, nach jemandem Ausschau zu halten, der ihm bei der Erreichung seines neuen Zieles, dem Offizierspatent, behilflich sein konnte. In dem Durcheinander der ersten Monate des Scheinkrieges, wie diese Zeit von all denen, die nicht kämpfen mußten, genannt wurde, schwoll die Friedensmarine in Umfang und Aufgaben ungeheuer an. Zufällig traf Aikman einen alten Kunden wieder, einen pensionierten, nicht mehr ganz jungen Captain, der nun wieder bei der Navy war und ihm eine Tätigkeit bei der Banngut-Kontrolle vermittelte.

Einen Vorsprung hatte Aikman gegenüber den jungen Offiziersanwärtern: Er verfügte über Lebenserfahrung. Ohne Skrupel füllte er Fragebogen aus und nannte eine ganze Reihe von Sprachen, die er angeblich fließend sprach. In den ersten Kriegsjahren, als die seefahrenden Neutralen die Kriegführenden zahlenmäßig überwogen, mußte er an Bord ihrer Schiffe gehen, sie durchsuchen, um sicherzustellen, daß kein Kriegsmaterial zum Feind geschmuggelt wurde. Zu seiner Überraschung stellte er fest, daß praktisch jeder englisch sprach und er seine fiktiven Sprachkenntnisse gar nicht benötigte. Tatsächlich machte er seine Sache so gut, daß er den zweiten Streifen bekam, fast ehe der erste matt geworden war.

Doch als er auf einen Truppentransporter und später auf die *Benbecula* versetzt wurde, war ihm das eine große Erleichterung. Glück konnte nicht ewig dauern, und hier schien es ihm ungefährlich. Die Zusammensetzung des Offizierkorps war angenehm, nur einige – wie Maxwell, der Artillerieoffizier, oder Goss, der Erste Offizier – störten ihn gelegentlich. Als Prisenoffizier hatte er keine besondere Aufgabe; dann machte ihn der Kommandant zum Schlüsseloffizier, eine Stellung, in die ihm niemand hineinreden konnte. Das kam ihm sehr gelegen.

Er stieg über das Kammersüll und blinzelte, als ihn der Wind gegen den nassen Stahl drückte. Über die Luvreling hinweg sah er die See sinken und wieder gegen die Bordwand hochbranden, er mußte rennen, um den Brückenaufgang zu erreichen, ohne klatschnaß zu werden.

Beim Betreten des Kartenraums schüttelte er seine Mütze vorsichtig an Deck aus. Stannard war nicht da, nur Midshipman Kemp und Squire, der Steuermannsgast, arbeiteten an den beiden Karten.

Kemp war guter Herkunft, das sah man an der reinen Haut und

dem empfindsamen Mund. Aikman hatte von seinem einflußreichen Vater erfahren und überlegte, ob dies für ihn, wenn er behutsam vorging, den nächsten Schritt nach vorn bedeuten könnte.

Beiläufig sagte er: »Ich habe gerade den letzten Spruch entschlüsselt.« Er legte den Schreibblock auf die Karte. »Er besagt, daß zwei – ich wiederhole: zwei – der deutschen schweren Einheiten ins Skagerak eingelaufen sind; es wäre sicher richtig, dies in den Unterlagen des NO zu vermerken.«

Kemp schaute auf, seine Augen hatten Ringe vor Erschöpfung. »Nur zwei?«

Aikman lächelte bedeutsam. »Wenn zwei von ihnen in ihr Loch zurück kriechen, wird der andere kurz dahinter sein.« Er zuckte die Achseln. »Und wenn nicht, dürfte die Heimatflotte mit diesem Burschen schnell fertig werden.«

Kemp schob den Block zu Squire. »Wollen Sie das nicht machen?«

Aikman ging zu einem salzverschmierten Bulleye und sah hinunter auf die Wellenkämme. Er beobachtete, wie das Sprühwasser in Rinnsalen über das Glas lief und zu kleinen, verdrehten Würmern gefror.

»Scheußlich, aber ich habe schon Schlimmeres erlebt.«

Hinter seinem Rücken sah Squire hoch und grinste. Aufgeblasener Wichtigtuer, tat wie ein alter Fahrensmann. Squire war Handelsschiff-Seemann gewesen, achtundzwanzigjährig, dunkelhaarig und sah eigentlich mehr wie ein Student aus. Er hatte hart gearbeitet und die begehrte Stellung als Stannards persönlicher Helfer erreicht, ein Schritt, der – wie der Australier mehrfach erklärte – ihm eines Tages die goldene Tresse bringen würde.

Er hielt inne, den Bleistift in der Luft. Er war wohl zu müde, zu erschöpft durch Kälte und Nässe. Dann versuchte er es erneut.

Als Aikman sich abwandte, fragte Squire leise: »Diese beiden deutschen Schiffe, Sir – wie können die im Skagerak sein?«

Kemp, der über seinen Vater und ihre letzte Konfrontation nachgedacht hatte, wandte sich um. »Warum nicht?«

Nachdenklich blickte Squire ihn an. Er mochte Kemp, aber als Offizier war er eine völlige Niete.

Geduldig sagte er: »Wenn die drei Einheiten in der vergangenen Nacht Tromsö verlassen haben, wie können dann zu dieser Zeit zwei von ihnen schon so weit südlich vor Dänemark stehen?« Er legte den Bleistift hin. »Das geht nicht, Sir, sie müßten schon

Flügel bekommen haben.«

Aikmans Stimme war draußen laut zu hören; Squire fügte schnell hinzu: »Sie sollten ihm das sagen, Sir. Es könnte wichtig sein.«

»Was sagen?« Aikman kam zurück und lächelte sie mit selbstsicherer Gelassenheit an.

Kemp blickte auf den Block mit dem Funkspruch nieder. »Der Steuermannsgast sagt, die Schiffe können nicht so schnell ins Skagerak gekommen sein, Sir.«

»Was?« Aikman lächelte immer noch. »Das ist absoluter Quatsch!« Er ging hinüber zum Tisch. »Wenn Ihre Lordschaften behaupten, daß sie dort sind, dann steht es uns wohl nicht an, daran zu zweifeln.« Er lachte. »Oder soll ich extra einen Funkspruch an den Ersten Seelord machen? Ihm sagen, daß Midshipman Kemp und Acting Able Seaman Squire meinen, seine Informationen seien blödsinnig?«

Kemp schlug die Augen nieder. »Ich sagte nur, was ...«

Squire unterbrach ihn. »Ich glaube, Sie sollten den Originalfunkspruch noch einmal überprüfen, Sir.«

»So, glauben Sie das?« Aikman fühlte sich irgendwie alarmiert. Alle reagierten falsch. Er platzte heraus: »Eines möchte ich Ihnen sagen, Squire: Ich brauche auf meinem Gebiet keinen Berater!«

»Sir.« Squire sah verletzt und verärgert weg. Was war denn bloß mit Aikman los? Und Kemp mit seinem verzerrten Gesicht war auch nicht besser, der hätte widersprechen müssen. Hartnäckig sagte er: »Wenn der NO zurückkommt, werde ich ihm das melden müssen, Sir.«

»Dann machen Sie das mal, Squire.« Aikman widmete ihm einen vernichtenden Blick. »Ich habe ihm vielleicht auch einiges zu sagen!« Er stampfte aus dem Kartenraum und schlug die Tür hinter sich zu.

»Den haben Sie aber richtig aus der Fassung gebracht«, seufzte Kemp.

Squire sah ihn nicht an. Zum ersten Mal hatte er etwas falsch gemacht, hatte einem Offizier widersprochen. Er mußte verrückt geworden sein. Selbst Stannard würde nicht verhindern können, daß das in seine Führung kam.

Stannard stand in diesem Augenblick neben Lindsays hohem Stuhl, den Blick über den Bug gerichtet.

»Ich muß Ihnen melden, Sir, daß wir nun kehrtmachen sollten. Auch wenn man alle Ungenauigkeiten der Kopplung in Rechnung stellt, sind wir jetzt schon meilenweit über unserem Patrouillenbereich hinaus.«

Lindsay nickte bedächtig. Stannard hatte natürlich recht. Den ganzen Vormittag hatte er hier gesessen oder war auf der schwankenden Brücke auf und ab gewandert, hatte dem gleichmäßigen Strom eingehender Funksprüche gelauscht. Der Geleitzug hatte wieder nach Westen abgedreht, der Kommodore war anscheinend davon überzeugt, daß die U-Boote die Jagd aufgegeben hatten. Die amerikanischen Eis-Patrouillen hatten Eis südlich und südwestlich von Kap Farewell auf Grönland gemeldet, und jeder Kommandant mußte darauf vorbereitet sein.

»Sie haben recht«, entgegnete er. »Aber wenn etwas passiert wäre, dann hätten wir von hier aus schneller zu Hilfe eilen können.« Das klang so lahm, wie es als Begründung auch war.

Aikman kam auf die Brücke und meldete: »Zwei feindliche Einheiten sind in ihren Heimatgewässern gesichtet worden, Sir. Die dritte ist noch nicht festgestellt.«

Stannard grinste. »Damit ist die Sache erledigt. Ich stelle jetzt den neuen Kurs fest.«

Lindsay wies Dancy an: »Gehen Sie auf halbe Fahrt.«

Er lehnte sich zurück und dachte an den Geleitzug, an die Wrens, die sich der vorübergehenden Gefahr wahrscheinlich gar nicht bewußt geworden waren.

Er merkte, daß Aikman immer noch neben ihm stand. Als er sich umwandte, sah er, daß dessen Gesicht so blaß war, als sei ihm schlecht. »Was ist los?«

Aikman sprach gepreßt. »Da liegt ein Fehler vor, Sir. Er ist zwar nicht mehr wichtig, da die feindlichen Schiffe in weit entfernten Gewässern sind, aber ...«

»Was für ein Fehler?«

»Ich wurde heute morgen hergeholt und sollte den ersten Funkspruch entschlüsseln.« Er sprach, als habe er seine Stimme nicht mehr in der Gewalt. »Ich war müde, überarbeitet ... Ja, und da muß ich die Uhrzeitgruppen verwechsel haben.«

Lindsay umklammerte die Stuhllehnen. »*Was* haben Sie gemacht?«

»Es war nur ein kleines Versehen, Sir.« Schweißtropfen rannen Aikman unter der Mütze hervor. »Die drei deutschen Schiffe haben Tromsö achtundzwanzig Stunden früher verlassen, als ich errechnet habe.«

Lindsay sah, daß Dancy ihn über den Kompaß hinweg beobachtete, das Gesicht starr wie eine Maske.

»Aber zwei von ihnen sind jetzt wieder in ihren Gewässern.« Lindsay zwang sich, ruhig zu sprechen, ihm war bewußt, daß Aikman vor dem Zusammenbruch stand. »Ist das wenigstens richtig?«

Aikman nickte. »Jawohl, Sir.«

Die Schiebetür im Hintergrund des Ruderhauses wurde aufgerissen, und Stannard sagte rauh: »Was heißt hier ›eigene Gewässer‹? Sie sind im Skagerak, und daher wußte Squire, daß er«, Stannard zeigte wütend auf Aikmans unbewegten Rücken, »beim Entschlüsseln Mist gemacht hatte.«

»Nun mal ruhig, NO.« Lindsay rutschte vom Stuhl herunter, sein Hirn arbeitete. »Das hilft uns jetzt auch nicht weiter.«

Stannard ging quer über die Brücke auf Aikman zu. »Sie Dummkopf, warum haben Sie so lange gebraucht, um das herauszufinden?«

Aikman blickte ihn aschfahl an. »Sie sind ja nun zurück. Warum machen Sie noch einen solchen Wirbel daraus?«

Lindsays Stimme brachte sie alle zum Schweigen. »In achtundzwanzig Stunden hätte eine Menge passieren können.« Er sah Stannard an. »Versuchen Sie, mehr über den Geleitzug zu erfahren.« Dann sah er zu Aikman hinüber. »Ich hoffe zu Gott, daß ich mich irre. Wenn nicht, dann fangen Sie lieber an zu beten!«

Aikman verließ das Ruderhaus, er sah nicht einmal Stannard aus dem Funkraum zurückkommen.

»Geleitzug steuert jetzt zwo-sieben-fünf, Sir. Mit fünfzehn Knoten. Müßte gegen 2000 Uhr in etwa fünfzig Meilen Abstand von unserer südlichsten Stecke passieren.«

Lindsay wartete; er wußte, da kam noch mehr.

»Ein schwedischer Frachter meldet, er habe vorgestern Nacht in der Dänemark-Straße ein unbekanntes Schiff gesichtet. Das ist alles, was vorliegt.«

Lindsay ging an ihm vorbei und umklammerte das Geländer unter der Klarsichtscheibe. Wie zu sich selbst sagte er: »Während jedes greifbare Schiff draußen ist, um nach den dreien aus

Tromsö zu suchen, schleicht sich ein anderes heimlich durch die Dänemark-Straße. Dort wartet es ganz ruhig, bis die U-Boote den schwierigen Teil für ihn erledigt haben.« Er fuhr zu Stannard herum und schlug sich mit der Faust in die andere Handfläche. »Sie wurden wie das Vieh zum Schlachter getrieben!«

Stannard starrte ihn an. »O mein Gott.«

Lindsay wandte sich ab. »Gehen Sie auf den neuen Kurs. Höchstgeschwindigkeit, und ich möchte, daß in dreißig Minuten, ehe die Dämmerung einbricht, alle Mann auf Gefechtsstationen sind!«

Er winkte einem Bootsmaaten. »Holen Sie den IO und den AO.« Als der Mann zum Telefon rannte, sah er zu Dancy hinüber. »Und Sie, Sub, beten um einen Schneesturm oder so, wenn Sie sonst nichts zu tun haben.«

Unten saß Aikman in seinem kleinen Büro auf der Stuhlkante, einen Fingerknöchel fest zwischen die Zähne geschoben, um nicht laut zu schluchzen. Der Fehler, den er vermutet und dann übergangen hatte, hatte sich schließlich doch gerächt. Er verstand noch immer nicht genau, was oben auf der Brücke passiert war, aber er wußte, es war weit schlimmer, als er geglaubt hatte.

Über ihm quäkte die Befehlsanlage. »Alle Mann in dreißig Minuten auf Gefechtsstationen. Lecksicherungsgruppen auf dem A-Deck antreten.«

Aikman starrte den Lautsprecher an, seine Augen schmerzten vor Überanstrengung. Was war denn bloß los? Es bestand doch wohl keine wirkliche Gefahr? Zwei Schiffe waren gefunden, und das andere jetzt doch auch.

Unaufhaltsam rannen ihm Tränen über die Wangen. Stannard, dieser Narr, und sein dummer, kriecherischer Helfer hatten die Schuld. Man hätte den Funkspruch abheften und vergessen können wie so viele andere. Aber was nun auch geschah, seine kleine Welt war eingestürzt.

9 Die Falle

Während das Deck sich hob, verharrte und dann tief nach der anderen Seite schlingerte, zwang sich Lindsay, in seinem Stuhl ganz ruhig zu sitzen. Bis auf die abgeblendete Kompaßbeleuchtung lag die Brücke in völliger Dunkelheit. Da die See sich im Lauf des

Nachmittags und Abends etwas beruhigt hatte, wirkten die Schiffsgeräusche nun um so lauter; Stahl kreischte und stöhnte wie im Schmerz, und über der Brücke rasselten und klingelten lange Ketten gefrorenen Spritzwassers in einem unmelodischen Chor.

Die *Benbecula* hatte in großem Bogen gewendet und steuerte nun wieder in Richtung auf die Südspitze Grönlands. Den ganzen Nachmittag hatten sie auf das Knattern der Morsezeichen aus dem Funkraum gelauscht und beobachtet, wie sich die Funksprüche häuften. Das dritte deutsche Schiff, ein Kreuzer, war endlich, als es wie seine Gefährten ins Skagerak einlief, gesichtet worden, so daß jeder Zweifel behoben war: Dies war keine Unternehmung aus dem Handgelenk, um den Kampfgeist zu stärken oder aus propagandistischen Gründen. Die deutsche Marine bewies, was sie leisten konnte, wenn es zum Zusammenwirken der verschiedenen Waffengattungen kam.

Doch ohne die achtundzwanzig Stunden Verzögerung hätte die Lage ganz anders sein können. Er hätte mit der *Benbecula* mit Höchstfahrt zur nördlichen Begrenzung ihres Überwachungsgebietes laufen können; dort bestand die beste Möglichkeit, ein durch die Dänemark-Straße kommendes Schiff abzufangen. Wenn der neutrale Frachter das vierte Schiff doch etwas früher gemeldet hätte! Aber so hatte das unbekannte Schiff die Frist und die sorgfältig geplante List, mit der die letzten Reserven der Heimatflotte abgezogen worden waren, gut genutzt. Jetzt konnte es fast überall sein.

Auch die Admiralität war mißtrauisch. Die *Benbecula* hatte weitere Funksprüche mit Einzelheiten über Kurs und ungefähre Position des Geleitzuges erhalten. Lindsay konnte nur auf langsam konvergierendem Kurs bleiben, um sein Schiff zwischen den Geleitzug und allem was ihm aus dem Nordosten drohte, zu bringen.

Die zehn Schiffe und ihr Schutz waren nun backbord voraus. Die genaue Entfernung zur *Benbecula* ließ sich nicht feststellen. Es konnten dreißig oder hundert Seemeilen sein.

Er beobachtete, wie das Spritzwasser über dem Bug aufstieg und langsam gegen die drehenden Scheiben schlug, sah ein kurzes Aufblitzen an einem Geschütz, wo ein Batterieoffizier in der eisigen Luft noch irgendwelche hastigen Inspektionen vornahm. Die See war sehr viel ruhiger geworden und kam ihnen in großen Dünungsbergen mit nur gelegentlichen Schaumkronen entgegen. Mehrere Eismeldungen waren eingegangen, und die ruhige See bewies Lindsay, daß Eis tatsächlich ziemlich nahe sein mußte. Er hörte mit halbem Ohr auf den gedämpften Schlag der Maschinen und sah im Geist Fraser auf der Plattform, den Blick auf die Maschinentelegrafen gerichtet, die jetzt auf geringerer Fahrtstufe standen, und darauf warten, in Sekundenschnelle die Ventile aufzureißen.

Und er dachte an Eve dort draußen in der Finsternis. Das alles schien ihm so unglaubhaft. Wahrscheinlich war sie vollständig angezogen und trug eine Schwimmweste, unterhielt sich in aller Ruhe und horchte auf die ungewohnten Befehle und Geräusche. Zum Glück bestand der Geleitzug aus schnellen Schiffen. Das war nicht viel, aber immerhin ...

Er wandte sich um und rief: »Uhrzeit?«

Ein Signalgast antwortete: 2100 Uhr, Sir.«

Füße stampften über ihm. Dort hatten Maxwell und seine Feuerleitgruppe seit Stunden gesessen und gefroren.

Lindsay warf einen schnellen Blick über die Brücke. Dancy und Petty Officer Ritchie; Stannard in der Nähe der rückwärtigen Tür; die Signalgasten und Läufer an den Telefonen und Sprachrohren. Der Gefechtsrudergänger leicht über das Rad gebeugt, seine breite Stirn vor Konzentration gerunzelt, während er den ruckenden Kompaß beobachtete. Die Spannung war fast handgreiflich.

Wasserdichte Türen wurden geschlossen; abgesehen von den Brückenfenstern war nun jedes Luk und jedes Bulleye abgedichtet.

Lindsays Magen zog sich schmerzend zusammen, ihm wurde klar, daß er seit dem Frühstück nichts mehr gegessen hatte.

Das Summen des Telefons war so laut, daß einem Seemann ein erschreckter Ausruf entfuhr.

Stannard ergriff den Hörer und sagte bald danach: »Funkspruch vom Geleit an Admiralität, Sir.« Es entstand eine Pause, in der er auf die Stimme hinter der Stahlschutzplatte des Funkraums hörte. »Er lautet: ›Werde von deutschem Raider angegriffen. Ein Geleitfahrzeug sinkt. Gehe zum Gegenangriff über‹.« Er schluckte. »›Erbitte unverzüglich, wiederhole, unverzüglich Hilfe‹.«

Lindsay wandte sich nicht mehr um. »Beide Maschinen voll

voraus!«

Stannard überbrüllte das Schrillen der Telegrafen: »Admiralität an *Benbecula*, Sir: ›Lagegemäß handeln. Hilfe vor zwölf Stunden nicht verfügbar‹.«

»Mein Gott«, flüsterte Dancy.

Ein weiteres Telefon summte, und Lindsay hörte Dancy sagen: »Ausguck. Ja. Klar.« Dann meldete er: »Mündungsfeuer in Rot zwei-null.«

Als die Maschine mit den Umdrehungen hochging, begann die Brücke heftig zu vibrieren.

Dann wieder Stannard: »Admiralität hat den Geleitzug angewiesen, sich aufzulösen, Sir.«

Dancy rief: »Ausguck meldet weiteres Mündungsfeuer.«

»Danke.«

Lindsay drückte sich hart in seinen Sessel, um klaren Kopf zu behalten. Das Mündungsfeuer gab ihnen zwar die Richtung an, aber bei der niedrigen Bewölkung und dem möglichen Eisblink ließ sich die Entfernung schlecht abschätzen.

»Weitere Nachrichten vom Geleit?«

«Nein, Sir.« Stannard hatte den Hörer wieder am Ohr.

Lindsay klopfte langsam mit seinen behandschuhten Fingern auf das Brückenkleid. Los, altes Mädchen, mach schon! Er dachte an die Worte der Admiralität: ›Lagegemäß handeln.‹ Hätten sie das auch gesagt, wenn sie gewußt hätten, wie nahe die *Benbecula* schon war?

Dancy fragte heiser: »Ob es derselbe Raider ist, der die *Loch Glendhu* versenkt hat, Sir?«

»Ja. Das letzte Mal war es nur eine Probe.«

Irgend jemand schnappte nach Luft, als plötzlich ein strahlend orangefarbenes Licht in der Dunkelheit voraus aufglühte. Es schien wie eine leuchtende Feuersäule in der Luft zu hängen, bis es ebenso plötzlich wieder verschwand.

Stannard stöhnte. »Das arme Schwein ist erledigt.«

Maxwells Stimme veranlaßte ihn, zum Lautsprecher hinzuschauen. »Ungefähre Entfernung dreihundert Hektometer, Sir. Peilung rot eins-fünf.«

Lindsay ballte die Fäuste, um sich selbst zur Ruhe zu zwingen. Fünfzehn Seemeilen, aber es konnte ebensogut doppelt so weit sein.

Stannard war wieder an seiner Seite. »Wir sind ein ganzes

Stück näher dran, als ich errechnet habe, Sir.« Er schien Lindsays Verzweiflung zu spüren und setzte hinzu: »Vielleicht können wir doch noch helfen.«
Wieder ein grelles Aufleuchten. Diesmal schien es einige Minuten anzudauern, so daß die Unterseiten der Wolken aufleuchteten, als wenn von unten Feuer dagegen schlüge.
Da drüben brannten Schiffe und starben Menschen. Lindsay starrte gequält in das flackernde Licht. Die Sache war mit der Akkuratesse eines Attentats geplant
Wie von einer großen Hand ausgedrückt, erlosch das Feuer.
Lindsay blickte weg. Wenn sie auf dem Schiff war, bitte, Gott, laß es schnell geschehen sein, dachte er. Keine Schreckensszenen unter Deck, während das Schiff um sie herum auseinanderbrach. Kein Todeskampf im kochendheißen Dampf oder nach Splitterverletzungen. Nur die eiskalte See, die in diesem Fall gnädig war.
Stannard nahm einem Läufer den Hörer aus der Hand, noch ehe er aufgehört hatte zu summen. »An uns von Admiralität, Sir. Geleitzug hat sich aufgelöst. Die beiden Personaltransporter mit dem Kommodore haben nach Norden abgedreht, die Tanker und das restliche Geleit steuern nach Süden.« Dann erstaunt: »Feind hat Feuer eingestellt.«
Lindsay stand auf und ging langsam über die vibrierenden Grätlings. Natürlich hatte der Deutsche das Feuer eingestellt. Er hatte zwei oder mehr Schiffe des Geleitzugs vernichtet, nun erwarteten die U-Boote die Tanker. Der Raider konnte sich Zeit lassen, den beiden hilflosen Schiffen bis zur Eisgrenze folgen und dann ...
Er fuhr herum und sagte rauh: »Kommen Sie in den Kartenraum, NO. Wir müssen bald Kurs ändern.«
»Wollen wir hinterher, Sir?«
Lindsay schaute ihn an. »Bis zum bitteren Ende.«
Ritchie sah ihnen nach, wie sie das Ruderhaus verließen und ging dann breitbeinig zum Kompaß. »Was meinst du, Swain? Werden wir es schaffen?«
Jolliffes Gesicht blieb unbeweglich wie eine verwitterte Holzplastik. »Ich will dir mal was sagen: Wenn wir uns da oben in dem verdammten Eis festrennen, werden wir abgeknallt wie ein Fisch im Bottich.«
Dancy hörte diese Worte und ging schnell zum vorderen Teil der Brücke, wo das Sprühwasser gegen das Glas trommelte. Män-

ner wie Jolliffe und Ritchie waren alte Hasen und jetzt doch voller Sorgen. Schaudernd umklammerte er die Stange und wußte, daß er nun wirkliche Angst hatte.

Unten in der Sicherungszentrale saß Goss in einem Stahldrehstuhl; die Hände in die Hüften gestemmt, den Kopf vorgestreckt, starrte er grimmig den beleuchteten Plan des Schiffes an der gegenüberliegenden Wand an. In diesem Raum war seit der Passagierfahrt wenig verändert worden, es gab nur ein paar zusätzliche Beschriftungen und Funktionen. Bunte Lichter flackerten auf dem ganzen Plan und zeigten die Lage der wasserdichten Abteilungen und Schotten, Lasten und Luken, das komplizierte Netz von Gängen und Schächten, die in den Schiffsrumpf führten.

Die Lecksicherungsgruppen waren seit Stunden auf Station. Hinter sich konnte Goss die Unterhaltung der Heizer und Seeleute hören; ihre Stimmen gingen in dem stampfenden Geräusch der Maschinen und dem Surren der Ventilatoren fast unter.

Auf einem anderen Sitz neben dem Plan saß der Oberbootsmann Archer. Sein Kopf pendelte mit den unregelmäßigen Schlingerbewegungen des Schiffes, seine Mütze hatte er auf den Hinterkopf geschoben; wie alle anderen wartete er darauf, daß etwas geschah.

Goss mochte Archer nicht, es hatte schon mehrere Zusammenstöße zwischen ihnen gegeben. Mit Oberbootsmann Tobey, der aber für wichtigere Aufgaben abgezogen worden war, war er gut zurechtgekommen. Im Gegensatz zu ihm hatte Archer keine Ahnung, wie man mit knappen Mitteln auskam. Zu lange hatte er auf Kosten des Steuerzahlers gelebt und sich um wirtschaftliche Fragen keine Sorgen gemacht. Wenn Goss ihn wegen der Roststreifen an den Aufbauten ermahnte, hatte er seine Männer nur angewiesen, sie mit Farbe zu überpinseln. Verstecken, zudecken, bis jemand anderer sich dranmachte, die Sache in Ordnung zu bringen.

Er saß bolzengrade in seinem Stuhl, als Deck und Armaturen plötzlich erschüttert wurden und über dem vertrauten Schlag der Maschinen ein langgezogenes, dräuendes Geräusch hörbar wurde.

»Was war das?« rief ein Seemann.

Archer sah ängstlich zu Goss hinüber. »Das weiß ich auch nicht.«

Goss horchte auf das verklingende Geräusch. »Wir sind durch

Treibeis gefahren.«

Er leckte sich die Lippen. Der Kommandant mußte total verrückt geworden sein, mit dem Schiff so durch das Eis zu stoßen.

Archer sagte leise: »Nun, ich nehme an, die wissen, was sie tun.« Aber es klang nicht sehr überzeugt.

Eine Tür öffnete sich, und ein Seemann stolperte mit einer großen Blechkanne voll Kakao in den Raum. Füße scharrten und Becher klapperten, als die Männer zu ihm hinliefen und ihre Besorgnis vorübergehend vergaßen.

Goss schaute auf die Uhr: sechs Uhr morgens, neun Stunden, seit die Brücke gemeldet hatte, daß sie Mündungsfeuer beobachtet habe und auf Höchstfahrt gegangen sei. Die alte *Becky* mußte seitdem fast hundertvierzig Seemeilen zurückgelegt haben. Ein Wunder, daß die Kessel unter dieser Belastung nicht geplatzt waren. Wieder hallte ein schabendes Geräusch durch den Schiffskörper; Goss umklammerte die Lehne bei der Vorstellung, wie die hochgeschobenen Eisschollen an der Bordwand entlangrutschten und achtern im Kielwasser verschwanden.

Er merkte, daß seine Hände verfeuchtet wurden, und spürte an dem betroffenen Schweigen hinter sich, daß die anderen ihn beobachteten. Mürrisch knurrte er: »Die kann noch mehr tragen, also trinkt euren verdammten Kakao.«

Goss versuchte, die Ängste aus seinen Gedanken zu verbannen, indem er an ihre letzte Reise dachte, ehe der Krieg alles verändert hatte. Aber dann fühlte er den Druck der Stuhllehne im Kreuz und sah, wie ein Bleistift immer schneller vom Tisch zu rollen begann. Das Ruder war gelegt worden, und zwar hart. Er warf sich nach vorn und hielt sich am Tisch fest, als mit gräßlichen Erschütterungen weiteres Eis gegen die Bordwand donnerte. Doch diesmal ging es nicht so schnell vorüber. Noch als er auf die Füße sprang, gab es im ganzen Raum einen so scheußlichen Ruck, daß die Männer schreiend und fluchend in die Kakaopfützen fielen. Ein Deckenlicht flackerte und ging aus, Fetzen abgeblätterter Farbe wehten wie ein kleiner Schneesturm nieder. Noch einmal eine Erschütterung, dann verklang das Geräusch wie vorher.

Goss reichte bereits nach einer Reihe von Knöpfen, die Augen auf ein sauber beschriftetes Feld an der Backbordseite gerichtet, wo eine rote Birne zu flackern begann.

»An die Pumpen, los, schnell!« Er nahm einen Hörer auf und rief: »Geben Sie mir die Brücke!« Archer und ein Mechaniker fummelten schon an der Pumpenschalttafel herum.

Die *Benbecula* war gegen irgend etwas gestoßen und machte Wasser. Das war alles, was Goss wußte – und auch das einzige, was ihn interessierte.

Lindsay beobachtete einige Seeleute, die über das vordere Welldeck rutschten und schlitterten. Durch den dünnen Eisbezug stand ihr schwarzes Ölzeug so starr ab, daß sie wie trippelnde Käfer aussahen; sie versuchten, die Wasserpforten und Speigatten eisfrei zu schlagen, ehe das völlig unmöglich wurde.

Dancy rief: »Ausguck? Ja, Sie können ablösen.«

Lindsays Gedanken galten kurz dem Ausguck im Mast. Trotz der elektrischen Heizung mußte er stündlich abgelöst werden, damit er keine Erfrierungen erlitt. Sechs Uhr. Es schien kaum glaubhaft, daß sie bereits so viele Stunden durch die Dunkelheit gestürmt waren. Er ging nach Backbord und schaute zu, wie weitere Eisschollen aus dem schwarzen Wasser auftauchten und wie spielerisch an der Bordwand entlangwirbelten. Es sah bedrohlicher aus, als es war.

Stannard sagte: »Wir müßten bald etwas in Sicht bekommen.« Aber niemand antwortete.

Während das Schiff Stunde um Stunde durch die Nacht gestampft war, hatte kaum jemand gesprochen. Selbst die Männer mit dem Kakao und den dicken Sandwich-Schnitten, die durch die vom Warten wie gelähmten Reihen gegangen waren, hatten nur gelegentlich ein schnelles, besorgtes Wort miteinander gewechselt.

»Ich möchte mir die Karte noch mal ansehen«, meinte Stannard.

»Gut.« Lindsay bohrte die Hände in die Taschen und spürte die Grätings unter seinen Seestiefeln ächzen. »Tun Sie das.«

Vielleicht hatte der Deutsche tatsächlich abgedreht und befand sich auf dem Heimmarsch. Er mochte glauben, die britische Heimatflotte sei besser verteilt, als sie wirklich war, und eine schnelle und überwältigende Vergeltung fürchten. Und wo waren die beiden Personalschiffe?

Ein Telefon surrte. »Der Arzt, Sir.«

Lindsay riß sich aus seinen Gedanken. »Was will er denn jetzt?«

Aus der Dunkelheit antwortete der Befehlsübermittler: »Er

möchte Sie sprechen, Sir.«

Lindsay fluchte still vor sich hin und ergriff den Hörer. »Hier Kommandant. Hat das nicht Zeit?«

Boases Stimme klang gereizt. »Tut mir leid, Sir, es geht um Oberleutnant Aikman. Er hat sich in seiner Kammer eingeschlossen. Einer meiner Sanitätsgasten versuchte vergeblich, ihn zum Öffnen zu bewegen. Er muß ziemlich durcheinander sein.«

»Durcheinander?« Das Wort klang wie Hohn. »Und was soll ich da tun, um Gottes willen?« Lindsay bemühte sich, ruhig zu sprechen. »Glauben Sie wirklich, daß er krank ist?«

»Jawohl, Sir.«

Lindsay hatte noch den Hörer am Ohr, sein Blick lag auf Ritchies schattenhaftem Umriß vor dem nächsten Fenster; die Zeiger der Wanduhr standen auf acht Minuten nach sechs.

In diesem Augenblick trafen mehrere kleine Vorgänge zusammen. Unbedeutend vielleicht, aber insgesamt stellten sie sich als sehr wichtig heraus.

Der Matrose Laker, bei seinen Kameraden wegen seiner großen, vorstehenden Zähne Dracula genannt, wurde gerade von einem Seemann namens Phelbs im Krähennest abgelöst. Als sie sich beide auf der schwankenden Eisengräting außerhalb des Ausgucktopfes aneinanderklammerten, schrie Laker Phelps etwas über die dämlichen Irren ins Ohr, die einen so lumpigen kleinen Heizofen für den Ausguck eingebaut hatten. Keiner von ihnen sah deshalb voraus auf die See.

Auf dem vorderen Welldeck fiel ein anderer Seemann vom Poller, schlitterte wie ein großer, schwarzer Krebs über das Eis und landete mit einem Knall an einem Lukensüll; er ließ seinen Hammer fallen und schrie das unanständigste Wort, das ihm einfiel.

Die Ausgucks am ersten und zweiten Geschütz wandten sich um und sahen mit Vergnügen die unbeholfenen Bemühungen des Mannes, wieder auf die Füße zu kommen. Der Rest der Arbeitsgruppe unterbrach seine Tätigkeit ebenfalls, um das Schauspiel zu genießen.

Auf der Brücke dachte Dancy an die verzweifelte Stimme Aikmans, seine klägliche Verteidigung gegenüber Stannards Zorn und den Fragen des Kommandanten. Ihm war klarer als den anderen, daß Aikman gleich ihm eine Rolle spielte, die plötzlich über seine Kräfte ging.

Alles unbedeutende Vorfälle. Als Dancy sich jedoch wieder seiner Klarsichtscheibe zuwandte, sah er, wozu ein kurzer Moment der Unaufmerksamkeit geführt hatte. Aus der Dunkelheit tauchte ein mächtiger Eisblock auf. Eisberge hatte sich Dancy als hochaufragend und majestätisch vorgestellt wie weiße Kathedralen; sekundenlang war er völlig unfähig, etwas zu sagen oder zu tun.

Dann schrie er: »Hart Steuerbord!« Er hörte, wie das Ruder gelegt wurde. »Eis! Eis recht voraus!«

Lindsay ließ das Telefon fallen und stürzte zur Scheibe. Seine Stimme war scharf, aber ruhig, als er rief: »Belege das! Ruder mittschiffs! Beide Maschinen äußerste Kraft zurück!«

Er achtete nicht auf das Klingeln der Maschinentelegrafen, die heftige Bestätigung durch die rückwärts drehenden Schrauben und den Stimmenlärm von allen Seiten; die Reling umklammernd starrte er wie gebannt auf die sich nähernde Eisspitze. Es war schwierig, die Größe zu schätzen. Nicht sehr hoch, etwa drei Meter vielleicht, und fünfundzwanzig Meter breit. Vor dem dunklen Hintergrund von See und Wolken schien sie wie in Dampf gehüllt. Er merkte, wie die Maschinen stärker schlugen und stampften, um die Fahrt des Schiffes aufzuhalten, und ertappte sich dabei, daß er die Sekunden zählte, während der Abstand immer geringer wurde. Dancy hätte nicht Ruder legen dürfen. Wäre das Schiff mit der Unterseite an eine Eiskante gestoßen, wäre es wie eine große Blechdose aufgeschlitzt worden. Immerhin hatte er das Eis gesehen, sonst wäre das Schiff mit voller Kraft kollidiert, und das hätte schreckliche Folgen gehabt.

Stannard kam über die Brücke gelaufen und sagte erstickt: »Mein Gott, wir rammen ihn!«

Es schien eine Ewigkeit zu dauern, bis sie das Eis erreichten. Die Maschinen verlangsamten die Fahrt, zogen das Schiff wie mit großen Ankern zurück, so daß die Bugwelle einfiel. Plötzlich war das Eis ganz deutlich und sehr nahe; wie von einer großen Trosse gezogen, trieb die gezackte Spitze an Backbord vorbei.

Als der Zusammenstoß dann schließlich kam, war er gedämpft, wurde aber vom Kiel auf den Körper jedes Einzelnen an Bord fühlbar übertragen.

Beim Auflaufen des Schiffes drehte sich das Eis langsam, schlug eine Art schwerfälliger Pirouette, große Stücke brachen ab und rutschten in die zusammenfallende Bugwelle.

»Beide Maschinen stopp!«

Lindsay lief zur Backbordtür und riß sie auf. Als er auf die ungeschützte Brückennock stürzte, peitschte ihm der Wind ins Gesicht, die Reling fühlte sich unter seinen Handschuhen an wie poliertes Glas. Er sah zu, wie das Eis davontrieb; das Deck unter seinen Füßen lag völlig still, als hielte das Schiff selbst den Atem an und spüre, daß es verwundet sei.

Rundherum trieb noch mehr Eis, aber nur kleinere Bruchstücke. Es war Pech gewesen, daß ihnen dieser schwere Block genau vor den Bug kam, ohne daß ihn jemand gesichtet hatte.

Stannard rief: »10 am Telefon, Sir.«

Lindsay ging wieder hinein und empfand die warme Luft dort wie ein nasses Handtuch.

Goss sprach sehr knapp. »Wassereinbruch in Laderaum zwo, Sir. Lenzpumpen arbeiten, ich warte noch auf Meldung aus dem Kesselraum. Die Hauptschottwand zum Laderaum ist in Ordnung.« Er machte eine Pause und sagte dann dumpf: »Ich wußte ja, daß so was passieren würde.«

»Verletzte?«

»Weiß ich noch nicht.« Die Frage schien Goss zu überraschen.

»Gut, machen Sie weiter und halten Sie mich auf dem Laufenden.« Langsam legte Lindsay auf.

Er wußte, was Goss dachte. Was wahrscheinlich auch die meisten anderen dachten: daß ihr Kommandant immer noch zur Führung eines Schiffes untauglich war. Sogar für dieses. Vor allem für dieses! Schmerz und Verzweiflung stiegen ihm wie Blut zu Kopf, und er mußte sich abwenden.

Jolliffe sagte: »Wir treiben, Sir. Drei-drei-null Grad liegt jetzt an.«

Stannard sagte schnell: »Danke.«

Ein Telefonposten rief: »Maschinenraum meldet keine Schäden, Sir.« Er schluckte. »An der Schottwand meine ich, Sir.«

Wie beiläufig erzählte Stannard: »Ich sah mal einen großen Eisberg unten auf der Höhe von South Georgia. So hoch wie die Hafenbrücke von Sydney und über und über mit kleinen Pinguinen bedeckt.«

»Pinguine?« fragte Lindsay lustlos. Er wußte nicht einmal, daß er überhaupt gesprochen hatte.

»Ja. In der Nähe schwammen kleine Schwertwale. Und als Sicherheitsmaßnahme stießen die Pinguine immer mal wieder einen ihrer Kumpel vom Berg herunter. Wenn der kleine Kerl überlebte, sprangen sie alle rein. Wurde er gefressen, standen sie weiter wie ein Haufen unbeschäftigter Kellner herum und warteten, bis sie den nächsten über die Kante stießen.«

Niemand lachte.

Lindsay dachte plötzlich an Aikman und den Doktor, da stieß Ritchie hervor: »Horch! Ich höre eine Schiffssirene!«

Erneut stürzte Lindsay mit Ritchie und Stannard auf die Nock hinaus.

»Da, wieder!« Ritchie spähte ins Weite wie ein Terrier in den Karnickelbau.

Stannard sagte schnell: »Das gleiche Schiff.« Auch er reckte den Kopf und horchte angespannt. »Als ich diese Pinguine sah, war ich Dritter auf einem Walfang-Mutterschiff. Einige Kapitäne benutzten ihre Sirenen, um festzustellen, ob Eisberge in der Nähe waren, die das Echo zurückwarfen.«

Jetzt hörte es Lindsay wieder: klagend und unglaublich laut in der klaren Luft. Zehn Sekunden später kam das Echo.

Dancy trat zu ihnen ans Brückenkleid. »Ich ... Ich bitte um Entschuldigung wegen des falschen Ruderkommandos, Sir. Ich hatte den Kopf verloren.«

Lindsay wandte den Blick nicht von der Richtung, aus der er die Sirene gehört hatte. »Sie waren in dem Augenblick ganz allein, Sub.« Er hörte Dancys schweren Atem und wußte, wie er litt. »Und wenn wir nicht gestoppt hätten, hätten wir die Sirene nicht gehört.«

»Schiffssicherung meldet, daß die Pumpen den Wassereinbruch halten, Sir. Keine Gefahr für die Schottwand im Kesselraum.« Der Seemann wartete frierend in der kalten Luft. »Und nur ein Verletzter. Ein Mann im A-Deck hat sich die Hand gebrochen.«

Lindsay nickte. »Danke.« Er versuchte, das Eis von der Kreiseltochter unterhalb des Schanzkleids zu entfernen, aber es war zu dick. »Wir wollen versuchen, auf die Sirene zuzulaufen, NO. Unterrichten Sie den Artillerieleitstand, falls es wieder ein Trick ist. Und wir brauchen noch zusätzliche Ausgucks auf dem Bootsdeck.«

Stannard hörte ihm zu, als sein Gesicht plötzlich rot aufleuchtete. Lautes Krachen von Geschützfeuer schallte über das Wasser, beleuchtete die vielen Eisschollen und tauchte sie in Rot und Gelb. Immer wieder zerrissen die Geschütze die Dunkelheit.

Lindsay stürzte durch die offene Tür nach innen, sein Doppelglas schlug ihm gegen die Brust. Er schrie: »Beide Maschinen halbe Fahrt voraus!« Rundherum schlugen die Männer die neuen Stahlblenden zu. »Das mittlere offen lassen!« Als er das Fenster aufkurbelte, fühlte er die Kälte in Gesicht und Lippen beißen, hörte das plötzliche Dröhnen der Maschinen, als das Schiff sich wieder in Bewegung setzte.

»Halten Sie auf das Mündungsfeuer zu, Rudergänger!«

Entsetzt sah er hoch oben einen Feuerball explodieren, sich ausbreiten und die Umrisse eines Schiffes sichtbar machen. Es war weniger als zwei Seemeilen entfernt, Oberdeck und Aufbauten brannten an vielen Stellen. Rundum schien Eis das Schiff wie eine Falle zu umschließen. Weitere Mündungsblitze kamen von der entgegengesetzten Seite. Lindsay sah die typischen Wassersäulen hochschießen und eine weitere grelle Explosion unterhalb der Brücke. Die Sirene heulte nun pausenlos, wahrscheinlich hing eines Toten Hand an der Leine. Während die *Benbecula* näherbrauste, hörte es sich für Lindsay so an, als heule ein Tier im Todeskampf.

Über das Getöse drang scharf und diszipliniert eine metallische Stimme an sein Ohr: »Leitstand an alle Geschütze. Leichte Panzersprenggranaten laden und sichern.«

Weiteres Schlagen und Klicken unterhalb der Brücke, dann von irgendwoher eine Stimme, die Befehle ausstieß, schrill und sich zeitweise überschlagend.

»Zielrichtung grün zwo-null. Entfernung fünfzig-hundert!«

Lindsay hob das Glas, während Maxwell fortfuhr, Informationen über Lautsprecher zu geben. Fünftausend Meter. Das hatten Maxwells Beobachter gut gemacht, die Entfernung nur aufgrund des Mündungsfeuers zu messen.

»Backbord zehn.« Er beobachtete den drehenden Kompaß. »Mittschiffs, recht so.«

»Recht so, Sir. Drei-eins-null«, erwiderte Jolliffe.

Wie zu sich selbst murmelte Lindsay: »Das gibt den Marines die Möglichkeit, ihre Geschütze ebenfalls zum Tragen zu bringen.«

Weitere Blitze zerrissen die Dunkelheit und verschmolzen mit den Bränden auf dem hilflosen Schiff. Er konnte die beiden Schornsteine erkennen, große, ins Feuer stürzende Wrackteile, die Funkensäulen zu den Wolken hochschleuderten. Es würde nicht mehr lange dauern.

»Geben Sie durch, man soll den Funkspruch zur Abgabe klar machen«, befahl er Dancy.

Stannard sagte dumpf: »Aikman hat die Schlüsselunterlagen, Sir.«

Lindsay hielt sein Glas auf das andere Schiff gerichtet. Begann es tatsächlich zu sinken? »Dann soll der Funker ihn eben offen absetzen. Was macht das jetzt schon aus!«

Stannard nickte und gab einem Läufer den Block. »Geben Sie diese Position an den Funkmaaten, er weiß, was er damit zu tun hat.«

Wieder die Stimme Maxwells: »Steuerbordbatterie klar!«

Lindsay ließ das Glas sinken. »Feuererlaubnis!«

Maxwell wartete, bis der unsichtbare Raider wieder feuerte, und drückte dann auf den Knopf. Die Glocken an den einzelnen Geschützen hatten erst für den Bruchteil einer Sekunde angeschlagen, als alle drei Steuerbordgeschütze gemeinsam losbrüllten und mit langen Feuerzungen die Wellen an der Bordwand aufblitzen ließen.

Lindsay hielt den Atem an und zählte. Die gebrüllten Kommandos, das Klicken der Verschlußblöcke und das Stimmengewirr in der Sprechanlage, dies alles existierte nicht für ihn. Irgend jemand in der Admiralität würde das alles verfolgen, dachte er vage, sie würden Stannards Position jetzt in die Karte eintragen und ein paar höhere Offiziere von ihren Feldbetten im Keller holen. ›Von *Benbecula* an Admiralität: Habe feindlichen Raider gesichtet. Greife an.‹

Für eine Grabinschrift ein bißchen wenig. Aber man würde sich daran erinnern.

»Fünfhundert vor. Feuer!«

Wieder spuckten ihre Geschütze Feuer und Rauch, die Brücke zitterte so heftig im Rückstoß, als seien sie wieder auf einen Eisberg gelaufen.

»Das andere Schiff sinkt, Sir!« rief Dancy nach dem Geschützdonner.

»Ja.«

Lindsay beobachtete unbewegt, wie sich das schwer angeschlagene Schiff zu seiner Seite überneigte. Es mußte tief unten im Rumpf schwer getroffen sein; die Brände, von denen er geglaubt hatte, sie hätten in den Aufbauten begonnen, hatten sich in Wirklichkeit von unten durch mehrere Decks gefressen. Er konnte die klaffenden grellroten Löcher, das Gewirr der zerbrochenen Spanten und gestürzten Masten sehen und ertappte sich dabei, daß er darum betete, niemand möge dort mehr am Leben sein.

Weitere Mündungsblitze in größerer Entfernung; jetzt hörte er die Geschosse leise über sich hinwegziehen, bei den hohen Flugbahnen klang es fast wie Vogelgezwitscher.

Wieder schrillten Maxwells Glocken. Sekunden später hörte Lindsay ihn ausrufen: »Treffer!«

Hinter dem sinkenden Schiff glühte ein Brand auf, gerade lange genug, daß Maxwell eine zweite Salve abfeuern konnte. Dann erlosch er, und Lindsay nahm an, daß der Feind nun spitze Silhouette zeigte, um entweder auf diesen unverschämten Angreifer zuzuhalten oder wie das letzte Mal abzudrehen.

Der Deutsche hatte den kurzen Funkspruch wahrscheinlich aufgefangen und sich überlegt, mit welchem Schiff er da aneinandergeraten war. Der Name *Benbecula* stand Lindsays Wissen nach nicht auf der Kriegsschiffliste; voraussichtlich brauchte der Deutsche deshalb eine gewisse Zeit, um sich über die Lage klar zu werden.

»Feind hat Feuer eingestellt, Sir.« Maxwell war ganz außer Atem.

»Sehr schön.« Lindsay beobachtete, wie sich der dunkle Umriß des getroffenen Schiffes mehr und mehr der Wasserfläche näherte. »Der 10 soll die Flöße klar machen zum Aussetzen.«

Dancy fragte: »Stoppen wir, Sir?«

Lindsay rieb sich die Augen und hob erneut das Glas. »Noch nicht.«

Eine dumpfe Explosion warf weitere Wrackteile des anderen Schiffes über Bord. Lindsay glaubte, am Heck drüben ein Signallicht zu sehen. Ein einzelner Überlebender, dachte er düster.

»Beide langsam voraus. Steuerbord fünfzehn.« Er sah drüben Dampf aufsteigen und wußte, daß die See nun in die Löcher eindrang und die Brände löschte – zu spät.

Wie aus weiter Entfernung hörte er Stannard sagen: »Wir können noch nicht stoppen, Sub. Wenn dieses Schwein noch in der Nähe ist, wären wir die reinste Zielscheibe für ihn.«

»Ja, ich verstehe.« Aber aus Dancys Ton war ersichtlich, daß er gar nichts verstand. Wie die anderen dachte auch er wahrscheinlich an die Menschen, die beim Versuch, den Flammen zu entkommen, in Minutenschnelle erfrieren mußten.

Lindsay kletterte auf seinen Stuhl und spähte durch den Schlitz in der Stahlblende. Er glühte rot im Feuerschein des anderen Schiffes, wie ein Guckloch in die Hölle.

Er sah wieder auf den Kompaß. »Mittschiffs!«

Sie waren am Heck des Schiffes fast vorbei, als es unter großem Getöse des einbrechenden Wassers umkippte und versank. Das Feuer verlöschte, und die See lag erneut in tiefem Dunkel da.

Lindsay sah auf seine Uhr. Sieben Uhr fünfzehn.

»Beide Motorboote klar zum Aussetzen, NO. Jedes soll ein Floß in Schlepp nehmen. Der IO weiß, was zu tun ist.«

»Steuerbord querab sind weitere rote Lichter zu sehen, Sir.« Ritchie setzte den Kieker ab. »Vielleicht kommen wir noch rechtzeitig.«

Lindsay hörte das Rumpeln der mechanisch betriebenen Davits, das jaulende Quietschen des Tauwerks, als die Motorboote langsam an der Bordwand weggefiert wurden. Wenn ihre Motoren unter diesen Umständen ansprangen, war es ein Wunder.

»Klar, Sir.«

»Maschinen stopp.«

Mehr Lärm bei den Booten, die die losgeworfenen Flöße in Schlepp nahmen. Beide Bootsmotoren liefen und Lindsay dankte Gott, daß er in Fraser einen Ingenieur hatte, der ein Auge auf solche Details hielt.

»Der Himmel wird etwas heller, Sir.« Stannard sah zu Lindsays regungsloser Gestalt hinüber.

Der Gegner war verschwunden, Lindsay war sich dessen sicher. Wieder entwischt, genau wie das letzte Mal. Den Tod im Kielwasser, Blut auf dem Wasser.

Er stand plötzlich auf. »Signalmeister, nehmen Sie den großen Scheinwerfer. Sagen Sie dem Artillerieoffizier, er müsse mit einem Angriff rechnen. Aber wir wollen's riskieren.«

Er ging hinaus auf die offene Brücke. Der gletscherblaue Lichtstrahl des Scheinwerfers stieß hart ins Dunkle, und als er unten über die wogende See strich, sahen die beiden Boote und die geschleppten Flöße wie Spielzeug aus; das Wasser war weithin mit Treibgut und verkohlten Wrackteilen bedeckt. Hier und da schwamm ein Toter mit ausgestreckten Armen und Beinen, das Gesicht nach unten; andere hingen in einer Schwimmweste und tanzten darin auf und ab. Wenn der Strahl über sie hinwegfuhr, glitzerten ihre Augen wie Schmucksteine.

Es stank nach Öl und verbrannter Farbe. Lindsay stand wartend da, fast erfroren und unfähig, sich zu rühren.

Stannard trat heraus zu ihm. »Der 10 meldet, daß Aikman einen Selbstmordversuch unternommen hat. Hat sich die Pulsadern aufgeschnitten. Aber er lebt noch.« Er blickte an Lindsay vorbei, auf eines ihrer Boote, das gerade jemanden an Bord zog.

Lindsay nickte. »Nicht mal das konnte er richtig machen.« Auch er beobachtete das Motorboot, das Fahrt zum nächsten dunklen Klumpen im Wasser aufnahm. Der andere Personaltransporter stand wahrscheinlich weiter nordwestlich und wartete auf das Hellwerden. Er hatte sicher das Geschützfeuer gesehen und möglicherweise angenommen, daß ein zweites feindliches Schiff angriff.

Eine Handlampe blinkte übers Wasser und Ritchie meldete: »Ein Boot hat elf Überlebende übernommen, Sir.« Er wandte sich um, als das zweite Boot signalisierte. »Das andere Boot hat achtzehn. Der Himmel mag wissen, wie sie die da reingezwängt haben.«

Lindsay hätte ihn gern gebeten, die Boote anzurufen, um nach dem zu fragen, was ihn am meisten beschäftigte. Aber er scheute davor zurück. Sie konnten auch auf dem anderen Schiff sein. Voller Angst, aber in Sicherheit.

Eine ganze Stunde wurde die Suche fortgesetzt, Runde um Runde, innerhalb und außerhalb des großen Ölflecks, zwischen Leichen und Wrackteilen. Dann ließ Lindsay die Boote zurückrufen. »Sagen Sie dem Lazarett, es soll sich bereithalten.«

Die Außenpforten im Rumpf wurden klirrend aufgestoßen, Männer standen bereit, die ersten Überlebenden an Bord zu hieven.

Goss kam auf die Brücke und meldete: »Boote sind eingesetzt, Sir. Die beiden Flöße mußte ich aufgeben. Sie waren so dick vereist, ich hätte sie niemals hochgekriegt.« Er beobachtete Lindsay. »Es sind fünf Frauen darunter, aber ich weiß nicht, ob sie überleben werden.«

Lindsay umklammerte das Brückenkleid. Also war der Atlantik schließlich doch wieder stärker gewesen. »Übernehmen Sie. Ich gehe nach unten.«

Als er im Lazarett an den zusammengedrängten, in Decken gehüllten Gestalten vorbeistolperte, an den geschäftigen Sanitätsgasten, sah er eine junge Frau auf einem Stuhl sitzen, die Haare schwarz vom Öl, die Uniform wie mit einem heißen Bügeleisen versengt, das Gesicht voller Brandwunden.

Boase sah ihn über ihren Kopf hinweg an und sagte knapp: »Wir tun, was wir können, Sir.«

Lindsay beachtete ihn nicht; mit zur Maske erstarrtem Gesicht nahm er dieses Bild des Leidens in sich auf. Neben der Tür lag ein Körper unter einer Decke, ein nackter Fuß ragte darunter ins helle Licht. Wie ein Wahnsinniger riß Lindsay die Decke vom Gesicht des Mädchens. Es war sehr jung, sein vor Kälte verzerrtes Gesicht war im Tod erstarrt. Gefrorenes Seewasser um Mund und Augen sahen aus wie Tränen. Er deckte das Gesicht zu und zog nach kurzem Zögern die Decke auch über den vorstehenden Fuß, der sich bei der Berührung wie Eis anfühlte.

Ohne ein weiteres Wort wandte er sich um und begann den langen Aufstieg zur Brücke. Die Maschinen stampften wieder und ließen die schwimmenden, auf und ab tanzenden Trümmer im Kielwasser zurück. Und darunter auch sie.

›Passen Sie gut auf sich auf‹, hatte sie damals gesagt. ›Auf ein glückliches Wiedersehen.‹

Als er auf die Brücke kam, befahl er: »Geschütze fest. Wegtreten von Gefechtsstationen!« Er sah zu Stannard hinüber. »Wir wollen eine Stunde lang nach Nordosten laufen und sehen, was passiert.«

Stannard fragte leise: »Was wird mit Aikman, Sir?«

Lindsay hörte ihn gar nicht. »Übernehmen Sie, IO. Ich gehe für eine halbe Stunde nach unten.« Ohne ein weiteres Wort verschwand er von der Brücke.

Goss ging brummelnd zu dem leeren Stuhl. Stannard seufzte und wandte sich seinem Kartenhaus zu.

Nur Ritchie wußte, was mit dem Kommandanten los war. Jupp hatte es ihm erklärt. Aber daß er es wußte, half ihm auch nichts.

10 Weihnachtsurlaub

Lindsay nahm die Mütze ab und klemmte sie unter den Arm, als er das Schiffslazarett betrat. Eine Woche war vergangen, seit man die Überlebenden an Bord geholt hatte, und in dieser Zeit hatten der Doktor und seine Helfer wahre Wunder vollbracht. Drei Schiffbrüchige waren ihren Verletzungen erlegen, zwei andere immer noch schwer krank. Aber unter den Umständen war es erstaunlich, daß überhaupt jemand die Brände und die Eiseskälte überstanden hatte.

Boase wusch sich gerade die Hände, als er Lindsay erblickte. Er sah sehr müde aus, rang sich aber ein Lächeln ab. »Nett von Ihnen, daß Sie mal reinschauen, Sir.« Prüfend musterte er Lindsays angespannte Züge. »Ein bißchen Ruhe würde Ihnen auch nicht schaden.«

Lindsay sah sich in dem Lazarett um: saubere, weiße Betten, eine Atmosphäre steriler Effizienz, die er immer gehaßt hatte. Die fünf Mädchen hatten überlebt, das war die größte Überraschung. Vielleicht waren Frauen am Ende doch zäher als Männer, dachte er müde. Vier saßen auf Stühlen, angetan mit bunt zusammengestellten Kleidern, die die Besatzung gesammelt hatte. Die fünfte Wren lag im Bett, das verbrannte Gesicht unter Bandagen verborgen, die Hände längs der Bettkanten ausgestreckt, um sich zur Ruhe zu zwingen. Sie hatte hübsche Hände, klein und wohlgeformt. Boase hatte ihm erzählt, daß sie viel weine, wenn die anderen schliefen; sie hatte Angst, wie ihr Gesicht aussehen würde, wenn die Bandagen fielen.

Nach übereinstimmenden Zeugenaussagen hatten nur dreißig überlebt. Dabei hatte das Schiff eine Besatzung von hundertfünfzig Mann gehabt und dazu vierzig Wrens für Kanada an Bord.

Lindsay räusperte sich. »Sie wissen, daß wir Befehl haben, direkt nach Liverpool zu gehen. Dort werden Sie an Land gebracht, und mein Schiff kommt in die Werft.« Er musterte die rundum lauernden Gesichter. Die Augen der Wrens strahlten fast zu sehr. Dahinter verbargen sich der Schock, der stärker und intensiver werden mußte, sobald die Dankbarkeit für das eigene Überleben den schmerzlichen Erinnerungen an die Opfer weichen würde. Die Männer, junge und alte, von denen einige wahrscheinlich schon einmal gebombt oder torpediert worden waren, beobachteten ihn und dachten an ihre eigenen Erlebnisse; zum Beispiel daran, als das Motorboot aus dem breiten Scheinwerferstrahl kam, um sie in Sicherheit zu bringen.

Er fuhr fort: »Ich habe gerade einen weiteren Funkspruch der Admiralität erhalten. Die Japaner sind in Malaya eingefallen und haben gestern morgen im Pazifik einen Luftangriff auf Pearl Harbour unternommen.« Er versuchte zu lächeln, als sich alle erschreckt anblickten. »Jetzt sind also auch die Amerikaner mit im

Krieg. Wir stehen nicht mehr allein.« Damit nickte er Boase zu. »Und nun werde ich Sie in Ruhe lassen.«

Lindsay wußte nicht einmal, warum er selbst heruntergekommen war, um ihnen die Nachricht zu überbringen. Das hätte auch Boase machen können. Wollte er sich selbst quälen mit dem Verlangen, jemandem nahe zu sein, der bei Eve gewesen war, als sie starb? Was sagte ihnen überhaupt Malaya und Pearl Harbour in diesem Augenblick? Die See war das einzige, was sie jetzt interessierte. Nachts, ehe der Schlaf sie erlöste, würden sie daran denken, daß sie jenseits der Bordwand lauerte.

Er erinnerte sich an die Stimmung im Lazarett, als die *Benbecula* zwei Tage nach dem Angriff den zweiten Personaltransporter gesichtet hatte. Er hatte sich durch das Treibeis geschoben und mit Erleichterung die Erkennungssignale der *Benbecula* quittiert. Nur die Verletzten im Lazarett fühlten sich möglicherweise betrogen. Empfanden es vielleicht als grausame Ungerechtigkeit, daß ihre Freunde dahingemetzelt worden waren, während das andere Schiff mit kaum mehr als einer Schramme davonkam.

Der Transporter hatte Befehl erhalten, nach Island zu gehen, er lag wohl jetzt unter anderem Geleitschutz in Reykjavik. Die *Benbecula* war ebenfalls nicht ohne Gesellschaft geblieben. Als sie abdrehte und wieder nach Süden lief, bewachten sie fern am Horizont zwei Langstreckenflugzeuge und ein Zerstörer. Aber das alles war zu spät gekommen. Der Beweis dafür waren die wenigen, die jetzt hier lagen oder saßen und ihm zuhörten, als er sagte: »Und bedenken Sie, Weihnachten werden Sie alle zu Hause sein.« Er wandte sich zum Gehen, seine Worte klangen ihm selbst wie Hohn.

Jemand zog an seinem Jakett, und als er hinunterblickte, sah er, daß es die Hand der Wren war, des Mädchens mit dem verbrannten Gesicht.

Er beugte sich über das Bett und hörte sie sagen: »Danke, daß Sie zu uns gekommen sind.« Er nahm ihre Hand, sie fühlte sich heiß an. »Ich sah Sie, als ich hergebracht wurde. Nur ein paar Sekunden...«

Boase schüttelte den Kopf. »Genug geredet.«

Doch um Lindsays mühsam bewahrte Zurückhaltung war es schon geschehen. Immer noch ihre Hand haltend, fragte er leise: »Haben Sie Wren Collins gekannt? Eve Collins?«

»Ich glaube, ja. Ich sah sie wohl bei den Rettungsbooten,

als ...« Sie konnte nicht weitersprechen.

Lindsay gab ihre Hand frei und sagte: »Versuchen Sie zu schlafen.« Dann wandte er sich um und eilte aus dem Lazarett mit seinen sauberen Gerüchen und geschockten Menschen.

Goss und Fraser warteten schon auf ihn. »Tut mir leid, daß ich mich verspätet habe.« Er konnte sie nicht ansehen. »Ich wollte mit Ihnen nur über die Vorbereitungen für das Einlaufen in Liverpool sprechen.« Da fiel ihm noch etwas ein, und er setzte ruhig hinzu: »Ach, ja, 10, als ich das Kommando hier übernahm, haben Sie mir doch erzählt, daß ein Schwesterschiff der *Benbecula* als Hilfskreuzer im Fernen Osten eingesetzt sei.«

Goss schaute auf. »Die alte *Barra*, Sir. Wieso?«

»Nun, sie ist leider von japanischen Bombern vor Kuantan versenkt worden.«

Er sah, wie Goss' Gesichtszüge zusammenfielen, dann aber schnell wieder zur gewohnten grimmigen Maske wurden. »Das ist eine schlechte Nachricht, Sir«, war alles, was er sagte.

Lindsay fühlte den Schmerz um Eve in seinem Schädel pochen, am liebsten hätte er die anderen stehen gelassen und sich in seinen Schlafraum zurückgezogen.

Mit ausdrucksloser Stimme sagte er: »Also, dann wollen wir erst einmal über Brennstoff und Munition sprechen. Wir müssen veranlassen, daß das Schiff geleichtert wird, sobald wir die Schlepper haben.«

Fraser zog sein Notizbuch heraus, hielt aber den Blick auf Lindsays Gesicht gerichtet. Armer Kerl, dachte er. Du kämpfst dagegen an, aber es zerreißt dich. Wieviel kannst du noch ertragen?

Goss dachte an die *Barra*. Vor vielen Jahren war er Dritter Offizier auf ihr gewesen, in seiner Kammer hing ihr Bild neben den anderen. Nun gab es sie nicht mehr. Er sah sich verzweifelt in der Kajüte um. Der *Benbecula* konnte es genauso ergehen.

Lindsay sprach weiter. »Und dann ist noch die Urlaubsfrage zu klären. Wir sollten auf alle Fälle versuchen, beide Wachen über Weihnachten auf Urlaub zu schicken.«

»Ich möchte an Bord bleiben, Sir«, warf Goss ein.

Fraser sah ihn an. Mein Gott, nicht du auch!

Lindsay machte sich eine Notiz auf seinem Block. »Gut denn, nun zu Laderaum zwei ...«

In seiner Pantry stand Jupp vor einem Bulleye und hörte ihre gedämpfte Unterhaltung. Unten auf dem Promenadendeck sah er eine Gestalt im Dufflecoat langsam nach achtern gehen; an den bandagierten Handgelenken erkannte er Lieutenant Aikman. Zwei Seeleute drehten sich nach ihm um und beobachteten, wie er leeren Blickes an ihnen vorbeischlurfte.

Jupp kehrte zu seinem Kaffeetopf zurück und hoffte, daß Fraser nachher noch bleiben und sich mit dem Kommandanten unterhalten werde. Er hatte begriffen, was der Tod des Mädchens für Lindsay bedeutete, und wußte, daß man ihn nicht alleinlassen durfte. Er hatte ihn mit seinen Alpträumen kämpfen und Eves Namen wie eine arme Seele in der Hölle rufen hören.

Wenn er allein war, schien Lindsay immer nur seine Geheimvorschriften und nachrichtendienstlichen Unterlagen durchzugehen, völlig absorbiert und mit einer Zielstrebigkeit, wie sie Jupp noch nie erlebt hatte.

Vielleicht würde der Kommandant, wenn das Schiff erst im Hafen lag, zu Hause etwas Ruhe finden. Jupp seufzte, weil er gehört hatte, daß Lindsay gar kein richtiges Zuhause besaß.

Die Klingel ertönte; mit einem Schwung nahm er die Kaffeekanne und stieß die Pantrytür auf. Irgend etwas würde schon geschehen. Und bis dahin würde Jupp dafür sorgen, daß Lindsay mit ihm rechnen konnte.

Das Feuer im Messekamin warf sein freundliches Licht auf die *Benbecula*-Offiziere, die darauf lauerten, daß die Stewards die Bar eröffneten. Das Schiff lag absolut still, es hatte am Kai festgemacht und wartete darauf, als nächstes ins Trockendock zu kommen. Einige Offiziere sahen immer wieder durch die regengepeitschten Bulleyes, als könnten sie die Tatsache immer noch nicht fassen, daß sie im Hafen lagen. Düstere graue Gebäude, bewegungslos im strömenden Regen, statt dräuender Wellenkämme. Hohe Lade- und Portalkräne und Masten anderer Schiffe statt Einsamkeit und völliger Verlassenheit.

Dancy horchte auf das Klirren der Gläser und das Quietschen der Scharniere, als die Stewards ihr Pantryluk öffneten, und überlegte sich einen ganz besonderen Drink, um seine Rückkehr zu feiern. Während das Schiff durch den morgendlichen Sprühregen und Dunst geschlichen war, die Schlepper an den Seiten vor Wichtigkeit keuchten, hatte er das riesige Liverpool betrachtet, das sich wie ein Wunder vor ihm öffnete. Er hatte in dieser Zeit so wenig zu tun, daß seine aufnahmebereite Phantasie alles, was er sah und fühlte, aufnehmen konnte: Erleichterung, Trauer, Erregung. Auf der Brücke hatte er seine Kameraden beobachtet, ihre Gesichter, ihre Stimmen, die für ihn so vertraut geworden waren: Stannard, der am Kompaß sorgfältig und ohne Hast Peilungen nahm, während das Schiff das Fahrwasser hinaufglitt. Ritchie und seine Signalgasten, die durch ihre Gläser die Lichter an Land bewunderten. Unten auf dem Vorschiff schritt Goss durch die Reihen der mit Leinen und Fendern arbeitenden Seeleute und fuchtelte mit den Armen, während auf der oberen Brücke die Pfeifen zum Gruß für vorbeifahrende oder vor Anker liegende Kriegsschiffe schrillten und zwitscherten: Kreuzer und robuste Geleitfahrzeuge, Zerstörer und gedrungene Korvetten, alle gezeichnet vom Atlantikwetter, erfahrene und erprobte Kämpfer.

Lindsay hatte die meiste Zeit auf seinem Stuhl gesessen. Er wirkte sehr fern, ja, entrückt. Aber Dancy hatte ihn dennoch beobachtet und versucht, etwas von der Kraft zu schöpfen, die von ihm auszugehen schien. Er hatte die Doppeltürme des Royal-Liver-Gebäudes aus dem Dunst auftauchen sehen und die ansteckende Erregung dieses großen Hafens gespürt. Als Sitz des Oberkommandos der Westlichen Zufahrtswege war es auch eines der Haupttore, durch die die Lebenskraft des kämpfenden Landes hereinströmte.

Stannard kam an Dancys Seite und hielt die Hände über den glühenden Kamin. »Na, Sub, nun haben wir's geschafft. Alles gemütlich und sicher. Bis zum nächsten Auslaufen.«

Das klang völlig entspannt, und Dancy beneidete ihn deswegen. Stannard war wirklich großartig, ein Mann, der einen Schiffsort bestimmen konnte, wenn ihm weder Stern noch Sonne zur Hilfe kamen. Selbst wenn das Schiff ganz auf der Seite lag, konnte er noch koppeln und über Karten und Instrumenten brüten.

Ein Steward sagte: »Ihre Bestellungen bitte, meine Herren.«

Dancy und Stannard hielten sich zurück, um zu warten, bis der erste Ansturm vorüber war.

»Was halten Sie von den Japanern, NO?«

Stannard sah ihn nachdenklich an. »Das weiß der Himmel. Man hat uns immer erzählt, daß der Feind bei einem Angriff auf Malaya oder Singapur von Süden käme.« Er zuckte die Achseln. »Ich vermute jedoch, sie haben jetzt alles unter Kontrolle. Wenn ich an die hübschen Orte denke, wo ich überall gewesen bin, und mir vorstelle, wie diese kleinen gelben Affen jetzt dort herumtrampeln, dann kommt mich das große Kotzen an.« Dann wurde er lebhaft. »Aber vergessen wir das Trinken nicht. Ich lade Sie ein.«

Nachdenklich legte Dancy die Stirn in Falten. »Brandy und Gin, bitte.«

Stannard starrte ihn an. »Gemixt?«

»Gemixt.«

»Gierhammel!« Stannard winkte einem eiligen Steward. »Ich hoffe, Sie ersticken daran.«

Die Tür wurde aufgerissen, und Goss schritt zum Kamin.

»Wollen Sie sich nicht zu uns setzen, 10?« fragte Stannard.

Goss schien ihn nicht zu hören. Den Rücken zum Feuer gewandt, stieß er barsch hervor: »Halten Sie mal alle den Mund, bitte.«

Von der Härte seines Tones plötzlich irritiert, hielten sie inne und sahen ihn an.

»Wir haben neue Nachrichten aus dem Fernen Osten. Die Japaner rücken in Malaya weiter nach Süden vor.« Dann schluckte er. »Und sie haben die *Prince of Wales* und die *Repulse* versenkt.« Er schien seinen Worten selbst nicht zu glauben. »Alle beide. In weniger als einer Stunde!«

»Mein Gott!« Stannard starrte Dancy an. »Diese beiden mächtigen Schiffe? Wie, um alles in der Welt, konnten sie die so einfach wegpusten?«

Goss starrte ins Leere. »Da sie ohne Luftsicherung fuhren, wurden sie von feindlichen Bombern überwältigt.«

»Das wird ja immer schlimmer!« Stannard goß seinen Drink in einem Schluck hinunter. »Ich dachte, es wäre wenigstens eine Seeschlacht gewesen.« Und wütend: »Was ist mit den Burschen da unten bloß los? Keine Luftsicherung! Die müssen verrückt gewesen sein!«

Goss fuhr fort: »Es gibt drei Wochen Urlaub. Wenn Sie alle nach dem Mittagessen zu Lieutenant Barker gehen und sich Lebensmittelkarten und Reiseausweise holen, können wir Ihre Papiere ohne weiteren Zeitverlust in Ordnung bringen.«

Dancy sah in sein Glas. Er war verwirrt durch Goss' Neuigkeiten und fühlte sich auf seltsame Weise geprellt. Sie hatten so viel geleistet, jedenfalls hatte es zumindest den Anschein gehabt. Aber in einem Augenblick hatte die kurze Bekanntmachung über die beiden bedeutenden Großkampfschiffe, die in fernen, unbekannten Gewässern gesunken waren, alles verändert. Das war der wirkliche Krieg: eine rapide Veränderung der Machtverhältnisse, die ein ganzes Land und das Leben von Millionen gefährdete. Seine eigene Rolle erschien dagegen unwichtig.

Stannard sagte ruhig: »Trinken Sie das ekelhafte Zeug aus, Sub. Ich hab' so ein Gefühl, als müßte ich mich besaufen.«

Dancy versuchte seinen Drink, er schmeckte wie Paraffin.

»Mein Bruder ist dort draußen, in einem australischen Bataillon.« Stannard blickte weg. »Wenn ich daran denke, daß sein Leben von dämlichen Tommy-Kommißköppen abhängt!« Dann fiel ihm Dancy ein, und er lächelte. »Verzeihung. Sie sind ein netter Tommy.«

Dancy sah ihn gequält an. »Danke.« Dann setzte er schnell hinzu: »Wollen Sie nicht mit mir nach Hause kommen, NO? Meine Leute würden sich umbringen für Sie. An Weihnachten ist es bei uns ziemlich ruhig, aber...« Er stockte, denn er merkte, was er angerichtet hatte: Seine ganze sorgfältig aufgebaute Maskerade als unerschrockener Schriftsteller würde in sich zusammenfallen, wenn Stannard seine Eltern traf.

»Geht leider nicht, mein Lieber.« Stannard dachte an das Mädchen, das er bei seinem letzten Urlaub in London kennengelernt hatte. Sie hatte eine kleine Wohnung in Paddington. Mit ihr würde er seinen Urlaub verbringen, ein einziges wildes Fest bis zum Ende. »Aber trotzdem vielen Dank. Vielleicht das nächste Mal, ja?«

Dancy nickte, gleichzeitig erleichtert und betrübt. Er konnte sich denken, was Stannard vorhatte, und verglich damit sein Zuhause: die Weihnachtsdekoration, seine Mutter, die sich ständig über die Lebensmittelzuteilungen beklagte, und sein Vater, der dauernd dozierte, wie man den Krieg führen mußte und was die Regierung falsch machte.

»Vielleicht können wir uns irgendwo treffen«, warf er ein. »Auf einen Drink oder zwei.«

»Ja, warum nicht?« Stannard grinste träge. »Ich ruf' Sie an, wenn bei mir alles klar ist.« Mittlerweile hatte sie ihn wahrscheinlich sowieso vergessen. Aber sie war wirklich eine Schönheit: langes, kastanienbraunes Haar und ein Leib, der einen Mann wie Seide umhüllte.

Ein Steward rief: »Die Krankenwagen sind eingetroffen, Sir.« Er wartete, bis Boase sich von der Gruppe an der Bar gelöst hatte. »Der leitende Sanitätsoffizier kommt an Bord.«

Dancy meinte: »Wollen wir rausgehen und zusehen, wie sie abfahren, NO?«

Stannard nickte. »Wir können sie ja ein bißchen aufmuntern.«

Sie schnappten sich ihre Mützen und eilten auf das Promenadendeck. Dort wartete schon ein großer Teil der Schiffsbesatzung mit offenbar ähnlichen Gedanken. Rauher Beifall begrüßte die ersten Überlebenden, die sich auf Bahren oder von Sanitätern gestützt auf die Gangway zubewegten.

Stannard murmelte leise: »Mein Gott, da ist auch Aikman.«

Dancy wandte sich um und sah den Offizier mit einem Koffer in der Hand langsam über das Deck kommen; ein Sanitätsunteroffizier folgte ihm in diskretem Abstand.

Stannard biß sich auf die Lippen. Aikman ging nur zur Beobachtung von Bord. Das war typisch für Lindsay, dachte er. Die meisten anderen Kommandanten hätten ihn bis zu einem Kriegsgerichtsverfahren wegen Fahrlässigkeit unter Arrest gestellt. Doch Lindsay ging davon aus, daß Aikman gestraft genug war. Nun würde er wohl im Lazarett bleiben und dann in aller Stille entlassen werden. Vergessen.

Impulsiv sagte er: »Armes Schwein!«

Dancy sah ihn an und dachte an Stannards erbitterten Zorn auf der Brücke. An seine Verachtung für Aikman.

Stannard trat vor und fragte: »Sie gehen von Bord?«

Aikman blieb stehen, als hätte er einen Schlag erhalten. Er wandte sich um, sein Gesicht war sehr blaß, die Augen lagen in dunklen Ringen; er wirkte wie ein Mann unter Drogen.

Dumpf sagte er: »Ja, ich ... Ich weiß nicht genau, was ... Weiter konnte er nichts sagen.«

Stannard streckte die Hand aus und sagte leise: »Alles Gute, Kamerad. Tut mir leid, was geschehen ist.« Er wandte sich ab, als wolle er den Krankenwagen auf der Pier zusehen. »Hätte jedem von uns passieren können.«

Aikman ergriff seine Hand und sagte stockend: »Ist es aber nicht. Nur mir.« Tränen liefen ihm über die Wangen.

Der Unteroffizier sagte aufmunternd: »Kommen Sie, Sir, wir wollen doch die anderen nicht warten lassen.«

Für Dancy klang das, als spräche ein Lehrer mit einem zurückgebliebenen Kind. Er sagte schnell: »Auf Wiedersehen.« Dann grüßte er und sah, wie Aikman über die Gangway in einen Krankenwagen geführt wurde.

»Im Krieg«, sagte Stannard, »denkt man wohl manchmal daran, daß man getötet oder verwundet werden könnte.« Kopfschüttelnd wandte er sich um und ging zur Messe zurück. »Aber an diese Möglichkeit denkt man nie.«

In Lindsays Kajüte hing wirbelnder Tabakrauch und Whiskydunst. Die Werftbeamten in ihren blauen Sergeanzügen, ein paar Offiziere von der technischen Abteilung des Stützpunkts, ein Lieutenant des Nachrichtendienstes – er sah eine fast endlose Reihe fremder Gesichter vor sich.

Er hielt ein Streichholz an seine Pfeife und beobachtete, wie die Flamme in seiner unsteten Hand flackerte. Er mußte sich zwingen, die Ruhe zu behalten. Fraser sprach mit einem anderen Ingenieur und ließ an seiner verwischten Sprechweise erkennen, daß er auf dem besten Wege war, sich zu betrinken. Lindsay wußte nicht mehr, wieviel er selbst getrunken hatte, hatte aber das Gefühl, stocknüchtern zu sein. Er fühlte sich nicht einmal müde, nur wie betäubt, in einer völligen Leere.

Lindsay hatte die von Bord gehenden Überlebenden verabschiedet und mit den meisten noch gesprochen; ein Händedruck hier, ein kurzes Daumenheben dort. Sie hatten alle auf ihre Weise reagiert. Das unausgesprochene Wort, die unterdrückte Geste hatten ihn bewegt; dazu die Blicke der einen oder anderen Wren hinunter auf die sichere, buntbewegte Pier. Der verwundete Seemann auf einer Trage, der mit etwas wie Ehrfurcht zum grauen Himmel aufblickte, und das Mädchen mit dem bandagierten Gesicht, das von zwei Sanitätsgasten über die Gangway getragen wurde. Sie mußte gespürt haben, daß Lindsay dort stand, und hatte ihre Hand ausgestreckt. Nur eine schnelle Berührung, nicht mal ein Händedruck, aber es hatte ihm viel gesagt.

Nun waren sie alle fort, und das alte Schiff wartete geduldig auf den Beginn der nächsten Phase: Reparaturen und alle Unannehmlichkeiten des Trockendocks. Dann wieder hinaus in den Atlantik.

Wenn Goss nicht beschlossen hätte, an Bord zu bleiben, dann hätte sich Lindsay dafür entschieden. Er hatte gar keine Lust, seinen Urlaub in einem Hotel zu verbringen, mit dem ganzen Weihnachtstrubel und der aufdringlichen Fröhlichkeit. Aber irgendwohin würde er gehen müssen. Er dachte an Aikmans Gesicht, als er ihm erklärt hatte, was für ihn veranlaßt worden war. Aber man kannte sich mit einem Menschen wie Aikman nie aus. Vielleicht würde er völlig zu Grunde gehen, aber ebensogut konnte er sich zu einer neuen Haltung durchringen und von vorne anfangen. Mit der Zeit mochte er sogar glauben, er sei schuldlos, alle anderen hätten den Fehler gemacht. Lindsay hoffte, daß Letzteres eintrat. Aikman war zu schwach und zu unsicher, um mit dem Makel fertigzuwerden.

Erschrocken merkte er, daß der ernste junge Lieutenant vom Nachrichtendienst zu ihm sprach.

»Ich werde all Ihre Überlegungen sorgfältig prüfen, Sir.« Er nickte ernst. »Ich habe das sichere Gefühl, daß dabei etwas sehr Nützliches herauskommen könnte.«

Lindsay betrachtete ihn mit Gelassenheit. Der Lieutenant, ein Zeitoffizier, hatte eine bildschön geschnittene Uniform und tadellose Manieren. In Friedenszeiten vielleicht Journalist, hatte er jetzt einen Platz im Stab gefunden. Er genoß offensichtlich seine Rolle und sprach mit so konspirativer Vertraulichkeit wie ein Meisterspion im Film.

Lindsay ertappte sich bei der Überlegung, warum er eigentlich einen so langen Bericht verfaßt hatte. Vielleicht, um bei gesundem Verstand zu bleiben. Ihm war klar: Wenn er den Zusammenbruch vermeiden wollte, brauchte er einen neuen Lebensinhalt. Und falls Haß ein Lebensinhalt war, dann befand er sich auf dem besten Wege.

»Ich glaube«, begann er, »wenn wir etwas mehr über den deutschen Raider in Erfahrung bringen könnten, auch über seinen Kommandanten, dann würde uns einiges klar.« Er hielt inne. Aus dem höflichen Lächeln des Lieutenants war zu erkennen, daß er bereits an etwas ganz anderes dachte. Lindsay setzte hinzu: »Da die Japaner nun im Krieg sind, können wir uns nicht mehr völlig auf den amerikanischen Schutz des westlichen Atlantik verlassen. Sie werden zunächst all ihre Schiffe im Pazifik benötigen.«

Der Lieutenant sah auf die Uhr. »Wir können bestimmt davon ausgehen, daß gerade dieser Punkt von höheren Stellen im Auge behalten wird, Sir.«

»Bestimmt.« Lindsay winkte mit seinem leeren Glas zu Jupp hinüber. »So wie sie die Dänemark-Straße und den Fjord im

Auge behielten, wo dieser verdammte Raider vor Anker lag, O ja, ich bin sicher, daß wir uns auf die höheren Stellen verlassen können.«

Fraser fragte unsicher: »Wie wär's, wenn wir uns etwas zu essen kommen ließen? Mein Bauch ist so leer wie ein altes Ölfaß.«

Die plötzliche Stille, die auf Lindsays Zornesausbruch gefolgt war, löste sich in Gelächter auf; aber Lindsay bemerkte, daß Fraser ihn grimmig musterte.

Der Lieutenant erhob sich. »Ich glaube, ich muß jetzt gehen, Sir.« Er zwang sich zu einem Lächeln. »Ich bin überzeugt, Sie meinen es ehrlich, Sir, aber ...«

Fraser nahm ihn beim Ellbogen und zog ihn vom Tisch. »Hören Sie zu, Kleiner, wenn Sie sich aufspielen wollen, soll's mir egal sein.« Er bemühte sich, den Lieutenant scharf anzusehen. »Aber versuchen Sie's nicht auf diesem Schiff!« Er fuchtelte mit seinem Glas herum und spritzte Whisky auf den Teppich. »Der Mann, den Sie hier so gönnerhaft behandeln, hat mehr gesehen, mehr getan und sich mehr Gedanken gemacht, als Sie je begreifen werden! Während Sie auf Ihrem Hintern sitzen und Nadeln in längst überholte Lagekarten stecken, sind es Männer wie er, die die Dinge voranbringen!«

Der Lieutenant sah auf Fraser herunter und merkte, daß einige Zivilisten über seine Verwirrung grinsten. »Also wirklich, Sie haben keinen Grund, so zu sprechen!«

Fraser torkelte davon. »Verpiß dich!« Er fiel in einen Stuhl.

Die anderen brachen nun ebenfalls auf. Man war es gewohnt, mit Männern wie Fraser umzugehen. Die Westlichen Zufahrtsgebiete behandelte die, die dort dienten, hart. Tod und ständige Gefahr hatten seit langem die äußere Fassade und die Tünche guten Benehmens bei ihnen abgewetzt.

Als sie alle gegangen waren, sagte Lindsay: »LI, mir scheint, Sie sind einer der ungehobeltsten Kerle, die's gibt!«

Fraser feixte völlig unbußfertig. »Könnte wohl sein.«

Lindsay hielt sein Glas gegen das graue Licht. »Ich nehme an, Sie fahren nach Hause, sobald wir eingedockt haben?«

Fraser nickte. »Stimmt. Und daheim kriege ich dann einen Mordskrach und vergesse dieses verdammte Schiff.« Er verzog das Gesicht. »Aber zu Sylvester bin ich wieder hier. Bis dahin wird mir die Frau wohl verziehen haben.«

»Kriegen Sie immer Streit, wenn Sie auf Urlaub gehen?«

Jupp sagte: »Ich glaube, der Leitende Ingenieur ist eingeschlafen, Sir.« Er nahm das Glas aus Frasers schlaffer Hand und setzte hinzu: »Ich bringe ihm einen schwarzen Kaffee.«

Lindsay stand auf. »Nein, lassen Sie ihn schlafen. Er hat für zehn gearbeitet. Sein Vertreter kann übernehmen, wenn wir verlegen.«

»Und wann wird das sein, Sir?«

»Morgen vormittag.«

Lindsay horchte auf das düstere Blöken eines auslaufenden Schleppers. Es erinnerte ihn an das sinkende Schiff, und die Sirene, die auch nicht aufhörte, als das Schiff von Granaten zusammengeschlagen wurde.

Aus der Messe konnte er gedämpftes Lachen hören und sah sie vor sich, wie sie Pläne für die unerwartete Urlaubsreise machten: zu Frauen und Eltern, zu Freundinnen und Geliebten. Wie sich jetzt herausstellte, hatte Dancys Eisberg allen Gutes gebracht, den meisten zumindest. Nur einige, wie Ritchie, besaßen nichts, zu dem sie fahren konnten und hatten auch kein Verlangen danach, an das Verlorene erinnert zu werden. Und dann Goss. Er hatte nichts als das Schiff, so schien es jedenfalls.

Lindsay sagte: »Ich gehe an Land.« Er hatte es ausgesprochen, fast ehe ihm der Gedanke gekommen war. Aber er mußte fort, nur für ein paar Stunden. Er wollte irgendwohin, wo ihn keiner kannte und er einen Augenblick Frieden finden konnte. Wenn es so etwas überhaupt gab.

Jupp sah ihn traurig an. »Aye, aye, Sir. Ich lasse Ihnen ein Bad ein.«

Er eilte davon, um Lindsays beste Uniform herauszulegen und ihm ein paar Sandwiches zu machen, denn er wußte, der Kommandant würde nicht auf ein richtiges Essen warten.

Lindsay ging zu einem Bulleye an der äußeren Bordwand und sah zu, wie ein rostiger Frachter von Schleppern ins Hauptfahrwasser bugsiert wurde. Doch seine Gedanken waren bei dem Funkspruch und den beiden Schiffen, die am anderen Ende der Welt verlorengegangen waren. Vor allem bei der *Prince of Wales*. Er konnte sie noch deutlich vor sich sehen, wie sie da in Scapa gelegen hatte.

Diese Erinnerung brachte augenblicklich alles wieder zurück: den Dienstwagen, das Mädchen mit dem Dufflecoat und der schief aufgesetzten Mütze.

Er dachte immer noch an Eve, als er das Schiff verließ und langsam über den unordentlichen Kai schritt, den Mantelkragen im Nieselregen hochgeschlagen.

Bei einem zusammengeklappten Kran blieb er stehen und sah zurück. Hoch und unheimlich erhob sich die *Benbecula* wie eine nasse graue Wand über die Winden und aufgeschossenen Festmacherleinen, die häßlichen Berge von Kisten und den ganzen Wirrwarr eines Seehafens im Krieg. Von diesem Blickwinkel aus war ihre Krängung nach Steuerbord noch augenfälliger: Es sah aus, als lehne sie sich gegen die nasse Mauer, um sich von der Qual zu erholen, die ihr Menschen so brutal zugefügt hatten.

Ganz achtern klarierte ein Seemann in Ölzeug die Leinen am Flaggenstock, bis die neue Kriegsflagge vor dem grauen Himmel plötzlich auswehte. Es bedurfte jedoch mehr als einer Flagge, ein Schiff zu einem Kampfinstrument zu machen. Wie auch etwas Besonderes geschehen mußte, um Männer zu einer Besatzung zusammenzuschmieden. Aber wenn der Krieg vorbei war, würden dann Aikman und Dancy, Hunter, Boase und ihresgleichn sich jemals wieder von all dem lösen und in dieses andere, fast vergessene Leben zurückkehren können?

An ihm und an der *Benbecula* lag es, das zu schaffen; zumindest die Möglichkeit sollte ihnen gegeben werden, dachte er.

Bei der Werftwache zeigte Lindsay seinen Ausweis und trat durch das Tor. Eine plötzliche Verwirrung und Unsicherheit überfiel ihn, hatte er vielleicht unrecht? Möglicherweise war er es, der zu bedauern war und Hilfe brauchte?

Ein paar Seeleute lösten sich von ihren Mädchen und grüßten, als er vorbeiging. Achtung, Neid, aber auch Interesselosigkeit lagen in ihrem Gruß. Sie waren aus dem Atlantik zurückgekommen und machten das Beste daraus. In gewisser Hinsicht beantwortete das seine Frage. Er beschleunigte seinen Schritt, um ein Taxi zu suchen.

11 Erinnerungen

Am 2. Januar 1942 wurde Seiner Majestät Hilfskreuzer *Benbecula* im Lauf des Vormittags aus dem Trockendock verholt und machte am ursprünglichen Liegeplatz fest. Ihr Erscheinen war vom Stab kaum erwähnt worden, die einzige Reaktion überhaupt war Ungeduld. Man wollte sie so schnell wie möglich loswerden, damit Dock, Kai und Hafenbetrieb wieder für die lange Reihe der beschädigten Schiffe frei wurden, die mit jedem einlaufenden Geleitzug ankamen.

Der Urlaub der Besatzung lief mittags ab, und als Offiziere und Mannschaften mehr oder weniger glücklich nach Liverpool zurückkehrten – je nach dem, welchen Erfolg oder auch Mißerfolg ihre unerwartete Freiheit gehabt hatte –, konnten sie nur mit einer Mischung aus Überraschung und Anerkennung ihr schwimmendes Heim bestaunen. In ihrer Abwesenheit hatte das alte Schiff seine eintönige graue Farbe verloren. Nun lag es da, fast verlegen und befangen wirkend, und war vom Bug bis zum Heck, von der Oberkante des einzigen Schornsteins bis zur Wasserlinie mit einem Tarnanstrich versehen: grüne und hellblaue, schwarze und braune winklige Flecken ließen es völlig fremd wirken. Nur die Schlagseite war geblieben und bewies seine wahre Identität. Ein erstaunter Heizer meinte: »Sieht aus wie eine alte Nutte im Sommerkleid ihrer Tochter!« Man konnte noch andere, weit unhöflichere Bemerkungen hören.

Lindsay war mehrere Tage zuvor aus dem Urlaub zurückgekehrt. Während er in seiner Kajüte den Stapel Lieferscheine, Funksprüche und Flottenbefehle der Admiralität durchging, hörte er die lauten Bemerkungen draußen und konnte die Unruhe verstehen.

Wie gewöhnlich wußte niemand, welche künftige Rolle der *Benbecula* zugewiesen war. Niemand fühlte sich zuständig. Die Werftleute hatten die Beschädigung unterhalb der Wasserlinie repariert und ein paar andere, von ihm seit der Kommandoübernahme erbetene Verbesserungen angebracht. Auf dem Bootsdeck stand auch eine weitere Doppellafette Oerlikon, die er nicht angefordert hatte. Das wies darauf hin, daß das Schiff jedenfalls für einige Zeit in Reichweite feindlicher Flugzeuge eingesetzt werden sollte. Eine neue Panzerung schützte die Achterkante Brücke und das Ruderhaus. Mehrere neue Rettungsflöße, ein zusätzlicher Generator im Maschinenraum und ein großzügiger Neuanstrich in den unteren Messedecks zeigten, daß die Werftleitung selbst über Weihnachten nicht müßig gewesen war.

Für Lindsay war der Urlaub seltsam enttäuschend gewesen. Er hatte keineswegs wie geplant die Abgeschiedenheit eines Landhotels aufgesucht, sondern war statt dessen nach London gefahren.

Nach mehreren Versuchen war es ihm gelungen, ein Gespräch mit einem ziemlich hohen Offizier des Nachrichtendienstes in der Admiralität zu führen. Erwartungsgemäß hatte diese Abteilung nichts von dem verbindlichen jungen Lieutenant in Liverpool gehört und kannte weder Lindsays Bericht noch seine Anregungen hinsichtlich des deutschen Raiders. Der Nachrichtendienstoffizier war äußerst höflich, wenn auch irgendwie hilflos gewesen. Er hatte über den Raider nur gewußt, daß es die *Nassau* war, der neben der *Loch Glendhu* auch die kürzlichen Verluste zuzuschreiben waren. Sie war nicht nach Norwegen zurückgekehrt. Auch jetzt, während Lindsay dasaß und auf seinen unordentlichen Schreibtisch niederstarrte, hatte noch niemand etwas von ihr gehört oder gesehen.

Als Lindsay auf seiner These beharrt hatte, daß die Deutschen weiträumige Angriffe auf den alliierten Handel planten, um die Geleit- und Luftüberwachungsstreitkräfte auszudünnen und ihre neuen japanischen Verbündeten zu unterstützen, war der Offizier bestimmter geworden. Er sei mit seiner Abteilung bis an die Grenze des Erträglichen belastet. Es gäbe keinen Beweis, der darauf schließen ließe, daß Lindsay recht habe. Schließlich sei der Krieg schon schwierig genug, auch ohne seine ›Wenn‹ und ›Vielleicht‹.

Lindsay tastete nach seiner Pfeife und erinnerte sich an London: an die zerstörten Gebäude, an die Lücken in den kleinen flachen Häusern, wo die Bomben wie mit einer Riesenaxt einen Pfad geschlagen hatten. Sandsäcke rund um die imposanten Bürogebäude in Whitehall, Polizisten in Stahlhelmen, dazu die Verdunklung und das Heulen der Luftschutzsirenen, Nacht für Nacht, fast ohne Pause.

Die Leute sahen müde und überanstrengt aus. An jedem neuen Tag mußten sie sich ihren Weg über Geröll und Feuerwehrschläuche bahnen, mit geduldiger Resignation für die Busse anstehen, die immer noch fahrplanmäßig verkehrten.

Und überall Uniformen. Nicht nur von Heer, Marine, Luftwaffe, sondern auch Uniformen der besetzten Länder: Polen und Norwegen, Holland und Tschechoslowakei. In ihrer Fremdheit wiesen sie auf das Ausmaß der feindlichen Erfolge hin.

Wenn Lindsay nicht in einem Vorzimmer der Admiralität wartete oder die letzten nachrichtendienstlichen Berichte im Lagezimmer durchlas, war er durch die Stadt gelaufen: nach East End und zu den Docks, in den Green Park und die altertümliche Pracht von Piccadilly. Südlich des Flusses lagen ruhige, gesichtslose Straßen, wo sich die stolze Silhouette der Stadt dunkel vom Nachthimmel abzeichnete, mit dem Gewirr der Scheinwerfer und dem düsteren Glühen brennender Gebäude. Ein entrüsteter Luftschutzwart hatte Lindsay in einen Luftschutzkeller gescheucht und geschrien: »Wofür halten Sie sich eigentlich, Kamerad? Für Gott oder so was ähnliches? Wenn Sie beim Luftangriff hier herumlaufen, kann das Ihren dämlichen Kopf kosten!«

Er hatte auf einer Bank gesessen, den Rücken an kalten Beton gelehnt, während der Bunker unter den Detonationen zitterte und bebte. Draußen vor der Stahltür schrillten Feuerwehrglocken und Polizeipfeifen, aber innerhalb des überfüllten Bunkers hatte er eine Geduld und ein Zusammengehörigkeitsgefühl bemerkt, die sich in seine Erinnerung tief eingruben.

Von seinem ersten Tag als Seekadett an war Lindsay gründlich ausgebildet worden: in Schiffsführung und Seemannschaft, Artillerie und Navigation, in der komplizierten Führung von Schiffsverbänden, die unter allen denkbaren Bedingungen zusammenwirken mußten. Niemand aber hatte ihm etwas von der anderen Seite des Krieges erzählt. Die Lehren von Dünkirchen und Kreta, Norwegen und Nordafrika waren hart und eindringlich gewesen: verängstigte Flüchtlinge auf den Straßen, die auseinanderspritzten, wenn die Stukas mit Bomben und Geschossen dazwischenfuhren. Soldaten, bis an die Brust im Wasser und darauf wartend, durch die Navy von den verwüsteten Stränden evakuiert zu werden. Eine Navy, der es gelang, wie ein Londoner Bus immer noch rechtzeitig zur Stelle zu sein. Aber um welchen Preis!

Der Verlust seines eigenen Schiffes, die quälende Erinnerung an den sinkenden Transporter, das alles hatte bei Lindsay Narben hinterlassen. Doch sein letzter Besuch in London zeigte ihm, daß er von der anderen Seite des Krieges überhaupt nichts wußte. Diesen Krieg sah man nicht durch ein Artilleriefernrohr oder ein Bombenzielgerät, während der Feind weit weg war und ohne Identität. Er war da, überall. Niemand blieb ausgenommen. Aber wenn diese Leute im Luftschutzbunker und alle ihre Leidensgenossen Glauben und Vertrauen verloren, dann war das Ende näher, als sich das jemand vorstellen konnte. Eigentlich erstaunlich, daß sie nicht schon aufgegeben hatten, dachte er. Doch in den schäbigen Pubs mit all den Verknappungen und dem wäßrigen

Bier hatte er viel Lachen und Optimismus gehört. Obwohl auf den ersten Blick dafür wirklich kein Grund bestand. Der Krieg lief nicht gut, und das erste Aufatmen über den Kriegseintritt der Amerikaner wich der Erkenntnis, daß der eigentliche Kampf noch gar nicht begonnen hatte.

Während seines Urlaubs hatte Lindsay mit dem Gedanken gespielt, herauszufinden, wo Eve Collins gewohnt hatte. Er hätte ihre Eltern besuchen, etwas Trost finden und geben können. Aber er hatte diesen Gedanken sofort wieder aufgegeben und sich wegen seines Selbstmitleids verachtet. Was hätte er ihnen sagen können? Daß er das brennende Schiff gesehen hatte, auf dem ihre Tochter einen schrecklichen Tod starb? Daß er dort gewesen war, ein Zeuge, der hätte helfen sollen, es aber nicht konnte?

Nein, es war besser, sie sich selbst zu überlassen. Nach der grausamen Härte der amtlichen Todesnachricht mußten sie aneinander Trost und Kraft finden. Mit der Zeit würde das nicht Begreifbare verblassen, sie würden sich Eves ohne Schmerzen erinnern können, wie es zahllose andere auch taten.

Ein Klopfen an der Tür, dann trat Goss schweren Schrittes in die Kajüte.

»Acht Glasen, Sir. Sieben Mann fehlen noch, aber ein Zug hat Verspätung, vielleicht ist das der Grund.« Er schlug sein Notizbuch auf. »Anruf vom Marinelazarett: Matrose McNiven bleibt zur Behandlung einer Geschlechtskrankheit dort.« Er klappte das Buch zu. »Ich habe deshalb einen anderen Matrosen als Rudergänger eingeteilt, Sir.« Es klang nicht so, als ob ihn McNivens Mißgeschick sehr bekümmere.

»Danke.« Goss sah recht erschöpft aus, aber Lindsay konnte seine Empfindungen über das neue Äußere des Schiffes verstehen. »Ich denke, wir werden in Kürze unsere Befehle bekommen.«

Goss nickte. »Jawohl.«

»Heute nachmittag übernehmen wir Brennstoff und Munition. Wenn nötig, werden wir bis in die Abendwache hinein arbeiten. Denn bei einem Luftangriff auf den Hafen wollen wir keine reglose Zielscheibe sein.«

In der Ferne hörte Lindsay einen Mann lachen; er stellte sich die zurückkehrenden Männer tief unten im Schiff vor, wie sie ihre guten Uniformen auszogen und bis zum nächsten Mal in Kleidersäcken und Spinden verstauten.

Goss sagte plötzlich: »Ich war einige Male an Land, denn ich hatte es mir zur Aufgabe gemacht, herauszukriegen, wohin wir das nächste Mal gehen.«

»Und?«

Goss seufzte. »Schnoddrige Kerle, Sir.« Seine Augen leuchteten auf. »Aber ich erfuhr, daß wir wahrscheinlich nach Süden gehen.«

Lindsay nickte. »Könnte schon sein.« Er hatte bereits die zusätzlichen Ventilatoren und Lüftungsschächte bemerkt; auch der bunte Tarnanstrich deutete nicht gerade auf eine weitere Island-Unternehmung hin. Aber Lindsay merkte, daß es ihm egal war, wohin es ging. Nur eines war für ihn wichtig: die schwache Chance, diesen Raider noch einmal zu treffen.

»Wenn wir nach Süden gehen«, sagte Goss, ein wenig zur Seite rückend, damit Lindsay sein Gesicht nicht sehen konnte, »glaube ich nicht, daß wir je wieder zurückkommen.«

Lindsay wandte sich in seinem Stuhl um. Goss war todernst wie immer. Er wirkte jedoch sorgenvoller, als er ihn je gesehen hatte.

Im gleichen leeren Tonfall fuhr Goss fort: »Während Ihres Urlaubs hat es die alte *Eriskay* erwischt, Sir. Sie wurde torpediert. Man hat nur nicht gesagt, wo.«

Ohne zu fragen, wußte Lindsay, daß dies ein weiteres Schiff von Goss' alter Reederei war.

»Jetzt sind nur noch drei übrig.« Goss trat ruhelos an ein Bulleye, sein Gesicht sah in dem grauen Licht sehr faltig aus. »Man durfte sie nicht in ein Gebiet schicken, wo sie nicht überleben konnte. Aber es ist immer dasselbe. »Die großen Schiffe schwojen im Hafen um ihre Bojen. Die besten Zerstörer bleiben bei ihnen, nur für den Fall, daß sie irgendwann in Gefahr geraten. Während die armen, kümmerlichen Geleitfahrzeuge, die seit Jahren eigentlich zum Schrott gehören«, er seufzte tief, »und Schiffe wie die *Becky* die ganze Last tragen müssen.« Er ballte seine großen Fäuste. »Das ist nicht in Ordnung, Sir. Verdammt, das ist nicht fair!«

Lindsay sah ihn ernst an. Goss' plötzlicher Ausbruch war heftig und gleichzeitig irgendwie bewegend. Denn Goss meinte nicht nur die anonymen Kriegsschiffe, sondern die Navy. Und indirekt vielleicht auch ihn.

»Ich habe in London Leute gesehen, 10, die in der gleichen Lage sind. Sie haben keine andere Wahl.« Lindsays Stimme verhärtete sich. »Genausowenig wie wir.«

Goss fing sich wieder. »Ich weiß.«

Das Deck begann leicht zu beben, und Lindsay überlegte, ob Fraser wohl schon im Maschinenraum war und irgendeinen Teil der Anlage überprüfte.

»Machen Sie weiter, 10. Nach dem Essen wollen wir sofort anfangen.« Er sah Ritchie durch die Tür schauen und setzte hinzu: »Kommen Sie rein, Signalmeister.« Als Goss an Ritchie vorbeiging, überlegte Lindsay, warum sich sein Erster nicht in das Unvermeidliche schicken konnte.

»Ein neuer Schwung von Nachrichten, Sir.«

»Danke.« Er blätterte die erste um. »Schönen Urlaub gehabt?« Erst dann bemerkte er den Kummer auf des Mannes rundem Gesicht und verfluchte sich selbst wegen seiner Torheit. »Tut mir leid, das war einfach unverzeihlich.«

Ritchie lächelte. »Schon gut, Sir. Ich bin gern wieder hier.« Er schaute sich in der Kajüte um. »Hab' im *Union Jack Club* gewohnt. Besser als nichts, vermutlich.«

Lindsay dachte an seinen eigenen Urlaub. Das endlose Herumlaufen, die Besuche in der Admiralität. Die Nächte, in denen er schließlich von Boases Pillen Gebrauch gemacht hatte. Nun, da das Schiff ihn wieder brauchte, war er vielleicht außer Gefahr.

»Hier ist noch ein Signal von der Befehlsstelle, Sir. Der Operationsoffizier kommt um 1400 Uhr an Bord.« Ruhig setzte Ritchie hinzu: »Er bringt den Kommodore mit.«

Lindsay sah auf. »Kemp? Ich dachte, der sei in Scapa?«

Ritchie zuckte die Schultern. »Sie wissen ja, wie's geht, Sir. Man rüstet Sie für die Tropen aus und schickt Sie dann in die Arktis. Man gibt Ihnen eine Torpedoausbildung macht Sie zum Koch!« Er grinste. »Und das Ganze nennt man Planung.«

Lindsay lächelte zu ihm auf. Es war schön, Ritchie wieder bei sich zu haben. »Wir werden eben abwarten müssen, was das für uns bedeutet.«

»Und noch eine Meldung, über den Matrosen McNiven.« Ritchie beugte sich vor, um den Block aufzuschlagen. »Eine Streife erwischte ihn, als er in eine Apotheke einbrach. Der Idiot dachte vielleicht, er könnte einen Tripper mit Heftpflaster kurieren.« Ritchie wurde wieder dienstlich. »Und Ersatz für Mr. Aikman soll heute nachmittag eintreffen.«

Jupp betrat die Kajüte und zögerte. »Pardon, Sir ...«

Lindsay stand auf. »Ich glaube, wir sollten jetzt etwas trinken.«

Er sah Ritchie an. »Wie wär's, Signalmeister? Nur so, weil's wieder losgeht.«

Ritchie grinste. »Wenn Sie meinen, Sir? Dazu hab' ich noch nie nein gesagt.«

Jupp warf Lindsay einen schnellen Blick zu und bemerkte, daß die Falten um Mund und Augen weicher geworden waren. Die Pillen hatten ihm also doch gut getan. Er studierte den Unteroffizier, der erfreut, wenn auch ein bißchen verlegen über die Einladung des Kommandanten, neben dem Schreibtisch stand. Er fragte sich, wie Ritchie die letzten drei Wochen ohne seine Familie durchgestanden hatte.

Dann richtete er sich auf. »Drinks kommen sofort, Sir. Und da wir sicher im Hafen liegen, in den guten Gläsern!«

Sofort nach dem Essen ging die Besatzung an die Arbeit. Kräne schwenkten über ihren Köpfen hin und her, ein scharfer Wind pfiff durch den Hafen, und es bedurfte keiner besonderen Anfeuerung, die Übernahme von Proviant und Munition so flott wie möglich zu erledigen.

Draußen drückte sich ein Tanker gegen die Fender und pumpte durch pulsierende Schläuche Brennstoff in *Benbeculas* Bunker. Sein Schiffsführer sah bereits zu anderen in der Nähe liegenden Schiffen hinüber, die durch ein Flaggensignal anzeigten, daß auch sie seiner Dienste bedurften.

Fraser stand an der Reling, die behandschuhten Hände in die Hüften gestützt, und sah dem Oberheizer zu, der den gleichmäßigen Zustrom überwachte. Das hatte er schon so oft und in so vielen Häfen getan, daß er die übernommene Brennstoffmenge schon fast nach dem Rucken der Schläuche beurteilen konnte. Fraser dachte an seine Familie in Dundee. Es war alles ganz anders gewesen als erwartet. Jahrelang war er fast ein Fremder im eigenen Haus gewesen, ein Mann, der kam und ging, Jahr um Jahr. Doch diesmal hatte ihn die Feststellung erschüttert, daß seine Frau plötzlich alt wurde. Und seine beiden Kinder waren fast wie Fremde gewesen, befangen angesichts seiner krampfhaften Vertraulichkeit. Er war nicht mehr durch die Pubs gezogen wie in der Vergangenheit, hatte nicht wie früher den stillen Zorn im Gesicht seiner Frau gesehen, wenn er in den frühen Morgenstunden heimgestolpert kam. Drei Wochen lang hatte er versucht, Versäumtes nachzuholen, und sie hatte Verständnis gezeigt. Es gab keinen

Streit, keine Auseinandersetzung über andere Schiffsoffiziere, die in der Nachbarschaft wohnten und deren Frauen sich mit ihren erfolgreichen Männern brüsteten. Nein, es war ein gemütliches, warmes Weihnachtsfest gewesen, und im Gegensatz zu früher hatten sich Fraser und seine Frau nicht vom häuslichen Kamin weg gerührt. Als sie im Radio den Neujahrsglocken zuhörten, hatten sie sich bei den Händen gehalten und waren sich beide darüber klar gewesen, daß dies nicht nur das Ende des Jahres, sondern auch des Urlaubs bedeutete.

Fraser hatte sich selbst sagen hören: »Wenn mir etwas zustößt – wirst du Jamie zur See gehen lassen, wenn er möchte?«

Sein Sohn war elf Jahre alt, ihm diesmal aber viel älter vorgekommen.

»Sag so was nicht, Donald«, hatte sie erwidert. »Es sieht dir gar nicht ähnlich. Was haben sie mit dir gemacht, daß du so geworden bist?«

»Ich wollte dich nicht beunruhigen, Liebstes.«

Sie hatte ihm Whisky nachgegossen. »Trink, Donald. Jamie ist wie sein Vater, ich werde ihn nicht aufhalten.«

Beim Abschied hatte er sich im ganzen kleinen Haus umgeschaut, als müsse er alles mit einem Blick in seine Erinnerung eingraben. Dann hatte er sie geküßt und war gegangen, ohne sich noch einmal umzuschauen.

Der Oberheizer blinzelte mit windgeröteten Augen zu ihm hoch. »Nun geht's uns wieder gut, was, Sir? Die alte *Becky* kann uns überall hinbringen.«

Fraser betrachtete ihn mürrisch. »Und genau das wird sie tun, Usher.«

Oben auf dem Bootsdeck schaute Lieutenant Maxwell zu der neuen Doppellafette hinter dem Brückenaufbau auf.

Sein II AO, Lieutenant Hunter, sagte: »Ich habe die Sprechverbindungen überprüft, Sir, auch die Plazierung der Lafette ist recht gut.« Er hütete sich, zuviel zu kommentieren, denn er wußte, wie verletzend Maxwell sein konnte.

Maxwell wackelte mit seinem Kugelkopf. »Gut. Schön. So soll's auch sein.« Er hatte kaum ein Wort Hunters aufgenommen.

Noch immer wurde er nicht damit fertig. Es war wie ein böser Traum, den man nicht abschütteln konnte, nicht einmal nach dem Aufwachen.

Wenn er vorher angerufen hätte, hätte er es nie erfahren. Er fühlte, wie er unter der Mütze schwitzte, trotz des scharfen Windes war ihm heiß. Aber er hatte sich selten die Mühe gemacht, seinen Urlaub telefonisch oder schriftlich anzukündigen. Decia, seine Frau, war doch sowieso immer daheim. Sie hatte ihr eigenes Geld, eine ganze Menge sogar, dank ihres reichen Vaters, und lud lieber ihre Bekannten ein, als selbst auszugehen.

Vielleicht war es schon monatelang so gegangen, jahrelang. Unruhe und Zweifel nagten an ihm, bis er meinte, sich erbrechen zu müssen.

Auf der letzten Strecke seiner Reise nach Hampshire war der Zug mehrere Stunden lang aufgehalten worden, und als er dann endlich an seiner Station ankam, war kein Taxi oder Mietwagen erreichbar gewesen.

Maxwell war ziemlich außer Atem gewesen, nachdem er die acht Kilometer bis zu seinem Haus gelaufen war. Zudem war sein Koffer schwer, gefüllt mit zollfreien Zigaretten und einem Stück Seide, das er in Liverpool ergattert hatte. Für Decia.

Im Haus herrschte Grabesstille. Einige Augenblicke dachte Maxwell, sie sei nicht da. Der Hausmeister wohnte nicht im Haus, und da Fabriken und Streitkräfte jetzt die besser bezahlten Stellen anboten, war es fast unmöglich, Dienstpersonal zu bekommen. Decia hatte oft darüber geklagt, wie auch über andere Dinge.

Dann hatte er ihr Lachen gehört. Ein anhaltendes, erregtes, sinnliches Lachen.

Er erinnerte sich nicht mehr daran, wie er nach oben gerannt war und wie lange er vor der Schlafzimmertür gestanden hatte. Seine Erinnerung hielt einzig die Szene fest, die sich ihm im Licht der Nachttischlampen bot, ein widerliches Bild.

Decia saß im Bett und starrte ihn an, ihr nackter Körper glänzte wie Gold, das Haar hing offen um ihre Schultern, wie er es noch nie gesehen hatte. Und der Mann: mit offenem Mund und versteinert, eine Hand noch immer auf ihrem Schenkel. Er war aus dem Bett gestürzt, Worte ohne Sinn und Bedeutung ausstoßend, hatte nach seiner Hose gegriffen und entsetzt geschluchzt, als Maxwell auf ihn zutrat.

Das Schlimmste war gewesen, daß Maxwell sich unfähig fühlte, ihn zu schlagen. Vielleicht wußte er in seinem Inneren, daß er ihn dann auf der Stelle totgeschlagen hätte. Der Mann hatte einen dicken Bauch und sah lächerlich aus. Nicht mal jung und in Tränen aufgelöst, stammelte er Entschuldigungen.

Maxwell hatte die Tür hinter ihm zugeknallt, hatte ihn die Treppe hinunterstolpern, über den Kiesweg rennen gehört. Dann Stille.

Auch im Schlafzimmer war es totenstill. Nur ihr Atem und sein wie ein Hammer gegen die Rippen schlagendes Herz waren zu hören.

»Warum?« Das Wort war ihm entfahren, noch ehe er wieder zu Sinnen gekommen war. »Warum, um Gottes willen?«

Anstatt den Versuch zu machen, ihren Körper zu bedecken, hatte sie sich zurückgelehnt; ihr Blick war plötzlich wieder ganz ruhig.

»Warum nicht? Bildest du dir ein, ich könnte immer so leben, ohne einen Mann?«

Maxwell hatte sich der Tür zugewandt. »Mann? Das nennst du einen Mann?«

»Mal was anderes«, sagte sie.

Auch jetzt, als er stocksteif unter dem Oerlikonzwilling stand, konnte Maxwell es immer noch nicht begreifen. Sie war weder ängstlich noch reumütig gewesen, hatte sich nicht einmal bemüht zu verhehlen, was sie getan hatte, vielleicht schon viele Male, mit vielen anderen.

»Du Miststück!« Fast wäre er daran erstickt. »Du verdammte, dreckige Hure!«

Sie war noch immer unerschüttert. Als sie sprach, klang ihre Stimme ätzend und höhnisch.

»Was hast du erwartet? Daß ich hier brav herumsitze, während du wieder den kleinen Helden spielst? Ohne den Krieg würdest du weiter von meinem Geld leben und den pensionierten Herren spielen, obwohl wir beide doch wissen, daß man dich aus der Navy gefeuert hat! Ich bin nur erstaunt, daß man dich sofort wieder genommen hat.« Sie machte sich über ihn lustig. »Allmächtiger Gott, sieh dich bloß an! Kein Wunder, daß wir den Krieg verlieren!«

»Ich wurde nicht gefeuert.« Er hörte die Rechtfertigung über seine Lippen kommen, wie er sie für sich selbst immer wiederholt hatte. »Es war ein Unfall. Ein anderer...«

»Ein anderer? O ja, die alte Geschichte. Immer ist's ein anderer, wenn du was falsch machst.«

Sie hatte sich in die Kissen zurückfallen lassen, ihre makellosen, festen Brüste schimmerten hell.

»Du bist doch ein Versager. Genau wie du im Bett ein Versager bist!«

Er war fast auf sie gefallen, die Augen blind vor Tränen und Verzweiflung; seine Hände griffen nach ihr, als er flehentlich rief: »Das stimmt nicht. Das weißt du genau. Ich habe Pech gehabt, aber ich habe immer versucht, dich glücklich zu machen.«

Die ganze Zeit hatte sie nur teilnahmslos dagelegen, während seine Hände über ihre Schultern und Brüste strichen.

»Du widerst mich an.«

Von da an verschwand alles hinter einem Schleier wie bei einem unscharfen Film. Er konnte sich jetzt noch hören, wie er auf sie einschrie, bis ihre Verachtung plötzlich in Angst umschlug, als er mit dem Arm ausholte und sie auf den Mund traf. Vor Schmerz keuchend, war sie auf die andere Seite gerollt und wieder zurückgetaumelt, als er zum zweiten Mal zuschlug. Wie oft er das getan hatte, konnte er nicht mehr sagen. Doch er sah sie immer noch mit geschwollenen Wangen über die Bettkante hängen, während das Blut von ihren Lippen tropfte.

Dieser Anblick hatte ihn erstarren lassen; seine Wut war erloschen, er war wie betäubt. Zögernd, fast furchtsam, hatte er eine Hand auf ihre bebenden Schultern gelegt.

Ehe er etwas sagen konnte, hatte sie sich umgewandt und zu ihm aufgeschaut; ihr aufgelöstes Haar bedeckte zum Teil das eine Auge, das sich nach seinen Schlägen zu schließen begann.

»Geht's dir jetzt besser, Kleiner?« Tränen liefen ihr übers Gesicht und vermischten sich mit dem Blut auf ihren Lippen. Vielleicht hatte sie damit gerechnet, daß er sie tötete. Maxwell konnte sich nur verschwommen daran erinnern, wie er das Haus verlassen hatte. Als er die Haustür schloß, hörte er, daß sie hinter ihm her rief. Nur ein Wort, aber es hallte noch jetzt in seinem Hirn nach: »Mistkerl!«

Den Urlaub hatte er dann in einem kleinen Hotel verbracht. Er hatte versucht, Decia anzurufen, hatte mehrere Briefe geschrieben, sie aber alle zerrissen. Nachdem sie den Hörer bei seinem ersten Anruf einfach aufgelegt hatte, versuchte er, sich zu betrinken. Der Alptraum war dadurch noch schlimmer geworden, daß die anderen Hotelgäste Weihnachtslieder sangen und ihn neugierig oder belustigt anstarrten.

Hunter beobachtete ihn eingehend. Er mochte Maxwell nicht, doch seine augenblickliche Stimmung war ziemlich zermürbend.

Vielleicht war er übergeschnappt, das konnte vorkommen. Möglicherweise hatte er auch schlechte Nachrichten bekommen.
»Alles in Ordnung zu Hause?« fragte er.
Maxwell drehte sich um wie ein Stierkämpfer auf den Hacken, das Gesicht zornverzerrt.
»Kümmern Sie sich gefälligst um Ihre eigenen Angelegenheiten! Machen Sie Ihre Arbeit und halten Sie die Geschütze in Ordnung, mehr verlange ich nicht!« Ungestüm schritt er auf die Brücke zu, seine Schuhe knallten wie bei einer Parade auf die ausgetretenen Planken.
Hunter schüttelte den Kopf, lächelte aber in sich hinein. Das sah Maxwell schon ähnlicher. Besser ein Ekel, das man kannte, als einen Verrückten.
Lieutenant de Chair stichelte im Vorbeigehen: »Wieder alles wie gewohnt?«
Hunter grinste. »Eine große glückliche Familie.«
Der Lieutenant der Royal Marines legte die Hände auf die Reling und sah zu, wie ein Dienstwagen unten auf die Hauptgangway zufuhr.
»Wollen wir hoffen, daß es so bleibt, alter Knabe.«
Der Fahrer öffnete die Wagentür, eine untersetzte Gestalt kletterte heraus und blickte an der Bordwand hoch. Der eichenlaubbekränzte Mützenschirm und der einzelne breite Streifen auf dem Ärmel schimmerten im trüben Licht.
De Chair setzte leise hinzu: »Ich muß den jungen Kemp warnen.« Lässig ging er nach achtern und sagte über die Schulter: »Eine Art Gott ist eben angekommen.«

Kommodore Martin Kemp setzte sich sehr sorgfältig in seinen Sessel. Ohne Mütze sah er nun genauso aus wie auf der Messeparty in Scapa. Von untersetzter, sogar massiger Gestalt, wirkte er wie ein Mann, der unter seiner geringen Größe litt. Sein Gesicht war tief gebräunt, so daß seine durchdringenden blauen Augen und die wenigen verbliebenen Strähnen grauen Haares sich besonders abhoben.
Er sagte lebhaft: »Ich nehme an, Sie wundern sich, daß ich hier so hereinplatze. Aber ich hätte natürlich auch völlig unangemeldet kommen können.«
Lindsay sah ihn unbewegt an. Dieses ›natürlich‹ war irgendwie typisch für den Mann, dachte er.

»Ich wäre zu jeder Zeit bereit gewesen, Sie zu empfangen, Sir.«
Kemp brummte: »Kann ich mir denken. Ich wollte Sie auch nicht überraschen.«
»Möchten Sie eine Erfrischung, Sir?«
Er schüttelte den Kopf. »Nie.« Er beobachtete Lindsay. »Aber wenn Sie etwas trinken möchten, lassen Sie sich nicht aufhalten.«
Lindsay setzte sich und versuchte, sich zu entspannen. Er durfte sich von Kemp nicht so leicht in Fahrt bringen lassen.
»Weswegen wollten Sie mich sprechen, Sir?«
Kemp faltete die Hände über seinem Bauch. Lindsay bemerkte, wie aufrecht er im Stuhl saß, ohne eine Falte in seiner Uniform. Kemp schien es darauf anzulegen, vor Untergebenen besonders munter zu erscheinen.
»Wie Sie wissen, Lindsay, habe ich eine Menge für die Koordinierung getan.« Ein kleiner Seufzer. »Eine schwere Aufgabe.«
»Ich habe davon gehört, Sir. Aber ich war mehrere Wochen in See. Und nach unserer Ankunft in Liverpool ging die Besatzung auf Urlaub.«
Kemp hob die Augenbrauen. »In See? Ach ja.«
Lindsay nahm seine Pfeife heraus und umklammerte sie, bis er sich über Kemps Geringschätzung wieder beruhigt hatte. Vielleicht waren die Wiedereinberufung nach seiner Pensionierung, der schnelle Ablauf des Kriegsgeschehens, die neue Aufgabe für ihn schwer zu verkraften. Es gab viele wie Kemp. Sie waren dankbar, daß sie wieder gebraucht wurden, aber nicht bereit, sich den Veränderungen, die der Krieg dem Land und der Welt aufgezwungen hatte, anzupassen.
Kemp fuhr fort: »Das war eine schlimme Sache mit dem Geleitzug. Auch der Kommodore konnte nicht viel Licht in die Angelegenheit bringen.« Er zuckte die Schultern. »Na, Schnee von gestern.«
Lindsay dachte an das Mädchen mit dem bandagierten Gesicht. An das brennende Schiff und den letzten, ergreifenden Funkspruch: ›Gehe zum Gegenangriff über!‹
Er sagte ruhig: »Es war Mord. Unsere Leute werden anfangen müssen, so zu denken wie der Feind und sich nicht so zu verhalten, als sei der Krieg ein sportliches Match.« Er fühlte, wie seine Hände zitterten. »Zuzusehen, wie Menschen sterben, hilflos daneben zu stehen, ohne ihnen helfen zu können, das ist schlimm. Aber zu wissen, daß es aus Nachlässigkeit geschah, macht das al-

les sehr viel schlimmer.«

Kemp lächelte. »Reiten Sie immer noch Ihr Steckenpferd? Ich habe von Ihrem Überfall auf die Admiralität gehört. Man sollte doch denken, es gibt bessere Methoden, den Urlaub zu verbringen.« Er zuckte die Schultern. »Aber ich bin gekommen, um Sie über Ihre neue Aufgabe zu informieren. Und nicht, um mich an Amateurstrategie zu beteiligen.«

»Sie sind also nicht der Meinung«, entgegnete Lindsay, »daß Schiffe und Menschenleben wichtig sind, Sir?«

Kemp lächelte erneut. Er machte einen sehr viel ungezwungeneren Eindruck als beim Empfang an der Gangway.

»Sehen Sie, Lindsay, Sie haben eine böse Zeit hinter sich. Ich habe es mir zum Ziel gesetzt, so viel wie möglich über meine Offiziere zu wissen, besonders über die Kommandanten.«

Lindsay sah zur Seite. ›Meine‹ Offiziere! Kemp nahm also die Zügel in die Hand. »Ich bin eben direkt beteiligt, Sir. Ich kann nicht leicht darüber hinweggehen.«

»Natürlich nicht. Bewunderswerte Gesinnung. Sie müssen mir aber zugstehen, daß ich die Gesamtlage sowie die nötigen Gegenmaßnahmen im Auge behalte, egal, was der Hunne vorhat.«

Lindsay sah Kemp in plötzlichem Begreifen an. Er hatte so etwas Vorgestriges an sich. Möglicherweise verdankte er sein neues Kommando früherem Wissen und früherer Bewährung; sein Auftreten jedoch, seine Art zu reden, waren so entlarvend, als versuchte ein Marktschreier, sich als Bischof auszugeben. ›Der Hunne‹, zum Beispiel. Das klang nach Knabenzeitschriften aus dem Ersten Weltkrieg. Du lieber Gott, wenn Kemp beim Atlantikkrieg mit Fairness rechnete, dann stand ihm ein ziemlicher Schock bevor. Lindsay fühlte Zorn in sich aufsteigen wie Fieber. Denn nicht Kemp war es, der darunter zu leiden haben würde.

»Drastische Situationen verlangen drastische Maßnahmen, Lindsay. Morgen werde ich mit allen Beteiligten darüber sprechen. Doch ich dachte, Sie sollten als erster ins Bild gesetzt werden.« Kemp zögerte. »Nun, ich glaube, dieses Schiff ist kaum als Frontkämpfer geeignet, stimmt's?«

Lindsay sagte ruhig: »Sie setzen alte Vergnügungsdampfer und Raddampfer als Minensucher ein, Sir. Im Mittelmeer auch China-Flußboote zum Schutz der Armeeflanken. Es ist nicht allein die *Benbecula*, die Unvorhergesehenes tun muß.«

»Ja, wir können nicht alle die schönsten Kommandos haben.«

Kemp lächelte immer noch, aber ohne Wärme. »Jedes verfügbare Schiff wird gebraucht. Ebenso jeder Mann, der seinem Land dienen kann, indem er eine Lücke füllt.«

Lindsay hätte am liebsten entweder gelacht oder geweint. »Die Lücke ist aber ziemlich groß, Sir.«

Kemp packte die Armlehnen. »Ich bin ein toleranter Mann, Lindsay, aber überfordern Sie mich nicht. Vor uns liegt eine wichtige Aufgabe, wir dürfen keine Zeit verlieren!« Er erhob sich und ging zu einem Bulleye. »Die Lage in Malaya ist ernst, ernster, als ich es für möglich gehalten habe. Mir ist natürlich klar, daß die Japaner nur unsere Eingeborenentruppen gegen sich hatten; aber ich glaube doch, daß wir zu meiner Zeit dort unten kürzeren Prozeß mit jedem Angreifer gemacht hätten.«

Lindsay betrachtete ihn von der Seite. ›Eingeborenentruppen‹! Warum ließ er ihn nicht einfach reden? Er konnte das alles ignorieren und Kemp befriedigt wieder gehen lassen.

Statt dessen warf er schroff ein: »Unsere Truppen stammen aus vielen Teilen des Commonwealth, es sind Inder, Australier und eigene Leute. Wie ich höre, war die indische Infanterie nicht in Panzerbekämpfung ausgebildet, hatte noch nicht mal einen Panzer gesehen. Man hatte ihr versichert, kein Angreifer könne im Dschungel Panzer einsetzen. Nur – die Japaner hielten sich offenbar nicht daran!«

Kemp fuhr herum. »Das ist wahrscheinlich wieder eines dieser dummen Gerüchte!« Doch augenblicklich zwang er sich zur Ruhe. »Eines jedoch ist sicher: Singapur wird gehalten. Es ist bedauerlich, daß von Malaya so viel verlorenging, aber wenn wir Singapur jetzt noch verstärken, werden wir auf dem Festland bald wieder die Initiative ergreifen können.«

Lindsay rieb sich die Augen. Was sagte Kemp da? Die *Benbecula* sollte nach Fernost?

Kemp wurde sehr ernst. Mit glänzenden Augen kündigte er an: »Verstärkungen gehen sofort hinaus. Man ist dabei, einen schnellen Geleitzug zusammenzustellen, der in vier Tagen auslaufen soll. Ein wichtiger Geleitzug mit Panzerfahrzeugen und Luftabwehrwaffen, Truppen, Nachschub, und allem, was man sonst für eine Belagerung braucht.«

Lindsay straffte sich. »Rund ums Kap, Sir?«

»Natürlich. Dachten Sie, ich würde ihn durch das Mittelmeer nach Suez führen? Dort würden wir den ganzen Weg über von

Bombern und U-Booten angegriffen.«
»Ich weiß, Sir.«
»Also nonstop nach Ceylon.« Kemp schien zufrieden, daß Lindsay nun mit ihm übereinstimmte. »Dort werden Truppen und Nachschub auf kleinere Schiffe umgeladen, mit neuem Geleit. Der Admiral in Ceylon ist darauf vorbereitet und kann sie zwei Tage nach unserer Ankunft auslaufen lassen.« Er rieb sich die Hände. »Das wird die Klageweiber zum Schweigen bringen!«
»Es sind dreizehntausend Seemeilen bis Ceylon«, warf Lindsay ein. »Selbst wenn man nur geringfügige Kursänderungen zur Vermeidung von U-Bootangriffen, wenn man nur kurze Maschinenpannen und andere Verzögerungen in Rechnung stellt, dann dauert es trotzdem sieben Wochen, bis wir in Ceylon sind.«
»Tatsächlich?« Kemps Augenbrauen hoben sich. »Freut mich, daß Ihnen Schiffahrtswege und Entfernungen geläufig sind. Aber ich hoffe doch, daß auch nach Ihrer Ansicht Singapur bis dahin nicht spurlos untergegangen ist?« Er lachte in sich hinein. »Und Verzögerungen wird es nicht geben. Dies ist eine zu wichtige Aufgabe. Wir haben starken Geleitschutz und werden durchmarschieren – ohne Rücksicht auf die Hunnen.«
Lindsay erhob sich. »Verstehen Sie, Sir, meine Sorge über diesen deutschen Raider ist keiner momentanen Eingebung entsprungen. Ich bin überzeugt, er ist der Beginn einer ganz neuen Taktik. Einer Neuerung, die unsere Geleitzüge in wirkliche Gefahr bringen kann. Wir kämpfen jetzt auf zwei Ozeanen. Und von den Amerikanern können wir nichts erwarten, ehe sie nicht wenigstens einige ihrer Verluste von Pearl Harbour ersetzt haben.«
Kemp nahm seine Mütze und sah ihn prüfend an. »Die amerikanische Marine geht mich nichts an, Lindsay. Wie die ihren Krieg führen, ist ihre Angelegenheit. Ich persönlich habe größeren Respekt vor den Japanern. Im letzten Krieg habe ich mit ihnen zusammengearbeitet. Schneidige kleine Kerle mit viel Mumm.« Er seufzte. »Aber das Schicksal kann herzlos sein.«
Lindsays Gedanken wirbelten durcheinander. Er kam sich vor wie in einem schlechten Theaterstück. Dinnerjacketts im Dschungel. Der Kommandant auf der Brücke, die Hand an der Mütze, während das Schiff langsam unterging ...
»Tut mir leid, ich bin nicht Ihrer Ansicht, Sir.«
»Das stört mich nicht weiter, Lindsay.« Kemp lächelte grimmig. »Ich weiß, Sie grämen sich darüber, daß Sie Kommandant

auf diesem alten Schiff sind. Und mit ein bißchen Glück kann ich Ihnen vielleicht zu etwas Besserem verhelfen.« Sein Lächeln schwand. »Aber ich lege Wert darauf, daß meine Anordnungen befolgt werden. Ich möchte jetzt kein defätistisches Gerede mehr hören, weder von Ihnen noch von sonst jemandem..«

Lindsay begleitete ihn aus der Kajüte. »Möchten Sie Ihren Sohn besuchen, Sir?«

Kemp wandte sich nicht um. »Wenn er etwas Brauchbares geleistet hat, ja. Dann werde ich ihn mit Vergnügen besuchen.«

Lindsay grüßte, während Kemp die Gangway hinabeilte. Dann wandte er sich um und sah zu dem Kommandantenwimpel hoch, der im Topp flatterte. Ihm waren Goss' Worte eingefallen: ›Ich glaube nicht, daß wir je zurückkommen.‹

Dann dachte er an Commodore Kemp und beschleunigte den Schritt. Und ich werde sie doch zurückbringen, dachte er, sei es auch nur, um diesen aufgeblasenen Dummkopf zu ärgern.

Außerdem – wenn Commodore Martin Kemp die Reise selbst mitmachte, würde er vielleicht endlich begreifen, mit welchem Feind er es zu tun hatte. Oder sie allesamt umbringen.

Jupp wartete auf ihn. »Also Südatlantik, Sir?«

Lindsay setzte sich müde nieder. »Wer sagt das?«

Jupp grinste. »Soeben sind eine Reihe pelzgefütterter Wachmäntel eingetroffen, Sir. Der Zahlmeister hatte sie vor Wochen bestellt.« Er breitete die Arme aus. »Wenn sie uns Pelze schicken, dann gehen wir bestimmt in die Tropen, Sir, das sagt einem doch der gesunde Menschenverstand.«

Lindsay nickte. »Lassen Sie den gesunden Menschenverstand weg, Jupp, dann bin ich geneigt, Ihnen recht zu geben.«

12 Der Geleitzug

»Vormittagswache auf Gefechtsstationen, Sir.« Stannard hatte die Hand an der Mütze und wartete auf eine Äußerung Lindsays.

Mit einem Blick auf den Tochterkompaß kletterte Lindsay auf seinen Sessel und starrte zum grauen Horizont. »Danke, NO.«

Er wartete, bis Stannard sich wieder entfernte, und hob dann das Glas, um die mit regelmäßigen Abständen fahrenden Schiffe zu betrachten. Der Geleitzug war nun vier Tage in See, bisher ohne den geringsten Zwischenfall. Die ersten beiden Tage waren ziemlich hart gewesen, mit stürmischem Wind und Sichtweite unter vier Meilen. Vielleicht waren die U-Boote auf Tiefe gegangen, um dem starken Seegang auszuweichen, vielleicht aber hatten sie einfach Glück gehabt. Der Geleitzug war klein, doch gewichtig. Die Schiffe fuhren in drei Kolonnen, die mittlere wurde von einem modernen Schweren Kreuzer angeführt; mit zwölf 15-Zentimeter-Geschützen war es ein beeindruckendes Schiff und der Haupt-Geleitschutz. Hinter ihm liefen zwei Tanker und dann das verhaßteste Mitglied der Gruppe, ein großes Munitionsschiff, das unmittelbar vor der *Benbecula* fuhr. An der Spitze der beiden äußeren Kolonnen liefen die Truppentransporter, hinter ihnen in vorgeschriebenen Abständen Frachter, auf deren Decks holzverschalte Flugzeuge und Panzer standen. Die Frachter lagen sehr tief im Wasser, deshalb vermutete Lindsay, daß ihre Laderäume ebenfalls bis an die Grenze ihres Fassungsvermögens vollgepackt waren.

Das Zerstörergeleit war eindrucksvoll: sechs an der Zahl, keiner älter als ein Jahr. Das war ungewöhnlich angesichts der allgemeinen Verknappung und ein Beweis für die Wichtigkeit, die man dem Geleitzug zumaß.

Die Wetterbesserung war für Januar ungewöhnlich. Der Horizont wirkte scharf abgesetzt und sehr dunkel, und als Lindsay es sich in seinem Stuhl bequem machte, hatte er das Gefühl, daß die Schlagseite der *Benbecula* noch mehr ins Auge sprang. Die Horizontlinie schien angekippt, die Schiffe vor ihm balancierten scheinbar darauf und drohten unaufhaltsam seitlich wegzurutschen.

Er stellte das Glas ein, um einen Zerstörer genauer zu betrachten, der fünf Seemeilen vor dem Geleit hin und her kreuzte. Er konnte den großen weißen Schnauzbart der Bugwelle sehen, die von dem überhängenden Steven seitlich wegschäumte, aber der schlanke Rumpf selbst wurde kaum sichtbar, als er sichernd quer zur Vormarschlinie des Geleitzuges vorbeifuhr. Dieser Anblick griff Lindsay ans Herz, denn er erinnerte ihn wieder an seinen eigenen Zerstörer und an die anderen, auf denen er vorher Dienst getan hatte: schnell, angriffslustig und elegant. Der Kreuzer dagegen war wie eine graue schwimmende Festung: Brücke über Brücke, dazu die Drillingstürme und die Mittelartillerie, die ihm den Eindruck massiver Unzerstörbarkeit verliehen.

Von der Rah des Truppentransporters in der Steuerbordkolonne wehten Signalflaggen aus. Der Commodore forderte irgendeinen unglücklichen Kommandanten auf, besser Position oder Geschwindigkeit zu halten. Lindsay konnte sich Kemp dort richtig vorstellen, wie er sich in seiner neuen Macht sonnte. Hoffentlich war er sich seiner großen Verantwortung ebenso intensiv bewußt.

Rundum blieb der Horizont leer, die feindbesetzte französische Küste lag tausend Meilen entfernt an Backbord. Abgesehen von den fernen Silhouetten der sichernden Zerstörer gehörte ihnen die See allein. Nicht einmal eine Möwe ließ sich sehen, gar nicht zu reden von einem aus den grauen Wolken hervorbrechenden Aufklärungsflugzeug.

Alles in allem waren sie siebzehn Schiffe. Lindsay sah einige Flakgeschütze an Bord des Kreuzers nach oben schwenken: das tägliche Exerzieren der Geschützbedienungen. Unbewußt berührte er die Goldstreifen auf seinem Ärmel. Es war die *Madagascar*, neuntausend Tonnen groß, die es fast mit allen, außer mit Schlachtschiffen, aufnehmen konnte. Wären die Dinge anders gelaufen, hätte er jetzt vielleicht dort auf der Brücke gestanden oder auf einem ähnlichen Schiff. Und das getan, wozu er ausgebildet war. Wofür er gelebt hatte.

Er sah sich auf seiner Brücke um: die abgenutzte Wandbekleidung, das übliche Bild einer eintönigen Wache. Der Rudergänger am Rad, die Posten Maschinentelegraf, gedankenverloren die leichten Schlingerbewegungen ausbalancierend. Ein Signalgast saß auf einem Spind und spleißte eine zerrissene Leine. Ritchie blätterte die Meldungen der Morgenwache durch; seinem Gesicht war nicht anzusehen, was er dachte. Dann noch ein Bootsmannsmaat, ein Läufer, der die angeschlagenen Emailbecher einsammelte. Alles wie gewöhnlich.

Dancy stand draußen auf der offenen Brücke, das Glas auf eines der Schiffe gerichtet. Stannard lehnte mit finsterem Blick an der Brückenverkleidung.

Lindsay beugte sich vor, um einigen Seeleuten zuzusehen, die auf dem Welldeck unter Bootsmanns Archers dräuenden Blicken frische Farbe auftrugen. Es war sehr kalt, doch nach dem Dienst im Eis und der ständigen Gefährdung auf dem überfrorenen Deck mochten sie es jetzt ganz normal finden.

Lindsay richtete sein Glas auf das Schiff des Commodore. Es war die *Cambrian*, ein schöner Passagierdampfer mit zwei

Schornsteinen, der früher zwischen England und Südamerika gefahren war. Seit Lindsay Kommandant der *Benbecula* war, sah er die Handelsschiffe mit anderen Augen. Früher waren sie für ihn Schutzbefohlene gewesen, Namen auf der Geleitzugliste, die man antreiben oder je nach Lage auch zurechtweisen mußte. Die Langsamen, die zuviel Rauch machten, aus der Kolonne ausscherten oder zu dicht an den Vordermann heranfuhren. Nun, da er so viele ehemalige Handelsschiffsleute Tag und Nacht um sich hatte, betrachtete er sie von ganz anderer Warte. Sie sprachen von früheren Zeiten, ihren Ladungen und Passagieren, von sorglosen Überfahrten oder Monaten ohne Charter, wenn sich die arbeitslosen, hungrigen Seeleute auf dem Kai drängten. Von diesen Schiffen und schlechten Kapitänen, die ihre Besatzung zum eigenen Nutzen auf Hungerdiät hielten. Das unterschied sich himmelweit von der geregelten Welt der Royal Navy.

Stannard hatte auf einer Walfangflotte und in der Kühlschifffahrt gedient, ehe er zur Reederei stieß. Der zweite Ingenieur, Lieutenant (E) Dyke, war zunächst auf einem griechischen Schiff gefahren, das im spanischen Bürgerkrieg Waffen für die Republikaner schmuggelte. Für sie waren die Schiffe, die sie im Geleitzug wiedersahen, alte Freunde, mit den dazugehörigen Menschen.

Stannard beobachtete das nächste Schiff vor ihnen. »Zwei Umdrehungen weniger.« Mit gequältem Gesicht sah er Lindsay an. »Ich möchte nicht zu dicht hinter dem Burschen sein, wenn es ihn erwischt.«

Lindsay nickte. Er hatte schon ein Munitionsschiff hochgehen sehen. Das war zwei Meilen weit weg gewesen, aber das Getöse, der starke Druck auf den Ohren waren fast unerträglich gewesen. Ein großer Feuerball, der hochstieg und wuchs wie eine zweite Sonne. Als Rauch und Dampf sich verzogen hatten, zeigten weder ein Stück Holz noch eine Spiere mehr an, wo das Schiff gewesen war. Was waren das für Menschen, dachte er, die immer wieder zur See gingen, obwohl sie wußten, daß sie als Zielscheiben dienten?

Am vorderen Laderaum öffnete sich eine kleine Luke, Lieutenant Barker kletterte an Bord und stand fröstelnd im Wind. Zweifellos hatte er wieder mal seine Vorräte überprüft. In dieser Beziehung schien er niemandem zu trauen. Barker war vom Urlaub ziemlich niedergeschlagen zurückgekehrt. Lindsay hatte gehört, daß er daheim etwas Privatbesitz hatte, eine Pension oder so.

Aber als er seine zweite Einkommensquelle wie gewohnt inspizieren wollte, hatte er entsetzt feststellen müssen, daß sie vom Militär requiriert war. Alle Räume voller Soldaten. Zerkratzte Farbe. Aus Bodenbrettern Brennholz gemacht. Eine Verwüstung ohne Ende. Jupp hatte es Lindsay gegenüber beiläufig erwähnt, es schien ihn zu belustigen.

Ein Zerstörer am äußersten Flügel drehte im großen Bogen zum nächsten Zickzack-Kurs, und Lindsay beobachtete ihn mit stummer Faszination. Dann fiel ihm ein, daß es die *Merlin* war, und er dachte an den jungen Commander, der wartend im Büro in Scapa gesessen hatte an dem Tag, als er Lovelace aufgesucht hatte. Als er Eve auf dem Flur getroffen hatte. Er bohrte die Hände in die Taschen und sah starr zum schrägen Horizont. Das alles schien so weit zurückzuliegen. Und doch hatte er das Gefühl, es sei gestern gewesen.

»Signal vom Commodore, Sir.« Ritchie war hellwach. »Schwenkung auf zwo-zwo-null.«

»Bestätigen.« Er hörte Stannard schnell zum Kompaß gehen. Ritchie richtete den Kieker. »Ausführung!«

Wie massige Untiere drehten die Schiffe langsam auf den neuen Kurs ein. Ein Zerstörer fegte durch die Reihen und blinkte mit einer Signallampe zornig zu einem rostgestreiften Frachter hinüber, der erheblich von seiner Position abgekommen war. Als er an der *Benbecula* querab vorbeibrauste, tönte sein Lautsprecher über das aufgewirbelte Wasser: »Sie haben aber ganz schön Schlagseite, alter Junge!«

Stannard schnappte sich ein Megaphon und lief auf die offene Brücke. »Und Sie quasseln ganz schön laut, alter Junge!« Das klang wütend.

Lindsay betrachtete ihn nachdenklich. Wie Fraser war auch Stannard schnell dabei, auf die *Benbecula* zu schimpfen. Aber wenn jemand anderes das versuchte, wurde er aggressiv.

Schweratmend kam Stannard zurück. »Blöder Hund!«

»Haben Sie eigentlich mal etwas von Ihrem Bruder gehört?« fragte Lindsay.

»Nicht viel.« Stannard starrte düster zum nächsten Schiff. »Aber dem geht's eigentlich immer gut. Ich glaube, er ist sogar gern bei der Army.«

Lindsay merkte, daß Stannard sich aussprechen wollte. Er schien gereizt, ganz anders als vor seinem Urlaub.

»Ihre Familie lebt in Perth, glaube ich?«

»Ja. Mein Vater hat einen Betrieb für Verkauf und Reparatur von landwirtschaftlichen Maschinen. Jason wird ihm sehr fehlen, er ist fast fünfundzwanzig. War schon schlimm genug für meine Leute, als ich weglief und zur See ging.« Scharf wandte er sich um. »Steuern Sie besser, Rudergänger! Ihr Kielwasser sieht aus, wie wenn der Bulle im Galopp pißt.«

»Aye, aye, Sir.« Das klang völlig ungerührt. Niemand schien sich an Stannards gelegentlichen Ausbrüchen und seiner drastischen Sprache zu stoßen.

»Der größte Teil von Jasons Haufen«, fuhr er fort, »kommt aus Perth oder aus der Nähe.« Er lächelte kurz. »Nähe heißt in Australien ein paar hundert Meilen nach beiden Seiten.«

Lindsay dachte an die Berichte und die etwas wirren Nachrichten in den Londoner Zeitungen. Sie hatten so geklungen, als wären die Japaner quer durch die malayische Halbinsel vorgestoßen und hätten sie in zwei Teile geschnitten.

»Signal von *Merlin*, Sir«, rief Ritchie aus. »Flugzeug in null-acht-null Grad!«

Bevor sich noch jemand rühren konnte, meldete der Lautsprecher vom Leitstand: »Flugzeug in Rot eins-vier-null, Höhenwinkel eins-null.«

Stannard sagte schroff: »Die *Merlin* muß ein gutes Radargerät haben. Sie steht zwei Meilen Steuerbord achteraus von uns.« Er hob die Fäuste. »Warum gibt man uns, verdammt noch mal, nicht auch was Besseres? Ebensogut könnten wir mit ein paar alten Operngläsern arbeiten!«

Lindsay schritt auf die Backbord-Brückennock und richtete sein Glas. Ein schwarzer Splitter hob sich gegen den Himmel ab, schien gerade eben über die Horizontlinie zu gleiten.

Er hörte, wie Dancy sich neben ihm mit seinem Glas zu schaffen machte.

»Keine Aufregung, Sub, das wird ein Focke-Wulf-Aufklärer sein. So ein Fernaufklärer kommt nur aus Versehen mal in Schußweite.«

Ganz schwach hörte Lindsay nun über die See und die gedämpften Maschinengeräusche hinweg die weit entfernten Klänge eines Horns. Der Kreuzer machte das sehr stilvoll. In Sekundenschnelle würden die Flakgeschütze jetzt das weit entfernte Flugzeug verfolgen. Das war immer eine gute Übung für die Geschützbedienung. Lindsay rieb sich die Augen und hob erneut das Glas, um das feindliche Flugzeug zu beobachten. Wie klein es aussah und wie dicht über der See! Aber das waren Illusionen, wie er aus bitterer Erfahrung wußte. Die Focke-Wulfs waren wie große Adler, riesig, wenn sie nahe genug kamen, um richtig erkannt zu werden. Sie konnten den Ozean viele hundert Meilen weit überwachen, wo es keine Jagdflugzeuge mehr gab, die sie runterholten, und kein Geschütz sie erreichte, wenn sie träge ihre Kreise um den Geleitzug drehten und ihr Funker wichtige Informationen weitergab: Position, Kurs und Fahrt. Eben jetzt würde irgendwo draußen im grauen Atlantik ein U-Boot-Kommandant aus kurzem Schlaf geweckt werden. »Geleitzug, Herr Kapitän!« Und die Funkbefehle aus seiner Befehlsstelle würden nicht lange auf sich warten lassen: Ran! Angreifen!

»Signal vom Commodore, Sir.« Ritchie stand in der Tür. »Kurs und Fahrt beibehalten. Nicht angreifen.«

Nicht angreifen! Lindsay empfand seine Verzweiflung fast schmerzhaft. Wie stellte sich denn dieser verdammte Narr einen Angriff vor?

Dancy fragte: »Steht es schlecht?«

»Schlecht, aber nicht gefährlich, Sub.« Er sah ihn ruhig an. »Wir werden bei Dunkelwerden Kurs ändern, das bringt sie vielleicht von der Fährte ab. Wenn wir diese Geschwindigkeit beibehalten können, sollten wir bald aus der Reichweite auch dieses hochfliegenden Bastards sein!« Er hatte mit unbewußter Gehässigkeit gesprochen, und Dancy sah ihn sichtlich überrascht an. Überrascht, daß der kaltblütige Commander über Gefühle verfügte, daß er hassen konnte. Langsam setzte Lindsay hinzu: »Er wird dranbleiben, so lange er kann, immer rund um uns herumfliegen und uns beobachten. Vielleicht wird er auch von einem Kameraden abgelöst. Das kommt vor.«

Dancy wandte sich dem weit entfernten Kreuzer zu. »Der hat ein Flugzeug, ich hab' es auf dem Katapult gesehen.«

Lindsay lachte. »Ein müdes altes Walrus-Flugboot. Besser als nichts, aber dieser Mistkerl hätte es in Brand geschossen, ehe sie auch nur zwinkern könnten.«

»Man kommt sich eben so nackt vor, Sir.«

Lindsay ging zum Ruderhaus. »Behalten Sie ihn im Auge, Sub. Ich sehe mal auf die Karte.«

Dancy stand in der Brückennock und beobachtete das Flugzeug. Wie scheinbar langsam es flog! Aber er war da, der Feind, man konnte ihn richtig sehen. Nicht wie das mal hier, mal dort aufblitzende Mündungsfeuer in der Nacht. Oder die schrecklichen Reflexionen auf dem Eis, als ein Schiff vor ihren Augen in Brand geriet und sank. Da drüben, das waren wirkliche Deutsche. Saßen auf kleinen Hockern und tranken womöglich Kaffee, während sie nach dem Geleitzug hinüberblickten. Wie sahen Schiffe von da oben aus? überlegte er. Wahrscheinlich waren es kleine dunkle Schatten, die sich durch ihr langes weißes Kielwasser und eine Rauchfahne verrieten. Unpersönlich. Weit entfernt. Haßten die Flieger die Menschen auf dem Geleitzug? Fühlten sie überhaupt irgend etwas, wenn sie den Bordfunker seine Morsezeichen heraushämmern hörten?

Plötzlich dachte Dancy an seinen Urlaub. Seine Mutter hatte das Stichwort gegeben. »Los, Mike, erzähl uns, wie es war.« Sie hatte den Tisch gedeckt, die besten Tassen und Teller hingestellt. Dazu Sandwiches und selbstgebackenen Kuchen. Auch seine Schwester und ihr Freund waren dagewesen, sein Vater und einer seiner Freunde vom Kegelklub am Ende der Straße. Erzähl uns, wie es war...

Er hatte versucht, das Schiff zu beschreiben, das erste Insichtkommen von Treibeis, die Party in Scapa. Dann hatte er begonnen, über den Kommandanten zu sprechen. Er hatte an Lindsays Gesicht bei den Seebestattungen gedacht, an seine ruhige Stimme. Und auf einmal hatte er nicht weitererzählen mögen, sie nicht teilhaben lassen an dem, was sie doch nie begriffen, weil sie es in Wirklichkeit auch gar nicht wollten.

Stannard kam auf die Brückennock und ließ die Augen auf der Suche nach dem Flugzeug wandern. Es flog fast querab, parallel zur Backbordkolonne.

»Er ist erstaunlich selbstsicher.« Und mit einem Seitenblick in Dancys verbissenes Gesicht: »Hoffentlich geht ihm bald der Brennstoff aus, ohne daß er es merkt.«

Sie verfielen in Schweigen und beobachteten die Focke-Wulf, bis sie von einem Frachter und den überlappenden Aufbauten an der Spitze der Kolonne verdeckt wurde.

Dancy meinte ängstlich: »Mit einem Geleitschutz wie dem unseren sollten wir doch eigentlich sicher sein?«

»Ganz richtig. Die Zerstörer können es mit den U-Booten aufnehmen, und der große Kreuzer kann den Raider des Kommandanten zur Schnecke machen.«

»Sehen Sie ihn so?«

»Den Raider?« Stannard zuckte die Achseln und dachte mit plötzlicher Klarheit an Lindsays schmerzerfüllte Stimme am Telefon, als er den Alptraum noch einmal durchlebte. »Jedermann muß im Krieg etwas zu hassen oder zu hoffen haben. Ein Ziel, einen persönlichen Ehrgeiz.« Er sah sich schnell um, ob der nächste Ausguck außer Hörweite war. »Tut mir leid, daß ich Sie im Urlaub nicht anrufen konnte. War ein bißchen zu beschäftigt, Sie kennen das ja. Doch ich hoffe, auch Sie hatten ein Mädchen, das Sie ein bißchen gewärmt hat.«

Dancy versuchte zu grinsen. »Mir ist's ganz gut gegangen.« Er mochte nicht an seinen Urlaub denken und daran, wie sehr es ihn getroffen hatte, daß Stannard nicht anrief. Er musterte Stannards scharf geschnittenes Profil. Dieser Glückspilz hatte etwas an sich, eine Art sorglosen, die Frauen ansprechenden Leichtsinn.

Am nächsten war Dancy dem weiblichen Geschlecht noch bei einer Freundin seiner Schwester gekommen. Als er sie küßte, schien alles noch ganz gut zu gehen. Als er aber die Hand auf ihre Brust legte, hatte sie ihn wütend zur Seite gestoßen und war so heftig aufgesprungen, daß Ginflasche und Gläser mit so lautem Krach zu Boden fielen, daß Dancys Mutter wach wurde. Er empfand noch immer die Peinlichkeit und Verlegenheit, als seine Mutter alle Lichter angeknipst hatte und im Morgenmantel, den Kopf voller Lockenwickler, in der Tür gerufen hatte: »So was dulde ich nicht in meinem Hause! Ich weiß nicht, mit was für Leuten du bei der Navy zusammengekommen bist, aber ich dulde nichts Unanständiges unter meinem Dach!« Um die Sache noch schlimmer zu machen, war es Gloria plötzlich sehr schlecht geworden.

Alles in allem konnte man das kaum einen gelungenen Urlaub nennen.

Stannard hob sein Glas und betrachtete prüfend das Munitionsschiff. »Kontrollieren Sie mal die Peilung, Sub, ich glaube, es ist mal wieder nicht auf Position.«

Er hörte Dancy ins Ruderhaus gehen und seufzte in der Erinnerung. Ich muß den Verstand verloren haben, dachte er. Niemals hatte er an Schicksalsführung, Liebe auf den ersten Blick und solche Gefühlsduseleien geglaubt. Aber nun hatte er es erlebt, genau das. Für sie beide gab es keine Zukunft, es war hoffnungslos, am besten vergaß man das Ganze. Doch zugleich war ihm klar, wie tief er drinsteckte.

Er hatte im Bahnhofshotel etwas getrunken, ehe er sich ein Taxi zu ihrer Wohnung nahm. Dort war alles genauso, wie er es in Erinnerung hatte. Aber ein anderes Mädchen hatte ihm die Tür geöffnet. Als er erklärt hatte, wer er war, hatte sie einfach gesagt: »Oh, die ist schon vor Wochen ausgezogen.«

Stannard war sprachlos. Keine Nachricht – nichts. Nicht einmal ein Lebewohl.

Das Mädchen hatte gesagt: »Aber wenn Sie in einer Stunde zurückkommen wollen, bin ich frei.« Sie hatte ihn angelächelt, und in diesem Augenblick war Stannard klar geworden, daß er mit seinen Träumen in eine Falle gegangen war. »Wir sind ziemlich beschäftigt, müssen Sie wissen.« Sie hatte den Arm ausgestreckt und seine Schulterklappen berührt. »Aber für so einen feschen Lieutenant wie Sie sage ich alle anderen Verabredungen ab. Ja?«

Er war wortlos davongegangen, im Kopf eine völlige Leere.

Und dann, ein paar Tage später, als er ziellos durch die Londoner Straßen streifte und nach einer Bar suchte, hatte es Fliegeralarm gegeben. Schon nach wenigen Minuten, so war es ihm jedenfalls vorgekommen, hatte ein Bombenhagel das andere Ende der Straße in Staub, Rauch und herunterfallende Trümmer gehüllt. Zusammen mit hastenden Gestalten war er in einen Schutzraum gerannt und zu seinem Erstaunen offenbar der einzige gewesen, der nicht wußte, wohin er sich flüchten und was er tun sollte.

Dreißig Minuten später hatte es Entwarnung gegeben. Ein Kurzangriff, hatte ein Luftschutzwart fachmännisch geäußert. Und ein verärgerter Postbote meinte: »Hat sich wohl verirrt.«

Als Stannard aus dem Schutzraum kam, war es fast dunkel geworden, außerdem hatte ein Platzregen eingesetzt.

Da hatte er sie bemerkt. Sie stand im Eingang eines zerbombten Geschäfts, eine Papiertüte an sich gedrückt, und starrte entsetzt in den Regen. Ohne zu zögern, hatte er ihr seinen Mantel über die Schultern gelegt, ehe sie protestieren konnte.

»Haben Sie's weit? Ich bringe Sie hin, wenn es Ihnen recht ist. Dann sind wir nicht allein, wenn es einen neuen Luftangriff gibt.«

So hatte es angefangen. Sie lebte in einem kleinen Haus in Fulham. An der Tür hatte sie seine triefende Uniform angesehen und ruhig gefragt: »Wollen Sie nicht einen Augenblick hereinkommen? Das bin ich Ihnen zumindest schuldig.«

Sie hieß Jane Hillier und war mit einem Captain im Royal Armoured Corps verheiratet.

Als Stannard ihr sein Jackett gegeben hatte, damit sie es am Kamin trocknen konnte, hatte er ein Foto ihres Mannes bemerkt: ein nett aussehender Kerl, der mit ein paar anderen Soldaten vor einem Panzer stand.

»Ich würde Ihnen etwas zu essen anbieten, aber leider habe ich im Moment nur Dosenfleisch.«

Sie war dunkel und schlank und sehr attraktiv. Als sie das regennasse Päckchen öffnete, kam ein kleiner leuchtend bunter Hut zum Vorschein.

»Ich war ein bißchen leichtsinnig, aber ich brauchte etwas, um mich aufzumuntern.«

Stannard hatte zu der Fotografie hinübergeschaut, aber sie hatte schnell gesagt: »Nein, nein, er ist in Ordnung. Aber er kommt nicht nach Hause, noch nicht. Er ist in Nordafrika, und ich habe ihn seit zwei Jahren nicht gesehen.«

Stannard ging zu seiner Tasche. »Ich habe etwas Besseres als Dosenfleisch. Ich wollte es aufheben für...«

Da lächelte sie zum erstenmal. »Dann hat man also uns beide versetzt?«

Trotz aller Versuche erinnerte sich Stannard nicht genau an den Augenblick, an das Wort oder die Geste, die sie zusammenführte.

Während er sich jetzt gegen das Brückenkleid lehnte und das weit entfernte Flugzeug beobachtete, das nun backbord achteraus wieder auftauchte, konnte er sich nur an Janes Körper erinnern, der nackt in seinen Armen lag, an die wilde Leidenschaft, mit der sie sich ihm hingab, als ob es nur noch Minuten dauern könne, bis die Welt unterging. Draußen ertönten Sirenen, wurden weitere Häuser in Trümmer gelegt. Einmal, als Stannard wachgelegen und in die Dunkelheit gestarrt hatte, fühlte er sie an seiner Schulter weinen, leise wie ein kleines Kind. Aber sie schlief dabei. Er hatte überlegt, ob sie – wie er – an den anderen Mann dachte, an den von der Fotografie, der jetzt irgendwo in der Wüste bei seinem Panzer schlief.

Am nächsten Tag hatte er seine Sachen aus dem Hotel geholt und war bis zum Ende seines Urlaubs in Janes kleinem Haus geblieben.

»Ich bedaure nichts«, hatte sie gesagt. »Das weißt du, nicht wahr?«

Als er wieder an der Haustür stand, war ein Lastwagen voller

Soldaten am Haus vorbeigerattert; Stannard hatte fast feindselig die beifälligen Pfiffe und bewundernden Zurufe gehört.

»Wir waren beide einsam. Auch das mußt du wissen.« Die Sekunden verstrichen. Wenn man sie brauchte, fehlten die rechten Worte. »Ich weiß nicht wie, Jane, aber wir müssen das in Ordnung bringen. Ich muß dich wiedersehen. Ich muß!«

Im überfüllten Zug hatte er seine Gefühle zu analysieren gesucht. Zeit und Entfernung würden allem ein Ende setzen. Doch in seinem Inneren wußte er, daß er Jane wiedersehen mußte, und sei es nur, um Gewißheit zu erhalten.

Schritte auf den Grätings, dann sagte Lindsay: »Funkspruch von der Admiralität, NO: Mindestens vier U-Boote in unserer Nähe. Es wäre gut, wenn Sie Ihre Koppelmannschaft ansetzten.« Er sah in Stannards überanstrengtes Gesicht. »Haben Sie Kummer?«

»Mit mir ist alles in Ordnung, Sir.« Stannard zwang sich zu einem Lächeln. »Ich dachte nur gerade daran, daß ich statt dessen bei meinem Vater hätte bleiben und Trecker verkaufen können.«

Lindsay sah ihm nach, als er davonging. Wie alle anderen an Bord war er es müde, ständig in der Defensive zu sein. Zermürbt durch Rückzüge und das Trugbild, einen unsichtbaren Gegner zu bekämpfen.

»Signal vom Commodore, Sir.« Ritchie verzog das Gesicht. »An *Benbecula*: Rauchloser fahren.«

»Quittieren, Signalmeister.«

Lindsay blickte an dem hohen, glänzend neu bemalten Schornstein hoch. Sie machten nicht mehr Rauch als sonst. Nicht mehr, als von einem Schiff zu erwarten war, das von Rechts wegen seine Tage friedlich irgendwo in der Sonne beenden sollte, wo sich die Kämpfe nur um bessere Fracht und geringe Betriebskosten drehten.

Vielleicht begriff der Commodore das knappe Signal der Admiralität als kleinen Hinweis auf das, was auf ihn zukam: keine Nadeln und Papierfähnchen mehr auf einer Karte, keine täglichen Kommuniqués für die Presse, sondern die rauhe Wirklichkeit. In dem Mordrevier hier draußen galten weder Regeln noch Normen. Der Horizont schien niemals näherzukommen, und der einzige Ausweg führte steil nach unten auf den Meeresgrund.

Er sah zwei Zerstörer in einer Wolke von Sprühwasser und Gischt wenden, um ihre Position backbord achteraus einzuneh-

men und erneut nach dem unsichtbaren Angreifer zu suchen.
Er sah auf die Uhr: noch eine Menge Zeit. Die Jäger und die Gejagten kannten ihre Fähigkeiten, wußten aber auch, wie leicht ihre Rollen zu vertauschen waren.

»Ich gehe nach unten, NO. Rufen Sie mich, wenn Sie was hören.«

Stannard sah ihm nach, dann wandte er sich um und starrte auf den scharf abgesetzten Horizont. Das kleine Haus in Fulham schien plötzlich sehr weit weg. Eine Erinnerung, die er irgendwie festhalten mußte, ganz egal, was geschah.

Bei Einbruch der Dunkelheit flitzten die ersten Torpedos in den Geleitzug. Im Lauf des Nachmittags waren zahlreiche Meldungen über U-Boote in der Nähe eingegangen, und später hatte sogar ein Zerstörer, die *Merlin*, Kontakt gehabt.

Auf der *Benbecula* am Schluß des Geleitzuges waren die Männer auf Gefechtsstationen gerufen worden; nun hatten sie nichts anderes zu tun als zu warten, in die zunehmende Dunkelheit zu starren und auf das donnernde Getöse der Wasserbomben zu lauschen. Hohe Wassersäulen stiegen gen Himmel, während der Zerstörer zum nächsten Angriff auf das getauchte U-Boot aufdrehte. Der andere Außenzerstörer stieß binnen kurzem hinzu, und erneut donnerten die Wasserbomben nieder, hämmerten die Detonationen gegen das Unterwasserschiff der *Benbecula*, als würde auch sie angegriffen.

Im Maschinenraum nahm Fraser wahr, daß einige seiner Männer von der Arbeit abließen und an den ölverschmierten Wänden hochsahen; vielleicht stellten sie sich vor, wie ein Torpedo auf sie zurasen würde.

Auf der Brücke schien das alles weit weg. Die drei Schiffskolonnen stampften weiter auf den sich verdunkelnden Horizont zu, gleichzeitig hasteten die Zerstörer wie nervöse Hirtenhunde hin und her.

Merlin hatte die Fühlung wieder verloren. Es war etwas Öl gesichtet worden, aber niemand schenkte dem besondere Bedeutung. Vielleicht war das U-Boot beschädigt. Es konnte aber ebensogut eine List sein, um dem Kommandanten die Möglichkeit zu geben, zu entkommen. Jedenfalls hatte *Merlins* schneller Angriff dem Geleitzug Luft verschafft.

Lindsay saß auf seinem hohen Stuhl und beobachtete die

Schiffe zu beiden Seiten. Man konnte sie in der einbrechenden Dunkelheit schon nicht mehr recht unterscheiden. Sie fuhren jetzt schneller und machten von Signalen des Commodore gedrängt gut vierzehn Knoten.

»Es sieht so aus, als wären wir ihnen diesmal noch entwischt, Sir«, meinte Dancy müde.

Lindsay zuckte die Achseln. »Wenn die Sicherungsfahrzeuge sie so bedrängen, daß sie unter Wasser bleiben müssen, dann ja. Doch wenn sie auftauchen, können sie wie wir eine ganz schöne Geschwindigkeit laufen.«

Schrilles Läuten unterbrach die Stille in der geschlossenen Brücke, und Stannard nahm den Hörer auf.

Er fuhr zu Lindsay herum und sagte hastig: »Mastkorb meldet von backbord achteraus anlaufende Torpedos, Sir!«

Lindsay sprang vom Stuhl. »Voll zurück!«

Von der Brückennock aus sah er die weißen Streifen durch das düstere Wasser ziehen. Sein Gehirn registrierte ihre Peilung und Geschwindigkeit. Gleichzeitig bemerkte er das hastige Blinken der Signallampen und das gedämpfte Quaken des Funksprechgeräts. Der Alarm ging wie ein Lauffeuer durch die Schiffsreihen.

»Maschinen stopp!«

Er beugte sich über die Brückenverkleidung und strengte seine Augen an, um die nächste Torpedoaufbahn zu erkennen, die direkt auf den Bug der *Benbecula* zeigte. Aber nichts geschah. Der Torpedo mußte das Schiff um knapp fünf Meter verfehlt haben.

»Nehmen Sie Kurs und Umdrehungen wieder auf, NO.«

Er wartete noch ein paar Sekunden, halbwegs in der Erwartung, einen weiteren Torpedo aus der Dunkelheit anlaufen zu sehen. Aber das kurze harte Zurückgehen der Maschinen mußte die Schußunterlagen des Gegners durcheinandergebracht haben.

Eine einzelne dumpfe Explosion erklang wie Donner in fernen Bergen. Als Lindsay auf die Steuerbordnock hinaus lief, sah er eine lodernde Feuersäule, blutrot beleuchtete Wolken, sowie eine turmhohe Rauchwand, die das Opfer völlig der Sicht entzog.

Lindsay beugte sich über den Kompaß auf der Brücke und nahm eine schnelle Peilung. Der Torpedo mußte diagonal durch den Geleitzug gelaufen sein und den unmittelbar hinter dem Schiff des Commodore fahrenden Frachter getroffen haben. Da keine weiteren Explosionen erfolgten, hatte der U-Boot-Kommandant vermutlich einen Torpedofächer auf sehr große Entfernung geschossen, in der Hoffnung auf einen Zufallstreffer.

Wasserbombendetonationen hallten dröhnend über das Wasser; über Funktelefonie hörte Lindsay eine nüchterne Stimme sagen: »Habe Kontakt, greife an.«

Der Frachter hinter dem torpedierten Schiff scherte bereits hart aus der Kolonne aus, seine hohe Bordwand glühte rot im Widerschein des brennenden Gefährten. Das Feuer spiegelte sich in seinen Bulleyes und Seitenfenstern, so daß es aussah, als seien die Kammern von innen beleuchtet.

Ein Zerstörer fegte an den Schiffsreihen entlang; über das Rumpeln der Wasserbomben und das Dröhnen der Maschinenraumlüfter hörte Lindsay ganz schwach seinen Lautsprecher bellen: »Dranbleiben, *Pole Star!* Nicht beidrehen!«

Stannard sagte dumpf: »Großer Gott, schaut euch das an!«

Der getroffene Frachter begann, sich überzulegen; in den flakkernden Flammen und aufstiebenden Funken konnte man erkennen, wie sich die Deckslast losriß und krachend durch das stählerne Schanzkleid brach, als sei es aus dünnem Holz. Armeelastwagen torkelten wie betrunken über Bord; achtern barst aus einem verschlossenen Laderaum eine weitere Feuersäule und setzte mehrere Rettungsboote in Brand.

Der Zerstörer fegte an der *Benbecula* vorbei, seine Bugsee schlug hart gegen den Rumpf. Kurz bevor er achteraus verschwand, erkannte Lindsay seine herumschwenkenden Geschütze und die achtern neben den Wasserbombengestellen kauernden Seeleute.

Dancy rief: »*Pole Star* stoppt, Sir.«

»Sie versucht, Überlebende aufzufischen«, sagte ein anderer heiser.

Lindsay umklammerte die Brückenverkleidung und beobachtete, wie der sinkende Frachter hilflos querab in der wogenden See schlingerte. Das andere Schiff, die *Pole Star*, wollte ganz offensichtlich die Anweisung des Geleitfahrzeugs ignorieren. Lindsay konnte bereits ein Boot in den Taljen abwärts gleiten sehen. Im Feuerschein war es so deutlich zu erkennen, als sei heller Tag.

»Steuerbord zehn!«

Einige Sekunden lang sprach oder rührte sich niemand, dann sagte Jolliffe: »Ruder liegt Steuerbord zehn, Sir.«

Lindsay sah den Bug langsam auf das brennende Schiff zudrehen. »Mittschiffs!« Der Bug drehte noch weiter, bis die reglose

Pole Star plötzlich genau voraus lag.

»Recht so.« Lindsay eilte zurück auf die offene Brücke und fauchte über die Schulter: »Signalmeister, geben Sie an *Pole Star*: ›Nehmen Sie Kurs und Fahrt wieder auf. Nicht stoppen.‹«

Er hörte Ritchies Signallampe hastig klappern, wandte die Augen jedoch nicht von dem Schiff voraus.

»Wir rammen die *Pole Star*, wenn wir diesen Kurs beibehalten, Sir«, rief Stannard.

»Genau.« Lindsay rührte sich nicht.

Einige Meilen achteraus barst eine Leuchtgranate fast in Wolkenhöhe. Unmittelbar darauf hörte Lindsay das Krachen von Geschützfeuer. Da mußte ein Zerstörer ein aufgetauchtes U-Boot überrascht haben.

Ritchie sagte: »*Pole Star* bittet um Erlaubnis, Überlebende aufzufischen, Sir.«

»Abgelehnt.«

Stannard sah in Dancys verzweifeltes Gesicht und zuckte die Achseln. Wenn Lindsay die vorwärtsdrängende *Benbecula* nicht abbremste, würden sie das andere Schiff an Backbord achtern rammen. Bei fast fünfzehn Knoten mußte die *Benbecula* in das Achterschiff einschlagen, wie eine Axt in den Baum.

»*Pole Star* hat wieder Fahrt aufgenommen, Sir.« Ritchie räusperte sich, ehe er fortfuhr: »Sie dreht ab.«

»Backbord fünfzehn.«

Lindsay blieb an der Brückenverkleidung stehen, sein Herz pochte im gleichen Schlag mit den Maschinen. Der Kapitän der *Pole Star* hatte eine wichtige Anweisung mißachtet, um den Versuch zu machen, Leben zu retten. Erst der Anblick des großen Bugs der *Benbecula* hatte ihn veranlaßt, diese Absicht aufzugeben. Als der Frachter schwerfällig wieder auf den richtigen Kurs drehte, kam das sinkende Schiff an seiner Steuerbordseite treibend in Sicht. Wie unter einem Bann sah Lindsay unverwandt hinüber. Als die *Pole Star* den Blick freigab, blickten sie wie in die offene Tür eines Heizkessels. Der größte Teil des Frachters stand nun in Flammen, und als er über das Heck absackte, als die Quersee über das heiße Metall wirbelte, wurden Achterschiff und achteres Welldeck in Dampf gehüllt.

Ein Signalgast schrie: »Sir, da schwimmt ein Mann im Wasser! Neben einem Floß!«

Ritchie sagte rauh: »Sie sollen das Schiff des Commodore im

Auge behalten, Bunts!«

Doch der Signalgast wandte sich ihm mit brechender Stimme zu: »Aber, Signalmeister, das sind doch unsere Jungs da unten. Einer hat uns zugewinkt!« Er schien den Tränen nahe.

Ritchie schritt über die vibrierenden Grätings und ergriff seinen Arm. »Und was meinst du, was wir tun sollen, mein Junge? Sollen wir vielleicht stoppen und uns den Arsch wegpusten lassen?« Er schüttelte ihn fast wütend. »Da vorn an der Spitze sind zwei Truppentransporter mit weiß Gott wie vielen Soldaten an Bord, verstehst du? Wenn wir durchkommen wollen, müssen wir zusammenbleiben!«

Der Signalgast war fast noch ein Kind. »Ich weiß, Signalmeister.« Er wischte mit einer Hand über die Augen und nahm seine Signallampe auf. »Es ist ja nur, weil ...«

Ritchie unterbrach ihn sanft. »Du brauchst mir nichts zu erklären, mein Junge.« Er spürte die glühende Hitze durch die Tür des Ruderhauses hindurch im Gesicht, roch den Gestank verbrannter Farbe und verkohlten Holzes. Ein sterbendes Schiff. Eines mehr auf der Verlustliste.

Der Bootsmaat an den Sprachrohren sagte bitter: »Sieh dir den Skipper an. Da steht er und schaut zu, wie sie schmoren. Dieser kaltschnäuzige Kerl!«

Ritchie fuhr auf dem Absatz herum und stieß sein Gesicht handbreit vor das des Seemannes. »Wenn ich dich noch einmal solchen Unsinn reden höre, stelle ich dich zum Rapport! Der Skipper wiegt zwanzig von deiner Sorte auf, und du wirst deine blödsinnigen Worte noch zurücknehmen, wenn du lange genug lebst.«

Lindsay hörte nichts von alledem. Er sah, wie der Bug des anderen Schiffes sich langsam aus dem Treibgut erhob, hörte das dumpfe Dröhnen des einbrechenden Wassers, das Kreischen sich losreißender Maschinen, die durch den brennenden Rumpf brachen und damit das Ende beschleunigten. Ein Flugzeug war aus seiner Verschalung gebrochen und hing quer über einem brennenden Laderaum. In der roten Glut sah es aus wie ein verkohltes Kruzifix.

Mit einem letzten Getöse glitt das Schiff steil unter die Wasseroberfläche und hinterließ einen Strudel platzender Luftblasen und schäumender Gischt. Dann war es vorbei.

Ein Läufer meldete: »An Kommandant von Funkraum: Über

sechs U-Boote am Geleitzug!«

»Gut. Bitten Sie den Steuermann in den Kartenraum.« Das war Stannard. Er schritt auf die Brückennock hinaus und sog die kalte Luft so tief ein wie ein Mann, den man vor dem Ertrinken gerettet hatte.

»Arme Schweine!« sagte er. »Glauben Sie, daß die Geleitfahrzeuge noch einige von ihnen finden werden, Sir?«

Lindsay ließ die Schultern hängen. »Hören Sie doch.« Achteraus steigerten sich die Wasserbombenexplosionen zu donnerndem Kreszendo.

Stannard öffnete den Mund und schloß ihn wieder, es ekelte ihn plötzlich an. Die Wasserbomben würden erledigen, was der Torpedo nicht geschafft hatte. Er hatte nach einem Wasserbombenangriff viele Hunderte von geplatzten Fischen gesehen; Menschen im Wasser würde es nicht besser ergehen, nur daß sie wußten, was ihnen bevorstand.

Lindsay sah weiter achteraus; inzwischen hätte er sich doch an den plötzlichen Tod gewöhnt haben und so abgebrüht sein müssen, wie seine unvollkommen ausgebildete Besatzung glaubte. Aber daran gewöhnte man sich nie. Reihen schließen, höhere Geschwindigkeit, nicht zurückschauen. Seine Lippen verzogen sich zu einem dünnen Lächeln. Das war das Wichtigste dabei – nie zurückschauen.

Stannard sah das Lächeln und sagte leise: »Tut mir leid, Sir. Ich hatte nicht begriffen.«

Lindsay wandte sich Stannards dunklem Schatten zu. »Hören Sie auf, an die Männer dort zu denken, NO.« Er sah, wie Stannard sich versteifte, und setzte kühl hinzu: »Ein paar Meter mehr, und es hätte uns erwischt. Denken Sie mal daran und wie Sie *dann* wohl reagiert hätten.«

Eine Stunde verstrich, ohne daß irgend etwas den regelmäßigen Schlag der Maschinen und die Seegeräusche unterbrach. In der Dunkelheit schienen die Schiffsreihen enger aneinander gerückt zu sein, um sich gegenseitig zu unterstützen. Eine weitere Illusion.

Ritchie fand Lindsay in seinem Stuhl. »Vom Geleit, Sir: keine Überlebenden.«

Halb zu sich selbst sagte Lindsay: »Und kein U-Boot versenkt.«

»Nein, Sir.«

Lindsay wandte sich um. »Geben Sie an Lieutenant Barker durch, er soll an alle heiße Suppe ausgeben lassen. Und Sandwiches.«

Als Ritchie einen Läufer heranwinkte, hörte Lindsay Stannard murmeln: »Hätte auch selbst daran denken können.«

Lindsay starrte wieder nach vorn durch die Scheibe, das Heck des Munitionsschiffes schien sich wie ein schwarzer Klecks auf dem Göschstock der *Benbecula* zu drehen.

»NO, kommen Sie doch mal her.«

»Sir?« Stannard schritt zum Sessel.

Ganz leise sagte Lindsay: »Sie haben die Anlagen zu einem guten Offizier, und ich rede jetzt von einem Marineoffizier.« Mein Gott, wie schwierig war es doch, mit ruhiger, gleichmäßiger Stimme zu sprechen. »Sie sind auch ein guter Navigationsoffizier, und das bedeutet auf so einem Schiff weiß Gott viel.« Er wandte sich um und sah prüfend in Stannards Gesicht, das in der Dunkelheit bleich schimmerte. »Aber versuchen Sie zu Ihrem eigenen Besten nicht, überschlau zu sein. Verhärten Sie sich nicht zu sehr, sonst werden Sie spröde, so spröde, daß Sie brechen, wenn man Sie am meisten braucht.«

»Sorry, ich meinte nur...«

»Es interessiert mich einen Dreck, was Sie meinten. Vielleicht ist Barker längst dabei, sich um die Verpflegung der Männer zu kümmern. Er kann aber ebenso in eine Luke gefallen sein und sich das Genick gebrochen haben.«

»Ich habe mich doch entschuldigt«, sagte Stannard schroff.

»Dann ist's ja gut.« Lindsay sah wieder durch die Scheibe. »Nur noch eins, und damit wollen wir's bewenden lassen. Wenn ein Stück Kruppstahl hier durch diese Scheibe fliegt oder eine Granate in Maxwells Leitstand, dann könnte für Sie alles ganz anders aussehen. Und zwar sehr schnell.« Er wartete noch ein paar Sekunden, weil er den Unmut und die Unsicherheit Stannards spürte. »Von diesem Augenblick an haben Sie das Kommando und sind vielleicht alleine auf dieser Brücke. Möglicherweise nur ein paar Sekunden, bis zur nächsten Granate. Vielleicht aber müssen Sie diesen alten Kasten tausend Meilen weit betreuen, ohne daß Ihnen jemand dabei hilft.«

Stannard nickte langsam. »Ich glaube, jetzt verstehe ich Sie wirklich, Sir. Verzeihung.« Er lächelte traurig. »Wenn man immer einen Kommandanten hatte oder jemanden, der einem Befehle gab und aus der Klemme half, dann fällt es schwer, sich selbst in dessen Lage zu versetzen.«

Lindsay nickte und zog die Pfeife heraus. »Und jetzt wollen wir nicht mehr darüber reden.«

Aber Stannard sagte: »Auch bei Aikman habe ich falsch gelegen. Ich werde nie vergessen, wie er aussah, als er von Bord ging.«

»Der IO ist am Telefon«, meldete sich Dancy. »Er möchte wissen, ob er von Gefechtsstationen wegtreten lassen kann.«

»Nein.« Als Dancy sich wieder dem Telefon zuwandte, fuhr Lindsay ruhig fort: »Es ist vielleicht kalt und ungemütlich, und man wird mich bestimmt verfluchen. Aber wenn uns ein Torpedo erwischt, dann sollen zumindest so viele Männer wie möglich an Deck sein, wo sie eine Chance haben.«

Hinter dem Rudergänger erschien Jupp mit einem Tablett: »Heißer Kakao, Sir?«

Lindsay blickte Stannard an. »Sehen Sie, NO? Jemand hat an uns gedacht.«

Stannard ging auf die Steuerbordseite, wo Dancy durch sein Nachtglas spähte.

»Ich wollte, Sie hätten eben einiges mitgehört, Sub.« Er sprach sehr leise. »Irgendwann später hätten Sie das alles niederschreiben können.«

Dancy ließ sein Glas sinken. »Er macht sich Gedanken, nicht wahr?«

»Mein Gott, ja, und wie! Ich sah sein Gesicht, als wir durch diese armen Teufel da hinten im Wasser fuhren. Ich bin schon mit vielen Skippern gefahren, aber noch nie mit einem wie ihm.«

Dancy sagte schlicht: »Ich war zu Tode entsetzt.«

Stannard nahm einen Becher Kakao von Jupp entgegen und hielt ihn in seinen behandschuhten Händen. Das war er auch, dachte er traurig. Lindsay hatte sich gewaltsam gezwungen, diese Menschen sterben zu sehen. Hatte seine Reserven auf die Probe gestellt und gehaßt, was er tun mußte.

Er dachte plötzlich an einen Kapitän, unter dem er auf einem Schiff in der Fleischfahrt von Australien gefahren war. Sie waren einem portugiesischen Schiff, das vor Kap Finistère sein Ruder im Sturm verloren hatte, zu Hilfe geeilt. Stannard war damals ein ganz junger Dritter Offizier gewesen und der Gedanke, einem Havaristen bei so hochgehender See zu helfen, hatte ihn zu dem Schwur veranlaßt, dies werde seine letzte Reise sein, wenn es ihm jemals gelang, den Hafen zu erreichen. Der alte Kapitän war drei Tage ohne Schlaf auf der Brücke geblieben und hatte nicht geruht, bis sie den letzten Mann von dem beschädigten Schiff heruntergeholt hatten. Und das nach mehreren Versuchen, es in Schlepp zu nehmen.

Unter den Passagieren war auch ein Arzt gewesen, den Stannard zum Kapitän sagen hörte: »Sie müssen jetzt aber Ruhe haben! Oder Ihr Leben ist als nächstes in Gefahr.«

Der Skipper, ein Mann von wenigen Worten, hatte ihn teilnahmslos angesehen. »Mein Leben, Doktor?« Er war über das schwankende Deck wieder an die Brückenverkleidung getreten. »Mein Leben ist Pflicht. Nichts anderes zählt.«

Stannard hatte damals seine eigenen Sorgen gehabt und die Bedeutung dieser Worte nicht ganz begriffen. Nun beobachtete er Lindsay, der sich über den Kompaß beugte, die kalte Pfeife noch im Mund. Aber jetzt hatte er ihn recht gut begriffen. Vielleicht besser als jeder andere Mann an Bord.

13 Im Stich gelassen

Dreizehn Tage nach dem Auslaufen aus Liverpool lag der Geleitzug auf Südkurs, die Kapverdischen Inseln etwa dreihundert Meilen an Backbord querab. Alle Farben hatten sich geändert, den genauen Zeitpunkt der Veränderung hatten allerdings nur wenige an Bord der *Benbecula* bemerkt. Statt bleiern grau war die See jetzt tiefblau; die Eintönigkeit des blaßblauen Himmels über den kreisenden Mastspitzen unterbrachen nur hier und da ein paar ausgefranste Wolkenfetzen.

Lindsay fühlte auf seinem Stuhl jede Bewegung mit, wenn das Schiff sich hob und in eine unangenehme Korkenzieherbewegung überging. Eine steife Brise warf auf dem blauen Wasser Millionen flinker Katzenpfötchen auf, und die achterliche See, die das Stampfen und Rollen des Schiffes noch verstärkte, drückte den Stuhl so fest an seinen Körper, daß er das Gefühl hatte, die Knochen stießen durch die Haut.

Dreizehn lange Tage und noch längere Nächte, die für die Männer, die wie stumpfsinnige Roboter arbeiteten, kaum eine Unterbrechung brachten.

Nicht nur das Wetter hatte sich geändert. Der Geleitzug fuhr nur noch in zwei Kolonnen und war kleiner geworden. Nachdem das erste Schiff torpediert worden war, hatte die *Pole Star* am nächsten Tag das gleiche Schicksal erlitten. Aber dieser Angriff war besser geplant und geführt, wahrscheinlich von drei U-Booten gleichzeitig. Die *Pole Star* wurde seitlich von zwei Torpedos getroffen und begann in Minutenschnelle zu sinken. Noch ehe die Bugwelle am rostigen Steven verschwand, traf ein dritter Torpedo sie mittschiffs und riß sie in zwei Teile. Der vordere sank sofort, die achtere Sektion schwamm gerade noch lange genug, daß ein Zerstörer längsseit gehen und die Überlebenden übernehmen konnte. Am selben Tag wurde noch eines der Geleitfahrzeuge getroffen, die Explosion schnitt ihm wie mit einem riesigen Schneidbrenner das Vorderschiff sauber ab und legte bis zur Kenterung sein Inneres minutenlang offen. Das gerade weiße Kielwasser zeigte noch lange an, wo das Schiff verschwunden war.

Ermutigt durch ihren Erfolg, hatten die U-Boote später im Schutz der Dunkelheit zum Überwasserangriff angesetzt, waren jedoch entdeckt und durch die Leuchtgranaten eines anderen Zerstörers festgenagelt worden. Dieser war weit achteraus vom Geleitzug geblieben, um Schiffbrüchige aufzunehmen, die das Walrus-Flugboot des Kreuzers entdeckt hatte. Aber sie stammten von irgendeinem anderen Geleitzug und hatten nicht überlebt: acht Mann in einem zerschrammten Rettungsboot, die weder gewinkt noch geschrien hatten. Sie mußten schon seit Wochen tot gewesen sein, getrieben mit Wind und Strom und bereits vergessen von der Welt der Lebenden.

Der Zerstörer war hinter dem Geleitzug hergejagt; als er gerade das Erkennungssignal abgeben wollte, hatte er die aufgetauchten U-Boote quer vor seinem Bug entdeckt.

Im gleißenden Schein der herabsinkenden Leuchtkugeln hatte er mit allen Geschützen das Feuer eröffnet. Einem U-Boot war es gelungen, unversehrt zu tauchen. Bei einem anderen waren mehrere so nahe beieinander liegende Einschläge beobachtet worden, daß es kaum noch den Heimathafen erreichen konnte. Das dritte hatte noch versucht, mit seinen Bugtorpedos anzugreifen, aber das Ergebnis war schnell und endgültig. Mit vierundzwanzig Knoten rammte der Zerstörer das Boot dicht hinter dem Turm und rutschte dann über den niedrigen Walrücken seines Hüllkörpers mit dem Kreischen reißenden Stahls hinweg, das man bis zur *Benbecula* hörte. Wie ein ausgenommener Hai legte sich das U-

Boot auf die Seite und brach auseinander, als der Zerstörer knirschend darüber hinwegfuhr.

Bei Tagesanbruch hatten sich die Männer auf den letzten Schiffen des Geleitzugs an der Reling aufgestellt, um den siegreichen Zerstörer mit wilden und fast verzweifelten Rufen zu verabschieden, als er zur gefahrvollen Reise nach Gibraltar abdrehte. Sein Bug war bis zur ersten Schottwand verbogen, und im Vorschiff klaffte ein Loch. Er machte einen traurigen, aber dennoch trotzigen Eindruck, als er mit seiner niedrigen Silhouette schließlich achteraus verschwand.

Zwei weitere Tage lang war nichts geschehen. Dann war einer der Tanker auf große Entfernung von einem Torpedo getroffen worden und hatte seine Ladung wie Blut rund um den geborstenen Rumpf verloren, bis das Öl mit mächtigem Getöse Feuer fing und das Schiff mit einem Flammenwall umgab. Beinahe wäre eines der Geleitfahrzeuge, das noch einige der Besatzung zu retten versuchte, vom Feuer eingeschlossen worden.

Lindsay zündete seine Pfeife an und versuchte, sich auf die Schiffe vor ihm zu konzentrieren. Ohne diese ständige Anstrengung schienen seine Augen zu ermatten; dann mußte er wie ein Tier im Käfig hin und her laufen, bis Blutzirkulation und Gehirn wieder funktionierten.

Die dreizehn Tage hatten sie zwei Geleitfahrzeuge sowie drei Handelsschiffe gekostet. Die verbliebenen beiden Kolonnen wurden von dem Truppentransporter und Flaggschiff des Commodore, der *Cambrian*, und dem Kreuzer *Madagascar* angeführt. Nur vier Schiffe waren in jeder Kolonne, und die *Benbecula* fuhr jetzt querab vom Munitionsfrachter. Die ursprüngliche Angst vor ihm war scheuer Bewunderung gewichen. Tagein, tagaus, trotz der U-Boot-Angriffe und der verzweifelten Kurs- und Fahrtänderungen, hielt er tapfer mit. Mächtig und häßlich wie sein Name, *Demodocus*, war er laut Goss schon unter fast allen Flaggen gefahren. Als Schiff mit Kohlefeuerung – etwa vier Jahre vor dem Ersten Weltkrieg auf Kiel gelegt – hatte er zwar bissige Signale über zu starke Rauchentwicklung auf sich gezogen, aber entweder kümmerte sich sein Kapitän einen Dreck darum, oder sein Leitender Ingenieur hatte – wie Fraser meinte – genug damit zu tun, das Platzen der Kessel zu verhindern.

Lindsay sah einige Männer der Freiwache sich auf der vorderen Luke lümmeln. Im hellen Sonnenlicht wirkten ihre Gesichter und bloßen Arme sehr blaß. Er war dankbar, daß in den letzten vierundzwanzig Stunden weder ein Angriff stattgefunden hatte, noch weitere U-Boot-Meldungen der Admiralität eingegangen waren. Die Männer hatten Ruhe und anständig zubereitete Mahlzeiten bekommen. Vor allem aber war ihnen das mißtönende Schrillen der Alarmglocken erspart geblieben.

Im Kartenraum rumorte Stannard herum, der wahrscheinlich sein Logbuch auf den neuesten Stand brachte. Lieutenant Maxwell hatte die Vormittagswache, er stand draußen auf der Backbordnock und blickte zum Munitionsschiff hinüber. Sein zweiter Wachgänger, Lieutenant Anthony Paget, schien nicht zu wissen, wo er sich hinstellen sollte. Um den Kommandanten nicht zu stören, blieb er auf der Steuerbordseite der Brücke, aber gleichzeitig wollte er nicht aus Maxwells Sichtweite kommen.

Paget hatte Aikman ersetzt. Er schien ein ganz netter Junge zu sein, dachte Lindsay, hatte auf einer Korvette das Wachoffizierzeugnis bekommen, war aber erst seit achtzehn Monaten bei der Navy. Vor dem Krieg war er Juniorpartner einer Anwaltsfirma in Leeds gewesen. Er wirkte ziemlich schüchtern und unschlüssig, deshalb hatte ihm sein vorheriger Kommandant wohl in die Führung geschrieben: »Ehrlich und zuverlässig. Ihm fehlen jedoch Führungsqualitäten.«

Doch Paget gehörte nun einmal zu den Lieutenants der *Benbecula* und trug mit dazu bei, die Belastung gleichmäßiger auf das Offizierskorps zu verteilen.

Unteroffizier Hussey, der dienstälteste Funker, trat an Lindsays Seite und grüßte. »Nur die üblichen Nachrichten, Sir, keine U-Boot-Meldungen.« Er blätterte durch die sauber geführte Funkkladde. »Aber die Japaner rücken immer noch vor. Es heißt, sie haben einen Ort namens Batu Pahat erreicht.« Er grinste. »Könnte nach meinen Geographiekenntnissen in Sibirien liegen, Sir.«

Die hintere Tür knallte zu. »Was war das?« Stannard stand da, den Messingzirkel in der Hand.

»Die Japaner sind in Batu Pahat«, sagte Lindsay ruhig.

Stannard schien gegen die Sprachrohre zu taumeln. »Um Gottes willen, das ist nur hundert Kilometer von Singapur entfernt! Das kann nicht wahr sein. Keine Armee kann so schnell marschieren!«

Paget sagte ängstlich: »Das liegt an der Südwestküste von Malaya, Sir.«

Stannard sah ihn leeren Blickes an. »Ich weiß.«

Lindsay zwang sich zu lächeln. »Ich nehme an, Ihr Bruder ist mittlerweile sowieso dort abgezogen, wenn Singapur gehalten werden soll.«

Stannard nickte. »Das glaube ich auch. Aber all diese Meldungen... Gott gebe, daß die Verantwortlichen übersehen, was dort vor sich geht.«

Lindsay sah zur Seite. »Manche lesen nicht die Worte, NO, sie überprüfen nur die Kommas.« Er rieb sich die Augen. »Vergessen Sie das. Sie tun wahrscheinlich ihr Bestes.«

Ein Signalgast rief: »Signal vom Geleit! *Merlin* hat deutlichen Kontakt in null-neun-null. Läuft an!«

Paget starrte mit offenem Mund.

»Geben Sie Alarm!« stieß Lindsay hervor. Er fühlte Schweiß unter seiner Mütze. »Na los, Mann!«

Während die Glocken durch das Schiff gellten, ging er auf die Backbordnock, wo Maxwell immer noch zu dem Munitionsschiff hinüberschaute.

»Was ist los, AO, haben Sie das nicht gehört?«

Maxwell starrte ihn an. »Doch, ja, entschuldigen Sie, Sir.« Er drehte sich um und rannte zum Leitstand, Hunter und die Beobachter polterten auf der anderen Leiter vom Bootsdeck hoch.

Ritchie war bereits da, strich sich die Krumen vom Jackett und kaute noch, als er den Kieker ergriff. »Vom Commodore, Sir. Kursänderung auf zwei-fünf-null.«

»Bestätigen.« Lindsay umklammerte die Brückenverkleidung, Sprachrohre und Telefone wurden lebendig, und er spürte, wie das Schiff unter seinen Händen vibrierte.

Ritchies Kieker quietschte, als er ihn auf das Führungsschiff einstellte. »Ausführung, Sir.«

Stannard stand bereits am Kompaß und beobachtete mit ausdruckslosem Gesicht die langsame Drehung der Kolonne nach Steuerbord. Direkt vor ihnen fuhr der noch verbliebene Tanker des Geleitzugs, ein schmuckes, neu gebautes Schiff, das bei früheren Angriffen schon einmal einem Torpedo ganz knapp entkommen war.

Ritchie sagte: »*Merlin* hat den schwarzen Wimpel gesetzt, Sir. Er läuft an zum Vernichtungsstoß.«

»Hoffentlich«, murmelte ein Läufer.

»Steuerbord zehn.« Um Stannards Mund zuckte es, als eine Serie Wasserbomben achteraus detonierte. Die *Merlin* lief mit äußerster Kraft und drehte in weitem Bogen auf, die See stieg in ihrem Kielwasser hoch wie eine Wasserhose.

»Mittschiffs.« Stannard wandte schnell den Kopf, um den geraden schwarzen Steven der *Demodocus* im Auge zu behalten. Weitere Explosionen, ein zweites Geleitboot kam die Kolonne entlang nach achtern gefegt und raste auf das immer größer werdende Gebiet aufgewirbelten Wassers zu, wo die letzten Wasserbomben detoniert waren.

Als das Boot durch die weiße Gischt schoß, sah Lindsay seine Wasserbomben träge auf beiden Seiten über Bord fliegen; zwei weitere rollten vom Gestell auf dem Achterdeck ins Schraubenwasser. Er konnte sich ausmalen, wie sie mit drei Metern pro Sekunde in die ruhige Tiefe sackten und dann . . . Obgleich er darauf gefaßt war, zuckte er zusammen, als die Bomben detonierten. Wie lange doch die Wassersäulen zu stehen schienen, ehe sie zwischen Schaum und toten Fischen zusammenfielen.

»Signal von *Madagascar*, Sir«, rief jemand schrill. »Von Steuerbord anlaufende Torpedos!«

Schon drehte der Kreuzer auf die unsichtbaren Torpedos zu, während in der Ferne ein Zerstörer vor dem Bug des Commodore wendete, um zu weiterem Schutz herbeizujagen.

»Müssen zu zweit sein diese Schweine, Sir!« Stannard hob sein Glas und befahl scharf: »Halten Sie das Schiff vor uns im Auge, Rudergänger, und folgen Sie ihm, egal was passiert.«

»Aye, aye, Sir.« Jolliffe kam mit dem Ruder auf und hielt den Blick auf den Tanker gerichtet.

»Wenigstens hat er ihn verfehlt.« Dancy fuhr herum, als eine zweifache Explosion die Brückenfenster erklirren und Farbsplitter auf seine Mütze regnen ließ.

Der Frachter hinter dem Kreuzer war getroffen worden. Die Torpedos mußten zwischen den beiden Truppentransportern der Steuerbordkolonne durchgelaufen sein, den Kreuzer verfehlt und den Frachter beim Versuch getroffen haben, seinem Führungsschiff in der Schwenkung zu folgen.

Er kippte bereits nach Backbord ab, dicker Rauch quoll aus seiner Bordwand. Die Brückennock hing in einem Gewirr von verbogenem Metall und gebrochenen Stagen herunter.

Ein starker Schaumwirbel entstand unter dem überhängenden

Heck. »Er geht zurück. Der Skipper versucht wohl, die Fahrt aus dem Schiff zu bringen, um die Schottwand zu entlasten«, sagte Stannard.

Trotz des Donnerns der Wasserbomben und des Vibrierens der Gräting preßte Lindsay das Glas gegen die Augen. Er sah kleine Gestalten über das Bootsdeck des Frachters rennen, andere kämpften weiter achtern mit einem der schweren Flöße. Plötzlich erfolgte eine innere Explosion, die den Brückenaufbau anzuheben und aus der Richtung zu drehen schien. Der Schornstein sackte zusammen und stürzte in den Rauch, als sei er aus Pappe.

Die Explosion mußte alle Mann auf der Brücke getötet haben, dachte Lindsay. Zumindest waren Steuerungs- und Bedienungselemente durch den Druck zerstört. Jedenfalls schob sich das Schiff immer weiter achteraus, vielleicht war man im Maschinenraum zu verwirrt oder zu verzweifelt, um zu erkennen, was an Deck geschehen war.

Der Frachter, der hinter dem torpedierten Schiff fuhr, erkannte endlich die Gefahr. Sein Kapitän ging mit der Fahrt herunter, die Bugwelle fiel zusammen, doch der Abstand zwischen ihm und dem führerlosen Frachter nahm weiter ab.

Ein Rettungsboot war noch zu Wasser gekommen, durch die Rückwärtsfahrt hatte es sich jedoch überschlagen und seine Insassen über Bord geschleudert; sie verschwanden sofort in dem aufgewirbelten Propellerstrom.

Den anderen Seeleuten war es endlich gelungen, das Rettungsfloß abzuwerfen, aber nun konnten sie nur zusammengedrängt an der Reling stehen, weil ihr Schiff weiter über den Achtersteven fuhr. Es legte sich schon auf die Seite und würde sicher sinken, doch da der Geleitzug darum kämpfte, die Formation beizubehalten, stellte es eine erhebliche Gefährdung dar.

»Der Commodore signalisiert *Rios*, auszuweichen, Sir!«

Die *Rios* war das Schiff hinter dem torpedierten Frachter. Jetzt drehte es unsicher und scherte schräg aus der Kolonne aus.

»Torpedo an Backbord, Sir!« Dancy umklammerte das Telefon zum Mastkorb so fest, daß seine Knöchel weiß wurden. »Abstand zwei Kabellängen[*].«

Lindsay richtete das Glas auf die Brücke des Munitionstransporters. Er lief wohl genau darauf zu.

---

[*] ca. 370 m

Ein Mann schrie: »Wenn der hochgeht, gehen wir mit!«
»Ruhe auf der Brücke!« Jolliffes Stimme klang schneidend, seine Augen blieben auf das Schiff vor ihm gerichtet.

Was nun geschah, war mehr ein optischer als ein akustischer Eindruck. Lindsay sah den Munitionstransporter erbeben, und als die typische Wassersäule steil über seinem Vordeck emporstieg, fielen vorderer Mast und Kräne in wirrem Durcheinander an Deck.

In diesen wenigen Sekunden sprach oder rührte sich keiner. Selbst den Atem schienen sie anzuhalten. Als die *Demodocus* begann, Fahrt zu verlieren und hinter der *Benbecula* zurückzubleiben, meinten alle, die sie beobachten konnten, sie hätten nur noch Sekunden zu leben. Nichts zählte mehr, weder die See noch der Himmel, weder die Wasserbomben noch die schnell laufenden Zerstörer.

Der torpedierte Frachter, dessen Schrauben immer noch rückwärts liefen, schob sich langsam unter die Wasseroberfläche, und als er auf Tiefe ging, brach der Rumpf auseinander. Aber es war fraglich, ob irgend jemand auf der *Benbecula* seine letzten Augenblicke oder die paar Gestalten sah, die der letzte wilde Wirbel über seinem Grab mit sich riß.

Lindsay setzte das Glas ab und rieb sich die Augen; die Bewegung ließ Dancy angstvoll zusammenzucken.

Die alte *Demodocus* war noch immer da. Aus ihrer verdeckten Wunde stieg eine Menge Rauch empor, und dann hörte man das schrille Knirschen der auslaufenden Backbord-Ankerkette. Die Detonation mußte wohl ein Ankerspill abgesprengt oder den vorderen Teil des Unterwasserschiffes glatt durchschnitten haben.

»Sie rufen uns an, Sir.« Ritchie bettete die Signallampe auf den Arm und beobachtete das kleine blinkende Licht auf der Brücke des Munitionstransporters.

»Sie melden Feuer im vorderen Laderaum.« Er holte tief Luft. »Und sie haben ein Loch an Backbord, aber die Pumpen halten das Wasser.« Er klapperte noch die Bestätigung, bevor er dumpf fortfuhr: »Außerdem sagt er, daß es doch noch einen Gott gibt.«

Ein Telefon hatte schon sekunden- oder auch minutenlang gesummt. Keiner schien noch irgend etwas zu erfassen.

Dann sagte ein Läufer: »Funkraum meldet, daß die Geleitfahrzeuge ein weiteres U-Boot versenkt haben. Sichere Vernichtung.«

Lindsay wischte sich über das Gesicht. Kalter Schweiß stand

ihm auf der Stirn.

»Jetzt werden sie eine Zeitlang Ruhe geben.« Er fühlte sich so unsicher auf den Beinen, als hätte er einen heftigen Fieberanfall hinter sich.

»Vom Commodore, Sir.« Ritchie war ganz ruhig. »Er ruft den Munitionstransporter und fragt nach seinen Schäden, Sir.«

Lindsay ging hinaus auf die Backbord-Brückennock und sah zur anderen Kolonne hinüber: der Kreuzer, dann die *Rios*, die von dem sinkenden Frachter beinahe gerammt worden wäre, und nun noch der langsam achteraus fallende, häßliche Rumpf der *Demodocus*. Elf waren noch übrig von den siebzehn, die so tapfer aus Liverpool ausgelaufen waren.

Plötzlich sagte Ritchie: »*Demodocus* meldet dem Commodore, daß er bis zur Erledigung der Reparaturen nur fünf Knoten laufen kann. Das Feuer hat er jedoch ziemlich unter Kontrolle. Es war keine Munition in dem Laderaum, Sir.« Er richtete die Augen auf das langsam blinkende Licht. »Aber der angrenzende Laderaum ist randvoll TNT.«

Lindsay sah zu Stannard hinüber. »Das war knapp. Trotzdem muß er vielleicht aufgegeben werden. Der IO soll die Bootsbesatzungen und die Fiermannschaften vorwarnen.«

Ein Zerstörer schob sich an der abgelegenen Seite der *Demodocus* vorbei, seine schrägen Masten und Schornsteine bildeten einen auffallenden Gegensatz zu dem plumpen Rumpf und den veralteten Aufbauten des Munitionstransporters. Als er ganz zu sehen war, erkannte Lindsay die *Merlin*.

Ihr Lautsprecher quietschte und dröhnte dann los: »Ich habe eine Nachricht für Sie.«

Lindsay richtete das Glas auf den langsam fahrenden Zerstörer: die offene Brücke, die Offiziere und Ausguckposten, die soeben von ihrem letzten Gefecht kamen, der Vernichtung eines U-Bootes.

Das von See und Wind gerötete Gesicht des Kommandanten glitt in Lindsays Optik. Es war derselbe Mann, den er im Büro in Scapa getroffen hatte. Er jedenfalls hatte etwas, worauf er stolz sein konnte. Er hatte ein U-Boot versenkt und zumindest ein weiteres beschädigt.

Lindsay nahm das Megaphon und rief: »Gut gemacht, *Merlin!*«

Dabei fühlte er Unmut und Verbitterung erneut in sich aufwallen. In den Augen dieses jungen Zerstörerkommandanten war die

Benbecula wohl nur ein weiterer Schutzbefohlener, den man geleiten mußte, eine schwere, verwundbare Last.

Der Lautsprecher fuhr fort: »Vom Commodore. Sie bleiben als Geleitschutz bei der *Demodocus*. Er ist der Ansicht, daß das Risiko für die Truppentransporter zu groß wird, wenn er mit der Geschwindigkeit runtergeht.« Fast entschuldigend fuhr er fort: »Auch der Kreuzer wäre unter diesen Umständen fast wehrlos.«

Hinter sich hörte Lindsay Dancy aufgeregt flüstern: »Was sagt er? Man läßt uns im Stich?«

Der Zerstörer begann, wieder Fahrt aufzunehmen. Die Stimme rief: »Morgen bei Tagesanbruch sollen andere Geleitfahrzeuge zu Ihnen stoßen. Aber ich bin ziemlich sicher, daß jetzt keine U-Boote mehr in der Nähe sind. Und wenn, werden sie am Geleitzug bleiben.«

Lindsay winkte mit der Hand. »Viel Glück.«

Er sah den Zerstörer davonschießen. Glück hatte der junge Mann drüben wirklich. Es fiel ihm schwer, seinen Schmerz bei den Gedanken zu unterdrücken, daß er selbst auf dieser Brücke stehen könnte.

Dann wandte er sich von den anderen Schiffen ab. »Geben Sie an *Demodocus*, er soll sich in unserem Kielwasser halten. Stellen Sie seine genaue Geschwindigkeit fest, und verringern Sie die Umdrehungen entsprechend.«

Stannard beobachtete immer noch den Tanker. Er zog so schnell davon, daß es aussah, als führe die *Benbecula* über den Achtersteven. Signallampen blinkten, weitere Signalflaggen entfalteten sich an den Signalleinen des Führungsschiffes. Die Geleitboote formierten sich, der Kreuzer änderte Kurs, um sich an die Spitze zu setzen wie ein gepanzerter Ritter, der über seine Habe wacht. Fünfzehn Minuten später war der Geleitzug so weit entfernt, daß die vertrauten Schiffe schon Bedeutung und Persönlichkeit verloren. Nach einer Stunde war von ihnen kaum noch etwas zu sehen, nur ein Rauchfleck am Horizont oder ein einzelner Sonnenreflex.

Ritchie sagte ruhig: »Das ist ja eine schöne Sauerei, Swain.«

Jolliffe warf einen Blick auf die Offiziere und nickte. »Finde ich auch. Orden für den Commodore und für den Chef des Geleits, dazu Medaillen für alle anderen. So wird's wohl kommen.« Er feixte. »Und wir? Wir können froh sein, wenn wir den nächsten Morgen noch erleben.«

»Sehen Sie sich mal das Leck an, Sir«, sagte Stannard.

Lindsay folgte ihm auf die Backbord-Brückennock und betrachtete das achteraus fahrende Schiff. Es war ein so großer Riß, als hätte es ein anderes Schiff mit voller Fahrt gerammt. Immer noch quoll Rauch aus dem Loch und dem Deck darüber. Aber er war schon weniger geworden, und auf dem Vorschiff konnte man rege Geschäftigkeit erkennen. Dort waren Männer dabei, Trümmer des zusammengebrochenen Ladegeschirrs beiseitezuräumen. Es mußte ein Gefühl sein, als ob man auf einer gigantischen schwimmenden Bombe stünde, dachte Lindsay. Und wenn das Feuer wieder außer Kontrolle geriet oder die nächste Schottwand zu heiß wurde, dann war es auch soweit.

»Wegtreten von Gefechtsstationen.«

Stannard sah überrascht auf.

»Ja, NO. Wenn ein U-Boot in der Gegend wäre, hätte es sich schon bemerkbar gemacht.«

Stannard nickte. »Vermutlich.«

»Aber verdoppeln Sie die Ausgucks und halten Sie die Bedienungen der Nahbereichswaffen zusammen.«

Stannard eilte davon; zur gleichen Zeit kam Goss den Brückenniedergang hoch und stand schwer atmend einige Sekunden da. Dann drehte er den Kopf langsam von einer Seite zur anderen, als könne er immer noch nicht begreifen, daß der Geleitzug verschwunden war.

»Munitionsfrachter hat Funksprechkontakt aufgenommen, Sir«, rief Ritchie.

Lindsay ging schnell zum Funkraum, wo Hussey und seine Funker müde auf ihren Stahlhockern hingen.

»Hier, Sir«, sagte Hussey und reichte ihm das Mikrophon. »Raucherlaubnis, Sir? Meine Jungs sind ziemlich erledigt.«

Lindsay nickte und schaltete den Sprechfunk ein. »*Benbecula* an *Demodocus*: Hier ist der Kommandant. Wie sieht's aus?«

Die Funker sahen zu den Wandlautsprechern hoch, als eine müde Stimme antwortete: »Danke, daß Sie bei uns bleiben. Uns geht es gar nicht mal so schlecht. Das Kollisonsschott macht allerdings ein bißchen Wasser, ich lasse es so gut wie möglich abstützen. Im vorderen Laderaum brennt es immer noch, wir haben leider keine Atemgeräte. Niemand kann länger als ein paar Minuten da unten arbeiten.« Man hörte ihn tief aufseufzen. »Ich kann nicht mehr laufen als vier Knoten. Wenn das verdammte Schott bricht, dann läuft der Laderaum voll Wasser. Zusammen mit dem Gewicht der Ladung vorn muß es mir den Arsch aus dem Wasser heben.« Dann lachte er. »Wäre aber immer noch besser als das, was die Deutschen mit uns vorhatten, oder?«

»Halten Sie gut Ausguck nach achtern, Kapitän«, sagte Lindsay. »Ich lasse ein Boot aussetzen und schicke Ihnen Atemgerät und ein paar zusätzliche Leute.«

»Vielen Dank.« Pause. »Auch einen Arzt, wenn Sie ihn entbehren können. Meiner wurde durch die Explosion getötet, und zwölf meiner Jungs sind bös zugerichtet.«

»Wird gemacht.« Lindsay sah Ritchie in der Tür. »Sagen Sie's dem IO, so schnell Sie können.« Er zögerte und sprach dann wieder ins Mikrophon. »Beim ersten Anzeichen von Gefahr steigen Sie aus. Kapitän, ich werde dann tun, was ich kann.«

Der Lautsprecher verstummte, und Lindsay ging wieder auf die Brückennock.

»Ich habe alles veranlaßt, Sir«, sagte Goss. »Das Boot ist in fünf Minuten klar zum Fieren. Ich schicke Lieutenant Hunter als Aufsichthabenden mit. Der Doktor ist schon auf dem Bootsdeck.« Er fuhr fort: »Ich gehe auch selbst, wenn Sie möchten.«

»Nein.« Lindsay beobachtete, wie das Backbord-Motorboot frei in den Davits schwang. »Ich brauche Sie hier.«

Es dauerte eine halbe Stunde, bis die Männer und die Ausrüstung auf das andere Schiff gebracht waren. Auf dem Achterschiff der *Benbecula* drängten sich unbeschäftigte Seeleute und Marinesoldaten, um das Treiben zu beobachten. Schläuche wurden drüben an den brennenden Laderaum gebracht, eine Winsch begann zu arbeiten und hievte Trümmer vom Vordeck herunter.

Die Arbeit dauerte den ganzen Nachmittag, während die beiden Schiffe im Schneckentempo durch das blaue Wasser schlichen.

An Bord der *Benbecula* war die Atmosphäre unwirklich und seltsam sorglos. Bei geschlossener Geleitzugfahrt, wenn aus allen Richtungen U-Boote gemeldet wurden, schien der Tod ziemlich nahe zu sein. Aber er ereilte immer nur die anderen, nicht einen selbst; so dachten jedenfalls die meisten Menschen im Krieg. Nun, da sie ohne Geleit oder Hilfe fuhren, war die Stimmung völlig anders. Die Männer gingen ihren Pflichten mit einer gewissen Lässigkeit nach – wie die Menschen, die Lindsay während des Luftangriffs in London erlebt hatte. Sie konnten nichts dagegen tun, weshalb also sollten sie sich echauffieren? schien die Stimmung auszudrücken.

Oberbootsmann Archer und seine Männer hatten die Rettungsflöße überprüft, ob sie unverzüglich auszusetzen waren, und als die Sonne in den dunstigen Horizont zu tauchen begann, schienen die meisten der Besatzung das Unvermeidliche zu akzeptieren.

Die letzte Nachmittagswache war fast vorüber, als ein Signalgast meldete: »Da ruft uns jemand an, Sir!«

Ritchie hatte mit ausgestreckten Beinen wie schlafend auf einer Flaggenkiste gesessen, aber er war hoch und auf der offenen Brücke, ehe Lindsay sich von seinem Stuhl erheben konnte.

»Ich sehe nichts.«

Der Signalgast zeigte hin. »Da, auf der oberen Brücke, Signalmeister.«

Lindsay richtete sein Glas aus und sah einen Offizier auf dem Munitionstransporter Armzeichen geben.

Ritchie hob den Kieker und murmelte: »Verdammte Winkerei! Wieso glaubt er, daß ich sie bei diesem Licht lesen kann?«

Lindsay suchte einen festeren Stand auf den Grätings. Es stand eine träge Dünung, und der Wind hatte erheblich nachgelassen. Bei so geringer Geschwindigkeit war es schwierig, die winzige dunkle Figur im Glas zu behalten.

Ritchie atmete schwer: »Er meldet irgend etwas achteraus, Sir. Fünf Meilen ab oder so.« Er sah schnell in Lindsays gespanntes Gesicht. »Könnte ein U-Boot sein.«

Lindsay setzte das Glas ab. Der Munitionstransporter gehörte nun zu ihnen, war vertraut, fast ein Teil von ihnen. Unmöglich, daß ihm noch etwas passieren konnte.

»Der Käpt'n drüben ist ein ganz cleverer Mann, Signalmeister. Die meisten hätten – so müde und abgekämpft, wie er sicher ist – eine Signallampe oder womöglich gar das Funksprechgerät benutzt.«

Goss kam eiligst aus dem Kartenraum. »Was macht er?«

Lindsay sagte: »Gehen Sie nach achtern, Signalmeister, und halten Sie über Hecktelefon mit der Brücke Verbindung.« Zu Goss gewandt, fuhr er fort: »Gehen Sie auf ganz langsame Fahrt und verringern Sie den Abstand. Wir müssen Sichtkontakt halten. Deren Ausgucks können das U-Boot vielleicht erkennen. Aber wenn wir aufzudrehen versuchen, wissen sie, daß wir sie entdeckt haben.«

Stannard fragte: »Warum schießt der Kerl denn nicht?«

»Wir fahren weiß Gott langsam genug«, nickte Goss. »Er könnte uns in kürzester Zeit einholen.«

Ein Läufer berichtete: »Funkraum meldet keinen Verkehr, Sir.«

Lindsay nickte langsam. Möglicherweise war das U-Boot beim letzten Angriff beschädigt worden. Vielleicht konnte es nicht mehr tauchen, vielleicht waren auch seine Torpedorohre seit den Wasserbombenabwürfen nicht mehr einsatzbereit. Aber immerhin, es war wieder da. Humpelnd wie ein verwundeter Wolf und genauso gefährlich.

Lindsay warf einen schnellen Blick auf den Wimpel im Mast, er wehte ganz leicht nach dem Heck aus. Also kam der Wind immer noch aus Südost.

Er wandte sich um und sah in die untergehende Sonne. Sie stand noch zu hoch. Die langsam fahrenden Schiffe würden sich noch eine halbe Stunde, vielleicht noch länger, als tadellose Ziele vom Horizont abheben.

»Ich glaube, das U-Boot wird aufschließen und seine Deckskanone einsetzen.«

Als er diesen Gedanken laut ausgesprochen hatte, wurde ihm klar, daß er sich damit festgelegt hatte. Für sie alle.

Goss starrte ihn an. »Aber wenn dieses verdammte Schiff auch nur einen einzigen Treffer erhält...« Er konnte nicht weitersprechen.

»Soll ich signalisieren, daß sie das Schiff verlassen müssen, Sir?« fragte Stannard knapp. »Wir könnten alle Boote und Flöße aussetzen und vielleicht später zurückkommen.«

Lindsay beobachtete immer noch das Schiff achteraus. Groß, massig, schwarz. Der U-Boot-Kommandant würde es bestimmt wiedererkennen, war wahrscheinlich über seine tödliche Ladung längst genau unterrichtet. Es wäre eine Wiedergutmachung dafür, daß man sein Boot so zugerichtet hatte.

»Ihn im Stich lassen, meinen Sie?« Er sprach ganz ruhig. »Weglaufen?«

»So ist es ja nicht«, meinte Goss. »Aber wir müssen an das Schiff denken, an unsere eigenen Leute.«

Ein Signalgast rief: »Das Munitionsschiff kann das U-Boot immer noch sehen. An der Oberfläche. Ganz aufgetaucht.«

Lindsay dachte kurz an den Kapitän der *Demodocus*. Den

Mann hätte er liebend gern kennengelernt. Einer, der trotz der schrecklichen Todesgefahr, die ihm und seinen Männern drohte, noch die kleinen, aber lebenswichtigen Details bemerkte. Kein U-Boot würde voll aufgetaucht seiner Beute nachjagen, sondern so getrimmt fahren, daß nur ein Teil des Hüllkörpers und des Turmes zu sehen waren. Ganz sicher war dieses Boot beschädigt. Darin lag ihre einzige Hoffnung.

»Der Signalmeister soll seine Signallampe nehmen, sie müßte für das U-Boot durch die *Demodocus* verdeckt sein. Ich möchte, daß sie drüben sofort ein weiteres Feuer legen. Das ist zwar verdammt gefährlich, aber der Kapitän kennt die Risiken, ohne daß ich sie ihm vorzähle. Ölige Lappen, irgendwas, ich brauche viel Rauch.«

Er drängte sich an den anderen vorbei zum Maschinenraum-Telefon. »LI? Hier Kommandant.«

Fraser kicherte. »Ich dachte, Sie hätten uns schon vergessen.«

»Hören Sie zu. Ich möchte, daß Sie Rauch erzeugen. Tun Sie alles, was Sie können, um den dicksten Nebel, den es je gegeben hat, zu produzieren. Aber erst, wenn ich's Ihnen sage.«

»Aye, aye, Sir.« Lindsay hörte ihn über das Dröhnen der Ventilatoren hinweg nach seinem Assistenten Dyke rufen. Dann fragte er ruhig: »Darf ich den Grund wissen, Sir?«

»Ja. Wir greifen ein aufgetauchtes U-Boot an.«

Er legte den Hörer auf, als Stannard sagte: »Drüben haben sie schon Feuer gemacht. Mein Gott, ich würde das Schlimmste befürchten, wenn ich nicht Ihre Anweisung gehört hätte.«

Lindsay sah die Rauchwolke achteraus schnell aufsteigen. »Geben Sie ›Klar Schiff zum Gefecht‹!« Er packte Goss am Arm. »In etwa zehn Minuten drehen wir hart nach Steuerbord.« Er sah Goss' ängstliches Gesicht und überlegte, ob der wohl um sein Leben oder um das Schiff bangte. »Wenn das U-Boot bisher noch keinen Funkspruch abgesetzt hat, heißt das nicht, daß es nicht bald funken wird. Vielleicht ist sein Sender beschädigt, aber wenn sie den erst wieder in Ordnung haben, sind wir dran.« Er mußte die Alarmglocken überschreien. »So, und nun gehen Sie in Ihre Schiffssicherungszentrale und beten Sie!«

Dancy rief: »Besatzung auf Gefechtsstationen, Sir.«

»Danke. Der Leitstand soll sich bereithalten. Maxwell wird mit der Steuerbord-Batterie schießen müssen.« Er sah zu Stannard hinüber. »Benachrichtigen Sie den LI, er soll jetzt Rauch machen.«

Er wandte sich um und beobachtete die dicke, ölige Wolke, die über die Schornsteinkante quoll, fast ehe Stannard das Telefon wieder aufgelegt hatte. Er zwang sich, noch ein paar Minuten zu warten, fühlte, wie das Schiff sich unter ihm hob und senkte, und versuchte, den Drehkreis für dieses kühne Manöver abzuschätzen.

»Klar, Rudergänger?«
Jolliffe nickte. »Klar, Sir!«
»NO?«
Stannard zwang sich zu einem Lächeln. »Wie immer, Sir.«
Lindsay holte die Pfeife heraus und schob sie sich zwischen die Zähne.

»Steuerbord stopp, Backbord voll voraus!« Er zählte die Sekunden und spürte das Deck unter dem zusätzlichen Schub einer Welle heftig zittern. »Hart Steuerbord!«

Er spähte durch ein achteres Bulleye nach dem Rauch. Schon änderte sich der Winkel. »Steuerbordmaschine voll zurück!«

Vielleicht klappte es gar nicht. Jedenfalls stand in keiner Vorschrift, daß man so etwas auch nur versuchen sollte. Aber in all diesen Vorschriften stand überhaupt wenig über den Krieg, dachte er.

»Mittschiffs, und beide voll voraus!«

14 Die Vergeltung

Unter dem heftigen Druck von Schrauben und Ruder legte sich die *Benbecula* stark über und knüppelte sich herum, bis sie fast auf Gegenkurs lag. Lindsay stand mitten auf der Brücke, das Glas in Kinnhöhe, und wartete auf das Insichtkommen des Gegners. Das Vorschiff war im dichten, erstickenden Qualm aus dem Schornstein fast nicht mehr zu sehen; ein plötzlicher Fallwind und die Kursänderung hatten Frasers Schutzwolke wie eine dicke Decke über das Schiff gebreitet. Lindsay wußte, daß die *Demodocus* jetzt irgendwo an Steuerbord stand, obwohl sie im Rauchschleier ebensogut eine Meile weit oder nur fünfzig Meter entfernt sein konnte. Selbst durch die geschlossenen Türen roch Lindsay den beißenden Gestank. Über das Getöse der schnell laufenden Maschinen hinweg konnte er das Würgen und Keuchen der Ausgucks auf der Oberbrücke hören. Er senkte den Blick auf den Kreiselkompaß.

»Null-eins-null steuern!«

Er hörte Jolliffes kurze Antwort, hielt aber seine Blicke weiter auf die dünner werdende Rauchwolke vor der *Benbecula* gerichtet. Jetzt würde er bald wissen, ob er recht gehabt hatte.

Der U-Boot-Kommandant hatte wahrscheinlich die beiden Schiffe als Nachzügler des Geleitzugs betrachtet, was sie ja auch tatsächlich waren, und fühlte sich so zuversichtlich, daß er den Einsatz seiner restlichen Torpedos als Verschwendung ansah. Lindsay wischte sich Schweiß aus den Augen. War dies der Fall und das U-Boot unbeschädigt, dann würde eine Salve aus seinen Bugrohren genügen. Bei den hohen Umdrehungen der *Benbecula* mußte die Wirkung so schrecklich sein, daß er daran gar nicht denken mochte.

Im Brückenlautsprecher erklang Maxwells Stimme, distanziert und ausdruckslos: »Steuerbordbatterie klar.«

Lindsay senkte den Blick auf das Vorschiff, wo die beiden Steuerbordgeschütze ihre Mündungen im wirbelnden Rauch tastend schwenkten. De Chairs Marines weiter achtern würden vorläufig untätig bleiben müssen. Ihr Steuerbordgeschütz konnte das Ziel nicht auffassen, wenn Lindsays Berechnungen stimmten. Wenn – wenn – wenn. Das Wort hämmerte in seinem Gehirn, als riefe es jemand laut.

Spritzwasserfetzen wehten über den Bug; Frasers Manometer mußten schon in die Gefahrenzone zeigen.

Plötzlich übertönte Maxwells Stimme alle anderen Geräusche, als hielte er das Mikrophon direkt an die Lippen: »Aufgetauchtes U-Boot in Grün zwo-fünf! Entfernung achtzig-hundert!«

Lindsay knirschte mit den Zähnen; hätte sich der Nebel doch nur so weit gehoben, daß er sehen konnte, was Maxwell und seine Beobachter aus ihrer prekären Position oberhalb der Brücke gesichtet hatten.

Ein kurzes Aufblitzen hinter dem Rauch, dann gleich darauf der Knall einer detonierenden Granate. Einen Augenblick glaubte Lindsay, der Gegner habe seinen Schachzug vorausgesehen und schösse nun auf die *Benbecula*, um sie zu zwingen, abzudrehen und Ziel für seine Torpedos zu bilden.

Im Nebel ein weiterer Blitz, dann der dumpfe Knall eines Einschlags.

Lindsay sah zu Stannard hinüber. »Er schießt auf den Munitionstransporter!«

Als er den Kopf wieder wandte, erblickte er das U-Boot. Selbst auf siebeneinhalbtausend Meter Entfernung sah die flache Silhouette genauso aus, wie er sie sich vorgestellt hatte. Das Licht der untergehenden Sonne leuchtete hell auf dem schlanken Turm, der aussah, als sei er aus blankem Kupfer.

Dann schrillten die Glocken unterhalb der Brücke, und beide 15-Zentimeter-Geschütze feuerten gleichzeitig.

Es schien eine Ewigkeit zu dauern, bis die Geschosse das schmale Ziel erreichten. Im Glas sah Lindsay, sehr weiß gegen den schon dunkel werdenden Horizont, zwei Wassersäulen hinter dem U-Boot aufsteigen.

»Weit, zurück zweihundert!« Maxwell tat, als ob er bei einem Übungsschießen sei; Lindsay hatte ihn noch nie so kaltblütig erlebt.

Er beobachtete die plötzliche Reaktion auf dem Vorschiff des U-Bootes und hielt den Atem an. Es drehte und steuerte nun fast konvergierenden Kurs. Doch immer noch lag es hoch aus dem Wasser; als es die leichte Drehung beendet hatte, schäumte die Bugwelle über die abgerundeten seitlichen Tauchtanks.

Wieder schrillten die Glocken auf der *Benbecula*, und beide Geschütze taumelten auf ihre Federung zurück; die Stoßwellen rüttelten wie Sturmwind an den Brückenfenstern.

Lindsay biß sich auf die Lippen: Beide Geschosse wühlten sich rechts und links vom Ziel in die See.

Dann kam als Antwort das Mündungsfeuer vom Decksgeschütz des U-Bootes. Der Rumpf des Hilfskreuzers erbebte, als das Geschoß nahebei detonierte, eine riesige Wasser- und Rauchsäule aufwarf und Splitter über das Schanzkleid fegten.

Lindsay blieb sehr ruhig. Was in den nächsten Augenblicken geschah, mußte das Schicksal seines Schiffes und der beschädigten *Demodocus* entscheiden. Eines aber war gewiß: Der deutsche Kommandant konnte nicht mehr tauchen und auch keine Torpedos einsetzen. Sonst hätte er das inzwischen getan. Lindsay konnte sich vorstellen, wie konsterniert man auf dem U-Boot-Turm war, als Maxwells 15-Zentimeter-Geschosse mit jeder bangen Minute näher lagen. Dabei mußte für sie alles so einfach ausgesehen haben: nur zwei Nachzügler eines Geleitzuges und kein Sicherungsfahrzeug weit und breit.

Am Bug stieg Rauch auf, und Lindsay hörte den kreischenden Einschlag eines Geschosses, das unter Deck detonierte.

»Entfernung zwoundsechzig-hundert!«

Er schlug mit geballten Fäusten auf die hölzerne Reling. Das U-Boot machte keine Anstalten zum Abdrehen, sein Geschütz feuerte mit noch größerer Geschwindigkeit als zuvor. Ein einziger guter Treffer, und die *Benbecula* mußte in ihrer Geschwindigkeit herabgesetzt oder gar gestoppt werden. Dann konnte sich der Deutsche in eine günstigere Position manövrieren, genau vor den Bug, wo keins ihrer Geschütze mehr zum Tragen kommen konnte.

Ein Geschoß pfiff an der Brücke vorbei und detonierte irgendwo achtern. Es verursachte ein schreckliches Geräusch, als ob man Segeltuch zerrisse, und lag so dicht, daß ein Tochterkompaß auf der Steuerbordbrücke wie eine kleine Bombe explodierte und Bruchstücke gegen die Tür und die Stahlplatten darüber schleuderte.

Lindsay hörte einen Mann aufschreien und Maxwell hervorstoßen: »Krankenträger, schnell!«

Stannard schluchzte fast vor Erregung. »Wir haben das Schwein eingegabelt!« Zwei Wassersäulen deckten das U-Boot ein und begruben sein Achterschiff unter Tonnen zusammenstürzenden Wassers.

Drüben, wo die vier Rohre eines Vierlings ohnmächtig in den Himmel zeigten, stürzten zwei winzige Figuren von der Plattform hinter der Brücke und verschwanden in der Wasserflut. Eines der Geschosse mußte so nahe detoniert sein, daß es das Achterschiff mit Splittern übersäte.

»Sie drehen, Sir«, sagte Stannard knapp.

Der Brückenlautsprecher meldete: »Ziel hat Kurs geändert. Wandert nach rechts aus. Drittes Geschütz klar zum Feuern!«

Lindsay bemerkte: »Mir scheint, seine Ruderanlage ist beschädigt.«

Das vordere Geschütz des U-Bootes blitzte noch einmal auf. Lindsay fühlte, wie sich das Deck unter ihm hob, als das Geschoß im Innern des Schiffes detonierte.

Vom Bootsdeck eröffnete eine Oerlikon das Feuer, die Leuchtspurgeschosse trieben wie träge rote Bälle auf das U-Boot zu, ehe sie in die dunklen Wellentäler einschlugen.

Maxwell rief wütend: »Drittes Oerlikongeschütz, Feuer

einstellen.«

Lindsay konnte sich vorstellen, weshalb der einsame Oerlikonschütze die Beherrschung verloren hatte. Weder das Bewußtsein, daß sein Geschütz über mehr als tausend Meter Distanz ziemlich nutzlos war, noch seine Ausbildung oder Maxwells Disziplin hatten die Tatsache aufwiegen können, daß er den Feind im Zielfernrohr hatte. Es war einfach zuviel verlangt. Lindsay zuckte zusammen, als die beiden vorderen Geschütze noch einmal Feuer spieen. Jedes Zeit- oder Entfernungsgefühl war ihm abhandengekommen. Verstand und Gehör schienen im Krachen der Geschütze, der verderbenbringenden Gegenwehr des U-Bootes verlorengegangen zu sein.

Eine hohe Wassersäule schoß hinter dem deutschen Boot himmelan, die zweite Granate detonierte dicht an seiner Bordwand. Sie mußte einen Tauchtank eben unterhalb der Wasserlinie getroffen haben. Mehrere Sekunden lang glaubte Lindsay, das Boot sei auseinandergebrochen. Noch während das Wasser zusammenfiel, sah er den schwarzen Rumpf aus der Gischt gleiten und hörte Stannard keuchen: »Oh, diese Hunde, sie schwimmen immer noch!«

Lindsay stützte das Glas auf und wartete vergeblich auf seine gefühlsmäßige Reaktion. Aber er hörte sich nur kühl sagen: »Das Boot legt sich auf die Seite. Sehen Sie, NO, die Geschützbedienung steigt aus.« Warum war seine Stimme so ausdruckslos, so ohne jede Erregung?

Er sah weitere dunkle Schatten vom Turm stürzen, der sich überzulegen begann. Das Boot machte keine Fahrt mehr. An der Oberfläche platzten riesige Luftblasen, als wären sie seltsame Gebilde der Tiefe.

»Auf halbe Fahrt gehen. Steuerbord zehn.«

Er fuhr herum. Auf dem Welldeck ruckte das zweite Geschütz binnenbords, sein Geschoß detonierte wie ein Feuerball neben dem krängenden Rumpf des U-Bootes.

»Feuer einstellen!« schrie Lindsay und senkte den Blick auf den Kompaß. »Mittschiffs! Recht so! Null-vier-fünf Grad steuern.«

Der letzte Treffer war mehr als genug gewesen. Der Bug des U-Bootes hob sich langsam über die im Wasser schwimmenden Köpfe. Gierig griff die See bereits nach dem absackenden Achterschiff und zog einen Leichnam mit in die Tiefe.

Lindsay sah das ohne Bewegung. Der Atlantik hatte ein weiteres Opfer. Er war ebenso unparteiisch wie unbarmherzig.

Dancy rief: »Sicherungszentrale meldet Wassereinbruch in Laderaum drei, Sir. Und Feuer auf dem B-Deck.«

Doch Lindsay hielt das Glas fest auf das U-Boot gerichtet. In der starken Optik konnte er auf dem freiliegenden Unterwasserschiff Tang und Schleim erkennen. Das Boot war wahrscheinlich schon Wochen, wenn nicht gar Monate in See. Vielleicht wäre es jetzt bereits auf dem Rückmarsch gewesen, wenn der Kommandant nicht zwei hilflose, schwerfällige Ziele vor sich entdeckt hätte.

Fast kühl fragte er: »Kommt der IO zurecht?«

»Jawohl, Sir.« Dancys Stimme bebte mühsam vor gezügelter Aufregung. »Ein Mann wurde getötet, Sir, zwanzig weitere sind durch Splitter oder Verbrennungn verwundet.«

»Danke. Rufen Sie *Demodocus* an und bitten Sie, uns so bald wie möglich den Doktor zurückzuschicken.«

Er wandte sich um. Der schwarze Munitionstransporter sah im Zwielicht noch schwärzer aus. Er war jedoch geblieben, um das Gefecht zu beobachten, obwohl es ihn in tausend Fetzen gerissen hätte, wenn die Taktik der *Benbecula* fehlgeschlagen wäre.

Ein Aufschrei: »Da geht er hin!« Vom Oberdeck hörte Lindsay weitere Rufe und dann wildes Jubeln, als das U-Boot unter die Wasseroberfläche zu gleiten begann. Den schrägen Steven steil nach oben gereckt, zögerte es noch ein paar Sekunden und spiegelte die letzten Sonnenstrahlen wider, als brenne es von innen heraus. Dann verschwand es in der Tiefe.

Der Jubel wurde geringer und erstarb. Vor Lindsay standen einige Seeleute an der Reling und sahen schweigend zu, wie sich ein großer Ölfleck auf dem Wasser ausbreitete und gleich dem Schatten einer einzelnen Wolke immer dunkler wurde.

»Beide Maschinen langsam voraus.«

Er ließ das Glas auf die Brust fallen. Fast konnte er fühlen, was diese Männer in ihrer Verwirrung und Unsicherheit dachten. Es war ihr erster Sieg, vermutlich einer der wenigen Fälle, in denen ein für den Frieden gebautes Schiff ein für den Krieg geschaffenes vernichtet hatte. Nun, nachdem es geschehen war, ging die Begeisterung in Erschütterung und Zweifel unter.

»Es ist gleich dunkel, Sir.« Stannard musterte Lindsays unbewegtes Gesicht und wartete auf eine Reaktion.

Ritchie rief: »Motorboot nähert sich vom Munitionsschiff, Sir.«

»Sehr gut. Die Leute des IO sollen dem Doktor an Bord helfen.«

Lindsay ging langsam zur offenen Tür und musterte die zertrümmerte Kreiseltochter. Auf der Metallverkleidung war eine versengte Schramme zu sehen. Der Einschlag hatte sehr dicht gelegen. Sechs bis sieben Meter weiter, und die Granate wäre im Ruderhaus detoniert. Er dachte an Stannard und Dancy, an Ritchie und all die anderen, die mit ihm gestorben wären.

Stannard trat zu ihm. »Maschinen stoppen, Sir?«

Lindsay schaute zu, wie der dunkle Schatten des Motorbootes längsseit tuckerte. »Ja.« Er wußte, daß Stannard noch wartete. Knapp setzte er hinzu: »Packen Sie ein paar Leute ins Boot und schicken Sie sie los, um Überlebende aufzufischen. Wenn es welche gibt.«

Er umklammerte die Reling, bis der Schmerz ihn beruhigte, hörte das Klingeln der Maschinentelegrafen und das Plätschern des Wassers am Rumpf, als das Schiff langsam auslief. Man hatte sie dazu gebracht, an sinkenden Schiffen vorbeizufahren. Männer ihresgleichen schrien und starben, während sie selbst und andere Schiffe im Geleitzug diesen Befehlen gehorcht hatten. Zusammenbleiben, nicht zurückschauen.

Nun hatten sie Zeit und waren eine Weile auch vor weiteren Angriffen sicher. Deshalb konnten sie nach dem Kodex handeln, sich an die Spielregeln halten. Nur waren diesmal die Überlebenden Deutsche und nicht die eigenen Leute.

Goss kam auf die Brücke und berichtete: »Feuer gelöscht, Sir.« Das klang unglaublich müde und abgekämpft. »Die Pumpen halten den Wassereinbruch im Laderaum, doch der Wohnraum der Marines ist zerstört. Die Steuerbordseite sieht aus wie ein Pfefferstreuer.«

»Munitionsschiff hat uns über Funktelefonie gerufen, Sir«, meldete Ritchie aus dem Ruderhaus. »Der eine Treffer vom U-Boot scheint die Welle verbogen zu haben. Der LI rechnet nicht damit, daß er genügend Fahrt laufen kann, um steuerfähig zu bleiben.«

Lindsay nahm die Mütze ab und hielt das Gesicht in die kühle Abendbrise. Nun würde man die *Demodocus* doch noch verlassen, sie aufgeben müssen.

Laut sagte er: »Wenn ich das vorher gewußt hätte...«

Goss warf ein: »Dann hätten Sie die Deutschen absaufen lassen, Sir?«

Lindsay versuchte, sich wieder in die Gewalt zu bekommen. »Ich glaube, ja.«

Goss beobachtete das Motorboot, das nun wieder zur *Benbecula* zurückzulaufen begann. »Sind sowieso nicht viele von ihnen übrig.«

»Antwort für das Munitionsschiff, Sir?« fragte Ritchie.

»Könnten wir nicht bis zum Morgen bei ihm bleiben, Sir?« schlug Goss vor.

»Jawohl.« Lindsay setzte die Mütze wieder auf. »Das wäre sicherer als die Besatzung in der Dunkelheit herüberzuholen.«

»Daran habe ich nicht gedacht.« Goss' Stimme klang seltsam ruhig. »Aber wir könnten das Schiff in Schlepp nehmen.«

Lindsay starrte ihn an. »Meinen Sie das ernst?«

»Ich weiß, wir sind dafür nicht eingerichtet. Die alte *Becky* ist für etwas Besseres gebaut worden.« Goss sprach so schnell, als sei er entgegen allen Zweifeln und inneren Widerständen zu einem Entschluß gekommen. »Aber mit ein paar guten Leuten könnte ich die ganze Nacht lang arbeiten und eine Schleppleine ausbringen. Es ist zwar achtern nicht viel da, um sie festzumachen, aber ich dachte an...«

»Das Zwölfpfündergeschütz?«

»Jawohl, Sir. Danach wird man zwar nie wieder damit schießen können, aber es würde einen ausgezeichneten Schlepp-Poller abgeben.«

Lindsay wandte sich ab. »Soweit ich weiß, hat man auch noch nie damit geschossen.«

Es gab so viel zu tun. Pläne mußten aufgestellt, der Schaden untersucht und aufgenommen werden. Und dann die Verwundeten und Gefallenen...

Doch jetzt dachte er einzig und allein an die Stimme von Goss und an seine offenkundige Überzeugung. Es war das erste Mal, daß er zu ihrer beiderseitigen Verantwortung stand.

Lindsay nickte. »Dann machen wir das so. Zumindest können wir es ernsthaft versuchen.« Er winkte Stannard heran. »Sagen Sie der *Demodocus*, wir bleiben bis zum Morgengrauen hier. Erklären Sie ihm, was wir versuchen wollen.« Er hielt ihn zurück. »Nein. Sagen Sie ihm, was wir *tun werden!*«

Goss zuckte in seinem schweren Wachmantel die Achseln.

»Vielleicht kommen morgen neue Geleitfahrzeuge. Ich nehme an, sie werden von Freetown aus geschickt. Aber wahrscheinlich finden die uns sowieso nie.« Er zog den Mützenschirm herunter. »Und nun werde ich mal sehen, was dieser verdammte Bootsmann Archer wirklich von Seemannschaft versteht.«

Lindsay stand auf den Grätings und beobachtete das Motorboot, das auf der Dünung reitend zum Schiff zurückkam.

»IO!«

»Sir?« Goss hielt inne, einen Fuß in der Luft.

»Sagen Sie dem Doktor, er soll für die deutschen Überlebenden noch einige Vorkehrungen treffen. Sein Lazarett muß ziemlich überfüllt sein.«

»Ich werd's weitergeben.« Goss wartete im Bewußtsein, daß Lindsay noch etwas sagen wollte.

»Und vielen Dank, IO.«

Auf dem Niedergang drehte Goss sich um und blinzelte zu Lindsay hinüber, dessen dunkle Silhouette sich gegen den Himmel abhob. Dann klapperte er ohne ein weiteres Wort die Stufen hinunter und verschwand in der einbrechenden Dunkelheit.

Lindsay nahm seine Pfeife und klopfte sie aus. Goss hatte seinen Stolz, er war ebenso unerschütterlich, wie seine Treue zu diesem alten Schiff. Ein paar Sekunden hatte er ihn fast überwunden, aber nicht ganz.

Seufzend ging Lindsay ins Ruderhaus. »Beide Maschinen langsame Fahrt voraus. Fahren Sie weiter, NO, bis wir die Drift ausmachen können. Wir wollen die gute alte *Demodocus* nicht zum Schluß noch rammen.«

Stannard lächelte in sich hinein und ging zum Kompaß. Er hatte das meiste von dem gehört, was auf der versengten Brückennock gesprochen worden war. Er wußte, was es Goss gekostet hatte, den Vorschlag mit dem Schleppen zu machen. Genausogut hätte er schweigen können, dann hätte Lindsay das andere Schiff aufgegeben. Auch ohne das hatte er weiß Gott genug für uns alle getan, dachte Stannard.

Ein Telefon summte, und der Bootsmann sagte: »Lazarett, Sir. Der Doktor sagt, unter den Überlebenden ist ein deutscher Oberleutnant. Er läßt dafür danken, daß wir ihn aufgefischt haben.« Er wartete. »Eine Antwort, Sir?«

»Sagen Sie dem Doktor nur, er soll für sie tun, was er kann.« Lindsay ging zum Kartenraum. »Aber halten Sie mir diesen verdammten Oberleutnant von der Brücke, verstanden?«

Als der Seemann hastig ins Telefon sprach, fuhr Lindsay von der Tür her fort: »Was erwarten die eigentlich, einen Händedruck? Jetzt sind wir wieder alle Kameraden, weil es für sie vorbei ist?« Er sprach leise, aber in der plötzlichen Stille klang es wie ein Peitschenhieb. »Nicht mit mir, NO. Und wenn Sie zufällig bei Ihren Runden auf diesen höflichen Deutschen stoßen, dann können Sie ihm von mir sagen, daß ich sie nur aus einem einzigen Grund aufgefischt habe: weil ich wissen wollte, wie sie aussehen.«

Er schien zu merken, daß alle Blicke auf ihn gerichtet waren, und fuhr knapp fort: »Wir bleiben auf Gefechtsstation. Aber wir richten es so ein, daß die Wachgänger und Ausguckposten so oft wie möglich abgelöst werden. Die Geschützbedienungen können auf Gefechtsstation schlafen. Und sehen Sie mal zu, ob Sie eine warme Mahlzeit verteilen lassen können. Möglicherweise ist noch ein weiteres U-Boot in der Gegend, obwohl ich das bezweifle.«

Stannard antwortete ruhig: »Ich werde das veranlassen, Sir.« Er sah, wie Lindsay erschöpft gegen die offene Tür taumelte, und zögerte. »Und meine Glückwünsche, Sir. Das war verdammt gute Arbeit.«

Lindsay blieb stehen, das Gesicht im Schatten. »Sie haben's gut gemacht, NO.« Er sah sich auf der abgedunkelten Brücke um. »Ihr alle.« Damit verschwand er.

Dancy trat an Stannards Seite und sagte leise: »Ich dachte, wir wären geliefert.«

Stannard sah auf den blassen Pfeil der Bugsee. »Ich auch. Und jetzt, da wir noch am Leben sind, weiß ich wirklich nicht, liege ich auf dem Hintern oder auf den Ellbogen.«

Dancy nickte und ließ die Finger über die glatte Reling gleiten. Es war kaum zu verstehen, kaum zu fassen. Im Geleitzug hatte er seine Angst kaum verbergen können, jede Minute war ihm wie eine Ewigkeit erschienen. Aber das unerwartete Gefecht mit dem aufgetauchten U-Boot hatte alles verändert, obwohl er nicht erklären konnte, warum oder wie. Es war, als habe man ihn über eine alte Schutzschranke in eine andere Welt gestoßen, in ein Niemandsland. Wie hatte es der Kommandant genannt? Ein Mordrevier. Gefühl, Hoffnung, Vernunft spielten hier draußen keine Rolle. Nur die Männer neben einem, das Schiff rund um sie alle. Nichts sonst zählte.

»Gehen Sie mal los«, sagte Stannard, »und überprüfen Sie die

Wohndecks. Überzeugen Sie sich davon, daß kein Licht nach draußen dringt.«

»Ich könnte jemanden schicken.«

Stannard schüttelte den Kopf. »Sie gehen. Ein bißchen Bewegung ist besser, als hier herumzustehen und nachzudenken. Man kann auch zu viel nachdenken.«

Jupp kam ins Ruderhaus. »Hier sind ein paar Sandwiches für den Kommandanten, Sir.«

Stannard ging zum Kartenhaus und zog die Tür auf. Lindsay lag über einem der Kartentische, mit einer Hand noch nach einer Karte langend. Die Mütze war ihm heruntergefallen. Stannard schloß leise die Tür.

»Lassen Sie sie hier, Jupp. Ich sorge dafür, daß er sie später ißt.«

Er hörte Stahl auf Stahl scheuern und Goss' Stimme über das Promenadendeck dröhnen. Er war schon bei der Arbeit. Mit Stahlleinen und Stropps, Tauwerk und Taljen war Goss ein Leben lang umgegangen.

Stannard massierte sich die schmerzenden Glieder und seufzte. Ein langer Weg lag noch vor ihnen bis Trincomalee auf Ceylon. Und danach?

Ein Signalgast meldete: »Munitionsschiff Steuerbord voraus, Sir.«

Stannard schüttelte die Müdigkeit ab und eilte zum Fenster. Wenn diese Aufgabe hier erledigt war, war es immer noch Zeit, sich über die Zukunft Gedanken zu machen.

»Backbord zehn.« Er rieb sich die Augen. »Mittschiffs.«

Die Wache ging weiter. Im schwach beleuchteten Kartenraum schlief Lindsay, ungestört von Träumen oder Erinnerungen, und sein herabhängender Arm schwang regelmäßig mit den Bewegungen des Schiffes.

Bei Hellwerden am nächsten Tag brachten sie als erstes eine Schleppleine aus. Das dauerte den ganzen Morgen und den größten Teil des Vormittags. Motorboote fuhren zwischen den Schiffen hin und her. Es bedurfte stundenlanger, härtester Arbeit und endloser Geduld. Während Lindsay das Schiff so dicht wie möglich an die treibende *Demodocus* heranführte, lief Goss auf der Poop auf und ab und brüllte Anweisungen, bis seine Stimme fast nur noch ein Flüstern war. Zweimal brach die Schleppleine, als die Maschinen der *Benbecula* begannen, die Leine steifzuholen, und jedesmal mußten sie wieder von vorn anfangen.

Das achtere Welldeck und die Poop waren mit Stahlleinen und schweren Trossen vollgepackt; die Lafette des Zwölfpfünders sah schließlich so aus, als sei sie in einen großen Schraubstock gepreßt worden.

Beim dritten Mal aber klappte es.

Ritchie sagte mit Skepsis in der Stimme: »*Demodocus* meldet: ›Schleppleine belegt‹.«

»Beide Maschinen langsam voraus.«

Erneutes, stärker werdendes Vibrieren, indessen die lange Schlepptrosse ganz langsam steifkam.

Lindsay beobachtete im Glas den mächtigen Rumpf des anderen Schiffes, an dessen Bug ein Offizier stand und eine helle Flagge über den Kopf hielt. Sekunden verrannen, Minuten, doch die *Demodocus* lag anscheinend immer noch unbeweglich in der flachen Dünung, als warte sie auf den richtigen Moment, wieder auszubrechen.

Doch plötzlich begann sie ihre Richtung zu ändern; Lindsay sah die helle Flagge über dem Kopf des Offiziers kleine Kreise beschreiben. Zögernd und schwerfällig drehte das andere Schiff ins Kielwasser der *Benbecula*, dabei tutete seine Sirene laut und beifällig.

Diesmal hielt die Schleppleine. Als zwei Zerstörer sie am nächsten Tag fanden, lagen beide Schiffe immer noch auf Kurs, verbunden durch die steife Trosse.

Der führende Zerstörer schlug einen vollen Kreis rund um den Schleppzug, kam dann näher und rief über Lautsprecher: »Freut mich, daß wir Sie gefunden haben. Sie sehen so aus, als hätten Sie harte Zeiten hinter sich!«

Lindsay hob das Megaphon: »Ist Schlepperhilfe unterwegs?«

»Jawohl.« Der andere Kommandant kam mit seinem Schiff noch etwas näher; die Seeleute drüben traten an die Reling, um die gezackten Splitterlöcher in der Bordwand der *Benbecula* zu betrachten. Der Zerstörerkommandant fuhr fort: »Sie haben verdammtes Glück, daß Sie noch schwimmen! Uns wurde ein aufgetauchtes U-Boot gemeldet, das Fühlung mit dem Geleitzug hielt. Wir werden uns diesen Burschen vornehmen, wenn er uns über den Weg läuft.«

Lindsay sagte leise: »Bringt sie an Deck, Sub.«

Als die deutschen Seeleute und ihr Offizier eilends auf das Vorschiff gebracht und im strahlenden Sonnenschein aufgereiht waren, wartete Lindsay noch ein paar Sekunden. Dann rief er: »Er ist uns schon über den Weg gelaufen!« Er bemerkte, wie die Blicke drüben sich auf das Vorschiff richteten, wo die kleine Gruppe stand. »Aber vielen Dank für das Angebot!«

Ein weiterer Tag verging, bis der Bergungsschlepper auftauchte, um die havarierte *Demodocus* zu übernehmen. Sie hatten die Zeit genutzt und die zehn Schwerverwundeten auf einen der Zerstörer geschafft. In Freetown würde man besser für sie sorgen können.

Als die Schleppleine losgeworfen war, empfand Lindsay fast Bedauern. Er hatte den Kapitän des Munitionstransporters immer noch nicht kennengelernt, aber als die *Demodocus* langsam an der schweren Trosse des Schleppers vorbeizog, sah Lindsay ihn auf der Brücke, die Hand zum Gruß erhoben. Auf dem ganzen Oberdeck standen seine Männer, winkten und riefen oder sahen nur zu, wie das seltsame Schiff mit der Steuerbord-Schlagseite und dem von Löchern übersäten Tarnanstrich langsam im Dunst verschwand.

Goss kam mit schmierigen Händen und öliger, rostbeschmierter Uniform auf die Brücke. Er legte die Hand über die Augen, um zu sehen, wie sich der kleine Zug ostwärts wandte, und sagte dann mürrisch: »Na, denen haben wir's gezeigt!«

Stannard und Dancy standen neben Lindsay; der neue Wachoffizier, Lieutenant Paget, lief nervös auf und ab. Aber alle sahen der *Demodocus* nach, sogar Jolliffe, der fast ununterbrochen am Rad gestanden hatte.

Goss wandte sich an Lindsay. »Ich glaube, Sie hätten es nicht besser machen können, wenn Sie zur Reederei gehört hätten.« Dann streckte er ihm die Hand hin. »Falls ich das sagen darf.«

Lindsay ergriff die Hand, aber er konnte nicht sprechen. So sehr er es auch versuchte, es ging nicht.

Langsam fuhr Goss fort: »Wir hatten Differenzen, das will ich nicht abstreiten. Die *Becky* wäre von Rechts wegen mein Schiff gewesen.« Er blickte hoch zum Mast, wo im Topp der Kommandantenwimpel wehte. »Aber das war im Frieden. Nun braucht das alte Mädchen wohl uns beide.«

Lindsay sah zur Seite. »Ich danke Ihnen dafür.« Er räusperte sich. »Ich danke Ihnen wirklich sehr.« Damit ging er ins Ruderhaus und weiter in seine Kajüte.

Goss sah zuerst seine schmutzige Faust an und dann Paget, der ihn ehrfürchtig betrachtete.

»Was stehen Sie da und gaffen, Mr. Paget?« Goss hastete zum Niedergang. »Amateure. Der ganze Haufen taugt nichts!«

Stannard sah Dancy an. »Bei der Reederei hieß es immer, es wäre irgendwas Besonderes an diesem Schiff. Allmählich glaube ich das auch.«

Er sah nach vorn und setzte hinzu: »Nun schafft diese verdammten Deutschen endlich unter Deck. Ich habe sie völlig vergessen.«

Als Dancy wegging, hörte er Stannard noch murmeln: »Es hieß, die *Becky* habe ihren eigenen Willen. Und das habe ich wahrhaftig gerade erlebt!«

15 Abendgesellschaft

Lindsay stand in der Steuerbord-Brückennock und musterte die brodelnde Geschäftigkeit auf dem Kai unter ihm. Hunderte von farbigen Hafenarbeitern schienen gleichzeitig in alle Richtungen zu rennen, aber von seiner erhöhten Position aus konnte Lindsay den Sinn dieses scheinbaren Durcheinanders erkennen.

Wurfleinen flogen an Land und wurden von Dutzenden brauner Männer ergriffen, die sich von den heiseren Rufen der Unteroffiziere auf der *Benbecula* nicht beeindrucken ließen. Ganz langsam legte sich der Rumpf gegen die mächtigen Pfähle, die ihn vor dem rauhen Mauerwerk schützten.

Den Wurfleinen folgten schwere Stahltrossen, die zur Erleichterung der Offiziere schließlich über die großen Poller der Pier gelegt wurden. Mit müder Würde schob sich die *Benbecula* noch ein paar Meter weiter, bis die steifkommenden Festmacher sie völlig zum Stehen brachten.

Ein Befehlsübermittler rief: »Achterspring fest, Sir.« Den Blick auf das weiß schimmernde Gebäude auf der anderen Seite der Pier und die Lagerschuppen gerichtet, preßte er den Hörer fester ans Ohr. »Vorspring fest, Sir.«

Lindsay sah Goss vom Vorschiff »Klar« zeigen; seine massige Gestalt wirkte in weißem Hemd und Shorts noch plumper.

»Vorn und achtern alles fest, Sir.«

»Danke.«

Lindsay lehnte sich noch weiter über die Brückenverkleidung und spürte die Sonne im Nacken. »Querleinen aus! Dann sagen Sie dem Bootsmann, er soll die Stelling ausbringen.«

Er erkannte weitere weiß Uniformierte inmitten der geschäftigen Arbeiter auf der Pier, die interessiert zusahen, wie die *Benbecula* ihre Sicherheit wieder dem Land anvertraute.

»Maschinen abstellen.«

Die Maschinentelegrafen rasselten, unten im Schiff schwangen die Zeiger auf »Maschinen abstellen«, was Fraser und seinen Männern zweifellos einen Seufzer der Erleichterung entlocken würde.

Die Durchfahrt bis zur Pier hatte lange gedauert. Ganz Trincomalee schien vollgepackt mit Schiffen aller Art, so daß selbst die beiden ihnen zur Hilfe entgegengeschickten Schlepper die letzte Strecke ziemlich schwierig fanden. Im Hafen und auf Reede lagen Kriegs- und Versorgungsschiffe, Truppentransporter, deren Takelage mit Soldatenwäsche verziert war, Hafenfahrzeuge und Leichter, sowie eine überwältigende Menge von Eingeborenenschiffen aller Art. Dazwischen Dhaus und Sampans, Schoner und uralte Küstenfrachter, die noch aus den ersten Tagen der Dampfschifffahrt zu stammen schienen.

Ein letztes Beben der Grätings, dann lag das Deck still.

»Einer der Truppentransporter ist die *Cambrian,* Sir«, sagte Ritchie.

»Ja.«

Lindsay wandte sich nicht um. Vielleicht dachte auch der Signalmeister an die ersten Tage nach dem Auslaufen aus Liverpool, als das Schiff des Commodore die Steuerbordkolonne des Geleitzugs anführte. Erinnerte sich an die Explosionen und Brände, die verschwendeten Mühen und den Preis dafür.

Nachdem das Munitionsschiff sie verlassen hatte, waren sie in milderes Klima gekommen; zum erstenmal breitete sich an Bord eine Art Ferienstimmung aus. Achtzehn Tage nach dem Auslaufen aus Liverpool hatten sie den Äquator überquert, und alle Arbeit ruhte während der üblichen lärmenden Zeremonie der Äquatortaufe. Sonnenschein und blauer Himmel, nackte Körper, die schon eine gewisse Bräunung zeigten, und eine Extraration Rum rundeten die Feier ab. Sie schien ein sicheres Zeichen für die Wendung zum Besseren zu sein.

In Simonstown war die Fahrt zur Brennstoffübernahme unterbrochen worden und die Besatzung an Land geschwärmt, um sich die Sehenswürdigkeiten anzusehen und die üblichen Andenken zu besorgen, die schließlich ihren Weg auf die Kaminsimse und Borde in ganz Großbritannien finden würden.

Barker hatte für Busse gesorgt, welche die Freiwache nach Kapstadt brachten. Für diesen einen Tag war er nicht der Versorgungsoffizier eines Hilfskreuzers, sondern der Schiffszahlmeister, der sich nach Kräften bemühte, die Landausflüge so vergnüglich zu machen, als sei jeder Mann ein Erster-Klasse-Passagier.

Dann waren sie wieder in See, und Lindsay konnte sich noch genau an den Augenblick erinnern, als Stannard in seine Kajüte gekommen war. Die *Benbecula* hatte das Kap gerundet und lief nun nach Nordosten, zur letzten langen Strecke ihrer Reise über den Indischen Ozean.

Plötzlich hatte sich ihre kleine Welt wieder verändert. Der Krieg und alles, was damit zusammenhing, stürmte erneut auf sie ein: England hatte die Japaner nicht aufhalten können. Der schmale Wasserstreifen zwischen der Insel Singapur und dem Festland war kein Ärmelkanal, wie alle behauptet hatten. Der Feind hatte ihn überquert und drang nun bereits auf der Insel selbst vor. Es war unvorstellbar – aber Wirklichkeit.

Stannard hatte in der sonnendurchfluteten Kajüte gestanden und Lindsay angeschaut, als dieser den Funkspruch las.

»Was glauben Sie, Sir, wird man unsere Jungs abziehen?«

Rückblickend konnte sich Lindsay nur schwer erinnern, woran er damals wirklich geglaubt hatte. Doch wohl an keinen weiteren Rückzug? Diesmal gab es kein Dünkirchen mit den heimatlichen weißen Klippen in Reichweite. Aber kein vernünftiger Mensch konnte die ganze Garnison abschreiben. Nicht eine ganze Armee. Das war undenkbar. Erst jetzt, auf der sonnenüberstrahlten Brücke, erkannte er, daß es unvermeidlich gewesen war.

Aus Sicherheitsgründen war eine Nachrichtensperre verhängt worden, man hörte kaum noch etwas aus Singapur. Die *Benbecula* war weiter durch den Indischen Ozean gelaufen, hatte sich vielleicht sogar wohlgefühlt in den ihr so vertrauten Gewässern. Dabei hatten sie mehrere, in entgegengesetzter Richtung laufende Geleitzüge passiert: Fleisch und Getreide aus Australien und Neuseeland, Öl vom Arabischen Golf. Genau das, was die Menschen in England zum Überleben brauchten.

Lindsay hatte wahrgenommen, daß Stannard seinen Pflichten mit wachsender Unruhe nachging. Und er war nicht der einzige, dem Singapur auf der Seele lastete. Mehrere Männer hatten Verwandte und Freunde dort.

Dann, vor einer Woche, als die *Benbecula* die Seychellen auf Sichtweite passierte, war die Nachricht gekommen: Singapur gefallen. Das Gibraltar des Fernen Ostens, wie es in der Presse so oft genannt wurde, hatte kapituliert. Und mit ihm jeder Mann, dem es nicht gelungen war, auf den wenigen nach dem japanischen Bombardement noch schwimmfähigen Fahrzeugen zu entkommen.

Der schnelle Geleitzug von Commodore Kemp – oder was davon übriggeblieben war – lag noch immer in Trincomalee, zusammen mit vielen anderen Schiffen, die zur Unterstützung Singapurs bestimmt gewesen waren. Viele Soldaten mochten nun Gott dafür danken, daß sie nicht rechtzeitig genug eingetroffen waren, um sinnlos geopfert zu werden.

Stannard kam heraus auf die Nock und grüßte, die Augen hinter einer Sonnenbrille verborgen.

»Alle Leinen fest, Sir. Können die Brückenposten wegtreten?«

»Ja, danke.« Lindsay zögerte und sagte dann leise: »Sehen Sie, NO, Ihr Bruder muß ja nicht immer noch dort sein. Vielleicht gehört er zu denen, die Glück hatten.«

Stannard sah hinunter auf die wimmelnden Gestalten, die sich bemühten, Archers Seeleuten beim Festmachen der Stelling zu helfen.

»Ich weiß nicht, was ich ihm wünschen soll; Tod oder Gefangenschaft. Sie haben ja gehört, was die Japaner mit Gefangenen machen.« Und mit plötzlicher Bitterkeit fuhr er fort: »Mir scheint, daß unsere Chance, Singapur jemals zurückzuerobern, ziemlich klein ist.«

»Ich weiß, wie Ihnen zumute sein muß.«

Stannard wandte sich ab. »Sein ganzes Leben ist Jason nicht aus Australien herausgekommen. Er ist doch noch ein Junge.« Er grüßte. »Ich mache dann weiter, Sir.« Damit ging er schnell ins Ruderhaus.

Goss war auf der Brückennock aufgetaucht, das rote Gesicht schweißüberströmt. »Was ist denn mit Stannard los?«

»Er sorgt sich um seinen Bruder.«

Goss nickte. »Ach ja, ich vergaß.« Seufzend fuhr er fort: »Ich nehme an, die Werftleute wollen an Bord kommen, um sich den Schaden anzusehen, Sir. Wir werden alles festschrauben müssen, damit sie uns nichts klauen!«

»Kümmern Sie sich darum.« Lindsay sah ihn müde an. Goss hatte sich wieder in sein Schneckenhaus zurückgezogen, und doch war es jetzt anders zwischen ihnen: ein Verstehen ohne Worte, das mit einem Händedruck besiegelt worden war.

»Aye.« Goss deutete mit seinem Daumen in die Gegend. »Und was geschieht nun mit all diesen Truppentransportern und den Soldaten?«

Lindsay sah einige Uniformierte sich auf die Stelling zubewegen: die ersten Besucher. Nun würde es Fragen und Berichte hageln, Feststellungen und Zusagen.

»Wer weiß? Vielleicht gehen sie nach Indien oder südwärts bis nach Australien, wenn Gefahr besteht, daß die Japaner so weit kommen.«

Goss blickte finster auf die Besucher. »Ich werde sie begrüßen, Sir.« Mit einer Grimasse wies er auf ihren hohen Schornstein, auf den jetzt ein graues U-Boot mit einem Hakenkreuz gemalt war. »Das wird ihnen wohl etwas die Luft rauslassen!«

Maxwell erklomm die Brücke und grüßte. In Shorts und strahlend weißem Hemd wirkte er so dünn wie ein Ladestock.

»Melde mich als Offizier vom Tagesdienst. Die Krankenwagen kommen, um unsere Verwundeten zu holen. Außerdem ein Begleitkommando für die Deutschen.«

»Danke.« Lindsay sah ihm nach. Auch Maxwell hatte sich geändert. Er machte zwar immer noch eine Menge Lärm, hielt sich jedoch zurück und schien den anderen Offizieren möglichst aus dem Weg zu gehen. Eigentlich hatte Lindsay angenommen, daß Maxwell mit der Treffsicherheit seiner Geschütze und der Versenkung eines U-Bootes angeben würde. Aber als er Maxwell gratuliert hatte, hatte dieser nur knapp geantwortet: »Dafür bin ich ausgebildet, Sir. Mit der Zeit kann man selbst einem Holzklotz beibringen, anständig zu schießen.« Das war alles.

Lindsay sah zu dem gemalten U-Boot hinauf und fragte sich, warum er die Gefangenen an Bord behalten hatte. Er hätte sie auch in Simonstown lassen oder an einen der Zerstörer abgeben können. Ein- oder zweimal hatte er die Deutschen gesehen, als sie auf dem achteren Welldeck frische Luft schnappten: alles in allem ein Dutzend, einschließlich des Offiziers, der immer allein ging. Unwillkürlich hatte er sie durch sein Doppelglas genauer gemustert. Was hatte er erwartet – irgendein Anzeichen von Herrenrasse? Höhere Wesen, die auch noch in Gefangenschaft ihre Arroganz zur Schau trugen? Aber zum größten Teil hatten sie sehr gewöhnlich ausgesehen.

Vielleicht war er drauf und dran – ähnlich Goss mit seinem gemalten U-Boot –, die Deutschen wie Trophäen vorzuzeigen. Im Kampf errungene Köpfe, Skalps.

Er fuhr sich mit der Hand über den Nacken und schauderte; die Sonne war doch heißer, als er gedacht hatte.

Lindsay warf einen kurzen Blick ins leere Ruderhaus und stieg zum A-Deck hinunter, wo eine Eingangspforte geöffnet war, weil die schwere hölzerne Stelling vom Kai her aufgenommen werden mußte. Auf dem Weg kam er an Mannschaften vorbei, die sich zum Landgang zurechtmachten. Sie schienen heiter und fröhlich, und er konnte sich vorstellen, wie sie ihren kleinen Sieg noch einmal durchlebten. Aber an Land, dachte er, würden sie bald feststellen, daß er als ziemlich unbedeutend galt. Andere Ereignisse waren wichtiger und bedeutender geworden.

Weiter achtern waren einige Marines dabei, ihre Stiefel zu putzen, sichtlich entschlossen, ihre gewohnte Eleganz zu bewahren, auch wenn ihr Wohndeck einem verkohlten Trümmerhaufen glich.

Lindsay musterte den rauchgeschwärzten Anstrich, die glänzenden, abgesprungenen Splitter, und war plötzlich betroffen. Nach dem Zerstörer war ihm das Kommando über dieses Schiff als das Ende seiner Karriere vorgekommen, als ein Abstellgleis, von dem es kein Zurück mehr gab.

Nun sah er das anders. Als die letzte Granate des U-Bootes die Brücke unter seinen Füßen erschütterte, hatte er mehr als Sorge empfunden: Zuneigung, Liebe, es gab dafür kein richtiges Wort. Aber das Gefühl war trotzdem da.

Vielleicht waren die meisten seiner Offiziere auf dieses Schiff kommandiert worden, weil sie für bessere Kommandos nicht zu gebrauchen waren. Aber die Tausende von Meilen vom Polarkreis bis Ceylon hatten sie irgendwie zusammengeschweißt – und das konnte man nicht von vielen Besatzungen sagen.

Wie für Goss war nun auch für ihn die *Benbecula* alles, was er besaß, und er brauchte sie, um weiterleben zu können.

Goss stand wartend an der Pforte, einen eleganten Lieutenant in weißer Uniform neben sich.

Der Lieutenant grüßte gewandt und meldete: »Commodore Kemp läßt Ihnen seine Grüße übermitteln, Sir, und fragen, ob Sie heute abend mit ihm in seiner Dienstwohnung dinieren möchten?«

Lindsay nickte. »Sehr gern.«

»Auch der Admiral würde Sie natürlich gern sehen, Sir, aber er bedauert, daß er es erst morgen einrichten kann. Über den Zeitpunkt werden Sie natürlich rechtzeitig unterrichtet.«

Natürlich. »Ich danke Ihnen.«

Der Lieutenant blickte sich um und begutachtete die Splitterlöcher. »Die Drähte haben wegen Ihres U-Bootes ganz schön gesummt, Sir.« Er seufzte. »Aber wir sind zur Zeit mit dieser anderen unseligen Geschichte ziemlich eingedeckt.«

Stiefel trampelten über die Planken, die deutschen Gefangenen kamen auf die Pforte zu, gefolgt von einigen Militärpolizisten. Als letzter schritt der deutsche Oberleutnant allein ins Helle hinaus, er hatte wie durch ein Wunder seine Mütze behalten.

Als er Lindsay und die anderen erblickte, erwies er ihnen eine straffe Ehrenbezeigung, die von Kemps Adjutanten mit gleicher Förmlichkeit erwidert wurde.

Der Deutsche schien etwas sagen zu wollen, doch Lindsay wandte sich ab, bis die Schritte verklangen.

Da hörte er den Lieutenant gereizt sagen: »Der Mann da drüben – wissen Sie nicht, daß Sie grüßen müssen, wenn ein Offizier vorbeigeht, auch wenn es ein feindlicher ist?«

»Der Mann da drüben« war unglücklicherweise Fraser. Ohne Kopfbedeckung lehnte er in seinem schmutzigen Kesselanzug müde an einem Lüfterschacht. Jetzt richtete er sich sehr langsam auf und starrte den wütenden Lieutenant an: »Erstens: Ich grüße keinen, der versucht hat, mir das Schiff unterm Hintern wegzuschießen. Und zweitens: Ich nehme von solchen dummen Rotznasen wie Ihnen keine Befehle entgegen!«

Goss sagte bedächtig: »Dies ist Lieutenant-Commander Fraser, der Leitende Ingenieur.«

Der Lieutenant wurde rot. »Ich – Verzeihung, Sir –, ich habe nicht verstanden.«

Fraser sah ihn kühl an. »Das können Sie auch nicht.«

Der Lieutenant wandte sich peinlich berührt an Lindsay. »Ich werde den Commodore also unterrichten, Sir.« Und mit einem scheuen Blick auf Fraser: »Jetzt muß ich gehen.«

Goss sah auf den schmächtigen Fraser nieder und sagte: »Erstaunlich. Ich bin ganz überrascht, daß er den Gentleman in Ihnen nicht erkannte.«

Fraser sah ihn mit dem gleichen Ernst an. »In meiner Vorstellung ist der ein Gentleman, der zum Pinkeln aus der Badewanne steigt.«

Goss wandte sich an Lindsay. »Nun werden Sie verstehen, warum wir bei der Reederei alles taten, um die Ingenieure von den Passagieren fernzuhalten. Bei ihrem Feingefühl hätten sie sonst Minderwertigkeitskomplexe bekommen.« Damit drehte er sich um und ging langsam auf die Brücke zu.

Fraser glotzte ihm nach. »Ich werd' verrückt! Goss hat einen Witz gemacht. Keinen sehr guten, aber immerhin!«

Lindsay lachte. »Sie haben ihn dazu herausgefordert, LI. Und wenn Sie wieder so einen zukünftigen Admiral beleidigen, kann ich nichts mehr für Sie tun.«

Fraser zuckte die Achseln. »Wenn dieser Emporkömmling erst Admiral wird, grabe ich entweder zu Hause meinen Garten um oder liege schon zwei Meter unter der Erde.« Er lachte in sich hinein. »Aber man stelle sich vor, der alte Goss reißt Witze!« Er kicherte immer noch, als er zu seiner Kammer ging.

Maxwell kam über das Deck und grüßte.

»Ich habe die Werftleute für Sie in der Offiziersmesse versammelt, Sir.«

»Gute Idee. Es kann nicht schaden, sie mit ein paar Drinks freundlich zu stimmen, ehe man sie um Hilfe bittet.« Er blieb an der Tür stehen. »Ist irgend etwas nicht in Ordnung, AO? Kann ich Ihnen irgendwie helfen?«

Maxwell versteifte sich. »Sir? Warum sollte etwas nicht in Ordnung sein?« Er starrte auf einen Punkt über Lindsays Schulter. »Darf die ganze Steuerbordwache und die zweite Hälfte der Backbordwache heute nachmittag an Land, Sir?«

Lindsay sah ihn nachdenklich an. »Ja. Lassen Sie es auspfeifen.«

Er würde ein Auge auf Maxwell haben müssen. Der stand so unter Spannung, daß er ein zweiter Aikman werden konnte. Er lächelte bitter. Oder ein zweiter Lindsay.

Dann straffte er sich und stieß die Tür zur Messe auf.

»Und nun, Gentlemen, zu den Reparaturen.«

Commodore Kemps Dienstwohnung lag mehrere Kilometer vom Marinestützpunkt entfernt; nach den überfüllten Straßen mit ihrer schier endlosen Zahl von Soldaten aller Waffengattungen drängte sich hier unvermittelt der Eindruck friedlicher Abgeschiedenheit auf. Ein Dienstwagen mit einem bärtigen Sikh-Corporal am Steuer hatte Lindsay genau zur vorgeschriebenen Minute an der Pier abgeholt. Und als er den Wagen kurz hinter dem offenen Tor verließ, wunderte sich Lindsay, daß er ohne tödlichen Unfall hergekommen war. Der Sikh war mit so stoischer Ungezwungenheit gefahren, als seien alle Straßen leer.

Es war ein sehr reizvolles Haus, von weißen Mauern und Palmen umsäumt. Dazu ein bunter, sehr gepflegter Garten. Lindsay konnte sich ausmalen, wie viele Bedienstete notwendig waren, ihn so zu erhalten.

Ein Hausboy in weißer Jacke und mit roter Schärpe nahm ihm die Mütze ab und führte ihn in einen kühlen großen Raum, wo ihn der Commodore, den Rücken einem großen Porträt zugewandt, erwartete. Es stellte einen bärtigen Mann aus der Zeit Königin Victorias dar, der mit verschränkten Armen, einen Fuß auf einen toten Tiger gestützt, unverwandt in die Ferne starrte.

Kemp wartete, bis Lindsay vor ihm stand, und hielt ihm dann die Hand hin. »Schön, Sie heil und wohl wiederzusehen.« Er schnippte mit den Fingern. »Ich nehme an, Sie möchten vor dem Essen einen Drink?«

»Danke, Sir, einen Scotch.«

Kemp lud Lindsay mit einer Handbewegung ein, auf einem der hohen, vergoldeten Stühle Platz zu nehmen. »Hübsch hier, nicht? Gehört einem Teepflanzer. Er lebt meistens im Landesinneren. Kommt nur hierher, um mal was anderes zu sehen.« Er zündete sich eine Zigarre an.

Lindsay versuchte, sich zu lockern. Der Whisky war gut, und Kemp schien offensichtlich Gefallen an seiner neuen Rolle zu finden. Er genoß sie, als gehöre das Haus und alles Drumherum rechtmäßig ihm.

»Ich war doch verdammt froh, das von Ihrem U-Boot zu hören.« Kemps Blicke folgten dem Zigarrenrauch, bis er vom nächsten Ventilator aufgesaugt wurde. »Der Kommandant der *Merlin* war ziemlich sicher, das Boot erledigt zu haben, sonst hätte ich Sie natürlich nicht ohne Schutz zurückgelassen.«

Lindsay dachte an den hinter dem Horizont verschwindenden

Geleitzug, an das Gefühl, verlassen und gefährdet zurückzubleiben.

»Aber Ihre Schiffe sind gut durchgekommen, Sir?«

Kemp zuckte die Achseln. »Habe leider auch den anderen Frachter verloren, nach einer kleinen Maschinenpanne. Der Kapitän signalisierte, einige unserer Wasserbomben seien zu dicht bei ihm hochgegangen.« Ohne nach dem Diener zu rufen, goß er sich Scotch nach; seine Hand zitterte. »Ich war mir jedoch sicher, daß keine ernsthafte U-Boot-Gefahr mehr bestand, deshalb drängte ich weiter. Der Geleitzug war lebenswichtig, wie Sie wissen. Außerdem waren weitere Geleitfahrzeuge von Freetown unterwegs, dazu zwei Zerstörer vom Küstengeschwader.«

Lindsay sah Kemp über das Glas hinweg an. »Sie haben ihn allein zurückgelassen«, stellte er fest.

Kemp sagte unbehaglich: »Es bestand eigentlich keine Gefahr. Aber die Zerstörer fanden nachher keine Spur mehr von dem armen Kerl. Hatte wahrscheinlich eine Explosion an Bord. Nun ja, nicht zu ändern. Schnee von gestern.«

Lindsay trank mit einem Zug aus und hielt sein Glas dem reglosen Diener hin. Kemp hatte den Frachter also im Stich gelassen, genauso wie die *Benbecula* und den Munitionstransporter.

»Hat der Frachter keine Notsignale gesendet, Sir?«

»Nein.« Das klang zu beiläufig. »Gar nichts.«

»Wie seltsam.«

Kemp stand auf und ging zu einem der großen Fenster. »Nun ja, daran können wir leider nichts mehr ändern.« Als er sich umdrehte, hatte er wieder ein Lächeln aufgesetzt. »Nun zu Ihnen. Ich vermute, die Leute von der Reparaturwerkstatt sind schon den ganzen Tag eifrig bei Ihnen am Werk. Sie werden tun, was sie können, aber ich darf Ihnen natürlich nicht zuviel versprechen. Es wird Flickwerk bleiben müssen. Man hat mir gesagt, daß Ihr Schaden, soweit er den Rumpf betrifft, zum größten Teil nur oberflächlich ist.«

»Wir werden damit fertigwerden, Sir.« Lindsay versuchte, seine Bitterkeit zu verbergen.

Kemp nickte »Das ist die richtige Auffassung. Frontschiffe haben leider absoluten Vorrang. Aber das brauche ich Ihnen ja nicht zu erklären.«

»Wo werden wir als nächstes eingesetzt, Sir?« Er sah die Karaffe über Kemps Glas innehalten.

247

»Heute abend wollen wir doch nicht vom Dienst sprechen. Die Party ist eine Feier für Sie, eine Begrüßungsfeier.« Dann wurde der Commodore ernst. »Seit der Gegner Singapur eingenommen hat, gibt es für die Verstärkungen, die wir aus Großbritannien brachten, keine Aufgabe mehr. Ich war beim Admiral und vermute, man braucht unsere Hilfe bei einem anderen Geleitzug.« Das klang alles sehr unbestimmt. »Diese Truppen wären an anderer Stelle jedenfalls ein Gottesgeschenk. In Nordafrika sieht es ziemlich böse aus.«

Lindsay beobachtete Kemp, wie er noch einen Drink nahm. Das kümmert dich doch überhaupt nicht, dachte er. Außer dir selbst ist dir doch jeder andere ganz egal. Schiffe ohne Hilfe zurücklassen, sterbende Menschen, all das zählte nicht. Es lag jenseits von Kemps Vorstellungskraft und auch außerhalb seines Interesses.

Kemp schien zu merken, daß Lindsay ihn scharf ansah, und sagte mit erzwungener Fröhlichkeit: »Aber Sie sollten sich nicht beklagen.« Er schwenkte sein Glas. »Ich wäre nicht überrascht, wenn Sie für die Rettung des Munitionstransporters und die Versenkung des U-Bootes eine Auszeichnung erhielten. Auch über eine Beförderung würde ich mich nicht wundern. Jetzt, da Sie Ihre – eh – früheren Probleme überwunden haben, sehe ich keinen Grund, warum man Ihnen nicht ein besseres Schiff geben sollte.«

»Für einige meiner Leute möchte ich ...«

Kemp runzelte die Stirn. »Wir müssen abwarten. Nichts ist endgültig, Sie verstehen? Hier läuft alles durcheinander, es sieht sogar danach aus, als würde die ganze Marineorganisation geändert. Der Kommandant der *Merlin* wird befördert und eine dieser neuen Einheiten bekommen. Killergruppen nennt man sie. Netter Kerl. Wird's gut machen.« Er starrte unschlüssig auf Lindsays Glas. »Wenn der frühere Rückschlag nicht gewesen wäre, könnten auch Sie jetzt für so etwas an der Reihe sein.«

Lindsay erwiderte ruhig: »Ich verlor ein Schiff, Sir, und flog mit einem anderen in die Luft. Viele haben das gleiche Schicksal erlitten.« Seine Stimme verhärtete sich. »Noch mehr hatten weniger Glück.«

Kemp schien nichts begriffen zu haben. Er nickte ernst. »Ich weiß, Lindsay. Wir, die dem Tod ins Auge sahen und überlebten, um weiterzukämpfen, nehmen selten wahr, wie knapp es oft zugeht.«

Lindsay richtete den Blick auf das Porträt gegenüber. Sein Zorn über Kemps Worte wich einer neuen Erkenntnis: nicht nur, daß Kemp betrunken war, er mußte einfach pathetisch sein. ›Wir, die dem Tod ins Auge sahen.‹ Vor dem letzten Geleitzug war Kemp nie im Krieg zur See gefahren. War es also wirklich Singapurs dringender Bedarf an Schiffen und Menschen gewesen, der ihn veranlaßt hatte, den Konvoi ohne Unterbrechung voranzutreiben? Oder war es seine Angst, weil er endlich begriff, daß er durch den Krieg überfordert war?

Ein Hausboy erschien in der Tür. »Es ist angerichtet, Sir.«

Kemp erhob sich taumelnd. »Wenn wir morgen beim Admiral sind, wäre ich Ihnen dankbar, wenn Sie Ihre Theorien über Handelsstörer und so weiter nicht erwähnen würden. Er hat im Augenblick genug um die Ohren und wird es Ihnen nicht danken, wenn Sie seine Zeit vergeuden.«

Kemp schien Schwierigkeiten zu haben, ihm in die Augen zu sehen. »Dieser letzte Frachter sank durch einen Unglücksfall, Lindsay.« Er brüllte: »Und das ist alles, was es dazu zu sagen gibt.«

Lindsay stand stocksteif. Er hatte nicht einmal an dieses unglückliche Schiff gedacht, nur an die Tatsache, daß Kemp sie alle ohne Hilfe zurückgelassen hatte. Aber nun war es heraus, und die Wahrheit lag zutage. Kemp war um des eigenen Überlebens willen entschlossen, sein Versagen nicht zur Kenntnis zu nehmen. Für ihn mußten die Dinge so bleiben, wie sie waren, bis er irgendwo anders einen besseren Posten bekam.

Als Lindsay Kemps untersetzter Gestalt über den Marmorboden zum Eßzimmer folgte, beschäftigte sich sein Gehirn mit den Folgen dieser erschreckenden Tatsache.

Nach dem Fall Singapurs würden die Kräfte der Marine bis zum Äußersten beansprucht werden, um Truppen und Nachschub an andere Stellen zu bringen und neuen Bedrohungen zu begegnen. Die Japaner konnten in Indien einmarschieren und in die reichen Ölfelder des Mittleren Ostens vordringen. Vielleicht hatten sie das seit langem gemeinsam mit den Deutschen vor; damit konnte die schließliche Vereinigung ihrer Streitkräfte zu einer schrecklichen Tatsache werden: eine riesige Stahlzange, die durch Rußland und den Mittleren Osten schnitt und die Welt in zwei Teile zerlegte.

Lindsay schien das alles so klar auf der Hand zu liegen, daß er fast die Nerven verlor. Das mußte doch denen, die wirklich in der Verantwortung standen, ebenso klar sein. Es sei denn... Er starrte Kemps feisten Rücken an. In früheren Kriegen hatte es immer einige Jahre gedauert, bis man Leuten wie Kemp die Befehlsgewalt wegnahm. Es hieß, daß die Pflüge auf den Schlachtfeldern Flanderns immer noch Überreste von Männern hochwühlten, die Generäle in der Überzeugung geopfert hatten, daß Kavallerie stärker sei als Maschinengewehre und Stacheldraht. Ebenso gab es Admirale, die über die unbedeutenden Auswirkungen eines U-Boot-Krieges gespottet hatten.

Überrascht stellte Lindsay fest, daß er nicht der einzige Dinnergast war. Ein bärtiger Surgeon-Commander aus dem Stab des Admirals, der Adjutant des Commodore, der vor dem Redeschwall Fraser kapituliert hatte, sowie ein älterer Artilleriemajor standen bereits um den festlich gedeckten Tisch. Auch Midshipman Kemp war zugegen, hielt sich aber etwas abseits. Und dann eine vertrocknete kleine Frau, die als Gastgeberin fungierte und als Gattin des Chirurgen vorgestellt wurde.

Trotz der Ventilatoren war es sehr heiß, und die vielen scharfen Curry-Beilagen taten das Ihre. Durch die Jalousien konnte Lindsay die letzten Strahlen der bronzenen Sonne und die schwarzen Umrisse der Palmen erkennen.

Es gab eine Menge zu trinken, fast zuviel. Lindsay war erstaunt, was der Commodore alles in sich hineinschüttete. Seine Stimme wurde immer lauter, seine Sprechweise immer undeutlicher.

Neben Lindsay saß schweigend der junge Kemp, seine Augen hoben sich selten vom Teller, bis sein Vater plötzlich sagte: »Mein Gott, Jeremy, stochere nicht so im Essen herum! Versuch doch wenigstens zu essen wie ein Mann.«

Lindsay dachte an das Gesicht des Jungen nach dem Gefecht: schmallippig, aber seltsam entschlossen. Stannard hatte ihm berichtet, wie der Midshipman mit seinem Koppelteam gearbeitet hatte; wie ihm mehrere Male schlecht geworden war, er es aber immer wieder geschafft hatte, doch seine Arbeit zu tun. Während der ganzen Zeit hatte er sich wahrscheinlich ausgemalt, wie sich sein Vater in Sicherheit brachte; ihn allein ließ, wie er es immer getan hatte.

Lindsay lehnte sich in seinem Stuhl zurück. Er fühlte sich benommen, aber nicht mehr so sorgenvoll.

»Um die Wahrheit zu sagen, Sir, Ihr Sohn hat sich auf der letz ten Reise gut gemacht.« Er merkte, daß der Junge ihn anschaute und die Frau des Arztes plötzlich mit erhobener Gabel innehielt.

Der Adjutant sagte schnell: »Bravo! Ich erinnere mich, als ich in Dartmouth war...«

»Halten Sie den Mund«, blaffte der Commodore und fuhr, an Lindsay gewandt, fort: »Sie kennen meinen Sohn nicht, sonst würden Sie anders reden.«

Ohne die plötzliche Spannung am Tisch zu bemerken, winkte er nach mehr Wein.

»Mein Sohn ist nicht gern Soldat. Er würde lieber daheim auf dem Hintern sitzen und hochgestochene Musik hören, als etwas Nützliches zu tun. Wenn ich an meinen Vater denke und an das, was er mich gelehrt hat, dann ist mir zum Heulen zumute.«

Der Major tupfte sich das Kinn mit einer Serviette ab. »Zu wenig Senge gekriegt, wie?« Er lachte, aber es klang seltsam hohl in dem stillen Raum.

»Ich glaube, Ihr Sohn ist alt genug, um selbst zu wissen, welchen Beruf er will.« Lindsay fühlte erneut Zorn in sich aufsteigen. »Wenn der Krieg erst vorbei ist, wird er sich entscheiden können.«

»So, meinen Sie?« Der Commodore beugte sich vor, die Deckenbeleuchtung schien auf seine rot geränderten Augen. »Ich will Ihnen mal was sagen, Commander Lindsay, *ich* werde entscheiden, was mein Sohn tun wird oder nicht! Er wird keine Schande über meine Familie bringen, haben Sie verstanden?«

»Vollkommen, Sir.« Lindsay umklammerte sein Glas, um das Zittern seiner Hand zu verhindern. »Aber zur Zeit steht er unter meinem Kommando, daher ist es meine Sache, seine Fähigkeiten zu beurteilen.«

Der Commodore rutschte auf seinem Stuhl hin und her. »Wir wollen unseren Portwein nebenan trinken.«

Lindsay stand auf. »Wenn Sie erlauben, Sir, bitte ich, mich zu entschuldigen.«

Die Frau des Arztes sagte eilfertig: »Sie müssen völlig erschöpft sein, Commander. Wenn nur die Hälfte von dem, was man sich über Sie erzählt, wahr ist, dann sollten Sie sich etwas Ruhe gönnen.«

Der Commodore konnte sich nur mit Hilfe eines Bediensteten erheben.

»Sie sind entschuldigt.« Er sah Lindsay an und setzte schwerfällig hinzu: »Und was mich angeht, können Sie ...« Er wandte sich um und ging unsicher zur Tür, ohne den Satz zu beenden.

Lindsay verließ den Raum und wartete, daß ihm der Boy seine Mütze brachte. Da hörte er Schritte und sah den jungen Kemp auf sich zukommen.

»Verzeihung, Sir. Es ist mir wirklich ganz schrecklich, was soeben passiert ist.«

Lindsay zwang sich zu einem Lächeln. »Vergessen Sie's. War ganz allein meine Schuld.«

»Sie verstehen nicht, Sir.« Kemps Gesicht war tief besorgt. »Ich kenne ihn. Jetzt wird er alles tun, um sich an Ihnen zu rächen.« Er senkte den Blick. »Er ist nicht wie Sie, Sir. Denn wenn er so wäre, hätte man mich nicht zwingen müssen, zur Marine zu gehen.«

Die Aufrichtigkeit des Jungen, die Scham und Schmach, die er empfand, ließen ihn noch hilfloser erscheinen als sonst.

Lindsay sagte ruhig: »Das war ein hübsches Kompliment. Eines, das ich sehr zu schätzen weiß.«

Er nahm seine Mütze und ging schnell in den Garten.

Hinter ihm blickte der Junge noch lange, nachdem Lindsay in der Dunkelheit verschwunden war, auf das offene Tor.

Als Lindsays Taxi den Kai erreicht hatte, war der Mond aufgegangen. Er sah die *Benbecula* an den Pfählen liegen, ihre Tarnfarbe leuchtete grell im fahlen Licht. Ein Posten ging an der Gangway auf und ab, und im Schimmer einer blauen Lampe beugte sich der Fallreepsgefreite über den Wachtisch, wahrscheinlich in ein Buch oder in einen alten Brief von zu Hause vertieft.

Nachdem Lindsay sich die Pfeife angezündet hatte, schritt er mit einem Seufzer die steile Stelling hinauf, nickte dem überraschten Fallreepsgefreiten zu und verschwand nach vorn zu seinen Räumen.

Hinter einer Tür hörte er das Krachen zersplitternden Glases. Es war Stannards Kammer, doch als er gerade nach der Türklinke greifen wollte, hörte er Dancy sagen: »Ich würde ihn in Ruhe lassen, Sir.«

Dancy hatte an der Reling gelehnt, sein Körper verschmolz mit der Dunkelheit.

Er fuhr leise fort: »Die Nachricht kam kurz nachdem Sie gegangen waren, Sir: Der Bruder des NO verließ Singapur auf einem der Lazarettschiffe.«

Lindsay sah ihn an. »Er ist also davongekommen?«

Dancy schien ihn nicht zu hören. »Stannard ging sofort hinüber. Und seither sitzt er da drin und trinkt.« Dancy stützte die Ellbogen auf die Reling und fuhr fort: »Gesehen hat er ihn. Aber er hat keine Arme mehr.« Seine Schultern zuckten. »Und er kann auch nicht mehr sehen, Sir!«

Lindsay sah an Dancy vorbei auf die fernen Gebäude, die weiß im Mondlicht glänzten.

»Sie stehen die ganze Zeit hier?«

Dancy nickte. »Für alle Fälle.«

Lindsay berührte seinen Arm. »Ich gehe noch nicht schlafen. Kommen Sie noch zu einem Drink in meine Kajüte, wenn Stannard schläft.« Er machte eine Pause. »Falls Ihnen danach ist.«

Dancy richtete sich auf. »Danke, Sir.«

Lindsay ging weiter zum Brückenaufgang. Im Laufe eines einzigen Abends hatte er eine Menge über seine Offiziere erfahren. Und über sich selbst.

16 Ein Wunder

Auch in den nächsten drei Tagen erhielt die *Benbecula* keine neuen Anweisungen, nicht einmal einen Hinweis auf ihre neue Aufgabe. Lindsay hatte immer noch nicht das erwartete Gespräch mit dem Admiral oder auch nur mit dem Chef des Stabes geführt, was ihn anfangs nicht weiter störte. Eigentlich war er darüber fast erleichtert. So wie die Dinge lagen, hatte der hiesige Marinestab genug um die Ohren, und er selbst war mit den Reparaturen seines Schiffes mehr als ausgefüllt.

Doch gerade die Reparaturen der *Benbecula* sowie die Ergänzung ihrer Vorräte ließen ihn schnell ahnen, daß hinter seinem Rücken etwas im Gange war. Es waren nur kleine Einzelheiten, die sich aber zu einem Gesamtbild fügten.

Lieutenant Hunter hatte ihn aufgesucht, um sich zu beklagen, es sei ihm unmöglich, Ersatz für die verschossene 15-Zentimeter-Munition zu bekommen, obwohl genügend vorhanden war.

Als Lindsay ihn gefragt hatte, ob er mit dem AO darüber gesprochen hätte, gab sich Hunter ziemlich zurückhaltend.

»Ach, der ist in letzter Zeit stark in Anspruch genommen, Sir. Aber ich werde mich um die Sache kümmern, wenn ich dazu Vollmacht erhalte.«

Maxwell hatte sich noch seltsamer verhalten, das stand fest. Er war jede Nacht an Land geblieben, doch niemand hatte ihn gesehen oder wußte, wohin er ging.

Goss war bestürzt darüber, welch geringes Interesse die Werft für seine Reparaturliste zeigte. Das war an sich nicht ungewöhnlich. Für Goss war jeder Werftarbeiter ein potentieller Spitzbube und Faulenzer, darauf aus, dem Aussehen und der Leistungsfähigkeit seines Schiffes nur Abbruch zu tun. Aber diesmal war wirklich an manchen Stellen richtig gepfuscht worden.

Lieutenant Barker hatte das gleiche zu berichten. Versorgungsgüter waren kaum zu bekommen, und abgesehen von der Grundausstattung an Verpflegung und Bekleidung schien für die *Benbecula* nichts mehr da zu sein.

Alles zusammen vermittelte Lindsay den Eindruck, daß mehr als bloßer Zufall im Spiel war.

Die Besatzung dagegen nahm das Ganze freudig auf. Landausflüge, der ungewohnte Anblick eingeborener Frauen, Rikschas, Elefanten und Schlangenbeschwörer ließen jeden Tag für sie zu einem Ereignis werden.

Stannard war wenig an Land gewesen. Abgesehen von gelegentlichen dienstlichen Verrichtungen schien er seine Kammer kaum zu verlassen.

Lindsay hatte ihn nur am Tag nach dem Abendessen beim Commodore gesehen und gefragt, ob er etwas tun könne. »Man hat Jason in ein Lazarett gebracht, Sir«, hatte Stannard erwidert. »Morgen wird man ihn nach Karachi verlegen. Danach braucht es seine Zeit, sagt man.« Mit plötzlichem Schmerz hatte er Lindsay angesehen. »Verraten Sie mir bloß, wie ich das dem alten Herrn schreiben soll. Können Sie sich vorstellen, was das für ihn bedeutet?«

Nach diesem kurzen Gespräch hatte Lindsay Stannard kaum mehr gesehen. Selbst Dancy schien es nicht möglich, an ihn heranzukommen und seine Verzweiflung zu mildern.

Am Morgen des vierten Tages erhielt Lindsay die Aufforderung, sich beim Marinekommando zu melden. Während Jupp wie ein aufgescheuchtes Huhn um ihn herumwieselte, zog Lindsay die weiße Uniform an, die er seit Kriegsausbruch nicht mehr getragen hatte.

»Ein bißchen weit um die Taille, wenn ich mir die Bemerkung

erlauben darf«, meinte Jupp. »Sie hätten mich das rechtzeitig in Ordnung bringen lassen sollen.« Er reichte ihm den zum Großen Dienstanzug gehörenden Säbel. »Sie haben nicht genug gegessen, Sir. Zuviel Kummer bekommt keinem.«

Lindsay betrachtete sich im Wandspiegel. Selbst im Krieg mußten die Formalitäten beachtet werden. Um zu beweisen, daß kein Riß in den Fundamenten war.

Er grinste. »Ich werde besser essen, wenn ich erst weiß, was mit uns geschehen soll.«

Er machte eine Pause in der Erwartung, daß Jupp ihm ein Gerücht oder zumindest eine Vermutung liefern würde, aber Jupp war offensichtlich nur um sein Aussehen besorgt, um den Eindruck, den der Kommandant der *Benbecula* machen würde.

An der Gangway mußte Goss brüllen, um das ohrenbetäubende Rattern eines Niethammers zu übertönen.

»Sie denken doch an meine Farbe, Sir? Wir haben nur noch wenig, und die Backbord-Ankerkette gefällt mir gar nicht.«

Lindsay lächelte knapp. Die Wache stand angetreten, die Bootsmaate befeuchteten die Mundstücke der Pfeifen mit den Lippen. »Ich werde tun, was ich kann«, versprach er Goss. »Ich habe auch selbst ein paar Fragen.«

Dann eilte er, die eine Hand am eichenlaubbestickten Mützenschirm, in der anderen den ungewohnten Säbel, die Stelling hinab, wo im Hitzeglast ein Wagen schimmerte, der ihn zu dem hohen Herrn bringen sollte.

Er wurde jedoch von einem abgehetzten Flaggleutnant empfangen, der ihm eilends erklärte, der Admiral könne ihn nun doch nicht sehen. Der Befehlshaber war zu irgendeiner wichtigen Konferenz abberufen worden. Wie das nun mal so ginge. Es sei unvermeidlich gewesen.

Lindsay verbrachte weitere zwanzig Minuten in einem kleinen Raum, ehe der Lieutenant wieder erschien, um ihn in ein Büro zu geleiten. Der Chef des Stabes kam um seinen großen Schreibtisch herum und schüttelte ihm die Hand.

»Tut mir leid, dieses Durcheinander. Es sind eben böse Zeiten. Aber Sie haben zweifellos schon genug Admiräle gesehen.« Er lächelte. »So wie ich auch.«

Lindsay nahm den angebotenen Stuhl und wartete, während der Stabschef aus dem Fenster auf den Hafen blickte.

Dann sagte dieser langsam: »Wir haben auf Anweisungen der

Admiralität gewartet. Die haben wir bekommen, und ich habe nun die Aufgabe, Sie darüber zu informieren.« Er wandte sich um und betrachtete Lindsay nachdenklich.

»Der Krieg nimmt eine schärfere Gangart an. Durch zunehmende U-Boot-Aktivität und weitreichende Flugzeuge sind frühere Pläne überholt. Fast über Nacht, sozusagen.«

Lindsay straffte sich. Irgend etwas im Ton des Chefs des Stabes, seine Haltung, schienen ihn zu warnen. Der Mann war beunruhigt. Nein, er war betreten.

»Mein Stab ist dabei, die Befehle für Sie auszuarbeiten, Lindsay. Doch ich glaube, es ist in jeder Beziehung am besten, wenn Sie ohne weiteren Verzug ins Bild gesetzt werden.« Er setzte sich hin und blickte auf seine Hände.

»Die *Benbecula* kehrt nach Großbritannien zurück, sobald die Werft erklärt, daß sie fahrbereit ist.«

Fahrbereit, nicht gefechtsbereit. Sie sollte also nur in der Lage sein, die Heimfahrt anzutreten.

Lindsay fragte knapp: »Und dann, Sir?«

»Geht es nach Rosyth. Ich denke, man braucht sie als eine Art Depot- und Wohnschiff für Rekruten, Personalreserve und so weiter.« Er blätterte in einigen Papieren. »Ihr Erster Offizier wird bei Ankunft zum Commander befördert, gleichzeitig wird er auch das Kommando des Schiffes übernehmen.« Er versuchte ein Lächeln. »Wohl ein ungeschliffener Diamant, vermute ich. Aber für diese Aufgabe dürfte er gut geeignet sein.« Er senkte erneut den Blick. »Ihre eigene Beförderung ist höchstwahrscheinlich auf dem Weg hierher. Ich freue mich für Sie. Sie haben es mehr als verdient.«

Lindsay hatte das Gefühl, als ob die Wände auf ihn zukämen, ihm die Luft wegnahmen.

»Und meine Kommandierung, Sir?«

Der Chef des Stabes sah nicht auf. »Die Navy wird mit jedem Tag größer. Rekruten überschwemmen die Lager wie Ameisen. Wir müssen die Lehrgänge eher verkürzen als verlängern und brauchen dazu die bestmöglichen Ausbilder.« Er griff nach dem Haufen Papiere. »Auch ich hasse meinen Job. Ich bin in die Navy eingetreten, um auf einem Schiff zu dienen. Aber ich weiß, diese Arbeit hier ist wichtig, und ich kann dabei mehr Gutes tun als auf der Brücke eines in Scapa liegenden Kreuzers.« Er zuckte die Achseln. »Dennoch finde ich es schwer zu ertragen.« Er blickte in

Lindsays Gesicht und fuhr ruhig fort: »So wird es auch Ihnen zu Anfang ergehen.«

»Also ein Landkommando?«

»Die Arbeiten für ein neues Ausbildungslager an der Ostküste stehen kurz vor dem Abschluß. Es hat noch keinen Namen, aber ich hege keinen Zweifel, daß Ihre Lordschaften sich etwas Großartiges ausgedacht haben, wenn Sie das Kommando übernehmen.«

Lindsay stand aufrecht, ohne sich bewußt zu sein, daß er sich erhoben hatte. Ostküste. Landkommando. Wahrscheinlich ein Ferienlager aus Friedenszeiten oder ein zu Ausbildungszwecken umgebautes Hotel. Die Kriegsflagge am Mast, eine Schiffsglocke am Haupttor. Eine Illusion auf Zeit für Seeleute auf Zeit.

»Ich dachte, ich bekäme jetzt . . .«

Der Chef des Stabes sah ihn traurig an. »Ich weiß. Sie können natürlich Einspruch erheben, aber Sie wissen genausogut wie ich, welches Gewicht das hat.«

Lindsay ging zum Fenster und starrte leeren Blickes auf den Hof. Er sah dieses neue Ausbildungslager vor sich, als hätte er es schon besichtigt. Er konnte fast hören, wie man sagte: »Der neue Käp'tn? Ja, der ist hierher versetzt worden, weil er ein bißchen durchgedreht war.«

Die meisten Offiziere, die solche Einrichtungen leiteten, waren alt, zurückgeholte Pensionäre. Männer wie Commodore Kemp.

»Ich nehme an, das war Kemps Idee, Sir?«

»Sie wissen, daß ich über vertrauliche Berichte nicht sprechen kann.« Der Chef des Stabes fügte hinzu: »Aber Sie können ja selbst Ihre Schlußfolgerungen ziehen.«

»Ich werde Einspruch erheben.« Lindsay wandte sich vom Fenster ab und sah, wie der andere kurz mit dem Kopf schüttelte.

»Das ist Ihr gutes Recht. Aber es ist Krieg, und angesichts der Tatsache, daß Sie gerade befördert worden sind, möchte ich Sie vor einem solchen Schritt warnen.«

Das Telefon klingelte stürmisch, und der Chef des Stabes bellte: »Nein. Soll warten.« Er knallte den Hörer auf die Gabel, ehe er ruhig fortfuhr: »Ich kenne Kemp nicht sehr gut. Genauer ausgedrückt, ich möchte ihn auch gar nicht sehr gut kennen. Aber nach allem, was ich von ihm gehört habe, wäre es nicht seine Art, ohne scheinbare Berechtigung zu handeln.«

Lindsay schritt auf den Schreibtisch zu und beugte sich vor, seine Stimme war fast flehend. »Aber es muß doch Meldungen gegeben haben, Sir. Irgendeinen Hinweis auf all dies?«

»Auch hier muß ich wieder sagen, sie sind vertraulich. Aber es ging ein detaillierter Bericht an die Admiralität.« Er sah zur Seite. »Darunter auch einer vom Sanitätsoffizier des Stabes.«

Lindsay richtete sich auf, es ekelte ihn an. Er erinnerte sich an den bärtigen Arzt mit der Frau, die so viel aß. Kemp mußte das Ganze länger geplant haben. Mußte darauf hingearbeitet haben seit seinem ersten Mißfallen bei ihrer Begegnung in Scapa.

Er dachte an die Worte von Midshipman Kemp: »Er wird alles versuchen, um sich an Ihnen zu rächen.«

Vielleicht aber hatte er das alles auch selbst ausgelöst, als er den Jungen bei der Abendtafel verteidigt hatte. Vielleicht war er in eine Falle gegangen, die durch seine eigene Unvorsichtigkeit zuschnappte.

Er sah draußen den hoch aufragenden Rumpf der *Benbecula* im strahlenden Sonnenschein an den Pfählen liegen. Nun wurde sogar sie ihm genommen. Vor allem dies war mehr, als er ertragen konnte.

»Lindsay, nehmen Sie es nicht zu schwer. Der Krieg geht nicht in der nächsten Woche zu Ende, und wer weiß, vielleicht finden Sie in England neue Befehle vor.«

Hatte jemand an Bord den ersten Schritt getan, hatte sein irres Gerede gehört, als er erneut den Alptraum durchlebte? Hatte jemand jede kleinste Handlung oder Stimmung von ihm festgehalten, um ihn zu vernichten?

Lindsay streckte die Hand aus. »Ich gehe jetzt, Sir. Ich danke Ihnen für den Versuch, es mir schonend beizubringen.«

Der Chef des Stabes lächelte. »Ich habe es versucht, aber trotzdem komme ich mir wie ein Scharfrichter vor. Hoffentlich wissen die Männer, die durch Ihre Hände gehen, das, was Sie Ihnen zweifellos zu bieten haben, auch zu schätzen.«

»Und was wäre das, Sir?«

»Ich will Sie nicht mit diesen abgedroschenen Worten von Führungskunst und gutem Beispiel anöden. Davon werden Sie noch mehr als genug hören.« Er setzte sich hin, sein Blick wurde plötzlich kühl. »Aber geben Sie ihnen das gleiche Wertgefühl, das Gefühl der Verbundenheit, das Sie zur alten *Benbecula* haben. Das wird uns mehr nutzen als ein Dutzend Admiräle.«

Lindsay nahm seine Mütze und ging langsam zur Tür. Es war

vorbei, für ihn und für sein Schiff.

»Ich will versuchen, daran zu denken«, sagte er. »Dafür werde ich ab jetzt viel Zeit haben.«

Draußen gab ihm der Flaggleutnant einen Umschlag und sagte: »Eine kurze Übersicht über die Versetzungen, Sir. Sie können Ihren Leuten gegenüber davon Gebrauch machen, wenn Sie wollen.«

Lindsay wanderte wortlos durch das Gebäude. Er bekam einen undeutlichen Eindruck von Männern an Schreibtischen, vom Lärm der Telefone und Fernschreiber: eine ganz andere Seite des Krieges, zu der er bald selbst gehören würde.

Er erwiderte den Gruß der beiden Marineposten und schritt auf den geparkten Dienstwagen zu.

Er mußte durchhalten. Nur so lange, bis er in seiner Kajüte war. Sich verstecken wie Stannard und Maxwell. Aber er wußte, daß das eine Täuschung war. Denn vor sich selbst konnte man sich nirgends verstecken.

Mit abgewandtem Gesicht stand Goss einige Schritte vor Lindsays Schreibtisch und hörte sich die neuen Anweisungen an.

»Nun bekommen Sie die alte *Becky* endlich doch noch, 10.« Während er es sagte, dachte Lindsay, daß dies das einzig Tröstliche war. »Und mit der Beförderung stehen Sie nach dem Krieg, wenn Sie mit jüngeren Männern konkurrieren müssen, bei einer anderen Reederei recht gut da.«

Ihm war nicht klar, welche Reaktion er von Goss erwartet hatte, aber dessen Schweigen war fast körperlich zu spüren. Er wandte sich in seinem Stuhl um und fragte: »Sind Sie nicht zufrieden? Das war's doch, was Sie sich wünschten?«

Goss öffnete seine großen Hände und schloß sie wieder. »Ich habe mir immer die *Becky* gewünscht, seit ich denken kann.« Seine Finger ballten sich zu Fäusten. »Aber nicht so.«

»Sie wird als Depotschiff völlig sicher sein. Keine Geleitzüge mehr. Nicht zurückgelassen werden und zur Verteidigung nur ein paar Geschütze aus dem Ersten Weltkrieg.«

Goss sagte leise: »Ein Schiff stirbt, wenn es untätig ist. Ich habe erlebt, wie es ein paar guten Schiffen während der Depression erging.« Er schien mit den Worten zu kämpfen. »Ein Schiff muß fahren, das ist sein Leben, sein Daseinszweck.« Er wandte sich etwas um, so daß Lindsay die Bewegung in seinen groben Gesichtszügen sah.«Wie ein alter Mann, der sich in seinen Lehnsessel zurückzieht. Dann fängt er an zu sterben, da hilft alles nichts.«

Lindsay riß den Blick von dem verzweifelten Goss los. »Ich überlasse es Ihnen, die anderen zu unterrichten. Dazu können Sie diese Liste benutzen. Stannard kommt auf einen Navigationslehrgang für Fortgeschrittene, er wird dann wahrscheinlich auf einen neuen Zerstörer versetzt. De Chair und seine Marines gehen zu ihrem Stammtruppenteil zur weiteren Verwendung, und Maxwell wird seinen halben Streifen dazubekommen. Er kommt zur Artillerieschule auf einen Ausbilderlehrgang.«

Lindsay war selbst überrascht, daß er so ruhig sprechen konnte, während sein Inneres wie mißhandelt revoltierte. Ruhig, sachlich, so mußte es sein. Das war der einzige Weg.

»Auch der junge Dancy geht auf einen Navigationslehrgang. Die anderen Offiziere werden nach Rückkehr vom Heimaturlaub auf Geleitfahrzeuge versetzt. Hunter soll Artillerieoffizier auf einem der Schiffe im Westatlantik werden.«

»Und Fraser?« fragte Goss schroff.

»Der LI wird auf ein Werkstattschiff versetzt.«

»So.« Goss machte ein paar Schritte und blieb stehen, als sei er unsicher, wohin er gehen solle. »Bleibt überhaupt niemand von der alten Besatzung an Bord?«

»Dyke wird die Maschine übernehmen, obwohl seine Aufgaben bei einem Depotschiff ziemlich begrenzt sein dürften.« Dann fuhr er fort: »Ich dachte, Sie mögen Fraser nicht?«

Goss murmelte vor sich hin: »Dyke kann das nicht, dazu ist ein richtiger Chief nötig. Die *Becky* ist ein altes Schiff und braucht Pflege.« Mit plötzlicher Heftigkeit setzte er hinzu: »Nein, ich habe Fraser nie besonders gemocht, aber er ist ein guter Chief, der beste bei der Reederei. Was er Ihnen auch gesagt haben mag, die *Becky* liegt ihm sehr am Herzen.«

»Das weiß ich.« Lindsay sah auf seine Papiere nieder, sie lagen durcheinander wie die auf dem Schreibtisch des Chefs des Stabes. »Sie selbst behalten Barker. Er bekommt wie Maxwell einen weiteren halben Ärmelstreifen.«

Goss trat zum Schreibtisch und sah auf Lindsay hinunter.

»Und Sie sitzen an Land, Sir. Ich weiß, daß viele Leute nur Ihren neuen Streifen sehen und Sie wahrscheinlich beneiden. Aber ich weiß es besser. Ich bin nicht klug, war es nie. Ich habe Blut geschwitzt, um so weit zu kommen, und habe erlebt, daß mancher unnütze Kerl über mich hinweg befördert wurde, weil ich von Natur aus langsam bin. Aber ich brauche eben meine Zeit. Deshalb konnte ich mir niemals Fehler leisten. Es gab keinen Kapitän bei der Reederei, den ich nicht beneidet hätte, und keinen, dessen Job ich nicht hätte besser machen können.« Er stemmte die Hände auf den Schreibtisch. »Sie aber habe ich nie beneidet, weil *ich* nie hätte tun können, was Sie tun mußten. Was ich mir auch sonst vorgemacht habe, das weiß ich genau.«

Lindsay blickte nicht auf. »Ich danke Ihnen.« Er hörte Goss ruhelos an ein offenes Bulleye gehen.

»Mein Gott, sie kann es schon fühlen«, fuhr Goss langsam fort. »Armes altes Mädchen, sie fühlt es tatsächlich.«

Lindsay fuhr auf. »Um Gottes willen, 10, wir haben Befehle zu befolgen. Nichts sonst darf eine Rolle spielen. Schiffe können nicht fühlen, sie sind aus Stahl und Holz und nur so gut wie die Männer, die sie führen.« Aber noch während er sprach, bemerkte er, daß der andere den Kopf schüttelte.

»Es nützt nichts, wenn Sie so mit mir reden, Sir. Auch Sie selbst glauben das nicht. Natürlich fühlt sie es.« Goss blickte hinaus ins Sonnenlicht. »Diese hochnäsigen Schreibtischhengste werden das nie begreifen, und wenn sie eine Million Jahre leben. Ich weiß nicht viel, aber bei Gott, ich kenne Schiffe! Und vor allem dieses!« Als er erneut zu sprechen anhub, war er ganz ruhig. »Tut mir leid. Ich sollte mich langsam an Rückschläge gewöhnt haben.«

Irgendwo brüllte ein Lautsprecher: »Alle Mann Mittagessen! Backbordwache Urlaub von 1400 bis 2300 Uhr, Feldwebel und Unteroffiziere bis 0830 Uhr. Matrose Jones im Wachtmeisterbüro wegen Post melden.«

Goss ging zur Tür. »Können Sie sich vorstellen, daß sie an irgendeiner stinkigen Pier liegt, voller Ersatzpersonal und Tagedieben, Sir? Ohne Aufgabe, ohne Nutzen?« Er machte eine Pause und blickte auf Lindsays gesenkten Kopf. »Nein, und ich kann es noch weniger.«

Als sich die Tür hinter Goss schloß, betrat Jupp die Kajüte und fragte: »Wollen Sie jetzt Ihr Essen, Sir?«

Lindsay schüttelte den Kopf. »Holen Sie mir bitte einen Whisky.«

Jupp nahm den Säbel vom Stuhl, auf den Lindsay ihn geworfen hatte, und erwiderte: »Wenn Sie mir die Freiheit erlauben, Sir, es ist nicht fair.«

»Bitte den Whisky.«

Jupp eilte davon. Zum erstenmal fiel ihm nichts ein, was er sagen oder tun konnte.

In seiner Pantry fragte ein junger Steward: »Was ist los, Chef? Geht die Welt unter?«

Jupp sah, wie der Steward unter seinem Blick erbleichte. »Zum erstenmal in deinem elenden Leben könntest du recht haben.« Er nahm ein sauberes Glas und hielt es automatisch gegen das Licht, ehe er es auf das Silbertablett stellte.

»Ich habe doch nur Spaß gemacht«, stammelte der Steward.

Jupp stellte die Karaffe vorsichtig auf das Tablett und dachte an Lindsay, der nebenan in der Kajüte auf seinen Schreibtisch starrte.

Laut sagte er: »Man spaßt nicht, mein Sohn, wenn jemand stirbt.«

Aber der Steward war schon gegangen.

Lindsay konnte sich nicht erinnern, wie er gerade in dieses Restaurant gekommen war. Ihm schien, daß er stundenlang gelaufen war, daß seine Füße ihn durch enge Straßen weg von der Menschenmenge und dem hupenden Verkehr getragen hatten. Es war anscheinend ein recht kleines Haus. Der obere Teil fungierte unter dem gleichen Besitzer als Hotel. Auf seinem Schild prangten ein juwelengeschmückter Elefant und die Worte: »Englische und französische Mahlzeiten. Nur das Beste.«

Es war Abend, die Sonne war schon hinter einem hohen weißen Tempel auf der anderen Seite des staubigen Platzes verschwunden. Im grellen Sonnenlicht, so vermutete er, hätte das Hotel wahrscheinlich sehr schäbig ausgesehen.

Aber es war ruhig und schien fast leer. Keine Uniformen oder bekannte Gesichter wie im Naval Club, wo er kurz für einen Drink eingekehrt war. Dort hatte er mehrere Leute wiedererkannt. Von früher, von anderen Schiffen oder vergessenen Orten. Sie hatten es gut gemeint, doch er glaubte immer, Fragen in ihren Blicken zu lesen. Aus Neugier, aus Mitleid? Das war schwer zu sagen. Also hatte er ausgetrunken und war wieder losgegangen. Nun merkte er, daß er sehr müde war; das Hemd klebte ihm am Rücken wie ein nasses Handtuch.

Eine Diele krachte unter seinen Füßen, als er durch einen Perlenvorhang ging und sich an einem der kleinen Rohrtische in einen Sessel fallen ließ. Glücklicherweise waren nur noch zwei weitere Gäste da und keiner schenkte ihm mehr als einen flüchtigen Blick. Ihr Gespräch schien sich um die neuesten Kautschukpreise zu drehen.

Neben seinem Tisch verbeugte sich ein grinsender Kellner. »Sir?«

Lindsay blickte auf die Speisekarte und merkte, daß er seit Mittag ziemlich viel getrunken hatte. Seit seinem Gespräch mit Goss. Aber die Getränke hatten anscheinend keine andere Wirkung gehabt, als ihm jeden Gedanken an Essen zu verleiden.

»Vielleicht möchte der Commander später bestellen?«

Er sah zu der plötzlich aufgetauchten zweiten Gestalt hoch. Entweder war der Neuankömmling herangeschlichen, oder Lindsay war betrunkener, als er geglaubt hatte. Es schien unmöglich, einen solchen Mann zu übersehen. Er war dick, sein mächtiger Körper war mit einem untadeligen, cremefarbenen Leinenanzug bekleidet, der Leib mit einer karmesinroten Schärpe geschmückt, die zu einem kleinen, auf seinem runden Kopf winzig wirkenden Fez paßte. Der Stuhl ächzte hörbar, als er hineinsank.

»Vielleicht erst einen Drink?« Der Mann schnippte mit den Fingern. »Ich habe auch Gin da.«

Lindsay beäugte ihn stumpf. Er wollte sofort gehen, ihm lag nichts an einer Unterhaltung.

Ruhig erklärte der Riese: »Ich bin hier der Besitzer.« Er wedelte mit seiner rundlichen Hand, an der mehrere Ringe im Licht der farbigen Deckenleuchten glitzerten. »Und heiße Sie willkommen.«

Der Kellner goß zwei Gläser voll puren Gin. Auf der Flasche sah Lindsay die Worte: ›Duty free. H. M. Ships only‹.

»Danke.« Er nahm sein Glas und fragte sich, wie das wohl seinem Magen bekommen werde.

Der Besitzer nippte an dem Gin und lächelte. »Meine Religion betrachtet Gin als ein Übel. Jedoch«, er nahm einen weiteren Schluck, »man muß sich den Gewohnheiten des Landes anpassen, nicht wahr?« Er sah Lindsay mit sehr dunklen, glänzenden Augen unverwandt an, Augen, die wie die eines jüngeren Mannes in einer grotesken Maske wirkten.

In dem gleichen freundlichen Ton fuhr er fort: »Ich bin Türke. Es scheint kaum glaubhaft, aber früher einmal war ich bei der Gardekavallerie. Als Rittmeister.« Er gluckste, der Ton kam von tief innen. »Heute wären zwei Pferde notwendig, um mich zu tragen. Das denken Sie doch?«

Lindsay lächelte. »Tut mir leid, ich bin kein guter Gesellschafter.«

»Nur Einsamkeit ist schlecht, Commander.« Er winkte dem Kellner. »Ich habe im früheren Krieg bei den Dardanellen gegen Ihre Leute gekämpft und habe ihren Mut bewundert, auch wenn ihre Führung weniger begeisternd war. Als ich dann aus meinem eigenen Land fliehen mußte, habe ich mich entschlossen, hierher zu gehen. Zwischen zwei Welten, Ost und West. Hier möchte ich mein Leben beschließen.«

Lindsay fühlte den Gin wie Feuer in seiner Kehle brennen. »Ich muß nun wirklich gehen.« Er versuchte zu lächeln. »Wie schon gesagt, bin ich heute ein schlechter Gesellschafter.«

Der Mann schüttelte den Kopf. »Noch nicht. Noch ist nicht Zeit.«

»Zeit?«

Der Mann lächelte milde. »Spielen Sie nicht mit dem Schicksal, Commander. Sie werden noch ein Glas trinken, dann ist es vielleicht Zeit.«

Lindsay starrte ihn an. Hatte er sich verhört oder endgültig den Verstand verloren? Er warf einen kurzen Blick durch den nun leeren Raum. Die beiden Kautschukpflanzer waren verschwunden.

»Schon gut, Commander«, sagte der Mann ruhig. »Die beiden haben sich oben in ihren Zimmern mit irgendwelchen Frauen verabredet.« Er rümpfte verächtlich die Nase. »Erst trinken sie eine Menge, dann kommen ihnen die Frauen wieder schön vor!« Das schien ihn köstlich zu amüsieren.

Lindsay hob seufzend sein Glas an die Lippen. Was machten sie jetzt wohl an Bord? Einige feierten vielleicht ihre bevorstehenden Beförderungen und Versetzungen. Andere waren wohl an Land, um die letzten Tage auf Ceylon zu nutzen. Daheim in England würde es kalt und grau sein. Dazu Luftangriffe und Schlangen vor den Läden, müde Gesichter und rührende Tapferkeit. Für viele von der *Benbecula* würde die Erinnerung an Ceylon in der kommenden Zeit immer leuchtender werden.

Der gewichtige Türke schnippte mit den Fingern, und wie durch Zauberei verschwand die Ginflasche.

»Ich muß nun in den Tempel gehen und Buße tun, Commander.« Er stand auf und holte tief Luft. »Ich habe unsere kleine

Unterhaltung sehr genossen.« Er streckte ihm seine fette Hand entgegen. »Vielleicht kommen Sie ja wieder. Aber ich glaube es nicht.«

Lindsay griff nach seiner Mütze und wollte schon für die Drinks zahlen, als ihm einfiel, daß der Mann das übelnehmen würde.

Er hörte ihn ruhig sagen: »Nun können Sie gehen. Ihr Kummer wird jetzt leichter zu ertragen sein.«

Lindsay dankte ihm und ging hinaus in die purpurne Dämmerung, imnmer noch verwirrt durch die unerwartete Begegnung. Vielleicht war der Mann nicht ganz richtig im Kopf und das Hotel deshalb so leer.

Er torkelte gegen die Jalousie einer Ladenfront und ächzte. Der Gin war jedenfalls echt gewesen.

Am Ende der Straße sah er grelle Lichter und eine hin- und hereilende Menge. Möglicherweise konnte er dort ein Taxi finden. Ihm war es zuwider, sich den Weg zum Stützpunkt durch fröhliche Menschen zu erkämpfen.

Ein Taxi war nicht zu finden, deshalb beschleunigte er müde, aber zielstrebig den Schritt, verschloß die Ohren gegen den Lärm und versuchte, an den dicken Türken zu denken, der einst Rittmeister an den Dardanellen gewesen war.

»He, Kamerad, hast du Feuer?«

Vor ihm standen zwei australische Soldaten, die sich gegenseitig abstützten. Er zog seine Streichhölzer heraus und wartete, während einer von ihnen mehrmals versuchte, ihre Zigaretten anzustecken. Ihr Akzent erinnerte ihn an Stannard.

Der erste Soldat warf einen Blick auf Lindsays Schulterstreifen. »Tommy-Seemann, was?« Er grinste. »Aber laß man, Kamerad, ihr habt mich und meinen Kumpel aus Singapur rausgeholt.« Er lachte, als sei das ein toller Witz. »Wenigstens hat es überhaupt jemand getan!« Sie stolperten davon, ihre Buschhüte nahmen sich gegen die bunten Laternen und die Basare seltsam fremd aus.

Lindsay zog seine Pfeife heraus, da fiel ihm ein, daß die Soldaten seine Streichhölzer mitgenommen hatten. Er klopfte noch seine Taschen ab, als ein Taxi gegen einen der Verkaufsstände schrammte und ein Berg Früchte vor seine Räder fiel. Im Nu war eine Menschenmenge versammelt, um sich über den wütenden Streit zwischen Fahrer und Verkäufer zu amüsieren. Lindsay versuchte, sich aus dem Gedränge zu befreien, vergeblich. Über die

Umstehenden hinweg sah er zwei Polizisten, die sich mit unbeteiligten Gesichtern einen Weg zu dem von Schaulustigen eingeschlossenen Taxi bahnten.

Ihm fiel eine dunkle Einfahrt auf, und er beschloß, sich dahin zurückzuziehen. Die Polizei würde mehrere Minuten benötigen, um die Menge zu zerstreuen. Vielleicht fand er auch irgendwo Streichhölzer. Wahrscheinlich in der gleichen Absicht standen bereits zwei weitere weiße Gestalten in der Einfahrt. Ein Wirbel von Menschen drückte ihn langsam weiter, gegen eine andere Ladenfront. Er gab auf, es war hoffnungslos. Außerdem war ihm übel.

Doch durch das aufgeregte Schreien und Rufen schien eine Stimme zu ihm zu dringen. Es war wie im Traum. Ein freiliegender Nerv in seiner Erinnerung.

»Commander! Commander Lindsay!«

Sofort kämpfte er sich durch die Menge zurück, schob sich mit aller Kraft voran. Ein Polizist ergriff seinen Arm und schrie, er stieß ihn zur Seite, taub gegen das Stimmengewirr und blind gegen alles außer der Einfahrt mit den beiden Gestalten in Weiß.

Sie schienen ihm in der Dunkelheit wie Geister zu winken. In diesen letzten verzweifelten Augenblicken kam es ihm so vor, als sei er nun endlich doch verrückt geworden.

Keuchend vor Anstrengung und fast schluchzend brach er aus der Menge und warf sich auf die Einfahrt zu. Dann stand er ganz still, wagte weder zu atmen, noch hinzusehen. Es war bestimmt wieder nur ein Traum.

»Ich *wußte*, daß Sie es sind«, sagte sie.

Ganz langsam streckte er die Arme aus und legte ihr die Hände auf die Schultern. »Eve!« Er fühlte sie unter seinem Griff erzittern. »Eve, ich dachte...« Noch immer blickte sie fassungslos zu ihm hoch, das Gesicht fast völlig im Schatten. Die andere Wren war etwas zur Seite getreten und wartete unsicher an der Ladenfront. Lindsay zog Eve an sich, hielt sie ganz fest und murmelte: »Oh, Eve... Die ganze Zeit...«

Sie sagte leise: »Dir geht's nicht gut.« Und zu dem anderen Mädchen: »Sag dem Polizisten, er soll uns ein Taxi besorgen.« Dann preßte sie das Gesicht an seine Brust und flüsterte: »Es ist ein Wunder. Wir versuchten, zum Stützpunkt durchzukommen. Dann dieses Gedränge – und dann sah ich dich. Ich hatte keine Ahnung, daß du hier bist.« Sie zitterte. »Ich kann es immer noch nicht glauben. Hast du meinen Brief nicht bekommen?«

Er starrte sie an, immer noch voll Angst, es könne plötzlich alles vorbei sein. »Wir haben außer Ortsbriefen keine Post bekommen.«

»Du dachtest wohl, ich sei in Kanada!« Sie lachte, ihre Augen glänzten plötzlich voll Tränen. »Aber in letzter Minute gab es ein Durcheinander. Mein Gesundheitsbericht wurde mit dem einer anderen Wren vertauscht, und als man ihn schließlich gefunden hatte, war der Geleitzug ohne mich abgefahren. So hat man mich statt dessen nach Ceylon geschickt. Ich wette, sie haben sich in Kanada darüber totgelacht.«

Sie berührte sein Gesicht. »Du fühlst dich an wie Eis. Sag mir, was ist geschehen?«

»Der Geleitzug ...« Er zitterte am ganzen Körper. »Er wurde angegriffen, das Schiff mit den Wrens versenkt. Ich war dabei, ich sah es.« Er streichelte ihr Haar. »Es sank brennend. Ich versuchte, dich zu finden.« Seine Stimme versagte, er flüsterte: »Um dich heimzubringen.«

»Was geht hier vor?« schrie ein Polizist.

Die andere Wren erwiderte ebenso laut: »Holen Sie ein Taxi und benehmen Sie sich nicht so idiotisch!«

Lindsay hörte das zwar alles, doch in seinem Bewußtsein existierte einzig und allein Eve, die sich an ihn preßte. Er mußte sie festhalten, sonst ...

»Kommt das Taxi, Marion? Wir müssen ihn schnell zu seinem Schiff schaffen, er ist krank.« Zärtlich strich sie über sein Gesicht. »Jetzt wird alles gut, mein armer Liebster. Es tut mir ja so leid!«

»Hier ist das Taxi.«

Lindsay konnte sich kaum an die Fahrt erinnern. Am Werfttor gab es irgendeinen Streit, einen Aufenthalt während die andere Wren weglief, um zu telefonieren.

Dann sagte Eve: »Wir können nicht weiter mitkommen. Vorschriften! Wir hatten vier Tage Urlaub und hätten schon seit Stunden zurück sein müssen.« Sie zog seinen Kopf an ihre Schulter. »Sonst hätte ich ja gewußt, daß du hier bist. Hätte dein Schiff einlaufen sehen.«

Das andere Mädchen kam zurück, schaute in das Taxi und sagte heftig: »Ich hab' mit dem Dritten Offizier gesprochen und ihm alles erklärt. Aber er ist ein Rindvieh!«

»Man sollte nicht glauben, daß ihr Vater ein Lord ist«, flüsterte Eve halb lachend, halb weinend.

Die andere Wren fuhr fort: »Dann hatte ich die Wache endlich soweit, mich zu seinem Schiff durchzustellen, wie du vorgeschlagen hast.«

In der Dunkelheit schlurften Schritte, und Jupp schaute über die Schultern des Mädchens.

»Da sind Sie ja, Sir!« Er erblickte Eve und nickte ernst. »Ich freue mich für Sie, Miß. Für Sie beide!«

»Passen Sie gut auf ihn auf«, sagte Eve. Als Lindsay sie am Arm festhalten wollte, setzte sie hinzu: »Es ist alles in Ordnung, mein Liebster. Wir sehen uns morgen. Das verspreche ich dir.«

»Kommen Sie mit, Sir.«

Jupp half Lindsay aus dem Taxi, dessen Fahrer fasziniert zuschaute, bis die Wren, deren Vater ein Lord war, ihn anfauchte: »Zu unseren Unterkünften, aber dalli!«

Lindsay merkte, daß sie an der Stelling angekommen waren. Weit weg am anderen Ende sah er den Fallreepsgefreiten und das blaue Licht.

»Nur noch ein paar Schritte«, sagte Jupp ruhig. »Gehen Sie allein vor, Sir.« Er folgte Lindsay, den Blick auf seine Schultern gerichtet, um ihm mit bloßer Willenskraft die endlose Stelling emporzuhelfen.

Der wachhabende Offizier war zum Fallreepsgefreiten getreten: Stannard. Er sah Lindsay und hinter ihm Jupps starres Gesicht. »Kommandant kommt an Bord!« rief er und trat zwischen den Fallreepsgefreiten und den Eingang. »Willkommen an Bord, Sir!«

Jupp lächelte, hielt jedoch den Blick auf Lindsay gerichtet.

»Ich glaube, eine heiße Suppe würde Ihnen guttun, Sir.«

Stannard sah ihnen nach, wie sie im Schatten verschwanden. Paget war wachhabender Offizier gewesen, doch als Jupp um Unterstützung bat, hatte Stannard den Lieutenant weggeschickt. Er war irgendwie seltsam berührt, daß Jupp gerade ihn ausgesucht, ihn ins Vertrauen gezogen hatte.

Paget kam schnell atmend zurück. »Ich habe es nicht gefunden, NO.«

»Was?«

»Weshalb Sie mich losgeschickt haben.« Paget sah auf die Wachtafel. »Der Kommandant ist also an Bord?«

»Stimmt.«

»Und ich habe ihn verpaßt.« Paget fühlte sich betrogen.

»Schade, was?« Stannard ging zu seiner Kammer und pfiff leise vor sich hin.

Jupp war es gelungen, den Kommandanten in die Kajüte zu bringen, ohne noch jemanden zu treffen.

Er wartete, bis Lindsay auf die Koje gesunken war, und sagte dann: »Ich hole jetzt die Suppe, Sir.«

Lindsay lag mit geschlossenen Augen da. »Machen Sie sich keine Mühe, mir geht's gut.«

»Die Suppe ist fertig.« Jupp sah, daß die Leselampe direkt in Lindsays Gesicht schien. »Ich schalte sie aus.«

»Nein, lassen Sie.« Lindsay öffnete die Augen. »Sie haben Eve auch gesehen, ja?«

»Natürlich, Sir!« Jupp strahlte übers ganze Gesicht. »Machen Sie sich keine Gedanken, Licht oder nicht, morgen werden Sie die Dame sehen, und wenn ich sie selbst holen muß. Darauf können Sie sich verlassen!«

Lindsay schloß erneut die Augen. »Da war dieser Türke. Er veranlaßte mich, noch zu bleiben. Sagte, es sei noch nicht Zeit. Und etwas über Schicksal. Ich wollte gehen und konnte doch nicht. Er redete immer wieder über die Zeit und die Dardanellen.«

Jupp wartete, bis Lindsays Worte leiser wurden und seine Züge sich entspannten.

»Ich suchte gerade nach Streichhölzern. Und dann hörte ich sie meinen Namen rufen.« Seine Stimme erstarb.

»Schon gut, Sir. Ich verstehe kein Wort, aber Sie haben sicher recht.« Jupp knipste das Licht aus und schlich aus der Kajüte.

In der Pantry setzte er sich auf einen Schemel und starrte auf die Suppe, die vor sich hin brodelte. Der Kommandant brauchte sie jetzt nicht mehr. Jupp reckte den Kopf, um zu horchen, aber nebenan war nichts zu hören. Nur das Knirschen von Stahl und die gedämpften, regelmäßigen Schritte eines Wachtpostens.

Dann griff er in ein Spind und nahm eine Flasche Drambui heraus: Seelenpflaster für besondere Anlässe. Er wischte ein sauberes Glas aus und hielt es gegen das Licht, ehe er sich ein beachtliches Maß eingoß.

Denn Jupp hatte wirklich einen besonderen Anlaß.

17 Das Haus an der See

Unteroffizier Ritchie wartete, bis er drinnen Lindsays Stimme hörte, und betrat dann die Kajüte.

»Guten Morgen, Sir.« Er legte die Signalkladde auf den Schreibtisch und überreichte ihm einen versiegelten Umschlag. »Gerade eben vom Stabsquartier eingetroffen, Sir.«

Während Lindsay den Umschlag öffnete, warf Ritchie einen kurzen Blick auf Jupp. Er sah das unberührte Frühstück auf dem Tisch und Jupps offensichtliche Besorgnis.

»Befehle«, sagte Lindsay. »Am besten bitten Sie den Ersten Offizier gleich zu mir, sobald er mit der Flaggenparade fertig ist.« Die sorgfältig formulierten Anweisungen gaben ihnen noch vier Tage. Das war nicht viel.

Das Wandtelefon summte. Er zwang sich, ganz ruhig zu sitzen, bis Jupp verkündete: »Nur der wachhabende Offizier. Wegen der Antragsteller und Straffälligen.«

»Aha.«

Er versuchte, seine Enttäuschung zu verbergen und sich auf die Befehle zu konzentrieren. Vor dem Auslauftermin sollten die Arbeiten beendet werden, die Besatzung durfte jedoch weiterhin nach Ermessen des Kommandanten Urlaub bekommen. Weitere Anweisungen würden folgen, etc., etc., etc.

Draußen schmetterte ein Horn »Achtung«, und über Lautsprecher befahl eine Stimme: »Oberdeck stillgestanden, Front zur Flagge!«

Lindsay stand auf und ging langsam zu einem offenen Bulleye; die Morgensonne fiel auf sein Gesicht. Während er dem Signal des Hornisten von de Chairs Marinesoldaten lauschte, ging am Heck die Kriegsflagge hoch, und am Bug wurde die Gösch geheißt. In See würde die Kriegsflagge durch eine zerfetzte und fleckige ersetzt werden, die Ritchie für hartes Wetter bereit hielt.

Jupp hatte ihn durch sanfte Berührung an der Schulter geweckt und ihm eine Tasse schwarzen Kaffee hingehalten. Erst war er zusammengeschreckt, bis Jupp ihn angelächelt hatte: »Alles in Ordnung, Sir. Es ist alles genauso gewesen, wie Sie sich erinnern.«

Beim Rasieren und Anziehen, als das Schiff rund um ihn zum Leben erwachte, hatte er versucht, in seinem Gehirn alles wieder zusammenzusetzen. Jeden kleinen Augenblick, damit es für alle Zeiten zu einem festen Bild wurde.

Zu denken, daß es sich nur um Sekunden gehandelt hatte! Nur kurze Zeit später, und sie hätten sich verfehlt. Der Brief, den sie geschrieben hatte, war wahrscheinlich verlorengegangen oder in irgendeinem Postamt steckengeblieben. Wenn er nicht in diesem seltsamen Restaurant gewesen wäre. Wenn, wenn, wenn ... Das nahm kein Ende.

Goss erschien im Eingang. »Sie wollten mich sprechen, Sir?«
»Befehle, 10. In vier Tagen geht's los.«
»Nicht viel Zeit. Noch eine Menge unerledigt. Aber ich nehme an, das interessiert die nicht.«
»Tun Sie, was Sie können. Vielleicht werden die Befehle ja noch widerrufen.«

Goss schüttelte skeptisch den Kopf. »Gestern abend an Land traf ich einen alten Kollegen. Er erzählte mir, daß ein großer Geleitzug zusammengestellt wird. Es kann wohl jederzeit losgehen.«

Das gab Sinn. Bei einem großen Geleitzug wurde jedes verfügbare Sicherungsfahrzeug benötigt.

»Urlaub wie bisher«, fuhr Lindsay fort.

Goss nickte. »Gut. Das gibt mir Bewegungsfreiheit, alles in Ordnung zu bringen, wenn die wildgewordenen Kerle an Land sind.«

Wieder summte das Telefon. Jupps Gesicht blieb unbewegt. »Die Fernmeldezentrale, Sir.«

Er überreichte ihm den Hörer und sagte aufgekratzt: »Na, Mr. Goss, wie wär's mit 'nem Täßchen?«

Eves Stimme klang ganz nahe. »Verzeih die Täuschung, aber hier ist wirklich die Fernmeldezentrale.« Dann fragte sie schnell: »Geht's dir gut?«

»Mir ist es noch nie besser gegangen.« Goss, Jupp und seine Kajüte waren ganz weit weg. »Wann kann ich dich sehen?«

Im Hintergrund hörte er eine Schreibmaschine klappern. »Gleich, wenn du willst. Am Tor. Ich muß dich so bald wie möglich sprechen.« Betont fuhr sie fort: »Es bleibt nicht mehr viel Zeit, nicht wahr?«

»Nein.« Er sah schnell auf die Uhr. »Ich bin gleich da.«

Er legte den Hörer wieder auf und sah, daß Goss zu ihm hinüberschaute, die Tasse nahm sich in seiner riesigen Hand wie ein Fingerhut aus.

»Ich gehe an Land, 10. Nicht lange.«

Goss nickte. »Ich komme schon zurecht, Sir.« Er beobachtete

Lindsay über den Tassenrand hinweg. Das war es also. War ihm zu gönnen.

»Schmeckt der Kaffee, Mr. Goss?« fragte Jupp.

Goss behielt sein Pokergesicht. »Sehr gut.« Erstaunlicherweise blinzelte er. »Manchem sogar noch besser, was?« Dann ging er hinter Lindsay aus der Kajüte.

Auf der Stelling, neben Lindsay stehend, studierte er das geschäftige Treiben auf dem Pier unter ihm.

»Übrigens, Sir, wenn ... Ich meine für den Fall, daß Sie daran denken, selbst noch ein bißchen Urlaub zu machen...« Er wartete, bis Lindsay ihn ansah. »Wir werden hier bestimmt auch allein fertig. Und je eher ich mich daran gewöhne, die Verantwortung selbst zu tragen, um so besser.«

»Ich danke Ihnen.« Lindsay betrachtete eine Kolonne Soldaten, die mit Gepäck und Waffen beladen auf der gegenüberliegenden Pier vorbeimarschierten. »Vielleicht komme ich darauf zurück.« Dann grüßte er und lief schnell die Stelling hinab.

Eve wartete schon vor dem Tor und sah in ihrer weißen Uniform sehr jung aus. Doch genauso hatte er sie in Erinnerung.

»Da ist ein kleines chinesisches Restaurant, nur kurz die Straße hoch. Dort ist es ganz ruhig.« Sie warf ihm einen schnellen Blick zu »Auch nicht so hell.«

Als sie an den in die Werft einfahrenden Fahrzeugen und Gruppen grüßender Seeleute vorbeieilten, setzte sie atemlos hinzu: »Ich mußte mich heute morgen kneifen. Noch jetzt habe ich Angst, plötzlich aus einem Traum zu erwachen.«

Das Restaurant war so ruhig, wie sie es beschrieben hatte. Und am frühen Morgen ziemlich leer.

»Mein Gott, du bist ja noch hübscher, als ich dich in Erinnerung hatte«, sagte er, als sie zu einem Tisch geleitet wurden.

»Und hier ist es wohl dunkler, als ich dachte!« Ihre Stimme klang heiser; eine Weile sprach keiner von ihnen.

Dann nahm sie ihre Mütze ab und schüttelte ihr Haar aus. Auch das ging ihm wieder ans Herz.

»Ich bin im Fernmeldezentrum tätig.« Sie sah ihn nicht an und schwieg, bis der Kellner Tee gebracht hatte. »Daher kenne ich deine Befehle. Noch vier Tage. Auch ich fahre zurück nach England.« Sie sah ihn an und streckte den Arm aus, um seine Hand zu ergreifen. »Vielleicht sind wir im selben Geleitzug. Aber mach dir keine Sorgen. Uns wird es nicht so gehen wie den anderen. Da kann einfach nicht sein.«

»Nein. Aber warum mußt du schon so bald wieder zurück?«

Sie zog die Nase kraus. »Ich sollte mit ein paar anderen ursprünglich nach Singapur, als Fernmelderin. Nun, da alles vorbei ist, fahren wir wieder zurück. Vielleicht komme ich jetzt sogar zu einem richtigen Fernmeldelehrgang.« Sie schlug die Augen nieder. »Verzeih, ich habe nicht an die anderen Wrens gedacht. Es muß schrecklich gewesen sein.«

Er setzte zum Sprechen an, aber sie drückte seine Hand.

»Augenblick. Da ist noch etwas, was ich dir sagen muß. Erinnerst du dich an meine Freundin Marion?«

»Ist das die mit dem Lord als Vater?«

»Ja. Ihr Vater ist ungeheuer reich. Aber sie ist sehr nett.« Eve wirkte plötzlich nervös. »Er hat Geschäftsbeziehungen hier draußen, ihr Vater. Sie haben ein kleines Haus an der See, wir haben unseren letzten Urlaub dort verbracht.« Ihre Hand zitterte leicht. »Da ich abkommandiert werde, kann ich noch mal Urlaub bekommen.« Dann wandte sie sich ihm zu und sah ihm direkt in die Augen. »Wenn du möchtest.«

»Du weißt, daß ich es möchte, Eve. Wenn du sicher bist...«

Sie blickte auf ihre Hände nieder. »Ich bin mir ganz sicher. Ich habe nur Angst, dich wieder zu verlieren.« Sie versuchte ein Lachen. »Außerdem fürchte ich, du könntest denken, ich nähme Kommandeure gewohnheitsmäßig in ein Landhaus mit.«

»Wann kannst du losfahren?«

Sie sah wieder auf, ihre Augen strahlten. »Heute. Und du?«

Er dachte an Goss' Worte. Vielleicht wußte auch der Bescheid. Vielleicht sogar das ganze Schiff.

»Heute nachmittag. Wie kommen wir hin?«

»Ich kann einen Wagen bekommen. Oder vielmehr Marion kann das. Sie schafft alles.«

»Ich fange an, sie auch zu mögen.«

Eve schlug vor: »Wir gehen jetzt besser, ich muß noch einiges erledigen.« Sie setzte ihre Mütze wieder auf und fuhr fort: »Und du weißt zumindest, daß du einen guten Chauffeur hast. Der beste in ganz Scapa, sagte man.«

»Das stimmt.«

Vor dem Restaurant blendete sie das Sonnenlicht.

»Ich rufe dich in deiner Unterkunft an«, sagte Lindsay.

»Dann lese ich dich auf.« Sie grinste. »Klingt schlimm, was?«

»Für mich nicht.« Er berührte ihren bloßen Arm. »Ich liebe dich nämlich.«

Ein Arbeitskommando von Seeleuten kam die Straße herunter; beim Vorbeimarschieren rief der Unteroffizier: »Die Augen links!«

Auch Eve grüßte, als er sich ihr wieder zuwandte. »Und ich Sie, Sir!«

Er sah ihr nach, bis sie in einem nahen Gebäude verschwunden war, und eilte dann durch das Tor hinter der Arbeitsgruppe her. Noch an Bord befürchtete er, daß etwas dazwischenkommen könnte. Eine Änderung der Befehle, eine Sitzung beim Stab. Irgendeine Krise, die ihn an das Schiff fesseln würde.

Goss hörte seinen Anweisungen zu. »Wo werden Sie wohnen, Sir? Nur für den Fall, daß ich mit Ihnen Verbindung aufnehmen muß.«

»Ich rufe an, sobald ich die Nummer weiß, unter der ich erreichbar bin.«

Er sah Stripey, die Schiffskatze, nach einem kurzen Besuch der Werft wieder die Stelling hinaufschleichen.

Goss nickte. »Dann würde ich vorschlagen, Sie machen sich auf den Weg, Sir.«

Während er in der Kajüte ein paar Sachen in einen Koffer warf, horchte er mit einem Ohr nach dem Telefon.

Jupp half ihm beim Packen und sagte, als er schon aufbrechen wollte: »Vielleicht nehmen Sie auch das mit, Sir.« Er hielt ihm eine kleine silberne Nachbildung der *Benbecula* hin. Sie war knapp fünf Zentimeter lang, aber in allen Einzelheiten maßstabsgerecht. »Der Bootsmann hat das vor vielen Jahren gemacht. Ich sollte es Ihnen natürlich nicht erzählen, aber er hat dafür vier silberne Keekannen aus dem Speisesaal Erster Klasse einschmelzen müssen.«

Lindsay starrte ihn an. »Aber Sie möchten das doch sicher behalten!«

»Ich habe es die ganze Zeit aufgehoben, Sir.« Jupp schüttelte den Kopf. »Vielleicht gerade für diese Gelegenheit. Jedenfalls nehme ich an, daß es der Dame gefallen wird.«

Lindsay legte das Modell in seinen Koffer. »Bestimmt. So wie mir.«

Jupp trat von einem Fuß auf den anderen. »Und alles Gute, Käpt'n.«

»Ich werde Ihre Fürsorge sehr vermissen, wenn ich wieder bei der richtigen Marine bin.«

Jupp grinste. »Wenn alles vorüber ist, Sir, werde ich wahrscheinlich eine Kneipe übernehmen. Da können Sie mich ja mal besuchen.«

»Das verspreche ich Ihnen.«

Jupp begleitete ihn bis zum Niedergang. Es war ein eigenartiges Gefühl, sich nach all diesen Jahren von dem kleinen Silberschiff zu trennen, dachte er vage. Aber das Mädchen, für das es bestimmt gewesen war, hatte nicht auf ihn gewartet. Seine Lippen verzogen sich vor Ekel. Sie hatte einen einfachen Maurer geheiratet. Und das geschah ihr recht!

Jupp hörte das Zwitschern der Pfeifen und stieß einen tiefen Erleichterungsseufzer aus. Lindsay war endlich unterwegs. Er trabte in die Kajüte und nahm das Telefon auf.

»Alles klar, Bob, du kannst das Telefon wieder anschließen.«

Dann ging er fröhlich vor sich hinsummend in die Pantry und griff nach der Drambui-Flasche.

Der Wagen war ein sehr alter offener M. G., der Motor hörte sich jedoch noch gut an; als sie die Stadtgrenze erst hinter sich hatten, kamen sie auch schneller voran.

Einmal, in einer großen Kurve, fragte sie: »Warum siehst du mich so an? Das ist nicht fair. Ich muß auf die Straße aufpassen.«

Lindsay legte den Arm auf die Rücklehne ihres Sitzes, seine Finger berührten ihr im Wind flatterndes Haar. Er hatte Eve noch nie in Zivil gesehen, wäre am Werfttor fast an ihr vorbeigegangen. Ihr Kleid war hellgrün und ganz einfach. Wie sie erklärte, kam es direkt aus dem Laden, sie hatte es damit bewiesen, daß sie ein Preisschild abnahm, das noch am Rocksaum bammelte.

»Es macht mir aber Spaß. Du fährst, und ich schaue dich an, ja?«

Ein andermal, als sie anhielten, weil Vieh ziellos über die Straße zog, nahmen sie einander bei den Händen. Sie achteten weder auf die Hitze, noch auf den Staub, noch auf den eingeborenen Viehtreiber, der stehenblieb, um sie zu betrachten.

Grüne Hügel mit Bäumen, die sich über der Straße fast berührten, wechselten mit weiten, offenen Strecken, und nur gelegentlich gaben ein Haus oder ein Bungalow Hinweise auf Leben. Der von den Rädern aufgewirbelte Staub wehte in einer steten Wolke nach hinten, der Wagen ruckelte heftig, aber zielstrebig über tiefe Furchen und lose Steine. Bergauf schaltete sie hinunter, dann wieder ging es dröhnend abwärts; gelegentlich zeigten kurze Blicke auf dunkles Blau zwischen den hohen Palmen, daß die See nie weit entfernt war.

Dann eine Nebenstraße, Eve mußte wegen der häufigen Kurven mit der Geschwindigkeit heruntergehen.

»Was du da über dein Schiff gesagt hast, ist das endgültig?«

Er nickte. »Ja.«

Sie ergriff seine Hand, hielt aber die Augen auf die Straße gerichtet. »Das gefällt dir nicht, was?« Sie zögerte. »Vielleicht kann ich mich in die Nähe der Schule versetzen lassen, an die du gehst.«

»Du solltest mal mit Marion sprechen. Sie muß doch wissen, was man in solchen Fällen tut.«

Eve lachte mit hübschen Zähnen und überschrie das Motorengeräusch: »Das hat sie schon bei einem anderen Mädchen getan. Hat ihr gesagt, sie soll dafür sorgen, daß sie schwanger wird, dann muß sie nicht nach Übersee.«

»Und hat sie das gemacht?«

»Glaube ich nicht. Du hättest ihren Freund sehen sollen, ein Nilpferd!«

Schließlich hielt der Wagen auf dem Kamm eines kleinen Hügels. Unter ihnen lag ein halbmondförmiger Strand, und rund um die nächste Landzunge legte die See eine Brandungskette. Unter den Palmen stand irgendein Gebäude und sah so aus, als stände es vom Anfang der Zeiten an dort.

»Ist es das?«

Eve wandte sich ihm zu und betrachtete ihn. »Mach keinen Quatsch, das ist ein alter Tempel.« Dann setzte sie den Wagen wieder in Gang und rief: »Da, schau!«

Das Haus lag hinter einer niedrigen weißen Mauer und wurde teilweise von einer Baumreihe verdeckt. Es sah kühl und einladend aus.

Lindsay konnte kein Zeichen von Leben entdecken; auch als der Wagen vor dem Tor hielt, rührte sich nichts.

»Ein alter Mann und sein Sohn kümmern sich die meiste Zeit um das Haus. Wenn richtige Besucher kommen, sind natürlich noch weitere Bedienstete da.«

»Es ist wunderbar.«

Eve sprang aus dem Wagen. »Mann, du hast ja noch gar nichts gesehen!« Lachend beobachtete sie sein Gesicht, als sie ihn zum Haus zog.

Es war ein einstöckiges, anscheinend ganz aus Steinen und Marmor gebautes Haus. Selbst in Zeiten, in denen die Arbeitskräfte billig waren, mußte es ein kleines Vermögen gekostet haben.

»Ah, hier ist er«, sagte sie.

Der Hausmeister war graubärtig und voller Falten. Er mußte an die achtzig Jahre sein, dachte Lindsay.

Eve sah Lindsay an. »Du wirst telefonieren wollen.« Sie zeigte auf eine Tür. »Da drin«. Einen Augenblick verdüsterte sich ihr Gesicht. »Aber geh nicht zurück. Ganz egal, was ist. Und wenn der Stützpunkt in Flammen steht!«

»Und was machst du?«

Sie fuhr sich mit den Fingern durchs Haar. »Oh, dieser Staub! Ich gehe schwimmen. Und dann wollen wir essen.« Sie machte einen spöttischen Knicks. »Alles, was der Herr wünscht.«

Lindsay betrat einen niedrigen Raum. Er war nur sparsam möbliert, aber was da stand, sah alt und handgeschnitzt aus. Neben dem Fenster befand sich ein antiker Messingapparat und er stellte sich vor, wie frühere Besitzer hineingesprochen haben mochten. Auf eine Stimme aus der Außenwelt horchend. Aber wer konnte wünschen, von so einem Ort wieder wegzugehen? dachte er.

Die Verständigung war erstaunlich gut, und nach kurzer Zeit sprach er mit seinem Schiff.

»Hier ist der Kommandant. Den wachhabenden Offizier, bitte.« Er wartete, malte sich das plötzliche Durcheinander aus und versuchte, eine aufsteigende Unruhe zu bekämpfen. Aber nicht der wachhabende Offizier kam ans Telefon, sondern Goss. Seine Stimme klang ruhig und sachlich. »Hier ist alles in Ordnung, Sir. Zwei Marinesoldaten sind gerade betrunken an Bord gebracht worden. Und ich bin dabei, einem diebischen Kuli, den ich in der Bootsmannslast erwischt habe, das Fell über die Ohren zu ziehen.« Goss machte eine Pause. »Mit anderen Worten, ein ganz gewöhnlicher Tag.«

Lindsay gab Goss die Telefonnummer, dann sagte er: »Danke, daß Sie die Stellung halten.«

»Keine Ursache, Sir.« Dann eine Pause und das Geräusch von Stimmen im Hintergrund. »Ich habe gerade erfahren, daß ich

Farbe bekommen kann. Darum muß ich mich sofort kümmern, Sir. Damit mir das nicht entgeht.« Die Verbindung brach ab.

»Ich seh's an deinem zufriedenen Gesicht, daß der Stützpunkt nicht in Flammen steht.«

Er fuhr herum und sah Eve im offenen Türrahmen. Sie trug einen schwarzen Badeanzug, der sie noch brauner erscheinen ließ.

»Du starrst mich schon wieder an!«

Er ging auf sie zu. »Ich hab' dir schon gesagt, du siehst bezaubernd aus. Besonders heute.«

Sie legte die Hände auf die Hüften und versuchte, die Stirn zu runzeln. »Mein Mund ist zu groß. Ich bin voller Sommersprossen und habe eine Figur wie ein Junge.« Sie sah ihn an, als er die Hände auf ihre Schultern legte. »Und ich liebe dich, auch wenn du ein alter Lügner bist.«

»Ich bin überrascht, daß man dich zu den Wrens gelassen hat.« Ihre Haut war ganz glatt. »Du brauchst nämlich eine Brille.«

Sie legte den Kopf an seine Brust. »Ein lieber Lügner.« Dann stieß sie ihn von sich. »Schnapp dir deine Hose oder was ein Commander sonst bei inoffiziellen Gelegenheiten trägt, und komm zu mir an den Strand. Der alte Mohammed wird dir sagen, wo er deine Sachen verstaut hat.«

»Heißt er wirklich so?«

Aber sie lief schon hinaus in die Sonne, ihre nackten Beine schimmerten vor den wippenden Palmwedeln wie Gold.

Der alte Mann stand in der Tür, eine Badehose in der Hand.

»Die junge Missy ist sehr munter. Es freut mich, sie so zu sehen.«

Lindsay zog sein schmutziges Hemd aus. »War sie vorher traurig?«

»Ich glaube, einsam. Aber das ist nun vorbei.« Er nahm das Hemd auf und fügte hinzu: »Ich werde veranlassen, daß die Frauen das für Sie waschen.«

Lindsay sah ihn langsam durch die Halle gehen. Alt, aber voller Würde. Vielleicht ein zweiter Jupp.

Dann sah er sich im Raum um. Eves grünes Kleid lag auf einem Stuhl neben dem Bett, es fühlte sich noch warm an. Er öffnete seinen Koffer und holte das Silbermodell heraus. Auf einem Teakholztisch lag Eves Armbanduhr, und nach kurzem Zögern stellte er das kleine Schiff daneben. Vier silberne Teekannen, hatte Jupp gesagt. Das hatte wohl seinerzeit einiger Erklärungen bedurft.

Lächelnd wandte er sich um und lief die Halle hinunter; der Fußboden fühlte sich unter seinen bloßen Füßen ganz kühl an.

Er fand Eve hüfttief in der See stehend, die starke Dünung warf ihren schlanken Körper hin und her.

»Komm!« Sie blinzelte in die Sonne, und er wünschte, er hätte eine Kamera mitgebracht. »Du gaffst schon wieder!« Dann lachte sie mit demselben Klang, den er an dem Abend in Scapa Flow gehört hatte, und warf sich ins Wasser.

Als sie schließlich triefend und keuchend aus dem Wasser kamen, war das Licht bereits im Schwinden. Die Wipfel der hohen Baumreihe wurden vom letzten Sonnenlicht bestrahlt, ihre Schatten lagen wie schwarze Balken über dem Haus.

Sie warf ihm ein Handtuch zu und begann, sich mit einem anderen heftig die Haare zu rubbeln.

Dann sagte sie plötzlich: »Ich habe noch gar nicht gefragt . . .«

Er drehte sich um, aber sie stand mit dem Rücken zu ihm. »Was denn?«

»Wie lange hast du Zeit?«

»Zwei Tage.« Er sah, wie sich ihre Schultern versteiften, auf ihrer Haut glänzten noch Wassertropfen.

Dann antwortete sie leise: »Wir wollen sie bis zur Neige auskosten, ja?«

Ihre Schultern zitterten wie unter einem kühlen Windhauch, doch als er den Arm um sie legte, versprach sie: »Ich werde nicht weinen.« Dann kuschelte sie sich an ihn und sah zu ihm hoch. »Ich bin so glücklich, daß ich es dir gar nicht beschreiben kann.«

Er nahm sein Handtuch auf, und sie liefen zusammen über den ansteigenden Strand ins Haus. Einige Lichter brannten schon, in dem niedrigen Raum war der Tisch gedeckt, und eine Flasche Wein stand in einem Silberkühler. Sie verhielten nebeneinander in der Tür und starrten auf den Tisch und den friedlichen Raum. Dann legte er wieder den Arm um ihre Schultern, deren feuchte Haut sich fast kalt anfühlte.

»Es ist einfach wundervoll. Ich hätte nie gedacht, daß es so etwas gibt.«

»Ich auch nicht. Und ich habe den Eindruck, daß deine Freundin Marion dabei die Finger im Spiel hat.«

»Ja. Das glaube ich auch.« Leichtfüßig ging sie davon. »Ich will mich umziehen und versuchen, wie eine Lady auszusehen. Deinetwegen!« Sie hielt inne. »Dann kannst du dir was anziehen.

Aber keine Uniform. Dieses eine Mal bitte nicht.«

Er lächelte. »Das hatte ich auch nicht vor.«

»Nimm dir da drüben einen Drink, aber nicht zuviel. Ich möchte an allem teilhaben.« Sie lief die Halle hinunter ins Schlafzimmer.

Der alte Diener erschien lautlos mit einem Bademantel. »Ich rufe Sie, wenn Missy fertig ist, Sir.«

»Sie haben das sehr hübsch gemacht, vielen Dank.«

Der Mann zuckte die Achseln. »Keine Ursache.« Es lag jedoch ein Anflug von einem Lächeln auf seinem Gesicht, als er würdevoll davonschritt.

Lindsay bückte sich gerade zum Getränkeschrank, als Eve wieder auf ihn zustürmte. Sie trug noch immer den Badeanzug und hielt das Silberschiff in der Hand.

»Das ist ein wunderbares Geschenk, Liebster!« Sie lief zu ihm und küßte ihn leidenschaftlich. Ihr Gesicht war feucht, aber diesmal nicht vom Seewasser.

»Es gehörte Jupp. Er wollte, daß du es bekommst.«

»Gott behüte ihn!« Sie trat zurück und sah ihn einige Sekunden lang an. »Und dich.« Dann ging sie wieder davon, diesmal langsam, und hielt das Schiff wie einen Talisman an ihre Brust gedrückt.

Das Abendessen war wie alles hier perfekt. Lindsay hatte ein Hemd und eine bequeme Hose angezogen, auf dem Tisch standen Kerzen. Er saß Eve gegenüber, und der alte Mann und sein Sohn bedienten sie. In der Ferne heulte ein Tier in der Dunkelheit, Insekten stießen summend gegen die Scheiben. Aber alles außerhalb des Lichtkreises der Kerzen war für unwirklich und unwichtig.

Eve trug ein schulterfreies, zartgelbes Kleid. Im Kerzenschein war ihr Gesicht weich, sein Ausdruck wechselte so schnell wie ihre Stimmung.

Nur einmal erwähnte sie jene andere Welt.

»Wann wird dies alles zu Ende sein? Es kann noch Jahre dauern.«

»Denk nicht daran.« Ihre Hände fanden sich über dem Tisch. »Denk an uns.«

Danach sprachen sie nur noch wenig. Als der Tisch abgeräumt und die Kaffeetassen leer waren, konnte Lindsay einen weiteren Stimmungsumschwung bei ihr fühlen.

Sie ging zur Tür und sagte: »Schau mich nicht an. Ich . . . ich will mich nicht lächerlich machen.« Ihre Lippen bebten. »Aber ich habe solche Sehnsucht nach dir.« Als er zu sprechen versuchte, fuhr sie schnell fort: »Laß mir nur ein paar Minuten. Ich bin ein bißchen durcheinander.«

Lindsay saß in dem stillen Raum und lauschte den Insekten, die gegen die Scheibe flogen. Dann blies er die Kerzen aus und ging aus dem Zimmer. In der Halle brannte noch eine Lampe, und auch unter der Schlafzimmertür drang ein Lichtschein hervor.

Eve lag völlig reglos im Bett, nur ihre Augen folgten ihm, als er ins Lampenlicht trat und sie anblickte.

Ein schwarzes Nachthemd lag über einem Stuhl. »Es gehört Marion«, sagte sie.

Er setzte sich auf die Bettkante und streichelte ihr Haar.

»Aber ich möchte nichts, was einem anderen gehört, an mir haben. Findest du das albern?«

»Nein, absolut nicht.« Er beugte sich über sie und küßte sie auf die Stirn. »Ich halte dich nämlich für etwas ganz Besonderes.«

»Ich möchte nur, daß du mit mir glücklich bist.« Sie senkte den Blick auf seine Hand, als er die Decke vorsichtig unter ihrem Kinn wegzog. »Und ich möchte bitte nichts falsch machen.«

Dann schloß sie die Augen und lag ganz still. Er zog die Decke fort, sah sie an, und ließ seine Hand zärtlich über ihren Körper gleiten. Sie rührte sich nicht, bis er sich ausgezogen hatte und neben ihr lag, den einen Arm unter ihrem Kopf, die andere Hand um eine ihrer Brüste. Da öffnete sie die Augen und schaute ihn an; ihr Atem strich warm über sein Gesicht.

»Zwei Tage und drei Nächte.«

Als er sich über sie neigte, öffnete sie die Arme weit und blickte ihm ins Gesicht; ihr Mund glänzte feucht im Lampenlicht.

Beim Aufwachen kam Lindsay als erstes zu Bewußtsein, daß sein Kopf an Eves Hüfte gebettet lag und ihre Finger zärtlich durch sein Haar glitten. Das Licht war gelöscht, durch die Jalousien konnte er den schwachen Schimmer der Morgendämmerung erkennen.

»Du hast laut geschrien, Liebling«, flüsterte sie. »Nur einmal, dann warst du wieder still.«

Er küßte sie und fühlte, wie ein Schauer sie durchlief. War der Alptraum nun endlich vorbei? War auf eine neue, unüberwindli-

che Macht gestoßen und ließ ihn nun in Frieden?
 Er küßte sie wieder. »Ich brauche dich!«
 Sie zog seinen Kopf höher hinauf.

Später, als sie dalagen und zusahen, wie das erste gelbe Sonnenlicht durch die Jalousien fiel, sagte sie schlicht: »Ich kenne mich überhaupt nicht wieder. Seltsam, was?«
 »Wer du auch bist, ich finde dich wunderbar!«
 Er meinte, Schritte in der Halle zu hören, das Klirren von Tassen. Fast wartete er darauf, Jupp durch die Tür schauen zu sehen.
 »Deck dich zu, du schamloses Wesen.« Er küßte sie auf den Mund. »Oder man wird uns auffordern, sofort abzureisen.« Dabei zog er die Decke über ihre beiden Körper.
 Und so ging es die nächsten beiden Tage und Nächte weiter. Augenblicke der Ruhe und des innigen Schweigens wechselten mit schneller, unersättlicher Leidenschaft, die sie beide atemlos und kraftlos zurückließ. Sonne und blaue See, das Alleinsein und die absolute Vollkommenheit waren der Hintergrund für ihre Glückseligkeit.
 Als sie wieder in den alten Wagen stiegen, sagte Lindsay leise: »Ich werde dieses Haus nie vergessen. Und eines Tages werde ich dich daran erinnern, wenn du anfängst, genug von mir zu haben.«
 Sie sah zum Haus hinüber. Der alte Mann und sein Sohn hatten es so eingerichtet, daß der Moment ihrer Abfahrt ungestört verlief.
 »Eines Tages wird man hier eine Tafel anbringen.« Sie schüttelte sich das Haar aus dem Gesicht. »Zum Andenken an Wren Collins, die hier ihre Unschuld verlor.«
 Sie lächelten einander an, bis er sagte: »Es wird Zeit.«
 Der Wagen holperte bergan, vorbei an dem Tempel, den zu besuchen sie nicht die Zeit gefunden hatten.
 Während der Rückfahrt sprachen sie kaum; als er einmal eine Träne auf ihrer Wange bemerkte, griff sie nach seiner Hand und sagte: »Ist schon in Ordnung, mach dir keine Sorgen, Liebster.« Sie legte seine Hand auf ihren Schenkel und fuhr weiter die staubige Straße über der See entlang. So bin ich nun mal: selbstsüchtig, störrisch und albern.«
 Sein Griff wurde fester, er wußte, sie fühlte wie er. »Und perfekt.«
 Als die ersten Häuser der Stadt in Sicht kamen, sagte sie: »Ich

setze dich am Tor ab.«
Er nickte. »Gut. Ich rufe dich an, sobald ich weiß, was los ist.« Sie bremste und behielt beide Hände am Steuer.
»Du bist doch nicht traurig?«
»Dankbar.« Er spürte ihren Blick, als sie sich umwandte. »Und glücklich.«
Sie gab Gas. »Wie sich das so trifft. Ich auch!«
Ihr Wagen verschwand im Verkehr, und Lindsay ging zum Tor. Er erwiderte den Gruß eines Postens. »Guten Morgen.«
Der Soldat warf ihm einen schrägen Blick zu. »Für manche ist's ein besonders guter«, sagte er.

18 Die Heimreise

Goss' private Informationen erwiesen sich als sehr zutreffend. Zwölf Stunden nach Rückkehr der Urlauber an Bord, nachdem auch die letzten Nachzügler gefunden und von den Streifen abgeliefert worden waren, lief die *Benbecula* aus.

Am Vortag hatte Lindsay an einer Besprechung beim Stab teilgenommen und einiges über die Bedeutung dieses Geleitzugs erfahren. Die Schiffe transportierten Truppen, Ausrüstung, Brennstoff und Verpflegung. Das Ganze mußte wie ein großer Stafettenlauf organisiert werden. Die erste Strecke über den Indischen Ozean war mehr oder weniger unkompliziert, da japanische U-Boote dort bisher kaum aufgetreten waren. Nach Umrundung des Kaps der Guten Hoffnung würden weitere Geleitfahrzeuge hinzukommen, andere den Gleitzug verlassen, ähnlich der Wachablösung bei einem wertvollen Schatz. Um Schutz gegen schwere feindliche Einheiten zu bieten, sollte die ganze Zeit ein starkes Kreuzergeschwader in der Nähe bleiben.

Auf der Höhe von Gibraltar würde man den Geleitzug dann umgliedern. Einige Schiffe mit Nachschub für die Mittelmeerflotte und die Afrika-Armee sollten in Gibraltar Schutz suchen, andere sich einem Geleitzug nach Amerika anschließen. Die Mehrzahl der Schiffe aber würde sich auf die letzte und gefährlichste Strecke begeben und zwischen U-Booten und deutschen Langstreckenbombern Spießruten laufen.

Die Tatsache, daß so viel Sorgfalt an den letzten Teil der Reise gewandt wurde, war ein Beweis für die Bedeutung, die man dem

Geleitzug zumaß. Es gab Hinweise darauf, daß ein Flugzeugträger und sein Geleitschutz bereitstanden, um rund um die Uhr Luftsicherung zu stellen. Das hatte es noch nie gegeben.

In See war es Aufgabe der *Benbecula*, gemeinsam mit den anderen Kriegsschiffen, die insgesamt vierundzwanzig Transporter, die geschützt werden mußten, aufzuteilen und einzureihen. Lindsay war schon in weit umfangreicheren Geleitzügen gefahren, doch dieser schien irgendwie größer. Vielleicht lag das an der Größe und Majestät der einzelnen Schiffe. Die vier Truppentransporter zum Beispiel waren Überseeschiffe, die vor dem Krieg einen bedeutenden Ruf genossen hatten: groß, mit starken Maschinen und neu. Die anderen Schiffe waren so verschieden wie ihre Flaggen, aber im Gegensatz zu vielen anderen Geleitzügen, die Lindsay erlebt hatte, waren es recht moderne Fahrzeuge, die unter fast allen Verhältnissen eine gute Geschwindigkeit halten konnten.

Als sie sich aus Colombo und Bombay, aus Kuweit und dem fernen Neuseeland und Australien versammelt hatten, wurde ihm bewußt, wie sehr sich alles verändert hatte. Fast jede ihrer Flaggen schien für ein vom Feind besetztes Land zu stehen: Franzosen und Holländer, Dänen und Norweger, eine nicht endenwollende Reihe von Nationalfarben prangten auf Rümpfen und Flaggen. Auch einige britische und zwei amerikanische Schiffe gehörten dazu. Lindsay überlegte, was es wohl für ein Gefühl sein müsse, in See zu sein, ganz auf sich gestellt, aber frei, derweil die Heimat vom Feind unterjocht war.

Goss war jedoch etwas entgangen. Weil sich Form und Umfang des Geleitzuges änderte, war es nötig, einem Marineoffizier auf einem Schiff, das während der ganzen Dauer der Reise dabei sein würde, die Gesamtverantwortung zu übertragen. Dieses Schiff war die *Benbecula*, und der dienstälteste Offizier sollte Commodore Kemp sein.

Möglicherweise war Kemp immer noch unsicher über Lindsays Reaktion; vielleicht hatte er auch endlich gemerkt, wie unbeliebt er an höherer Stelle war. Jedenfalls schien er gewillt, Abstand zu halten und seinen Kontakt mit Lindsay auf das absolut Notwendige zu beschränken.

Beim Einschiffen hatte er festgestellt: »Sie haben den Befehl über das Schiff. Ich bin für den Gesamtablauf des Geschehens verantwortlich.«

Jetzt, vier Tage nach dem Auslaufen und auf Südwestkurs im strahlend blauen Indischen Ozean, überlegte Lindsay, was man dem Commodore wohl als nächstes Kommando angeboten hatte. Sehr viel würde natürlich vom Ausgang der jetzigen Unternehmung abhängen, obwohl bei einer so gut geplanten Aufeinanderfolge von Sicherungsstreitkräften kaum etwas schiefgehen konnte.

Lindsay trat in die Backbord-Brückennock und blickte achteraus auf das riesige Panorama von Schiffen. Die *Benbecula* führte die Steuerbordkolonne, einer der großen Truppentransporter die mittlere. An der Spitze der Backbordkolonne stand ein mit Tarnfarben bemalter Kreuzer. Lindsay ließ den Blick über jedes Schiff wandern und fragte sich, wieviele davon den Krieg überleben würden: Öltanker und Frachter, Getreideschiffe und Erzfrachter. Im Zentrum trugen die vier imposanten Überseeschiffe die kostbarste Fracht: Auch ohne Doppelglas konnte man die dichtgedrängte Menschenmenge auf den Decks ausmachen. Wo Eve wohl in diesem Augenblick war? Sah sie nach der *Benbecula* hinüber? Ruhte sie in ihrer Kammer, oder schwatzte sie mit der temperamentgeladenen Marion? Lindsay konnte das Schiff nicht anblicken, ohne Eves Gesicht vor sich zu sehen.

Wegen der Geleitzugbesprechungen, der Planung und der letzten Organisationen hatten sie sich nur noch zweimal treffen können, und auch das nur kurz.

Als er angestrengt zum Schiff hinüberblickte, dachte er an all die Zufälligkeiten, die sie zusammengebracht hatten. Selbst der Irrtum in Liverpool, der das eine Mädchen in den Tod geschickt und Eve gerettet hatte, schien ihm Teil eines schicksalhaften Plans.

Durch die offene Ruderhaustür hörte er Stannards Stimme bei der Wachübergabe.

»Kurs weiterhin zwo-zwo-null. Einhundertzehn Umdrehungen.«

Von Hunter kam eine gedämpfte Erwiderung.

Stannard trat hinaus auf die Nock und blickte auf die Schiffe. »Ein großartiger Anblick, Sir.«

Lindsay sah ihn an. Stannard wirkte mitgenommen; von seinem Bruder hatte er nicht wieder gesprochen, und er gab sich sichtlich Mühe, der alte zu sein. Aber die Symptome waren nur zu deutlich. Der Navigationslehrgang und sein neues Schiff würden ihn später hoffentlich vom Grübeln abhalten.

»Wie fühlt man sich so, Sir?«

Lindsay bemerkte, daß sich die Augen des Australiers seinen Schulterstreifen zuwandten, dem vierten goldenen Streifen, der im Vergleich zu den anderen neu glänzte.

Die Beförderung hatte Goss zuerst erwähnt, als Lindsay von seinem zweitägigen Urlaub zurückgekommen war.

»Zwei Neuigkeiten«, hatte er gesagt. »Eine gute und eine schlechtere.«

Die gute war Lindsays Beförderung zum Captain gewesen, die schlechte Commodore Kemps Eintreffen an Bord.

Jetzt lächelte Lindsay Stannard an. »Ich merke keinen Unterschied.«

Das stimmte. Vor Jahren war ihm der Kapitänsrang als das Höchste erschienen, was sich ein junger Offizier wünschen konnte. Aber er hatte sich geändert. Alles erschien ihm und empfand er jetzt anders.

Stannard schien überrascht. »Sie haben aber noch nie so gut ausgesehen, Sir. Die Bürde eines Kommandanten werde ich wohl nie kennenlernen, aber ich weiß auch nicht, ob ich das überhaupt möchte.«

Lindsay schaute zu den Schiffen hinüber. »Ich heirate, wenn wir nach Großbritannien kommen.«

Stannard holte tief Luft. »Mein Gott, *das* ist es! Ich freue mich sehr, Sir.« Er streckte seine Hand aus. »Das ist wahrhaftig eine gute Nachricht.«

»Sie sind der erste, der es erfährt.« Lindsay überlegte, warum er das jetzt gesagt hatte. Aber angesichts Stannards offensichtlicher Freude war er froh darüber.

Ein Signalgast rief: »Von der *John P. Ashton*, Sir. Bittet um Genehmigung, mit der Geschwindigkeit herunterzugehen. Maschinenpanne.«

Lindsay nickte. »Einverstanden. Besser jetzt als dann, wenn wir in Schwierigkeiten kommen.«

Die *John P. Ashton*, ein alter amerikanischer Zerstörer mit vier Schornsteinen, war – abgesehen von der *Benbecula* – das älteste Schiff im Geleitzug; beide waren im selben Jahr von Stapel gelaufen, und Lindsay konnte sich die Probleme des Kommandanten vorstellen. Nun sollte er der Royal Navy für die U-Boot-Abwehr leihweise übergeben werden.

Zwei weitere Zerstörer waren vor dem Geleitzug im Dunst kaum zu erkennen; Lindsay wußte jedoch, daß der eine die *Merlin* war. Deren Kommandant würde sich jetzt wohl ebenfalls Gedanken über seine nächste Aufgabe machen: nicht ein Schiff, sondern ein ganzer Verband. Das war etwas, das wirklich zählte.

Zum ersten Mal, seit er wieder an Bord war, stiegen wieder Groll und Bitterkeit in Lindsay auf. An Land hatte er sich bemüht, seine Empfindungen vor Eve zu verbergen, denn sie schien für sein neues Kommando dankbar. In einem Ausbildungslager konnte man weder ertrinken noch verbrennen, es sei denn, man war ein ausgesprochener Unglücksrabe.

Aber jetzt, beim Blick auf den Begleitkreuzer, dem Blinken der Signallampen, kam die alte Verbitterung wieder in ihm hoch.

De Chair stand auf dem Vordeck und überwachte einige Marines beim Exerzieren am Geschütz. Sie wirkten ganz fremd in ihren Shorts und Stiefeln und mit ihren gebräunten Körpern.

»Von *John P. Ashton*, Sir: ›Habe wieder Fahrt aufgenommen‹.« Der Mann machte eine Pause. »Er sagte noch: ›Das Huhn ist reif für den Topf‹.«

»Was für ein verrückter Name für ein Schiff. Möchte wissen, wer dieser Ashton war«, meinte Stannard.

Lindsay grinste. »Jedenfalls ist es uns willkommen. Ungefähr alles, was schwimmt, wird jetzt gebraucht.«

Stannard sah zur Mastspitze und sagte leise: »Außer der *Becky*, die brauchen sie nicht mehr.«

»Ich weiß, wie Ihnen zumute ist.« Das hatte er Stannard schon früher gesagt. »Aber wir können nichts daran ändern.«

»Na, ich glaube, ich haue mich hin, Sir. Später gibt's wohl noch 'ne Menge zu tun«, seufzte Stannard.

Lindsay wartete, bis er die Brücke verlassen hatte, dann hob er sein Glas, um sich das zweite Schiff der mittleren Kolonne genau anzuschauen. Es war immerhin möglich, daß er Eve kurz sehen konnte.

Achtzehn Tage nach dem Auslaufen aus Ceylon stand der Geleitzug in Höhe des Kaps der Guten Hoffnung und steuerte auf Nordwestkurs in den Atlantik. Jeder Tag glich dem vorangegangenen. Die Spitzenzerstörer waren durch zwei andere aus Kapstadt abgelöst worden, und das Kanonenboot der Royal Indian Navy, das ihnen bisher folgte, war in seine Heimat zurückgekehrt.

Der Kreuzer stand noch beim Geleitzug und überraschenderweise auch die *John P.Ashton*. Sie hatte noch zwei Pannen gehabt, es gelang ihr aber immer wieder, bei Anbruch des neuen Tages zur Stelle zu sein.

Während die Vormittagswache aufzog, stieg Lindsay auf die Brücke und fand Commodore Kemp in seinem Stuhl sitzen und über den Bug auf die offene See blicken. Goss hatte Wache, befand sich aber in der Steuerbord-Brückennock; zweifellos wollte er sich so weit wie möglich von Kemp fernhalten. Der hatte sich bisher während der ganzen Fahrt noch kaum sehen lassen. Achtern bewohnte er eine großgräumige Luxuskabine, die früher bedeutenden Passagieren vorbehalten gewesen war.

Kemp drehte sich um, als Lindsay ihn förmlich grüßte. »Wollte gerade nach Ihnen schicken.« Er wandte sich wieder nach vorn. »Ich habe einen streng geheimen Funkspruch von der Admiralität erhalten.« Seine Stimme klang heiser, und Lindsay fragte sich, ob er wohl insgeheim stark trank. »Es hat bei den Kapverden ein bißchen Ärger gegeben, ein Frachter ist gesunken. Vermutlich nach Beschuß durch ein Überwasserschiff.« Er bewegte die Schultern in seiner makellosen Drilljacke. »Natürlich nicht unser Problem, aber es ist doch gut, darüber informiert zu sein.«

Lindsay beobachtete ihn scharf. »War das alles, Sir?«

»Die Admiralität scheint anzunehmen, daß der Zwischenfall vielleicht mit einer anderen Meldung in Zusammenhang steht: Ein Kreuzer wurde durch eine Mine schwer beschädigt – zu weit draußen im Atlantik, als daß es sich um eine Treibmine aus einer Sperre handeln konnte. Offensichtlich war sie mit einigen anderen geworfen worden, in der vagen Hoffnung auf einen Zufallstreffer gegen ein einzeln fahrendes Schiff.«

Lindsay ballte die Fäuste, um sich zur Ruhe zu zwingen. »Das muß wieder dieser Raider sein. Etwas anderes ist gar nicht möglich.«

Kemp antwortete ausweichend: »Das weiß niemand genau. Wenn diese beiden Angriffe jedoch in Zusammenhang stehen, dann soll der Raider eine Überraschung erleben. Unser Geleitzug wird als streng geheim geführt, unsere zusätzliche Kreuzersicherung ebenso. Versucht der Feind, sich mit uns anzulegen, habe ich genug schwere Geschütze, um ihn in Fetzen zu reißen!« Er drehte sich im Stuhl um und starrte Lindsay an. »Zufrieden?«

Lindsay schlug eine Brandyfahne entgegen. »Nicht ganz.«

Er ließ seine Hand über die Teakreling gleiten. »Gab es noch einen anderen Funkspruch von dem Frachter, ehe er zum Schweigen gebracht wurde?«

Kemp schluckte. »Es war ein Grieche. Er meldete, daß er einem spanischen Handelsschiff zu Hilfe liefe, das in Schwierigkeiten sei.«

Lindsay biß sich auf die Lippen. Wie lange noch würden die Leute auf diesem primitiven Trick hereinfallen? Aber in einem hatte Kemp recht: Wenn der Raider auf diesen Geleitzug stieß, war ihm allein schon der Kreuzer weit überlegen. Und angesichts der Fernsicherung hatte er nicht die geringste Aussicht, auch nur in Schußweite zu kommen.

Kemp schien zu glauben, daß Lindsays Schweigen Zustimmung bedeute und setzte knapp hinzu: »In einer Woche treffen wir auf weitere starke Geleitstreitkräfte aus Freetown.« Dieser Gedanke schien ihm neue Zuversicht einzuflößen. »Wie nach der Uhr, so gehört sich das.«

Die rückwärtige Tür glitt zur Seite, und Midshipman Kemp trat ins Ruderhaus.

Der Commodore beobachtete ihn, wie er ein paar Notizen ins Logbuch machte, und sagte dann: »Ah, Jeremy, da bist du ja. Hab' mich schon gefragt, was du treibst.« Er versuchte ein sparsames Lächeln. »Versteckst dich wohl vor mir, was?«

Der Junge sah ihn an. »Sir?«

Der Commodore hob die Hände. »Es würde mich gar nicht wundern, wenn dich in England eine erfreuliche Überraschung erwartete. Ich will dir natürlich nichts versprechen, aber wenn ich ein Wort bei der richtigen Stelle einlege, bin ich überzeugt, daß man etwas für dich tun wird.« Er blickte strahlend in die Runde: auf den reglosen Rudergänger, den Signalgasten und einen Brückenmaat, der überall hin sah, bloß nicht zu Kemp.

Der Midshipman fragte unbewegt: »Ist das alles, Sir?«

Der Commodore wandte sich ab. »Ja, weitermachen.« Als die Tür ins Schloß glitt, stieß er hervor: »Undankbarer kleiner Lümmel!«

Jupp kam von der Backbordbrücke mit einem zugedeckten Tablett und grinste Lindsay an. »Kaffee und Sandwiches, Sir?«

»Und was ist mit mir?« fragte Kemp kühl.

»Sir?« Jupp stellte das Tablett sorgfältig auf ein vibrierendes Flaggenspind. »Ich werde Ihren Steward unterrichten, daß er Ihnen etwas bringen soll.« Und mit einem Blick in das zornige Gesicht des Commodore: »Sir.«

Kemp schob sich vom Sessel herunter und stelzte zur Tür. Als er verschwand, merkte Lindsay, daß die Männer um ihn wieder zum Leben erwachten und der Rudergänger dem Signalgasten ein kurzes Zeichen machte.

»So geht es nicht, Jupp«, sagte er und lächelte ernst. »Und es bringt auch nichts.«

Jupp faltete die Serviette. »Ich verstehe nicht, Sir. Habe ich was falsch gemacht?«

Lindsay grinste. »Machen Sie, daß Sie in Ihre Pantry kommen, sonst passiert was!«

Goss trat gähnend ins Ruderhaus. »Mein Gott, jetzt riecht's hier besser.«

Lindsay wandte sich ab. Sie waren sich alle einig, sogar Goss. Sie hielten zum Schiff und zu ihm, und dies war ihre Methode, es ihm zu zeigen.

Jupp stand immer noch neben dem Flaggenspind. »Bitte um Entschuldigung, Sir, aber ich muß melden, daß in der Messe einiges abhanden gekommen ist.«

In aller Ruhe unterbrach ihn Goss: »Macht nichts. Ich nehme an, irgendein verdammter Kuli hat sie mitgenommen. Vielleicht sind sie auch versehentlich in die Müllschütte gekommen.«

Lindsay wußte nicht, wohin er sehen sollte. »Silberne Teekannen?«

Jupp schien überrascht. »Stimmt tatsächlich, Sir.«

Goss seufzte. »So was passiert eben.« Mit ausdruckslosem Gesicht verschwand er auf die Außenbrücke.

In den folgenden Tagen bekam Lindsay den Commodore häufiger zu sehen. Kemp sagte wenig und begnügte sich damit, eingehende Funksprüche durchzusehen oder schweigend auf dem Brückenstuhl zu sitzen.

Doch als den Funksprüchen der Admiralität eine neue und andersartige Feindtätigkeit zu entnehmen war, fiel auf, daß ihn das in steigendem Maß beunruhigte. Offensichtlich bestand nun kein Zweifel mehr an dem Zusammenhang all dieser Vorfälle. Ein deutscher Raider trieb sein Unwesen im Atlantik, wahrscheinlich derselbe, mit dem Lindsay schon vor Grönland zusammengestoßen war.

Den Kommandaten schien seine eigene Sicherheit wenig zu kümmern. Mehrmals war er den suchenden Kreuzern knapp entkommen, aber nun wurde das Netz um ihn immer dichter. Die letzte Versenkung war dreihundert Meilen nordöstlich von Trinidad erfolgt; mehrere kleinere Geleitzüge waren deshalb aus Sorge vor einem neuen Angriff zurückgehalten worden. Auf der anderen Seite des Atlantiks stand zu wenig Geleitschutz zur Verfügung, und die U-Boot-Gefahr weiter im Norden machte jede Hoffnung auf eine schnelle Verlegung von Streitkräften zunichte. Dringend benötigte Geleitzüge mußten vor Anker oder im Hafen bleiben, indessen die Kreuzer verstärkt nach dem deutschen Raider suchten.

Zwei Tage vor ihrem geplanten Treffen mit der Sicherung aus Freetown bat Kemp Lindsay in seine Räume. Er saß auf einem tiefen Sofa, der Boden zu seinen Füßen war mit Funksprüchen und schriftlichen Befehlen bedeckt. In der letzten Woche schien er gealtert zu sein, tiefe Furchen zogen sich um Mund und Augen. Er forderte Lindsay nicht zum Sitzen auf.

»Eine weitere Versenkungsmeldung.«

Lindsay nickte, er hatte sie schon gesehen. Ein dänischer Tanker, der ohne Sicherung im Ballast fuhr, war knapp hundert Meilen vom letzten Versenkungsort entfernt beschossen worden. Diesmal war es dem dänischen Kapitän aber gelungen, mehr als nur einen Hilferuf abzusetzen. Nun bestand kein Zweifel mehr, daß der Raider am Werk war.

Lindsay erwiderte: »Der Deutsche arbeitet sich nach Süden vor, Sir. Er versucht, so viel wie möglich vom Amerikaverkehr zu erwischen. Und er wird noch ein paar arme Teufel versenken, ehe er in die Enge getrieben ist.« Er machte nicht den Versuch, seine Verbitterung zu verbergen.

Kemp nahm einen Funkspruch auf und ließ ihn wieder fallen. »Ich weiß. Aber an uns kommt er nicht ran.« Er sah auf, seine Augen funkelten. »Sie haben deshalb unsere Kreuzersicherung nach Westen befohlen. Von meinem Geleitzug abgezogen!«

Lindsay sah ihn kalt an. »Ja, Sir, das habe ich gehört.«

»Man hat sich nicht mal Gedanken darüber gemacht, was ich davon halte.«

»Es bleibt keine andere Wahl. Wenn der Raider weiter nach Süden oder Südosten läuft, haben ihn die Kreuzer bald gestellt. Er kann nicht ewig ungeschoren bleiben.«

»Dies ist ein wertvoller Geleitzug, vielleicht sogar lebenswichtig.« Kemp schien laut zu denken. »Ich finde es einfach nicht gerecht, daß ich die ganze Verantwortung tragen muß.«

»War das alles, was Sie wollten, Sir?«

Der Commodore sah ihn mit plötzlicher Wut an. »Ich weiß, was Sie sich erhoffen! Daß ich einen Fehler mache und Sie triumphieren können!«

»Da kennen Sie mich schlecht.« Lindsay sprach ganz ruhig. »Wenn man einen Geleitzug führt, besteht immer die Gefahr, daß sich etwas ändert und die Planungen plötzlich umgestoßen werden müssen. Es geht eben doch nicht nach der Uhr.«

Ein Klopfen an der Tür, Stannard trat ein.

Kemp stierte ihn an. »Na?«

»Ein weiterer Funkspruch von der Admiralität, Sir: ›Erbitte sofortige Entlassung von Kreuzer *Canopus* und Zerstörersicherung‹.« Er sah Lindsay an. »Sie sollen mit Höchstfahrt ablaufen und sich an der Suche beteiligen. Anscheinend schließt sich das Netz enger.«

Kemp nickte. »Ausführung.« Als sich die Tür schloß, murmelte er: »Nun haben wir nur noch die *Benbecula*, bis die Sicherung aus Freetown eintrifft.« Er sah auf. »Wann wird das sein?«

»In achtundvierzig Stunden, Sir. Wir haben den zwanzigsten Breitengrad heute mittag überschritten.«

Lindsay überließ Kemp seinen Gedanken und kehrte auf die Brücke zurück. Der Kreuzer drehte bereits eilfertig von der Kolonne ab, und weit vor dem Geleitzug konnte er erkennen, wie die beiden Zerstörer Fahrt aufnahmen, um auf ihre Positionen vor dem Kreuzer zu gehen.

»Signalisieren Sie dem Frachter *Brittany*, daß er die Spitze der Backbordkolonne übernimmt.« Lindsay hob sein Glas und beobachtete das bestätigende Blinken auf der Brücke des anderen Schiffes.

»Nun ruht wohl alles auf uns, Signalmeister.«

Ritchie, der seinen Signalgasten im Auge behielt, nickte. »Abgesehen von dem Yankee, Sir.« Er zeigte über die Schulter nach der *John P. Ashton.* »Der ist immer noch bei uns – mehr oder weniger.«

Lindsay lächelte. Zwar bestand keine unmittelbare Gefahr, aber es war doch seltsam, wie innerhalb weniger Stunden ihre Kampfkraft dahingeschmolzen war und als einziger Schutz nur die beiden ältesten Schiffe blieben.

»Geben Sie an *John P. Ashton*, er soll Position vor dem Geleitzug einnehmen.«

»Dann fliegen ihm die Kessel um die Ohren«, meinte Ritchie.

»Ihr Kommandant besitzt jetzt als einziger ein U-Boot-Ortungsgerät. Wir brauchen ihm nicht zu erzählen, was er zu tun hat.«

Später, als sich der alte Zerstörer an den Schiffen vorbei nach vorn kämpfte, sah Lindsay seine Signallampe blinken und hörte Ritchie melden: »Signal, Sir: ›Heut' ist wohl der Tag der Veteranen‹.« Er schüttelte den Kopf. »Das meint der ganz im Ernst.«

Bei Einbruch der Dunkelheit hatte der Amerikaner seine Position weit vor dem Geleitzug eingenommen. Lindsay hoffte nur, daß er nicht während der Nacht ausfiel. Dann bestand eine hohe Wahrscheinlichkeit, daß er von einigen der großen Schiffe gerammt wurde. Aber weil ihm das klar war, würden seine Ingenieure sicher doppelt vorsichtig sein.

Er lehnte in seinem Sessel, halb im Schlaf, halb auf den regelmäßigen Schlag der Maschine horchend, als Stannard ihn wieder wach rüttelte. Tatsächlich, er hatte den Wachwechsel verschlafen und überhaupt nichts gehört. Von einem sonnenbeschienenen Strand hatte er geträumt, von Eve, die seewasserfeucht in seinen Armen lag und lachte.

Er richtete sich in seinem Sessel auf. »Ja?«

Stannard stand mit dem Rücken zum abgeblendeten Kompaßlicht, so daß Lindsay sein Gesicht nicht erkennen konnte.

»Soeben wurde ein dringender Funkspruch entschlüsselt, Sir. Von der Admiralität. Wenn Sie in den Kartenraum kommen, können Sie ihn lesen.«

»Nun sagen Sie schon.« Er glaubte zu wissen, was kommen würde.

»Luftaufklärung meldet, daß eine große deutsche Einheit ausgelaufen ist. Aus Brest, Sir.«

Lindsay starrte ihn an. »Wann war das?«

»Das ist es ja gerade: Man weiß es nicht. Das Wetter war für Luftaufnahmen zu schlecht, und die Flakabwehr rund um Brest ist neuerdings besonders stark. Die Deutschen setzen alle mögliche Tarnung ein, Netze und so weiter. Man weiß nur, daß eine große Einheit nicht mehr in Brest liegt.«

»Wann war die letzte Überprüfung?«

»Vor zwei Wochen, Sir.« Stannards Stimme klang besorgt. »Das berührt uns doch wohl nicht? Ist dies nicht ein streng geheimer Geleitzug?«

Lindsay glitt vom Stuhl. »Nichts bleibt wirklich geheim. Wie kann man vierundzwanzig Schiffe und Tausende von Menschen verstecken?« Scharf setzte er hinzu: »Lassen Sie den Commodore wecken. Er wird das wissen wollen.«

Während Stannard zum Telefon eilte, ging Lindsay auf die Backbordbrücke. Deutlich konnte er im Mondlicht den nächsten Truppentransporter erkennen, sein Bootsdeck und die beiden Schornsteine, die sich wie Türme einer Festung vom Sternenhimmel abhoben.

Ein Irrtum? Möglich. Die Deutschen versuchten immer, ihre schweren Einheiten zu verlegen, um Luftangriffen auszuweichen. Sie mußten nur schwimmen und auslaufbereit bleiben, denn allein schon ihr Vorhandensein bildete eine ständige Bedrohung. Sie reichte aus, die Dickschiffe der Home Fleet in Scapa und weiter im Süden zu binden. Da er auch die französische Küste beherrschte, konnte der Gegner diese Bedrohung ohne Schwierigkeiten noch ausweiten.

Lindsay umklammerte die Brückenverkleidung und verwünschte seine nagenden Zweifel. Aber angenommen, das alles war Teil eines großen Plans? Wenn die Angriffe des Raiders auf die *Loch Glendhu* und den anderen Geleitzug nur ein Vorspiel gewesen waren? Günstigstenfalls hieße das, die Deutschen wären zurecht davon ausgegangen, daß ein einzelner Raider weit mehr Schiffe binden konnte, als es seiner tatsächlichen Bedeutung entsprach. Aber schlimmstenfalls ... Lindsay packte die Umkleidung noch fester. Schlimmstenfalls war jeder wirksame Schutz von diesem Geleitzug abgezogen worden, um einer falschen Spur nachzujagen. Der Raider würde dann zwar gefaßt und versenkt werden, aber für dieses Opfer konnten die Deutschen auf weit größere Beute hoffen: einen ganzen Geleitzug mit Menschen, Nachschub, Versorgungsgütern, lebenswichtigem Material und ...

Er fuhr herum, als ein Mann rief: »Commodore kommt auf die Brücke, Sir.«

Stannard trat heran. »Was sollen wir machen, Sir?«

»Abwarten.« Er sah ihn nicht an. »Und hoffen, NO.«

Der nächste Morgen war wieder schön und klar. Schon gegen

Ende der Morgenwache ließ die Sonne ahnen, wie heiß der Tag werden würde. Der Horizont war in tiefliegenden Dunst gehüllt.

Lieutenant Hunter begann den Tag mit der täglichen Peilung der verschiedenen Schiffe, derweil Maxwell als wachhabender Offizier an der Verkleidung stand und nach vorn zu dem winzig aussehenden amerikanischen Zerstörer blickte. Der Dunst trieb mit den Aufbauten und langen Schornsteinen seine Possen. Es sah aus, als sei das Schiff der Länge nach durchgeschnitten und die oberen Teile wieder falsch aufgesetzt worden.

Lindsay lag noch schlafend in seinem Sessel, ein Arm pendelte an der Seite herab. Die Hände wie beim Appell hinter dem Rücken verschränkt, nahm Maxwell seine Gedanken wieder auf.

Nun würde er bald einen weiteren halben Streifen bekommen. Mühelos konnte er sich die Artillerieschule in Whale Island vorstellen: die schwitzenden Reihen von Offizieren und Männern, dröhnende Kommandorufe und das Klicken von Waffen. Überall würde er alle Fäden wieder aufnehmen können und mit einigem Glück kam dann automatisch die nächste Beförderung. Endlich würde man den einen Fehler vergessen, der ihn so viel Zeit gekostet hatte.

Maxwell war jung und gerade mit Decia verheiratet gewesen, als es passierte. Als Artillerieoffizier auf einem Zerstörer hatte er ein Übungsschießen geleitet. Sein zweiter Mann war ein Leutnant, ein verwöhnter, dummer Kerl, dem er nie hätte trauen dürfen. Vielleicht hatte er gerade an Decia gedacht, an die Aufregung und den plötzlichen Wohlstand, den die Hochzeit ihm bescherte. Jedenfalls hatte er alles andere als das Schießen im Kopf. Dem Leutnant war ein schwerer Fehler mit dem Seitenvorhalt unterlaufen, und statt das geschleppte Ziel zu treffen, war das Geschoß auf dem Schlepper eingeschlagen und hatte sieben Mann getötet.

Der Leutnant war unehrenhaft aus der Navy entlassen worden. Aber er war ein unerfahrener Mann gewesen, der überdies einen Nervenzusammenbruch erlitt. Deshalb war Maxwell, obwohl er nicht selbst geschossen hatte, der eigentlich Schuldige. Nur seine ausgezeichnete bisherige Führung hatte ihn vor dem gleichen Schicksal bewahrt. Daß er aufgefordert wurde, seinen Abschied zu nehmen, war in den Augen des Gerichts eine geringere Strafe; aber für Maxwell war es eine Katastrophe.

Als er bei Kriegsausbruch wieder zur Navy zurückkehrte, hatte er eigentlich erwartet, daß seine Vergangenheit vergessen war.

Aber er erhielt ein nichtssagendes Kommando nach dem anderen, bis er schließlich auf die *Benbecula* kommandiert wurde. Das war die unterste Sprosse der Leiter.

Er wiegte sich auf Zehenspitzen und Hacken. Aber in Whale Island würde nun niemand mehr sticheln oder ihn völlig ignorieren. Er war der Mann, der ein U-Boot versenkt und Geschichte gemacht hatte. Uralte 15-Zentimeter-Geschütze mit dämlichen Wehrpflichtigen gegen die Creme der deutschen Marine. Und es war *sein* Auge und *sein* Hirn gewesen, die das geschafft hatten. Aber Decia brachte es ihm nicht zurück.

Das Telefon neben ihm ließ ihn hochfahren. »Wachhabender Offizier?« Sein Blick ging zum Ausgucktopf am Vormast. »Flugzeug, Sir. Grün vier-fünf.«

Lindsay wurde wach. »Was war das?«

Maxwell hielt den Blick auf den Vormast gerichtet. »Sagen Sie das noch einmal!«

»Es war bestimmt ein Flugzeug, Sir.«

Maxwell bedeckte die Sprechmuschel und sah Lindsay an. »Dieser Narr behauptet, ein Flugzeug an Steuerbord voraus entdeckt zu haben, Sir.« Er runzelte die Stirn. »Fünfhundert Meilen bis zum Land, und er sieht ein Flugzeug! Muß wohl an der verdammten Hitze liegen.«

Lindsay rutschte vom Sessel und nahm den Hörer. »Hier Kommandant. Was genau können Sie erkennen?«

Die Stimme des Seemanns klang nervös. »Im Augenblick gar nichts, Sir.« Dann hartnäckiger: »Aber es war da, Sir. Wie ein Stück Glas, das in der Sonne blitzt. Ganz tief unten, über dem Dunst.«

»Passen Sie weiter auf.« Zu Maxwell gewandt, fügte er hinzu: »Es ist verschwunden.«

Maxwell rümpfte die Nase. »Natürlich.«

Hunter kam aus der Sonne herein und legte seine Schiffslisten zusammen. »Könnte ja ein kleines Flugzeug gewesen sein, Sir.« Er lächelte verlegen, als sie ihn ansahen. »Aber ich vergaß, es sind ja keine Träger in der Nähe.«

Das Telefon ertönte erneut.

Lindsay nahm schnell auf. »Kommandant.«

»Jetzt habe ich es wieder gesehen, Sir, in der gleichen Peilung. Nur ein Aufblitzen, sehr klein, es besteht aber kein Zweifel.«

Lindsay übergab Hunter das Telefon. »Unterrichten Sie den

Commodore; ich wäre dankbar, wenn er auf die Brücke käme.«
Er wartete, bis Maxwell das durchgegeben hatte. »Nun rufen Sie auf Gefechtsstationen.«

Einen Augenblick rührte sich niemand. Dann fragte Maxwell: »Aber warum, Sir?«

»Es verschafft uns vielleicht«, Lindsay hielt inne und dachte an das leere Restaurant und den dicken Türken an seinem Tisch, »es verschafft uns vielleicht etwas Zeit.«

Maxwell zuckte die Schultern und drückte wortlos auf den roten Knopf.

Dancy rieb sich mit einem Taschentuch die Stirn. Trotz der Luftschächte war es stickig auf der Brücke.

»Rechnen Sie damit, daß etwas geschieht?« fragte er leise.

Stannard blickte zu der untersetzten Gestalt des Commodore auf dem Stuhl hinüber und zu Lindsay, der an Steuerbord dicht neben der Tür stand.

»Ich weiß nicht. Aber das Warten bringt mich ins Schwitzen.

Das Schiff war seit zwei Stunden in Gefechtsbereitschaft, doch es kam allen viel länger vor.

Unerwartet erhob sich der Commodore und sagte knapp: »Kartenraum.« Er wartete, bis Lindsay ihm folgte, und setzte hinzu: »Auch Sie, NO.‹

Im Kartenraum war es bei geschlossenen Bulleyes und Blenden noch heißer. Stannard sah Lindsay an. Der schien völlig gelassen und ruhig.

»Der Ausguck war sich mit dem Flugzeug absolut sicher, Sir.« Lindsay musterte Kemp über den Tisch hinweg. »Er ist ein erfahrener Mann.«

»So.« Die Hand des Commodore flatterte unbestimmt durch die Luft und ruhte dann auf der Karte. »Was schlagen Sie vor?«

Lindsay entspannte sich ein wenig. »Wenn es stimmt, Sir, dann würden wir das Unglück geradezu herausfordern, wenn wir über Funk um Hilfe riefen. Erstens wissen wir, daß die Schiffe aus Freetown frühestens morgen bei uns sein können. Zweitens: Wenn da hinten ein feindliches Schiff ist, dann weiß es vielleicht noch gar nichts von uns.«

»Und?«

»Ich würde eine Kursänderung nach Osten vorschlagen, Sir. Oder machen Sie um hundertachtzig Grad kehrt und bitten dann um Hilfe. Gehen Sie auf Höchstfahrt. Es würde uns Zeit und Bewegungsfreiheit verschaffen.«

»Wissen Sie, was Sie da von mir verlangen?« Kemps Stimme zitterte. »Ich soll vor einem Phantom weglaufen? Sie müssen völlig von Sinnen sein!«

Lindsay entgegnete geduldig: »Das Flugzeug wurde vielleicht von einem Schiff katapultiert. Wenn das so ist, können wir uns auf das Schlimmste gefaßt machen.« Mit plötzlicher Schärfe fuhr er fort: »Was wäre denn die Alternative? Direkt ins Verderben zu laufen?« Er sprach so schnell, als wolle er einer Unterbrechung zuvorkommen. Stannard beobachtete, wie sich seine Hände seitlich zu Fäusten ballten, er konnte fast spüren, wie Lindsay sich bemühte, Kemps Widerstand zu brechen. »Bedenken Sie, Sir, welche Auswirkungen es haben wird, wenn wir diesen Geleitzug dezimieren lassen. Ganz abgesehen von dem demoralisierenden Effekt nach der Katastrophe von Singapur, auch die tatsächlichen Verluste wären entsetzlich. Diese Truppen sind in den nächsten Monaten entscheidend und die Versorgungsgüter und die Ausrüstung ebenfalls.«

Kemp schritt zur Wand und wandte ihnen den Rücken zu. »Das kann ich nicht machen! Es ist zuviel verlangt. Wir müssen das Risiko eingehen.«

»Riskiert haben wir schon genug, Sir.« Lindsay sprach ganz ruhig. »Admiral Phillips ging das Risiko mit der *Repulse* und der *Prince of Wales* ein. Aber sie wurden beide versenkt, und auch Singapur fiel. Wir sind ein Risiko eingegangen, indem wir den Griechen eine Armee zu Hilfe sandten, obwohl der gesunde Menschenverstand sich sagen mußte, daß es absolut unmöglich war, den Zusammenbruch dort aufzuhalten. Ergebnis? Wir verloren weitere Leute und viele gute Schiffe bei dem Versuch, sie nach Kreta zu bringen.«

»Sie werfen mir vor, ich setze diesen Geleitzug aufs Spiel?« Kemp wandte sich immer noch nicht um.

»Sie haben keine andere Wahl, als sofort ein Ausweichmanöver zu fahren, Sir.« Da der Commodore weiterhin schwieg, stieß er nach: »Wenn Sie warten, hat es keinen Sinn mehr, etwa den Geleitzug aufzulösen. Wir haben einen Tag mit klarer Sicht...«

Kemp wandte sich ihm plötzlich zu. »Geben Sie mir Zeit zum Nachdenken.«

»Was sollen die Gefechtskoppler machen, Sir?« fragte

Stannard.

»Sie sollen warten, bis ich soweit bin! Und nun lassen Sie mich um Gottes willen in Ruhe!«

Stannard folgte Lindsay in den Durchgang und stürmte an dem wartenden Midshipman und seinem Steuermannsgasten vorbei. Er knurrte: »Sturer Hund!«, und knallte die Tür hinter sich so heftig zu, daß ein Befehlsübermittler entsetzt zur Seite sprang.

Über der Brücke hörte Maxwell in seinem gepanzerten Leitstand die Tür knallen. Sein Hemd war völlig durchschwitzt, auch seine Artilleriebeobachter sowie Lieutenant Hunter sahen aus, als wären sie gerade aus dem Wasser gekommen.

Hunter drehte sich um und sah Maxwell an. »Kein Flugzeug mehr, überhaupt nichts. Warum können wir nicht von Gefechtsstationen wegtreten?«

Weil dieser sture Commodore sich nicht entscheiden kann, darum, dachte Maxwell. Laut erwiderte er jedoch: »Um Himmels willen, nun fangen Sie nicht schon wieder damit an!«

Hunter zuckte die Achseln und streckte den Arm aus, um an Backbord einen schmalen Sehschlitz zu öffnen. Das brachte zwar nur einen leichten Luftzug, doch der Anblick des nächsten Truppentransporters war irgendwie beruhigend. Immer die gleiche Aussicht, Tag für Tag.

Für den Bruchteil einer Sekunde glaubte Hunter, ein Flugzeug sei abgestürzt. Aber das war ja unmöglich. Das gellende Getöse drang ihm durch Mark und Bein, er konnte überhaupt nicht mehr denken. Dann folgten die Explosionen. Als er ungläubig zu dem Truppentransporter hinüberblickte, sah er dahinter die hohen Wassersäulen höher und höher steigen, bis sie wie weiße Seide in der Sonne schimmerten.

Als die Säulen in sich zusammenfielen, stieg die verräterische schwarze Qualmwolke in den klaren Himmel. Ein Schiff der Backbordkolonne war getroffen worden. Aber womit? Es war nur eine Angelegenheit von Sekunden gewesen. Sekunden, in denen alles losgelöst schien von Zeit und Raum.

Dann brüllte Maxwell: »Gaffen Sie mich nicht an! Versuchen Sie, Ziel aufzufassen!« Er stieß den nächsten Seemann an. »Los, ran!«

Die Augen an die starke Optik des langsam drehenden Richtgeräts gepreßt, blinzelte Maxwell ins grelle Licht und rieb sich die Stirn. Nichts. Der Horizont war immer noch dunstig, wenn auch nicht mehr so stark. Man hätte etwas sehen müssen. Er fühlte einen kalten Schauer im Rücken, als er den Hörer aufnahm und meldete: »An Kommandant. Die Geschosse kamen hinter dem Horizont hervor.«

»Kein Ziel, Sir«, ließ Hunter sich keuchend vernehmen.

Lindsay lief zur Ruderhaustür. Das von drei oder mehr schweren Geschossen eingegabelte Schiff scherte mit brennendem Oberdeck aus der Linie aus.

»Setzen Sie das ab.« Lindsay kritzelte noch kurz etwas hinzu, ehe Ritchie zum Funkraum stürzte. »Irgend jemand erfährt dann jedenfalls, was hier los ist.«

Der Commodore drängt sich durch die Wachgänger auf der Brücke und rief mit bebender Stimme: »Was war das? Wo ist der Gegner?«

Wieder dieses Röhren. Lindsay erstarrte bei der Vorstellung, wie die Geschosse aus ihrer hohen Schußbahn herabstürzten. Er hatte recht gehabt: Drei Wassersäulen stiegen hinter der entfernteren Kolonne auf.

»Ich habe gemeldet, daß wir angegriffen werden«, rief er Kemp zu, wandte den Blick jedoch nicht von dem brennenden Frachter.

»Ja, ja.« Kemp schien unfähig, einen klaren Gedanken zu fassen. Auch er spähte zu dem Schiff hinüber, zu dem Rauch und den Flammen, die nun das ganze Achterschiff erfaßt hatten.

»Er schießt mit Flugzeugbeobachtung«, sagte Lindsay. »Das eben war ein Zufallstreffer. Aber ich fürchte, auf unserer Glück können wir uns nicht verlassen.«

Damit ließ er den Commodore auf der Außenbrücke stehen und betrat das Ruderhaus. Für eine Umkehr war es nun zu spät. Das feindliche Schiff konnte jede Sekunde in Sicht kommen. Bei dieser Schußweite und Treffgenauigkeit mußte es groß sein. Zu groß.

Er sah in die Gesichter der Männer um ihn herum, die auf seine Entscheidung warteten.

»Sobald wir die Peilung des Gegners haben, signalisieren wir dem Geleitzug, sich aufzulösen.«

Kemps Schatten füllte den Eingang. »Das habe ich nicht befohlen!« Er zerrte an seinem Kragen. »Ich verlange, informiert zu werden!«

»Dann informiere ich Sie hiermit, Sir. Haben Sie irgendwelche Einwände?«

Kemp schlug die Augen nieder. »Ich nehme an, auf diese Weise werden ein paar unserer Schiffe davonkommen. Wir können nichts weiter tun.«

Lindsay sah ihn unbewegt an. Mein Gott, wie konnte der Mann so gefühllos sein!

»Als Sie an Bord kamen, Sir, sagten Sie mir, an Bord hätte ich das Kommando. Wenn sich der Geleitzug nun auflöst, ist Ihre Führungsaufgabe zu Ende.«

Kemp starrte ihn angestrengt aus wäßrigen Augen an. »Uns bleibt noch der amerikanische Zerstörer.«

Diesmal verbarg Lindsay seine Verachtung nicht mehr. »Den würden Sie dem Gegner entgegenschicken, was?« Er wandte Kemp den Rücken zu. »Wir werden ihn noch brauchen, um Fühlung mit dem Gegner zu halten, wenn alles vorbei ist.«

Und wie um die Endgültigkeit seiner Worte zu bestätigen, ertönte der Lautsprecher: »Feuerleitstand an Brücke: Feind in Sicht!«

19 In Sicherheit

Der brennende Frachter war schon eine Meile weit hinter den Geleitzug gesackt, als die Backbordkolonne auf Lindsays Signal hin abdrehte. Die steigenden Bugwellen zeigten, daß die Schiffe ihre Fahrt erhöhten.

»Signal von *John P. Ashton*, Sir.« Ritchie richtete den Kieker aus. »›Bitte angreifen zu dürfen‹.«

Die Brücke zitterte, als eine weitere Salve heulend vom Himmel herunterröhrte. Die Geschosse detonierten in einer Wand aus Gischt und schmutzigem Rauch, nur eine Kabellänge vom führenden Truppentransporter entfernt.

»Abgelehnt.« Schon ein Nahdetonierer dieses Kalibers mußte den alten Zerstörer versenken. »Geben Sie an die zweite Kolonne, daß sie sich jetzt auflösen soll.«

Stannard murmelte grimmig: »Die kommen nicht weit. Mein Gott, diese Hunde schießen gut.«

Ein weiteres dumpfes Röhren füllte die Luft; dort, wo der große Überseedampfer ohne die Kursänderung jetzt gestanden hätte, sah Lindsay die Geschosse hochgehen.

Er öffnete eine Blende an der Steuerbordseite, hob sein Glas und sah anfangs nur Dunst und klare blaue See unter der Kimm. Hinter sich hörte er Hunters Stimme im Lautsprecher: »Grün drei-null. Entfernung einhundertachtzig-hundert.«

Dann, plötzlich, kam das feindliche Schiff in Sicht: ein etwas dunklerer Fleck am Horizont. Nach längerer Zeit sah Lindsay das Aufblitzen des rot-gelben Mündungsfeuers, das in der starken Optik seine Aufbauten kurz erkennen ließ. Lindsay versuchte, nicht zu schlucken, obwohl seine Kehle wie ein Dörrofen brannte. Aber ihm war klar, daß alle rundum ihn beobachteten und seine Reaktionen abschätzten.

Zumindest ein Kreuzer, wenn nicht größer. Er hörte das schrille Heulen der auf die auseinanderstrebenden Schiffe niederhagelnden Geschosse, sah die typischen Sprühfahnen, die wirkungslos im freien Wasser hochstiegen.

»Signalisieren Sie an unsere Kolonne: ›So schnell wie möglich abdrehen‹.«

Wieder feuerte der Gegner. Das letzte Schiff in der Kolonne wurde von drei Granaten eingedeckt. Als es durch das niederbrechende Wasser stur hindurchfuhr, erkannte Lindsay, daß es schlimm zugerichtet war. Das Bootsdeck sah aus, als sei eine Steinlawine darauf niedergeprasselt.

»Alle haben bestätigt, Sir.« Ritchie kritzelte automatisch und ziemlich sinnlos in seine Kladde. Niemand würde das je lesen.

Im Ruderhaus herrschte plötzlich Stille. »Geben Sie mir das Mikrophon.« Dancy reichte es ihm, und im Geist sah Lindsay seine Männer vor sich.

»Hier spricht der Kommandant. Wir liegen unter Beschuß eines schweren feindlichen Kriegsschiffes, das jetzt neun Meilen entfernt an Steuerbord voraus steht. Es ist groß und daher schnell. Bei schlechter Sicht oder Dunkelheit hätte sich der Geleitzug vielleicht retten können.«

Er hielt inne. Weit weg an Backbord brach die See erneut auf und begrub wieder ein Schiff unter todbringenden Wassersäulen. Trotz der Entfernung hörte er die metallischen Schläge: Splitter, die sich in den Rumpf fraßen.

Er fuhr fort: »Wir müssen unseren Schiffen Zeit verschaffen, damit sie wenigstens eine Chance auf Entkommen haben.«

Er drückte den Knopf herunter und sah Ritchie an. »So, Signalmeister. Gefechtsflaggen setzen!«

Der Commodore, der zu dem Frachter mit dem zertrümmerten

Bootsdeck hinübergesehen hatte, fuhr herum und schrie: »Stopp! Ich befehle Ihnen . . .«

Lindsay unterbrach ihn schroff: »Ich habe die Absicht, dem Geleitzug möglichst viel Zeit zu erkaufen. Mit oder ohne Ihre Unterstützung, Sir.«

Ritchie drängte sich dazwischen und schnappte einen jungen Signalgasten am Handgelenk. »Los, Junge! Davon kannst du später deinen Kindern erzählen!«

Lindsay beugte sich über den Kompaß. »Steuerbord zehn. Mittschiffs. Recht so.«

»Recht so, Sir. Kurs drei-vier-null.«

»Beide Maschinen voll voraus.«

Stannard horchte auf die schrillenden Telegrafen. »Soll ich den Leitenden anrufen, Sir?«

»Nein. Der weiß, was hier oben los ist.« Lindsay spürte das Rütteln und Schütteln unter seinen Füßen. »Er weiß es tatsächlich!«

Als sich das Schiff leicht überlegte und auf den neuen Kurs drehte, bemerkte Lindsay einen dunklen Schatten, der kurz über die Frontscheibe fiel. Er sah hoch zu der großen, am Vormast aufsteigenden Kriegsflagge und dann zu den Geschützbedienungen, die das Ereignis ebenfalls beobachteten.

»Komisch eigentlich: All die Jahre, die ich bei der Marine bin, hab' ich noch nie erlebt, daß sie gesetzt wurde«, meinte Ritchie.

Als Lindsay sich wieder umwandte, schien die See achteraus voller Schiffe zu sein, die mit verschiedenen Kursen in alle Richtungen liefen. Erneut wurde die Luft von pfeifenden Geschossen zerrissen, die dicht bei einem davonjagenden Tanker detonierten.

»Flugzeug, recht voraus!«

Im Sonnenlicht, knapp über dem Horizont, zog der silberne Schatten ruhig dahin: des Feindes Auge, unerreichbar und todbringend. Es meldete jeden Aufschlag, begleitete den Kreuzer, folgte ihm und leitete ihn wie ein Pilotfisch den Hai.

Es war zu schnell für Maxwells schwerfällige Geschütze und außer Reichweite für die automatischen Waffen.

Bis jetzt schien niemand an Bord des feindlichen Kreuzers die Kampfansage der *Benbecula* auch nur bemerkt zu haben. Vielleicht nahm man an, sie sei aus dem Ruder gelaufen oder versuche, in der falschen Richtung zu entkommen.

»Maxwells Geschütze können dem Hund auf diese Entfernung

nicht mal eine Schramme beibringen«, bemerkte Stannard.

Lindsay sah ihn nicht an. Der Telefonhörer schüttelte in seiner Hand, weil Frasers Maschinen den ganzen Brückenaufbau erzittern ließen.

»AO? Hier Kommandant. Feuer eröffnen mit der Steuerbordbatterie.« Er wehrte Maxwells Protest ab. »Ich weiß, die Marines können das Ziel nicht auffassen. Aber wir *müssen* das feindliche Feuer von den Schiffen abziehen. Ich versuche, die Entfernung so schnell wie möglich zu verringern.«

Er legte auf, hörte den blechernen Klang der Feuererlaubnis-Glocken und unmittelbar darauf das Krachen der Geschütze beim Zurückfahren der Rohre eins und drei.

»Kurz!«

Er hob rechtzeitig das Glas, um die dünnen Gischtfahnen auf der direkten Linie zum Gegner auszumachen. Der Kreuzer war nun schon deutlich zu erkennen: eine Brücke über der anderen, dazu Türme, die bereits schwenkten, um den plötzlich auftauchenden Frechling aufs Korn zu nehmen.

Dancy starrte versteinert auf die See, die sich steuerbord querab wie Brandung über einem Riff kräuselte, ehe sie gen Himmel schoß. Er bildete sich ein, die Hitze zu fühlen, den fauligen Gestank der großen Granaten riechen zu können.

Er fühlte Stannards Griff am Handgelenk und hörte ihn eindringlich flüstern: »Nimm diesen Brief. Heb ihn für mich auf.« Er sah ihm in die Augen. »Nur für alle Fälle.«

Dancy setzte zu einer Antwort an, als die ganze Brücke unter einer schrecklichen Explosion erbebte und ihn umwarf. Stannard und ein Signalgast krümmten sich zu seinen Füßen. Der ohrenbetäubende Knall wirkte noch wie Wasserdruck auf seinen Ohren, als die Detonation bereits verhallt war.

Um sich herum sah er entsetzte Gesichter, Münder, die unhörbare Befehle ausstießen, und sah, daß die Steuerbordtür mit hellen Sternen aus Sonnenlicht übersät war. Als sein Gehör wiederkehrte, zog er sich hoch und begriff, daß diese Sterne Splitterlöcher waren. Beim Anblick der blutigen Gestalt neben sich mußte er sich fast übergeben.

Lieutenant Paget war auf die Brücke geschickt worden, um dort zu helfen; die Explosion hatte ihn fast zerfetzt. Wie Klauen krallten sich seine Hände in den aufgerissenen Körper, er schrie lauter und lauter, grell wie eine gemarterte Frau.

»Steuerbord zwanzig.« Lindsay schlang bei Ruderlage die Arme um die Sprachrohre. »Backbordbatterie, Achtung!« Er wischte mit dem Ellbogen die abgeblätterte Farbe vom Kompaß.

»Mittschiffs, recht so.«

»Recht so, Sir. Kurs null-drei-null.«

Jolliffe biß die Zähne zusammen, als ein Signalgast seinen Arm verband. Ein kleiner Splitter hatte ihn aufgerissen, nachdem er glatt durch den wenige Schritte entfernten Paget hindurchgegangen war.

Die Rohre der Backbordgeschütze fuhren auf ihre Federungen zurück, die Mündungen steil nach oben gerichtet, um den fernen Gegner zu treffen.

Lindsay zwang sich, die Rufe und Schreie zu überhören, bis sie schwächer wurden und plötzlich aufhörten. Er wußte, daß Männer mit Tragbahren auf die Brücke gekommen waren, doch er wandte sich nicht um, sondern konzentrierte alle Sinne auf das andere Schiff.

»Entfernung einhundertsechzig-hundert.«

Er richtete sein Glas aus. Acht Meilen lagen nun zwischen dem schweren Kreuzer und dem grell angestrichenen Schiff mit der Schlagseite nach Steuerbord. Der Feind hatte jetzt begriffen und auf die *Benbecula* zugedreht; er schoß abwechselnd mit den beiden vorderen Türmen. Die sechs Geschütze feuerten in so exakten Zeitabständen, daß seine Brücke im Mündungsfeuer zu hüpfen schien.

Als Lindsay endlich über die Schulter blickte, sah er, daß Pagets Leichnam entfernt worden war. Nur ein roter Streifen zeigte, wo es ihn getroffen hatte.

Heftiger werdendes Geschützfeuer veranlaßte Lindsay zu Kursänderungen in unregelmäßigen Abständen, was sich an den Kurven des brodelnden Kielwassers abzeichnete. Steuerbordbatterie, dann Backbordbatterie. Zwei mal zwei gegen sechs.

Maxwell rief über Lautsprecher: »Es ist die *Minden*. 20,3-Zentimeter-Geschütze, zwölf Torpedorohre.« Ein kurzer Seufzer. »Geschätzte Geschwindigkeit: dreiunddreißig Knoten.«

Lindsay biß sich auf die Lippen, um seine Verzweiflung zu verbergen. Ein Schlachtkreuzer en miniature maß sich mit der alten *Benbecula*.

Das Telefon schrillte, fast übertönt von Explosionen und dem Dröhnen der Lüfter.

»Funkraum hat eine Meldung über den Raider aufgenommen, Sir!«

Lindsay kniff die Augen zu, die See vor dem Bug verschwand hinter einer hohen Gischtwand. Er fühlte das Schiff in der Druckwelle bocken, als sei es von einer Bombe getroffen.

»Vorlesen!«

Der Mann kauerte sich über das Telefon. »›Raider versenkt. Alle verfügbaren Kräfte sind zu Ihrer Unterstützung unterwegs‹.« Ein paar Sekunden später: »Kreuzer *Canopus* ruft uns, Sir: ›Wie ist Ihre Position‹?«

Lindsay sah erneut die See hochschießen, sehr viel näher diesmal. »Sagen Sie ihm, unsere Position ist scheußlich!«

Stannard berührte den Mann am Arm. »Ich gebe die Koordinate an den Funkraum.«

Lindsay rief: »Was machen die Geleitschiffe, Sub?«

Dancy lief nach achtern und spähte durch die tiefliegende Rauchfahne der *Benbecula*.

»Passagierschiffe außerhalb der Reichweite, Sir. Die übrigen weit verstreut.«

»Gut.«

»Entfernung jetzt einhundertfünfzig-hundert.«

Alle vier Geschütze schossen und luden so schnell sie konnten, während Maxwells Artilleriebeobachter bei jeder Kursänderung die Peilung und Seitenverbesserung hinunterschrien.

Im Maschinenraum klammerte sich Fraser an seinen rüttelnden Leitstand und sah seine Männer in der stampfenden Maschinenanlage wie schmutzige Insekten durcheinanderlaufen. In der Lecksicherungszentrale saß Goss reglos auf seinem Stuhl, die Hände über dem Bauch gefaltet, den Blick auf den Schiffsplan geheftet. Im ganzen Schiff, auf den oberen und unteren Decks, hinter wasserdichten Türen oder an den exponierten Geschützstellungen wartete jeder Mann auf das Unausweichliche. Sah ihm, jeder auf seine Weise, entgegen.

Weit achteraus und fächerförmig dem Horizont zustrebend, hatte der einst stolze Geleitzug längst Gestalt und Form verloren. Das erste getroffene Schiff war gesunken, doch den anderen war es trotz einiger Nahdetonierer gelungen, die Flucht fortzusetzen. Wie Narben entstellten Rauchspuren den Himmel.

An Bord des zweiten Truppentransporters waren Decks und Rettungsbootstationen dicht gedrängt voll schweigender Gestalten. Seit der Angriff begonnen hatte, standen sie mit ihren unförmigen Schwimmwesten in schwankenden Reihen.

Ein Offizier, auf Station bei einem Rettungsboot, sagte plötzlich: »Mein Gott, schaut euch die alte *Becky* an! Das hätte ich nie geglaubt!« Er nahm seine Mütze ab und schwenkte sie über dem Kopf. Aber seine Stimme war nur ein Flüstern, als er sagte: »Viel Glück, altes Mädchen!«

Die am achteren Ende des Bootsdecks zusammengedrängten Wrens krochen noch enger zusammen, als das Schiff in der Ferne erneut von Wassersäulen eingedeckt wurde. Die eine namens Marion schlang den Arm um die Schulter ihrer Freundin und sagte: »Nicht weinen, Eve.«

Eve schüttelte den Kopf. »Ich will ja gar nicht weinen.« Sie strengte die Augen an, um das Schiff mit der komischen Krängung und dem altertümlichen Heck besser zu erkennen. »Viel lieber würde ich sie anfeuern!«

Etwas wie ein Seufzer lief durch die Reihen der Soldaten.

Eine Stimme rief: »Sie ist getroffen!«

Wie ein Donnergrollen erreichte der Schall schließlich die versprengten Schiffe. Sogar die Offiziere mit Doppelgläsern konnten wegen des dichten Rauchs kaum etwas von der *Benbecula* erkennen.

Marion schlang den Arm fester um Eve. »Aber sie schießen immer noch. Wie schaffen sie das?«

Eve antwortete nicht. Sie sah im Geist die kleine Villa, den Tisch im Kerzenlicht. Und ihn auf dem Bett, wie er sie anschaute. Sie in den Armen hielt.

Weitere Explosionen rumpelten über die See, gedämpfter jetzt, weil die Entfernung zum Hilfskreuzer ständig zunahm.

»Diesmal muß es ein Volltreffer gewesen sein«, sagte ein Mann.

»Möchtest du nach unten gehen?« Marion starrte traurig auf den großen, langgestreckten Rauchfleck achteraus. »Jetzt sind wir in Sicherheit. Das haben sie geschafft.«

»Nein, ich bleibe.« Eve schüttelte den Kopf. »Er weiß, daß ich hier stehe, da bin ich ganz sicher.«

»Ich auch.« Gemeinsam standen sie schweigend an der Reling.«

»Feuern!«

Maxwell war vom dauernden Schreien ins Sprachrohr schon heiser. Der Raum war voller Rauch, der Lärm unerträglich; immer und immer wieder bäumte sich das Schiff unter den gegnerischen Salven auf.

»Warum treffen wir nicht?« brüllte Hunter. »Wir sind doch auf hundert-hundert heran, zum Donnerwetter!«

Die Steuerbordgeschütze krachten wieder, und Maxwell fluchte, als seine Geschosse wirkungslos im Dunst detonierten.

»Zweihundert vor!«

Noch während er sprach, überschüttete die nächste Salve das Schiff mit einem Hagel aus Stahl. Maxwell sah Hunter in seinem Stuhl taumeln und mit entsetztem Gesicht zu ihm hochschauen; Blut schoß aus seinem Mund, dann erloschen die Augen für immer.

Auch zwei Seeleute lagen am Boden, der dritte hangelte sich an Maxwells Stuhl hoch, hielt sich die Hüfte und wimmerte vor Schmerzen.

»Krankenträger zum Leitstand!« Maxwell seufzte, die Sprechanlage war tot. Er stand auf, hängte das Mikrophon über den Stuhl, tätschelte einem verwundeten Seemann den Kopf und kletterte hinaus ins Helle.

Gestalten stolperten im Rauch an ihm vorbei, ein Mann schrie: »Nach vorn! An Steuerbordseite!«

Geschütz eins schoß noch, als Maxwell hinkam und dort Baldock antraf, den älteren Deckoffizier, der die Geschützbedienung kommandierte. Das andere Geschütz war zusammengeschossen und binnenbords über einen tiefen Granattrichter geschleudert worden, um den in blutigem Schleim menschliche Überreste verstreut lagen.

Baldock schrie: »Beide Batterieoffiziere auf dieser Seite ausgefallen!«

Maxwell nickte, seltsam distanziert. »Machen Sie hier weiter!«

Auf der anderen Seite sah er den zuständigen Sub-Lieutenant auf einem Geschoßspind sitzen, den Arm übers Gesicht gelegt wie ein Mann in der Sonne.

»Alles klar, Cordeaux?«

Der Offizier sah ihn an. »Ja, Sir.« Dann erblickte er am gegenüberliegenden Geschütz einen gespreizt daliegenden Leichnam: ohne Kopf, aber noch mit Jackett, darauf ein einzelner wellenförmiger Streifen, wie er selbst ihn trug.

Ein Geschoß wimmerte dicht über ihre Köpfe, doch Maxwell zuckte nicht zusammen. »Das hier ist wie eine Lotterie, mein Junge.« Er setzte seine Mütze zurecht. »Ich gehe nach achtern, um nach den Marines zu sehen. Halt die Ohren steif!«

Der Junge sah dem Davongehenden nach und griff dann nach seinem Helm. Vor ihm standen Seiten- und Höhenrichtschütze und der Seemann mit den Lederhandschuhen, der den Verschluß bediente. Sie warteten. Sie würden sterben müssen, alle. Wie sein Freund, der nun ohne Kopf und ohne Schmerzen dalag.

Der Richtschütze sagte mit belegter Stimme: »Geschütz zwei, Achtung!« Dann beobachtete er mit den andern, wie der Bug nach Steuerbord auszuwandern begann.

»Mittschiffs!« Lindsay mußte schreien, um sich verständlich zu machen. Die gegnerische Artillerie schoß schnell, und ihm war klar, daß die *Benbecula* schlimm zugerichtet war. Aber der Lärm war zu stark, zu gewaltig, als daß man irgend etwas erkennen oder unterscheiden konnte. Zeit spielte keine Rolle mehr, das einzige Problem war die Entfernung, die noch immer zwischen den beiden ungleichen Gegnern lag.

»Ruder liegt mittschiffs, Sir!« Jolliffe klammerte sich ans Ruderrad, das Gesicht vom Blutverlust aschfahl. Ritchie arbeitete sich zu ihm vor und sagte: »Wir gehen zusammen, was, Kumpel?«

Der Gefechtsrudergänger antwortete mit glasigem Blick: »Zu gütig von dir!«

Als die Sonne durch den Qualm brach, fuhr Lindsay herum und sah das Beobachtungsflugzeug in etwa tausend Meter Entfernung an Steuerbord aufblitzen. Das kleine Bordflugzeug wirkte so nah und doch so fern dem Krachen und Tosen der Geschütze. Wie ein Kinderspielzeug kam es nahezu lautlos näher. Als es leicht ankippte, sah er das schwarze Balkenkreuz auf einer der kurzen Tragflächen und bildete sich ein, einen behelmten Kopf im Cockpit zu erkennen.

Irgendwo achtern legte eine Oerlikon los, die helle Leuchtspur zischte durch den Rauch und zwang das Bordflugzeug, verärgert abzudrehen. Zu weit für einen erfolgreichen Schuß. Doch Lindsay konnte den Oerlikon-Schützen verstehen. Verletzlich und hilflos hing er in seinen Gurten, und rund um ihn starb das Schiff.

Er sah das Bordflugzeug erneut zum Anflug aufdrehen. Für den da oben waren die Schiffe nun zwar außer Reichweite. War indessen die *Benbecula* erst einmal vernichtet, würde der deutsche Kommandant die Verfolgung wieder aufnehmen. Was hatte Maxwell gesagt? Zweiunddreißig Knoten!

Die *Benbecula* legte sich stark über, eine Flammenwand schoß aus dem Vorschiff. Die Telefone surrten, über die noch vorhandenen Sprachrohre hörte Lindsay Männer schreien.

»Schwerer Brand im Vorschiff, Sir! Erstes Geschütz ausgefallen. Mr. Baldock tot!«

Lindsay arbeitete sich über die zersplitterten Grätings vor. »Wer ist noch unten?«

»Der junge Cordeaux, Sir«, rief Stannard.

Lindsay wischte sich mit der Hand übers Gesicht. Fast noch ein Junge. Und Baldock tot. Der hätte bei seinen Enkeln sein sollen.

Eine wilde Explosion zerriß die Bordwand und füllte die Luft mit Splittern und schwereren Sprengstücken. Kammern und Räume, Maschinenanlagen und Schotten erzitterten, als sich der schneidende Hieb durch den Rumpf fortpflanzte. Aus zahllosen Löchern im Schornstein strömten Schwaden von Rauch und Dampf. Der achtere Mast war verschwunden.

Nun würde es nicht mehr lange dauern. Irgend etwas spritzte auf den nächsten Maschinentelegrafen, der immer noch auf ›voll voraus‹ stand; Lindsay sah durch einen Riß in der Decke Blut tropfen. Wahrscheinlich von Hunter, dachte er müde.

Als er den Blick wieder senkte, war sein Stuhl leer. Einen Augenblick glaubte er, der Commodore sei von einem Splitter umgemäht worden.

»Er ist nach unten gerannt, Sir, hat gekotzt wie ein blutiger Anfänger«, rief Stannard schroff.

Lindsay zuckte die Achseln. Das schien nicht mehr wichtig.

Er hob erneut das Doppelglas. Vor lauter Rauch konnte man kaum weiter sehen als bis zum Bug. Rauch von Geschützen und berstenden Granaten. Rauch vom Schiff selbst, wo Löschschläuche und einbrechendes Wasser die Brände bekämpften.

Die Entfernung betrug nun weniger als zehntausend Meter. Es war nicht festzustellen, wie oft sie den Gegner getroffen hatten. Wenn überhaupt. Der Kreuzer lief noch immer mit diagonal kreuzendem Kurs auf sie zu, seine Türme folgten der herannahenden *Benbecula* mit der kühlen Berechnung eines Jägers, der auf ein verwundetes Tier lauert.

Ein Bleistift rollte über den Tisch unter der Frontscheibe, und sekundenlang sah Lindsay hinter ihm her. Die Schlagseite, die Reederei und Werften jahrelang widerstanden hatte, war auf einmal verschwunden. Wahrscheinlich hatte Goss die den Bränden nächstliegenden Munitionskammern geflutet, und das Gewicht des Wasser richtete das alte Schiff mit sturer Würde auf. Welchen Eindruck mochte es wohl auf den Gegner machen, dieses zerschlagene, fast kampfunfähige Schiff, das sich nun der Vernichtung entgegenschleppte, aber nicht sterben wollte? Was mochten sie empfinden? Bewunderung – oder Zorn über die Verzögerung?

Lindsay biß die Zähne zusammen, denn weitere Explosionen erschütterten den Rumpf. Nicht nur Verzögerung! Der Deutsche mußte festgehalten werden, bis Hilfe kam.

»Wo ist die *Canopus* jetzt?«

»Funkraum ist schwer getroffen, Sir. Kann nicht mehr feststellen, was geschieht.« Das war Stannard.

Lindsay öffnete den Mund, um etwas zu sagen, und fand sich plötzlich mit dem Gesicht nach unten auf den Grätings wieder. Irgend jemand trampelte und zappelte über seinem Rücken. Überall hing Rauch und Staub. Er konnte kaum atmen und meinte, die Luft werde aus ihm herausgesaugt. Dicht vor seinem Gesicht hoben sich mit großer Deutlichkeit kleine Dinge ab: Nieten und Teile seiner Armbanduhr, die ihm vom Handgelenk gerissen und gegen die Stahlplatten geschleudert worden war. Dazu eines Mannes Faust; als Lindsay den Kopf wandte, sah er, daß sie Jolliffe gehörte. Der Rudergänger war vom Rad weggerissen worden und lag mit zertrümmertem Schädel am Kompaßhaus.

Lindsay torkelte hoch, spuckte Staub und aufgewirbelten Sand aus und sah sich nach den Resten seiner Brückenbesatzung um. Stannard lag auf dem Rücken, das Blut lief ihm zwischen den Beinen hervor, Dancy kniete bei ihm. Ritchie schleppte sich bereits zum Ruder und krächzte: »Ich hab's, Sir. Recht so!«

Stannard schlug die Augen auf und sah Dancy an. »Nur die Ruhe, Freund. Mir geht's gut. Ich fühle überhaupt nichts mehr!«

Zwei weitere Gestalten betraten den raucherfüllten Raum, rutschten auf Blut und zerbrochener Täfelung aus, suchten einen Halt: Midshipman Kemp und Squire, der Steuermannsgast.

»Geht dort an die Sprachrohre«, sagte Lindsay.

Kemp nickte. »Ich hab' nach den Sanitätern geschickt, Sir.«

Dancy kauerte über Stannard und hielt ihn fest, während das Deck unter einer neuen Detonation erbebte. »Es wird alles gut, Sie werden sehen. In England können wir zusammenbleiben...«

Stannard sah an ihm vorbei zu Lindsay hoch und verzog das Gesicht. »Der Brief. Sorgen Sie dafür, daß sie ihn bekommt, ja? Sie soll nicht glauben, ich hätte sie vergessen...«

Sein Kopf sank zur Seite, und Lindsay sagte: »Lassen Sie ihn, Sub, er ist tot.«

Dancy stand zitternd auf. »Es geht schon, Sir.« Er versuchte, nicht zu seinem auf den Grätings liegenden Freund hinabzuschauen. »Später will ich...« Er sprach nicht zu Ende.

Die rückwärtige Tür ratterte über die zersplitterten Grätings, und Boase stürzte mit zwei Krankenträgern ins Ruderhaus. Mit schiefem Stahlhelm und totenblaß starrte er das Chaos an. Ein Signalgast war an der rückwärtigen Schottwand zu Brei zermalmt worden, ein Befehlsübermittler lag tot, aber ohne sichtbaren Schaden zu seinen Füßen.

Während einer Feuerpause schrie Kemp wild: »Los, Doc, zeigen Sie jetzt, was Sie können!« Er schüttelte die Hand Squires ab, der ihn zurückhalten wollte, und fuhr mit gebrochener Stimme fort: »Sie sind doch sonst so verdammt fix dabei, anderen Ratschläge zu geben!« Boase stand mit hängenden Armen da, sein Helm vibrierte mit den Schiffsbewegungen.

»Reißen Sie sich zusammen«, befahl Lindsay.

Kemps Gesicht schien zu schrumpfen. »Boase half meinem Vater und diesem Stabsarzt, Sie zu ruinieren, Sir. Er hat einen so schlechten Bericht über Sie gegeben, daß Sie erledigt waren.« Erneut stieg Wut in ihm auf, und er brüllte den Doktor an: »Sie elender, feiger Hund! Sie sind genau wie mein Vater! Warum rennen Sie nicht hinunter und verstecken sich bei ihm?«

Squire nahm Boase am Handgelenk und stieß ihn den finster blickenden Krankenträgern zu. »Schafft ihn weg, Kumpels.« Er wandte sich zum Fenster.

»10 am Telefon, Sir«, sagte ein Bootsmaat.

Lindsay nahm den Hörer. »Kommandant.«

Goss schien weit weg zu sein. »Das vordere Schott ist bös' angeschlagen. Wenn es nicht richtig abgestützt wird, geht alles zum Teufel.« Er hustete heiser und fuhr fort: »Hier brennt's ziemlich. Wir haben nicht mehr viel Spielraum.«

Lindsay zwang sein Gehirn, auf Goss' kurzen Bericht zu reagie-

ren. Es mußte schon schlimm stehen, wenn Goss die Lecksicherungszentrale verlassen hatte. »Soll ich mit der Fahrt herunter?«
Goss wartete ein paar Sekunden. »Ja. Bei vollen Umdrehungen geht sie direkt auf Tiefe, wenn das Ding hier nachgibt.« Eine weitere Pause. »Wir benötigen fünfzehn Minuten, nicht mehr.«
Fünfzehn Minuten! Er hätte genausogut eine Woche verlangen können.
Dancy sah Lindsay an, ein anderes Telefon in der Faust.
»Der LI, Sir. Zwei Pumpen sind ausgefallen. Maschinenraum macht Wasser.«
Achtern detonierte irgendwo eine Granate. Lindsay sprang auf. Schweres Gerät fiel in die Decks, mit ohrenzerreißendem Kratzen prallten Splitter vom verwüsteten Schiffskörper ab. »Ja, LI?«
Fraser schien ganz ruhig. »Ich kann weiter hohe Fahrt laufen, Sir. Aber ich muß Sie darauf aufmerksam machen, daß die Sache hier unten möglicherweise riskant wird.«
»Ja.« Selbst das eine Wort strengte ihn an. »Schicken Sie alle verfügbaren Leute in die Lecksicherungszentrale. Es dauert vielleicht nicht mehr lange.«
»Aye, Sir.« Fraser rief seinem Assistenten etwas zu und fuhr dann fort: »Das Schiff hält sich gar nicht mal so schlecht.« Damit brach die Verbindung ab.
Lindsay starrte den Hörer an. »Legen Sie den Maschinentelegraf auf halbe Fahrt.«
Dancy legte den Hebel um und sah Hunters Blut an seinen Fingern kleben. »Bald haben sie uns geschafft, Sir.«
Ein weiteres Geschoß bohrte sich ins Vorschiff, Splitter fegten über das Welldeck, Mast und Kräne taumelten wie trunken über Bord. Takelage, Spieren und eine ganze Winsch verschwanden durch die aufgerissene Bordwand und rissen im Vorbeirutschen mit sich, was von Cordeaux und seinen Männern übrig war.
Lindsay merkte, daß ihm jemand einen Verband um den Unterarm legte, und begriff erst jetzt, daß er von einem kleinen Splitter getroffen worden war, vielleicht als Stannard fiel. Er konnte sich nicht erinnern. Schmerz empfand er nicht, nur eine Betäubung, die, beginnend im Gehirn, seine Glieder wie Fieber zu durchdringen schien.
»Gegner hat Feuer eingestellt, Sir.« Der überlebende Bootsmaat lehnte sich an, als sei er dem Zusammenbruch nahe.
Lindsay ging automatisch zur Tür und schlug die Vorreiber zu-

rück. Doch als er sie aufriß, sah er durch ein Gewirr von geschwärztem Stahl und Holz direkt hinunter aufs Deck. Die Backbord-Brückennock hatte einen Volltreffer erhalten. Das Geschoß, das Stannard, Jolliffe und den anderen auf der Brücke den Tod brachte, hatte auch die Brücke wie Pappe zerrissen. Nur durch ein Wunder hatten er und Dancy überlebt.

Die salzige Luft trieb ihm den Rauch aus den Lungen. Er versuchte, sein Glas auf den Gegner zu richten. Die *Benbecula* lag jetzt sehr tief, das Deck rollte schwerfällig in den Wellen. Es mußte erheblich Wasser machen.

Er hörte Goss über die Brücke klappern, hielt aber sein Glas auf den Gegner gerichtet. Der Kreuzer hatte in einer Entfernung von etwa siebentausend Metern ebenfalls gestoppt. Man konnte die rote Flagge an der Gaffel erkennen und über den Türmen Geschützqualm. Hinter ihm murmelte Goss: »Der Hund nimmt sein Flugzeug auf, Sir.«

Lindsay sah das kleine Flugzeug auf seinen Schwimmern tanzen und vorsichtig den mächtigen grauen Schiffsrumpf ansteuern. Beim achteren Mast war bereits ein Kran ausgeschwenkt.

Vielleicht war es der Anblick dieses ruhigen, eingeübten Manövers, was mehr als jeder Gewaltakt Lindsays Hemmungen niederriß. Der Kreuzer war sich seines Sieges sicher. Er konnte es sich leisten, das brennende, von Geschossen durchlöcherte Schiff ohne Masten und Kriegsflagge zu ignorieren. Bald würde er hinter dem Geleitzug herjagen. Dank des Angriffs der *Benbecula* mochten einige Schiffe überleben, anderen jedoch würde es nicht gelingen. In plötzlich aufwallender Wut schrie Lindsay: »Steuerbordmaschine stopp!«

Goss trat zur Seite, als Lindsay ins Ruderhaus stürmte.

»Klar zum Verlassen des Schiffes. Bringt die Verwundeten an Deck und werft die Flöße los.« Alle starrten ihn an. »Los, macht schon!«

Der Maschinentelegraf schrillte, mit kurzem Schüttern blieb die Steuerbordschraube stehen.

»Der Gegner richtet seine Torpedorohre auf uns, Sir«, rief Dancy. Lindsay lief an die Blende. Auch ohne Glas konnte er an der Kreuzersilhouette erkennen, wo ein Rohrsatz seitlich ausgeschwenkt worden war.

Der Kommandant des Kreuzers gönnte ihnen also nicht einmal die Zeit, das Schiff von Verwundeten zu räumen. Vielleicht wußte er, daß bereits Hilfe im Anmarsch war, daß Zeit wichtiger war als diese Handvoll Verrückter, die versucht hatten, sich ihm entgegenzustellen.

Goss murmelte: »Wir haben keine Zeit mehr, die Jungs wegzubringen, Sir.«

Er beobachtete, wie der Bug langsam nach Steuerbord drehte, denn die Backbordschraube lief weiter voraus. Goss hatte Lindsays Absicht erraten, wußte, was dieser im Angesicht des Todes tun wollte. Es überraschte ihn selbst, daß er Lindsay verstand und sich ins Unvermeidliche fügte.

Jetzt waren Lärm und Getöse fast vorbei. Durch die ziehenden Rauchwolken konnte man bereits den Himmel sehen, die See zwischen den Schiffen wurde nicht mehr von wirbelnden Schrauben aufgewühlt. Eigentlich, meinte Goss, sah das Wasser ganz kühl und einladend aus. Mit zusammengekniffenen Augen beobachtete er das Flugzeug an der Bordwand des Kreuzers. Dann hörte er sich sagen: »Wenn Sie es versuchen wollen, Sir, ich mache mit.«

Lindsay fing seinen Blick auf. »Es besteht nur eine geringe Chance.«

»Besser, als hier zu sitzen und auf den Tod zu warten.« Goss ging nach achtern. »Ich sage es de Chair. Und auch Maxwell, wenn er noch lebt.«

Lindsay berührte die Brückenverkleidung. Sie war warm, ob von der Sonne oder den Bränden, ließ sich nicht sagen.

»Backbord stopp!« Vor dem letzten Klang des Telegrafen hatte er schon das Telefon am Ohr.

»LI? Hören Sie zu.« Durch die offene Blende sah er, wie das Flugzeug vor dem grauen Stahl langsam emporschwebte.

Dancy stand an den Sprachrohren und horchte auf Lindsays ruhige Stimme. Ihm war klar, daß er die Sache wie Goss auffassen mußte. Doch die stille, quälende Schwerfälligkeit des Schiffes, der stickige Todesgeruch schienen sein Gehirn einzuhüllen.

Lindsay trat zu ihm an die Sprachrohre und griff nach seiner Pfeife. Doch die war zerbrochen. »Lassen Sie die Telegrafen«, befahl er. »Nehmen Sie dieses Mikrophon, und wenn ich Ihnen ein Zeichen gebe, dann sagen Sie dem LI nur, er soll loslegen.«

Bevor Dancy etwas sagen konnte, wandte sich Lindsay an Ritchie. »Halten Sie einfach auf das Achterschiff des Gegners. Ich will den achteren Geschützen die Chance geben. Nur eins davon wird Ziel auffassen können. Wenn wir nicht treffen, werde ich wenden und es noch mal versuchen.« Er lächelte grimmig. »Einen dritten Anlauf gibt es nicht. Dann gehen wir direkt auf Tiefe.«

Irgendwo unten schrie ein Mann vor Schmerz auf; Schritte krachten, als sich jemand auf die Suche nach ihm machte.

Achtern auf dem Welldeck fand Goss Maxwell am Geschütz kauernd und über das glitzernde Wasser starrend. Zwischen den beiden Geschützen lagen Verwundete, stöhnend oder in ohnmächtigem Schweigen. Ein paar erschöpfte Heizer und Seeleute standen wartend in kleinen Gruppen, einige Marines sahen zu de Chair hin, der im Schatten auf einer zusammengebrochenen Winsch saß. Sein Gesicht war in blutige Binden gehüllt.

Maxwells Hand zuckte leicht, als Goss sagte: »Sie sollen mit dem sechsten Geschütz schießen. Befehl vom Kommandanten.«

Zwei Männer trugen einen Toten an die Reling. Es war Jupp. Obwohl sein Gesicht bedeckt war, hätte Goss ihn überall wiedererkannt. Er seufzte.

Der Unteroffizier der Marines rief: »Alles klar, Sir.«

Als er sich anschickte zu gehen, sprang Maxwell über das Süll und sprang auf das große 15-Zentimeter-Geschütz. »Nein!« Er schob den Richtschützen zur Seite, kauerte sich auf seinen Sitz und setzte gereizt hinzu: »Prüfen Sie die Visiereinstellung!«

Ein junger Hornist der Marines, der neben Goss stand, fragte unsicher: »Kann ich irgend etwas tun, Sir?«

Goss riß den Blick von Maxwells wilden Bewegungen, von seinen Händen, die über die Handräder der Visiereinrichtung flogen. Total übergeschnappt. »Ja, warum nicht?« Sorgfältig entfaltete er die Reedereiflagge und fuhr fort: »Befestigen Sie die an der Funkantenne. Wir haben keine Kriegsflagge und keine Masten mehr.« Er zwang sich zu einem Grinsen. »Ich vermute, die alte *Becky* beendet ihre Tage lieber unter ihrer richtigen Flagge.«

Ein anderer Marinesoldat hatte ein Telefon entdeckt, das noch mit der Brücke verbunden war; seine Gestalt hob sich wie ein altes Kriegerdenkmal vom Himmel ab. Nur seine Augen bewegten sich, als er beobachtete, wie der kleine Hornist aufs Bootsdeck kletterte und Sekunden später die große Flagge an ihrer behelfsmäßigen Flaggleine auswehte. Der Unteroffizier rieb sich das Kinn. »Die Krauts werden denken, wir seien verrückt geworden.«

Goss sah ihn unbewegt an. »Für mich hat das seine Bedeutung.« Dann kehrte er auf die Brücke zurück. Er traf Lindsay so an, wie er ihn verlassen hatte. »Alles klar, Sir.«

Lindsay nickte. »Der LI meint, der Maschinenraum flutet schneller. Ohne diese beiden Pumpen ...« Er brach ab. Das Flugzeug drüben glitt aus dem Schatten des Kreuzers und hing hoch über der Reling. Er wandte sich um, hob die Hand und sah zu Squire hinüber. »Achtung!«

Squire schluckte und blickte schnell zu Kemp hinüber. »Alles klar, Sir?«

Der Junge sah ihn an, das verschmierte Gesicht wie eine Maske. Aber er nickte heftig und antwortete: »Ja, danke. Alles klar.«

Lindsay konzentrierte sich auf das ferne Kriegsschiff. Er entdeckte einige Flöße der *Benbecula*, die ziellos in der Strömung trieben. Die konnten noch von Nutzen sein. Der deutsche Kommandant würde wahrscheinlich annehmen, einige der Überlebenden versuchten zu entkommen.

Wie langsam das Flugzeug vorgeheißt wurde!

Er hielt den Atem an und hieb dann die Hand in scharfem Schlag nach unten.

Squire keuchte: »Jetzt!«

Über die verbliebene Telefonleitung drang das Kommando ans Ohr des reglos dastehenden Marinesoldaten und bis zu Maxwell, der wie ein Sportler in den Startlöchern über dem Visier kauerte.

Nur noch den Bruchteil einer Sekunde schwang das Oberdeck des Kreuzers, wie durch eine regenüberströmte Scheibe gesehen, im Fadenkreuz. Maxwell mußte seine Gedanken von den anderen rund um das Geschütz losreißen, von dem Seitenrichtschützen, von den Männern, die mit der nächsten und der übernächsten Granate wartend dastanden. Jetzt war der Augenblick gekommen. Sein Augenblick.

»Feuer!«

Er spürte die Visiermuschel gegen sein Auge schlagen, den heftigen Ruck des Rohrrücklaufs, fast betäubte ihn die Explosion. Er hatte seine Ohrpfropfen vergessen, achtete jedoch nicht auf den stechenden Schmerz, als er das Geschoß im Ziel detonieren sah.

Ein blendender Blitz – und wo das Flugzeug über seiner Lagerung gehangen hatte, stand jetzt eine wirbelnde Fahne braunen Rauchs. Unmittelbar darauf zuckte ein weiterer Feuerschein auf, nicht ganz so grell. Die Flammen breiteten sich tanzend aus. An Maxwells Geschütz wurde der Verschluß aufgerissen und die nächste Granate hineingeschoben.

Auf der Brücke mußte Lindsay eine plötzlich aufwallende Erregung niederkämpfen. Das Flugzeug war in Stücke gerissen worden, das Flugbenzin hatte den ganzen Abschnitt darunter in Brand gesetzt.

Er schrie: »Jetzt, Sub!«

Das Geschütz krachte erneut und übertönte Dancys Stimme, doch Fraser tief unter ihnen hatte ihn gehört. Er warf sich auf die Hebel, die Schrauben begannen zu drehen, wühlten die See in einem großen Gischtwirbel auf, schoben das alte Schiff wieder an und schüttelten es, bis es auseinanderzufallen schien.

Der plötzliche Brand auf dem Kreuzerdeck tat seine Wirkung. Die Mannschaft an den Torpedorohren wurde zurückgescheucht, andere gingen mit Schläuchen und Feuerlöschern vor.

Maxwells nächster Schuß lag zu kurz. Die Detonation schleuderte Gischt über die Bordwand des Gegners, und durch den glitzernden Vorhang leuchteten die Flammen wie schimmernde Juwelen.

Lindsay schlug mit den Fäusten auf die Reling. Die Umdrehungen gingen hoch, der feindliche Kreuzer sackte an Backbord bereits achteraus. Doch nicht schnell genug. Schon konnte Lindsay erkennen, daß der vordere Turm mit einem harten Schwenk versuchte, das wieder zum Leben erwachte Wrack aufs Korn zu nehmen.

Auf seinem stählernen Sitz holte Maxwell tief Luft. Er beachtete nicht das helle Aufblitzen der gegnerischen Geschütze, sah nicht die Granaten einschlagen, sondern konzentrierte sich nur auf die Rauchsäule vor dem achteren Mast des Kreuzers. Dieser eine Rohrsatz sollte genügen: drei Torpedos in Reihe nebeneinander, gerichtet und bereit, der *Benbecula* den Todesstoß zu versetzen. Trotz der Spannung glitt ein Grinsen über Maxwells Gesicht. Wenn Decia ihn jetzt hätte sehen können. Wenn nur ...

»Feuer!«

Beide Schiffe schossen fast gleichzeitig. Die Stoßwellen rollten und vermischten sich, bis das Getöse nicht mehr auszuhalten war.

Was weiter geschah, sah Maxwell nicht mehr. Sein Geschütz, die Geschützmannschaft und die meisten Marinesoldaten auf der anderen Seite wurden durch die Detonation zerrissen. In Sekundenschnelle standen Welldeck und Poop von einem Ende zum anderen in Flammen. Die sengende Hitze entfachte weitere Brände, bis hinauf zu den Bootslagern.

Lindsay spürte den Schock wie einen k. o.-Schlag. Ihm war klar, daß das Schiff sein Bestes gegeben hatte und nun nicht mehr weiterkämpfen konnte. So heftig war der Aufprall der Geschosse, daß ihn die durch den quellenden Rauch himmelan schießende Feuerwand völlig überraschte. Als dann ein Fallwind die riesige Wolke teilte, erkannte er, daß der überhängende Steven des Kreuzers sich langsam in die Sonne schob, den vorderen Turm noch immer auf die *Benbecula* gerichtet. Die graue Bordwand warf die helle Gischt seiner Bugwelle zurück.

Als der Kreuzer voll aus dem Rauch tauchte, wichen die ersten Verzweiflungsrufe einem zögernden Jubel. Die Bugwelle drüben fiel bereits zusammen, und als sich der Rauch vom Oberdeck hob, sah Lindsay das überspülte Heck. Die detonierenden Torpedos mußten das Schiff weiter aufgerissen haben als ein Unterwassertreffer. Es war nicht zu fassen.

Dancy packte Lindsays Schultern, und Ritchie krächzte freudig oder ungläubig. Im ganzen zerschossenen Schiff jubelten Männer und umarmten einander, sogar einzelne Verwundete schrien heiser, mitgerissen vom Lärm und der Gewißheit, trotz allem noch am Leben zu sein.

Der Kreuzer begann sich herumzuwälzen. Der Schiffsboden tauchte auf und verbarg kenternd Chaos und Schrecken an Deck. Weitere Explosionen hallten über das Wasser. Selbst auf diese Entfernung gaben sie Lindsay Kunde vom Losreißen schwerer Maschinen und Waffen, die das Entsetzen unter Deck noch erhöhten. Retten konnten sie keinen. Die *Benbecula* war bar aller Boote, und auch die meisten ihrer Flöße waren verloren oder im Kampf vernichtet.

Dampf stieg über dem sich langsam aus dem Wasser hebenden Bug des Kreuzers auf, der sich nun wie eine schwarze Pfeilspitze vom klaren Himmel abzeichnete. Dann sank er – ein Wasserwirbel und ein immer größer werdender Ölfleck waren sein letztes Lebenszeichen.

Dancy fragte beklommen: »Soll ich unsere Leute von Bord schaffen, Sir?« Er schien überwältigt. »Wir können Notflöße bauen.«

Fraser hatte ohne Befehl die Geschwindigkeit auf ganz langsame Fahrt gedrosselt, und Lindsay vermutete, daß viele wohl mit ihrem Ende gerechnet hatten, als Maxwells Geschütz getroffen wurde.

»Ja.« Er berühte Dancys Arm. »Und danke.«

Aber Dancy rührte sich nicht. Er machte den Eindruck, als zweifle er an seinem Verstand. »Horchen Sie, Sir!«

Ganz schwach zuerst, kaum mehr als ein Murmeln, hörte Lindsay das Geräusch von Frasers Pumpen.

Er nahm den Hörer. »LI?«

Fraser gluckste. »Die alte Kuh! Ich hab's Ihnen ja gesagt.« Er schien den Tränen nahe. »Die verdammte alte Kuh hat genau den richtigen Moment abgepaßt...« Seine Stimme brach. »Wenn wir die Brände löschen und den Wassereinbruch halten können, dann schaffen wir es vielleicht, daß das Schiff weiterhin schwimmt.«

Lindsay legte vorsichtig den Hörer auf.

Dann ging er hinaus auf die verbliebene Brückennock und umfaßte die Verkleidung mit beiden Händen. Langsam ließ er den Blick über sein Schiff gleiten. Der Tod und die schrecklichen Schäden, selbst die züngelnden Flammen auf dem Welldeck konnten die vertrauten Konturen der alten *Becky* nicht entstellen. Schwelende Schläuche erwachten wieder zum Leben, immer mehr Männer kamen wie Ratten aus ihren Löchern, um den Brand zu bekämpfen. Ein Heizer mit bandagiertem Kopf trug die Schiffskatze ins Freie und stellte einen Becher Wasser neben sie. Dann trat er zurück und beobachtete die Katze beim Trinken, als sähe er das größte Weltwunder.

Mit ganz langsamer Fahrt, den Rumpf in Rauch und ausströmenden Dampf gehüllt, kämpfte sich das Schiff voran. Drei Stunden später meldete ein Ausguck ein anderes Schiff am Horizont. Es war die *Canopus*, die in der schwachen Hoffnung zurückkam, noch etwas von dem Geleitzug zu retten. Der Anblick des durchsiebten, feuergeschwärzten Hilfskreuzers mit seiner ungewohnten, munter über der Zerstörung flatternden Reedereiflagge ließ den Kommandanten das Schlimmste vermuten.

Ritchie senkte den Kieker und meldete: »Er möchte wissen, welches Schiff wir sind.«

Barhäuptig und von Kopf bis Fuß schwarz verschmiert, schlürfte Goss am achteren Rand der Brücke seinen Tee. Er sah in Lindsays erschöpftes Gesicht und zwinkerte.

Dann sagte er zu Ritchie: »Geben Sie an *Canopus*: ›Hier ist H. M. S. *Benbecula*‹.« Er wandte sich ab, damit Lindsay seine Augen nicht sehen konnte. »Das beste Schiff der Firma!«